KB083525

알기 쉽게
풀이한

핵심

사자성어

+

사자
소학

알기 쉽게 풀이한

핵심

사자
성어

장원일 지음

+사자소학

미래사

머리말

　　　　　　　　　사자성어(四字成語)는 4개의 한자(漢字)가 한 구절로 되어 사물의 이치에 맞게 구성된 방대한 고전적(古典的) 언어지식이며 동시에 천년에 걸친 희로애락(喜怒哀樂)의 이야기(story)를 함축하여 담아놓은 예술이다. 그래서 예부터 선비들이나 학자들이 일찍이 사자성어를 학문(學問)과 수양(修養) 차원에서 배우고 익힘에 심혈을 기울였던 것이다.

　이렇게 사자성어에 대한 가치는 인식(認識)하지만 한자라는 문제로 거의 암기(暗記)에 의존하고 있는 것이 현실이다. 바로 이 책에서는 이와 같은 문제를 이해(理解) 단계로 전환하여 독자들에게 살아 있는 언어지식을 전달코자 하는 것이다.

　실제로 한자는 우주 만물의 형상을 본떠서 만든 부수(部首)가 조합된 표의문자(表意文字)로 창제되었다. 그래서 사자성어를 이루는 한자 하나하나를 조합된 부수를 근거로 본래의 뜻을 풀이하여 전체 의미를 스스로 파악할 수 있도록 시도하였으며, 2차로 사자성어의 의미를 직역(直譯)과 의역(意譯)으로 구분하여 응용과 적용의 확장성을 살리는 데 중점을 두었다.

부록(附錄)으로 첨부된 사자소학(四字小學)은 먼 옛날 어린 청소년의 예절교육을 위해 제작된 기본학습서이다. 내용을 간단히 알아보면 부모에 대한 효행·부부·형제·사제·친구·손님 그리고 수신(修身)에 대한 행동실천이다. 시대적으로 동떨어진 감이 있지만 한번은 음미(吟味)해 보는 것도 가치 있는 일이라고 생각한다.

언어는 삶의 수단이요 문화의 척도이며 학문의 원동력이라고 할 때 사자성어와 사자소학은 고사성어(故事成語)와 맥을 이어 언어지식을 높이고 보다 이상적인 자아실현(自我實現)에 도움이 되리라 믿는다.

2021년 10월

장원일

한자(漢字)풀이로 이해(理解)하고 평생(平生) 터득하는
사자성어(四字成語) · 사자소학(四字小學)

• 이해를 위한 2가지 해법(解法)

**첫
째**
사자성어를 이루는 한자 하나하나를 자연과 우주 만물(萬物)의 형상을 본떠서 만든 부수(部首)의 근원설명을 적용하여 가급적 원래 의미에 맞도록 본뜻을 풀이.

**둘
째**
사자성어에 대한 본래의 의미는 단계별 발전과정을 거쳐 다양하게 상상(想像)하면서 이해가 가능토록 한자의 자체의 뜻을 중심으로 1차 직역(直譯)을 하고, 다시 2차로 응용(應用)을 중심으로 의역(意譯)을 하여 풀이.

사자소학의 구성 방법

1 한 구절을 단위로 이루고 있는 4개의 한자에 음(音)을 달아 바로 읽을 수 있게 하였고,

2 2에 이어서 간단하게 대화식으로 풀이를 덧붙여 뜻을 파악토록 하였으며,

3 3의 좌측에 한 구절에 한 개의 한자마다 훈(訓)과 음을 달아 뜻을 파악하는데 활용이 가능토록 하였다.

부록(附錄)으로

특히 청소년들에게 예절(禮節)과 도덕(道德)·인륜(人倫)을 위한 기본학습서인 사자소학을 덧붙여 틈틈이 읽으며 고사성어·사자성어에 맥을 이어 좋은 품성(品性)과 훌륭한 인간관계에 도움이 되도록 정리.

• 이 책(冊)의 3대 효과(效果)

 수천 년 동안 우리의 정서(情緒)와 사상(思想)과 언어문화(言語文化)와 함께 하였으며 앞으로도 인류(人類)가 존재하고 학문(學問)이 창조되는 한 살아 있는 지식(知識)으로 널리 활용됨.

 한자의 능력을 근본적으로 향상시켜 신문기사(新聞記事)·고전(古典)·종교(宗敎)·철학(哲學)·문학(文學) 등 전반적인 면에서 지식을 터득하는 데 기반이 됨.

 인간관계에서 일어난 사건(事件)들의 이야기를 4개의 한자로 함축(含蓄)시킨 사자성어를 이 책에서는 직역(直譯)과 의역(意譯)으로 구분하여 단계별로 풀이를 제시하였다. 그러므로 상상과 판단으로 반복해서 탐독하면 사고력(思考力) 신장에 도움이 됨.

• STUDYING PROGRAM

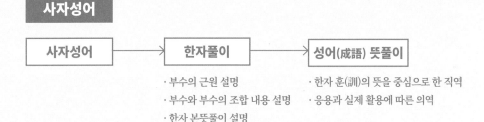

사자소학

대상영역별 구분 → 효행(孝行)·부부(夫婦)/형제(兄弟)·사제(師弟)·붕우(朋友)·빈객(賓客)·수신(修身) → 단위별 구분 → 6~12구절을 한 단위로 이어서 읊도록 구분하였음. → 한자 훈(訓)제시 → 구절(句節)마다 1개 한자에 훈을 제시하여 내용 설명에 이해를 돕도록 하였음.

차례

사자성어와 사자소학은 고사성어故事成語와
맥을 이어 언어지식을 높이고 보다 이상적인 자아실현自我實現에
도움이 되리라 믿는다.

가가대소
呵呵大笑

한자 풀이 ————

① 가 呵 8 - 꾸짖을 가[말한다는 뜻의 口(입 구)와 발음요소인 可(옳을 가)가 합해진 글자로 헐 뜯어 말한다는 뜻을 나타냄]·껄껄웃을(너무 우스워서 입을 크게 벌리어 소리내어 계속 웃는) 가· 내불(입김을 세게 내부는) 가

② 대 大 3 - 큰 대(양쪽 두 팔과 두 다리를 벌리고 서 있는 사람의 정면 모습을 본뜬 글자로 키가 큰 어른이라는 데서 '크다'는 뜻을 나타냄)·어른 대·위대 대·대강 대·심할 대·클 태

    * 신체적 정신적으로 이미 성장한 성인(成人)을 뜻하며 나라·땅·바다·마음 등이 넓고 큰.

③ 소 笑 10 - 웃을 소[竹(竹 : 대나무 죽)과 목이 꺾인 사람의 모습을 뜻하는 夭(일찍죽을 요)가 합해진 글자로 대나무가 바람에 구부러지듯 사람이 몸의 윗부분을 뒤로 젖히고 웃는다는 뜻을 나타냄. 기쁜 일로 얼굴에 즐거운 표정과 소리를 내며 웃는. 상대방을 업신여기는 태 도로 비웃는]

직역 몹시 우스운 일로 크게 소리내어 웃는다는 뜻.

의역 입을 크게 벌리고 고개와 허리가 뒤로 재껴질 정도로 껄껄 웃는다는 뜻.

가렴주구
苛斂誅求

한자 풀이 ─────────

① 가 苛 9 – 가혹할 가[苛酷(가혹). ㅛ(艸 : 풀 초)와 발음요소인 可(옳을 가)가 합해진 글자로 본래는 자잘한 풀을 뜻함. 몹시 까다롭고 예의에 벗어날 정도로 사람을 심하게 다루는]·사나울 가

② 렴 斂 17 – 거둘 렴(염)[곡식을 두드린다는 뜻의 攵(攴 : 칠 복)과 도리깨를 뜻하는 僉(다 첨)이 합해진 글자로 여러 사람으로부터 돈·곡식·세금·물품 등을 강제로 거두어들이는]·모을 렴(염)·감출 렴(염)

③ 주 誅 13 – 벨 주 또는 목벨 주[言(말씀 언)과 발음요소와 나무를 자르듯이 목을 벤다는 뜻의 朱(붉을 주)가 합해진 글자로 부정·탈세·살인 등의 죄(罪)지은 사람의 목을 칼로 베는]·벌줄 주·멸할 주·꾸짖을 주

④ 구 求 7 – 구할 구[짐승을 잡아서 살과 뼈를 빼내고 털가죽만 쭉 펼쳐 놓은 모양을 본뜬 글자로 짐승을 잡거나 옷을 만들고자 통째로 말린 짐승 털가죽을 구한다는 뜻을 나타냄. 필요한 사람을 찾는]·구걸할 구·빌 구 또는 바랄 구·요할 구·탐낼(욕심을 내는) 구·가죽옷(털가죽을 가공하여 만든 옷) 구

직역 관청에서 백성에게 세금을 가혹하게 거두어들이고 무리하게 재물을 빼앗는다는 뜻.
의역 무리한 세금 징수(徵收)로 인한 임금의 혹독(酷毒)한 정치를 뜻함.

가롱성진
假弄成眞

* 농가성진(弄假成眞)이라고도 씀.

한자 풀이 ─────────

① **가 假 11** - 거짓 가[亻(人 : 사람 인)과 발음요소와 임시로 남의 손을 빌린다는 뜻의 叚(빌릴 가)가 합해진 글자로 진실이 아닌 임시변통으로 말하고 행동한다는 데서 거짓을 나타냄]·꾸밀 가·임시 가·가령 가

② **롱 弄 7** - 희롱할 롱(농)[戱弄(희롱). 王(玉 : 구슬 옥)과 양손을 뜻하는 廾(맞잡을 공)이 합해진 글자로 구슬을 두 손으로 가지고 놀듯이 실없는 말이나 행동으로 사람을 놀리는]·즐길 롱(농)·업신여길 롱(농)

③ **성 成 7** - 이룰 성[戉(도끼 월) 또는 창을 뜻하는 戊(다섯째천간 무)와 발음요소인 丁(못 정)이 합해진 글자로 도끼나 창을 힘들여 갈아서 못이나 바늘을 만든다는 뜻을 나타냄. 성공하는]·화목할 성·마칠 성

④ **진 眞 10** - 참 진[음식을 입에 떠 넣는 기구인 匕(숟가락 비)와 鼎(솥 정)이 생략된 貝와 불을 때는 모습인 八(八 : 여덟 팔)이 합해진 글자로 제사에 바칠 음식을 정성껏 만들어 진지하게 맛을 본다는 뜻을 나타냄. 옳고 바른]·거짓말아닐 진·바를(도리에 맞고 참된) 진·사진 진·초상 진

> **직역** 처음에는 농담이나 거짓으로 한 말이 나중에는 정말인 것처럼 된다는 뜻.
>
> **의역** 농담(弄談)으로 한 말이 현실(現實)이 될 수 있으므로 말을 조심해야 한다는 뜻.

가인박명
佳人薄命

한자 풀이 ─────────

① 가 佳 8 - 아름다울 가[亻(人 : 사람 인)과 圭(홀 규)가 합해진 글자로 홀(笏)를 들고 있는 사람이 아름답게 보인다는 뜻임. 생김새가 보석처럼 맑고 고우며 경치 등이 볼만하게 훌륭한]·착할 가·좋을 가·훌륭할 가

＊홀(笏) : 벼슬아치가 임금을 만날 때에 예복에 갖추어 손에 쥐던 대나무로 만든 물건.

② 인 人 2 - 사람 인[벼슬아치가 증표인 홀(笏)을 잡은 두 손을 앞으로 내밀며 서 있는 옆모습을 본뜬 글자로 두 발로 똑바로 서서 걸으며 생각과 말을 할 줄 아는 만물의 우두머리를 뜻함]·인격 인·남(상대방) 인

③ 박 薄 17 - 엷을 박[卝(艸 : 풀 초)와 발음요소와 넓다는 뜻의 溥(펼 부)가 합해진 글자로 본래는 '얇다·적다'의 뜻을 나타냄]·얇을 박·적을 박·메마를 박·야박할 박·핍박할 박·박하(薄荷 : 향료 풀) 박

④ 명 命 8 - 목숨 명[여럿이 모일 수 있는 천막 같은 주인의 집을 뜻하는 亼(모일 집)과 말한다는 뜻의 口(입구)와 무릎을 꿇은 사람 모습인 卩(병부 절)이 합해진 글자로 본뜻은 '명령'이며 이후 '목숨'의 뜻은 새로 생긴 것임. 죽음과 삶을 가르는 생명]·수명 명·운수 명·명령할 명·훈계할 명·가르칠 명·표적 명

직역 아름다운 여자는 대개 불행하거나 수명(壽命)이 짧다는 뜻.
의역 뛰어나게 아름다운 여자는 팔자가 사납고 복(福)이 없다는 뜻.

가화만사
家和萬事

* 가화만사성(家和萬事成)과 같은 말임.

한자 풀이 —————

① 가 家 10 - 집 가[宀(집 면)과 본래 발음요소인 豭(수퇘지 가)가 변형된 豕(돼지 시)가 합해진 글 자로 방 밑에다 돼지를 기르고 농사를 짓는 옛날 집의 구조를 나타냄]·집안 가·전문 가

  * 옛날에는 집에서 주로 씨받이로 쓰는 수퇘지를 방 밑에 땅을 파고 키웠음.

② 화 和 8 - 화할 화[禾(벼 화)와 벼의 대롱으로 만든 여러 개의 피리를 묶어 부는 모습인 龠 (피리 약)이 생략된 口(입 구)가 합해진 글자로 여러 가지 높고 낮은 소리가 서로 잘 어울린 다는 뜻을 나타냄]·화목할 화

③ 만 萬 13 - 일만 만[절지동물의 일종인 전갈이 알을 많이 낳아 품고 있는 모습을 나타낸 글 자로 본래는 전갈을 뜻하였으나 이후 수(數)를 나타내는 만(万)으로 쓰이게 된 것임]·많을 만·만약 만

④ 사 事 8 - 일 사[깃발이나 팻말의 모양인 中와 크(又 : 오른손 우)가 합해진 글자로 팻말 아래 사람들이 모여 작업이나 행사하는 모습을 나타냄]·섬길 사·벼슬 사·경영할 사

  * 事(사)를 장식이 달린 붓을 손에 잡고 있는 모습으로 보아 기록하는 일을 맡은 관원으로 풀이하기도 함.

직역 집안이 화목(和睦)하면 모든 일이 잘되어 나간다는 뜻.

의역 집안의 모든 일을 위해서는 무엇보다도 화목이 가장 중요하다는 뜻.

각자도생
各自圖生

한자 풀이 ────────

① 각 各 6 – 각각 각[새벽에 길은 맑은 우물인 정화수(井華水)를 뜻하는 口(입 구)와 뒤에 오는 사람을 뜻하는 夂(뒤져올 치)가 합해진 글자로 그릇에 우물을 떠놓고 기도할 때 기도내용이 사람마다 다르다는 뜻을 나타냄]·각자 각   * 정화수(井華水)를 정안수라고도 함.

② 자 自 6 – 스스로 자[目(눈 목)에 코를 내려다본다는 뜻의 丿(삐침 별)이 합해진 글자로 코의 앞모습과 코로 숨을 쉬고 있는 자기 자신을 가리킴]·몸소 자·저절로 자·부터 자·코 자

③ 도 圖 14 – 그림 도[곡식창고가 있는 마을 경계구역의 뜻인 啚(마을 비)에 囗(에워쌀 위)가 더해진 글자로 일정한 경계를 그린다는 뜻을 나타냄]·그릴(설계를 그리는) 도·지도(地圖) 도·꾀할 도

④ 생 生 5 – 날 생[어린 싹인 떡잎을 뜻하는 屮(싹날 철)과 土(흙 토)가 합해진 글자로 초목의 새싹이 땅 위로 돋아나는 모습을 나타냄]·낳을 생·생길 생·살 생·자랄 생

직역 사람은 제각기 살아나갈 방도(方道)를 꾀한다는 뜻.

의역 누구나 사람은 저마다 살아나갈 방법을 찾아 해결하려고 노력한다는 뜻.

각자위정
各自爲政

한자 풀이 ────────

① **각 各 6** - 각각 각[새벽에 길은 맑은 우물인 정화수(井華水)를 뜻하는 口(입 구)와 뒤에 오는 사람을 뜻하는 夊(뒤져올 치)가 합해진 글자로 그릇에 우물을 떠놓고 기도할 때 기도내용이 사람마다 다르다는 뜻을 나타냄]·각자 각 ＊정화수(井華水)를 정안수라고도 함.

② **자 自 6** - 스스로 자[目(눈 목)에 코를 내려다본다는 뜻의 ／(삐침 별)이 합해진 글자로 코의 앞모습과 코로 숨을 쉬고 있는 자기 자신을 가리킴]·몸소 자·저절로 자·부터 자·코 자

③ **위 爲 12** - 할 위 또는 행할 위[본래 爪(爪 : 손톱 조)와 象(코끼리 상)이 변형된 爲이 합해진 글자로 손으로 코끼리를 쓰다듬으며 어떤 일을 하도록 부린다는 뜻을 나타냄]·위할 위·속일 위·될 위·만들 위·하여금 위

④ **정 政 9** - 정사 정[政事(정사). 잘못하는 사람을 친다는 뜻의 正(바를 정)과 잘한 사람을 다독거린다는 뜻의 夊(攴 : 칠 복)이 합해진 글자로 나라를 바르고 정당하게 다스린다는 뜻을 나타냄. 행정에 관한 사무나 정치·정책 운영에 관계되는 일]·정치(주권자가 영토와 국민을 다스리어 행복하게 살게 하는) 정

직역 각자가 다 자기 마음대로만 정치를 행한다는 뜻.
의역 조직의 목표에 부합되는 협력 정치를 안 하여 체제가 무너지는 상황을 뜻함.

간난신고
艱難辛苦

한자 풀이 ————

① 간 艱 17 - 어려울 간[두 손을 묶고 목에 칼을 씌운 채 불에 태운다는 뜻의 堇(노란진흙 근)과 艮(어긋날 간)이 합해진 글자로 심한 고통을 나타냄. 일이 까다롭고 힘든]·괴로울 간·부모상(父母喪) 간·근심할 간

② 난 難 19 - 어려운 난(란)[작은 새를 뜻하는 隹(새 추)와 堇(菫 : 진흙 근)이 합해진 글자로 진흙에 빠져 날개에 진흙이 묻은 새가 날지 못하고 어려움을 겪고 있다는 뜻을 나타냄]. 어려워할 난(란)·난리(亂離) 난(란)·재앙(災殃) 난(란)

③ 신 辛 7 - 매울 신(죄인을 형벌로 문신할 때 찌르는 도구 모양인 辛와 죄를 범한 사람을 자자(刺字)한다는 뜻의 一이 합해진 글자로 죄인의 이마를 바늘로 혹독하게 먹물로 죄명을 찍어 넣는다는 뜻)·쓸 신·고생 신·괴로울 신

 * 자자(刺字) : 옛날 중국에서 죄인의 얼굴이나 팔뚝에 살을 따고 흠을 내어 먹물로 죄명을 찍어 넣던 형벌.

 * 옛날에는 포로로 잡혀 온 노예의 이마나 몸에 문신을 새겨 구별했으며 혹독하게 고생을 시켰음.

④ 고 苦 9 - 쓸 고[艹(艸 : 풀 초)와 시간이 오래 지났다는 뜻의 古(예 고)가 합해진 글자로 쓴맛을 낸다는 뜻에서 '괴롭다'를 나타냄)·괴로울 고·모질 고·간절할 고·아플 고

직역 몹시 괴롭고 고통스럽다는 뜻.

의역 몹시 어려운 일을 당하여 애를 쓴다는 뜻.

간두지세
竿頭之勢

한자 풀이 ──────

① **간 竿 9** – 장대 간[竹(竹 : 대 죽)과 발음요소인 干(방패 간)이 합해진 글자로 대나무나 기타의 나무를 다듬어 창 같이 만든 긴 막대기를 뜻함]·횃대(달아맨 긴 막대) 간

② **두 頭 16** – 머리 두[頁(머리 혈)과 발음요소와 굽이 높고 큰 그릇인 豆(제기 두)가 합해진 글자로 몸통이 떠받치고 있는 머리를 나타냄. 사람의 두뇌]·두목 두·우두머리 두·마리 두·처음 두·가(변두리) 두

③ **지 之 4** – 갈 지[두 발을 뜻하는 止(발 지)와 출발선을 뜻하는 一(가로획)을 그어 만든 글자로 한 발을 떼고 막 출발하려는 모습을 나타냄]·이를 지·이 지·어조사(~의, ~가, ~이, ~을) 지

④ **세 勢 13** – 세력 세[勢力(세력). 力(힘 력)과 발음요소와 마구 휘두른다는 뜻의 埶(권세 세)가 합해진 글자로 성대한 기운이나 세력을 나타냄. 국가나 사회단체의 활동에서 지배하는 힘이나 영향력]·기세(氣勢) 세·권세(權勢) 세·형세(形勢) 세·불알(남성 생식기관) 세

직역 대나무 장대 꼭대기에 서 있는 형세(形勢)를 뜻함.

의역 어려움이 극도(極度)에 달하여 꼼짝 못 할 정도로 위태로운 상황에 처해 있다는 뜻.

간악무도
奸惡無道

한자 풀이 ————

① 간 奸 6 - 간사할 간[奸邪(간사). 女(여자 여)와 발음요소와 범한다는 뜻의 干(방패 간)이 합해진 글자로 남녀 간에 도덕적인 잘못을 범한다는 뜻을 나타냄. 요리조리 알랑거리는]·범할 간·통간(通姦)할 간

② 악 惡 12 - 나쁠 악[心(마음 심)과 발음요소와 옛날 왕과 왕비의 시체를 넣은 관(棺)을 놓는 묘터의 평면도를 그린 亞(버금 아)가 합해진 글자로 묘 안에 들어가기가 두렵고 꺼린다는 데서 비롯되어 나쁘다는 뜻을 나타냄]·악할 악·미워할 오

③ 무 無 12 - 없을 무[舞(춤출 무)에서 舛(어그러질 천) 대신 4개의 발바닥 모양인 灬이 합해진 글자로 깃털 장식을 잡고 흔들며 춤추는 모습을 나타냄. 본뜻은 춤이며 '없다'는 뜻은 亡(없을 망)에서 가져온 것임]

④ 도 道 13 - 길 도[辶(길갈 착)과 사람의 머리를 형상화한 首(머리 수)가 합해진 글자로 마음의 세계가 향하고 있는 눈에 안 보이는 길을 주로 나타냄. 훌륭한 자취를 따라가는 길]·도리 도·이치 도·말씀 도 또는 말할 도·도교(道敎) 도·다스릴 도·도사(道士) 도·지역 도

* 무도(無道) : ① 도리(道理)를 어겨 법(法)이 없이 막된. ② 무지막지(無知莫知)한 : 몹시 무지하고 상스러우며 포악한.

직역 간사(奸邪)하고 악독(惡毒)하며 도리에 어긋난다는 것을 뜻함.
의역 성질이 간교하고 도리(道理)를 다하지 못하는 잔인(殘忍)한 사람을 뜻함.

감불생심
敢不生心

*감불생의(敢不生意)·언감생심(焉敢生心)과 같은 뜻임

한자 풀이 ————

① 감 敢 12 - 용감할 감[勇敢(용감). 옛날 사냥도구의 모양인 𠬝와 攵(攴 : 칠 복)이 합해진 글자로 손에 창을 들고 멧돼지와 싸울 수 있는 용기를 나타냄]·감히 감·구태어 감·굳셀 감

② 불 不 4 - 아니 불 또는 아닐 불(식물의 꽃대와 꽃받침과 꽃의 암술로 된 씨방 모양을 본뜬 글자로 씨방이 자라서 열매를 맺을지 모른다는 뜻에서 '아니'라고 나타냄)·못할 불·없을 불·않을 불

③ 생 生 5 - 날 생[어린 싹인 떡잎을 뜻하는 屮(싹날 철)과 土(흙 토)가 합해진 글자로 초목의 새싹이 땅 위로 돋아나는 모습을 나타냄]·낳을 생·생길 생·살 생·자랄 생

④ 심 心 4 - 마음 심(사람의 심장 모양을 본뜬 글자로 본뜻은 심장이며 이후 '마음'의 뜻이 생긴 것임)·생각 심·심장 심 또는 염통 심·가슴 심·중심 심·별이름 심·근본 심

　* 예로부터 사람들은 모든 생각은 심장이 주관하는 마음에서 나온다고 믿었음. 心琴(심금 : 미묘한 마음).

직역 감히 무엇을 하려는 마음을 갖지 못한다는 뜻.

의역 힘이 부치어 감히 마음을 먹지 못하거나 아예 생각조차 못한다는 뜻.

감언이설
甘言利說

한자 풀이 ————————

① **감 甘 5** - 달 감[口(입 구) 안에 一(짧은 가로획)이 더해져 입 안에 맛있는 음식을 물고 있는 모습의 글자로 맛이 있거나 좋다는 뜻을 나타냄. 혀끝으로 느끼는 꿀같이 맛이 단. 불편이나 고통을 긍정적으로 생각하는] * 口(입 구)의 본래 모양은 ⎵임.

② **언 言 7** - 말씀 언[口(입 구)와 혀로 말할 때 말소리가 퍼져 나오는 현상을 그린 ≡이 합해진 글자로 위·아래의 입술과 혀를 움직이며 소리로 의견을 교환하고 내용을 전달하는 수단]·말할 언

③ **이 利 7** - 이로울 이(리) 또는 이롭게할 이(리)[벼나 곡식을 뜻하는 禾(벼 화)와 칼로 자른다는 뜻의 刂(刀 : 칼 도)가 합해진 글자로 벼를 베어 묶어 자기 몫을 챙긴다는 데서 '이롭다'의 뜻을 나타냄]·이익(利益) 이(리)

④ **설 說 14** - 말씀 설[言(말씀 언)과 발음요소와 입을 움직이며 계속 말한다는 뜻의 兌(기뻐할 열)이 합해진 글자로 잘 알아듣도록 큰 소리로 말한다는 뜻을 나타냄. 학문과 과학기술·종교와 사상 등을 논리적으로 설명하는]·언론(言論 : 비판과 함께 자기의 생각을 말하는) 설·달랜세·기쁠 열

> **직역** 달콤한 말과 이로운 말로 그럴듯하게 꾀는 말이라는 뜻.
>
> **의역** 귀가 솔깃한 말로 남을 속이거나 현혹(眩惑)시킨다는 뜻.
>
> * 현혹(眩惑) : 어떤 일에 홀리어 정신이 헛갈리고 어지러운.

감정지와
坎井之蛙

한자 풀이 ————————

① **감 坎 7** - 구덩이 감[土(흙 토)와 발음요소와 구멍을 파낸다는 뜻의 欠(하품 흠)이 합해진 글자로 땅을 파낸 구멍이나 깊은 웅덩이를 나타냄]·험할 감·괘이름(주역의 8괘중 6번째) 감

② **정 井 4** - 우물 정(정사각형의 난간 모양으로 만든 우물의 틀을 본뜬 글자로 물을 얻기 위하여 땅을 파고 4각 모양으로 나무막대를 설치하여 물이 괴게 만든 시설·샘)·밭이랑 정·정자(亭子)꼴 정·조리(條里)있을 정

  * 조리(條里) : 말·글 또는 일이나 행동에서 앞뒤가 들어맞고 체계가 서는 갈피.

③ **지 之 4** - 갈 지[두 발을 뜻하는 止(발지)와 출발선을 뜻하는 一(가로획)을 그어 만든 글자로 한 발을 떼고 막 출발하려는 모습을 나타냄]·이를 지·이 지·어조사(~의, ~가, ~이, ~을) 지

④ **와 蛙 12** - 개구리 와[뱀이 웅크리고 있는 모양인 虫(벌레 훼)와 발음요소와 개구리 모양을 본뜻 圭(서옥 규)가 합해진 글자로 올챙이가 자란 것으로 뒷발이 길고 발가락 사이에는 물갈퀴가 있는 물과 땅에서 사는 동물]·음란(淫亂 : 술과 여자를 밝히며 그릇된 생각으로 행동이 어지럽고 어수선한)할 와

직역 우물 안에 들어 있는 개구리라는 뜻.
의역 보고 들은 지식이 좁고 세상 형편에 어두운 사람을 이르는 뜻.

감지덕지
感之德之

한자 풀이 ━━━━━━━

① **감 感 13** - 느낄 감[心(마음 심)과 발음요소와 어떤 영향이나 작용이 두루 미친다는 뜻의 咸(다 함)이 합해진 글자로 깨닫거나 보고 느낀 감동이나 자극 등이 마음을 움직인다는 뜻을 나타냄]·감동(感動)할 감·깨달을(~을 스스로 느끼어 알게 되는) 감·고맙게여길 감

② **지 之 4** - 갈 지[두 발을 뜻하는 止(발지)와 출발선을 뜻하는 一(가로획)을 그어 만든 글자로 한 발을 떼고 막 출발하려는 모습을 나타냄]·이를 지·이 지·어조사(~의, ~가, ~이, ~을) 지

③ **덕 德 15** - 덕 덕[본래 直(곧을 직)과 心(마음 심)이 합해져 곧은 마음을 뜻하는 悳(큰 덕)에 행동한다는 뜻의 彳(자축거릴 척)이 더해진 글자로 바른 마음으로 행동하는 깨달음의 경지를 나타냄. 어질고 포용성 있는 품성을 뜻함]·은덕(恩德) 덕·복(福 : 행운과 행복) 덕

직역 매우 감동스럽고 은혜스럽게 느낀다는 뜻.
의역 베풀어준 은덕(恩德)에 대하여 대단히 고맙게 여긴다는 뜻.

감탄고토
甘吞苦吐

한자 풀이 ————————

① **감 甘 5** - 달 감[口(입 구) 안에 一(짧은 가로획)이 더해져 입 안에 맛있는 음식을 물고 있는
모습의 글자로 맛이 있거나 좋다는 뜻을 나타냄. 혀끝으로 느끼는 꿀같이 맛이 단. 불편이
나 고통을 긍정적으로 생각하는] * 口(입 구)의 본래 모양은 ⌣임.

② **탄 吞 7** - 삼킬 탄[입을 뜻하는 口(입 구)와 발음요소와 목구멍을 뜻하는 天(하늘 천)이 합해
진 글자로 씹은 음식물이나 물을 목구멍으로 넘긴다는 뜻을 나타냄. 남의 재물이나 영토를
강제로 빼앗는]

③ **고 苦 9** - 쓸 고[艹(艸 : 풀 초)와 시간이 오래 지났다는 뜻의 古(예 고)가 합해진 글자로 쓴맛
을 낸다는 뜻에서 '괴롭다'를 나타냄]·괴로울 고·모질 고·간절할 고·아플 고

④ **토 吐 6** - 토할 토[口(입 구)와 발음요소와 땅바닥을 뜻하는 土(흙 토)가 합해진 글자로 땅에
다 토한다는 뜻을 나타냄. 먹은 음식을 소화시키지 못하고 입에서 땅으로 도로 뱉어내는.
곡식의 이삭이 나오거나 꽃이 피는]·뱉을 토·게울(심하게 토하는) 토·펼 토 또는 말할 토

직역 달면 삼키고 쓰면 뱉는다는 뜻.
의역 자기의 비위에 맞으면 좋아 덤비고 안 맞으면 돌아선다는 뜻.

갑론을박
甲論乙駁

한자 풀이 ──────

① **갑 甲 5** - 갑옷 갑(4개의 발이 있고 몸이 타원형으로 납작하게 생긴 동물인 거북의 등 딱지를 본뜬 글자로 쇠나 가죽 또는 나무 조각을 꿰어 만든 갑옷을 뜻함)·으뜸 갑·딱지 갑·아무개 갑·첫째천간 갑

② **론 論 15** - 논할 론(논)[言(말씀 언)과 책이 순서대로 잘 정돈된 모습을 뜻하는 侖(책뭉치 륜) 이 합해진 글자로 주로 학자(學者)나 성인(聖人)들의 말씀을 정리한 책을 뜻함]·말할 론·의 논할 론·평할 론(논)

③ **을 乙 1** - 새 을(황새처럼 목이 긴 새의 굽은 앞가슴 모양이나 초목의 싹이 구부러져 솟아 나오는 모양을 본뜬 글자로 양쪽 날개를 치며 땅 위나 하늘을 날아다니는 날짐승)·굽을 을·제비 을·아무개 을·두번째천간 을

④ **박 駁 14** - 얼룩말 박[馬(말 마)와 엇갈리거나 교차되는 모양의 爻(사귈 효)가 합해진 글자 로 털이 얼룩얼룩한 말(馬)이라는 데서 '섞이다·논박하다'를 나타냄. 흰색·담황색 바탕 에 검은 줄무늬가 있는 자은 말(馬)]·논박(論駁 : 말을 타고 칼싸움을 하듯이 잘못된 점을 공격하 여 말하는)할 박

* 일반적으로 두 사람이나 두 개의 사물이 있을 때 그 각각을 대신하여 갑(甲)·을(乙)이라고 칭함.

직역 갑(甲)이라는 사람이 따지고 주장하면 을(乙)이라는 사람이 말로 공격한다는 뜻.

의역 서로 자기의 주장을 내세우고 상대방의 주장을 반박한다는 뜻.

* 주장(主張) : 어떤 문제나 사건·논의 등에서 자기의 의견을 굳게 내세우는.

017

강구연월
康衢煙月

한자 풀이 ——————

① 강 康 11 - 편안할 강[便安(편안). 广(집 엄)과 隶(노에 예)가 합해진 글자로 노예가 집에서 편안하게 쉰다는 뜻을 나타냄. 몸에 병이 없이 육체적 정신적으로 편안한]·몸 강·오거리 강·튼튼할 강

② 구 衢 24 - 네거리 구[왼발과 오른발을 뜻하는 行(다닐 행) 가운데에 瞿(눈휘둥거릴 구)가 합해진 글자로 두 개의 거리가 서로 교차되어 네 방향으로 된 볼거리가 많은 거리를 뜻함]·거닐 구

 * 강구(康衢)는 이리저리 사방으로 통하는 사통오달(四通五達)한 큰 길거리를 뜻함.

③ 연 煙[烟] 13 - 연기 연[煙氣(연기). 火(불 화)와 覀(襾 : 덮을 아)와 土(흙 토)가 합해진 글자로 불을 흙으로 덮어서 흐릿한 연기만 난다는 뜻을 나타냄]·안개 연·담배 연

④ 월 月 4 - 달 월[초승달에서 둥근 보름달까지 변화하는 달의 모양을 형상화한 글자로 지구의 둘레를 약 1달에 1번 돌고 있는 위성(衛星)]·한달 월·세월 월

 * 본래 달월의 글자는 달의 모양인 ◖◗◐○을 그린 月이며 1달은 28~31일임.

직역 번화(繁華)한 사거리와 안개 속에 보이는 달빛이라는 뜻.
의역 태평한 시대에 번화한 거리의 평화스러운 모습이나 풍경(風景)을 뜻함.

개과불린
改過不吝

한자 풀이 ───────

① 개 改 7 - 고칠 개 또는 바로잡을 개[어린 아이의 형상인 巳(뱀 사)가 변형된 己(몸 기)와 손에 회초리를 들고 있는 모습인 攵(攴 : 칠 복)이 합해진 글자로 나쁜 버릇을 회초리로 쳐서 고치거나 제도·건물구조를 바꾸는]

② 과 過 13 - 지날 과[辶(길갈 착)과 발음요소와 한쪽으로 쏠려 있다는 뜻의 咼(입비뚤어질 와)가 합해진 글자로 '지나다·도를 넘다'의 뜻을 나타냄]·허물(잘못을 일으킨 실수) 과·지나칠 과·뛰어날 과·건널 과

③ 불 不 4 - 아니 불 또는 아닐 불(식물의 꽃대와 꽃받침과 꽃의 암술로 된 씨방 모양을 본뜬 글자로 씨방이 자라서 열매를 맺을지 모른다는 뜻에서 '아니'라고 나타냄)·못할 불·없을 불·않을 불

④ 린 吝 7 - 아낄 린(인)[빛나는 무늬를 뜻하는 文(무늬 문)과 말을 뜻하는 口(입 구)가 합해진 글자로 빛나는 말은 곧 '아낀다'는 뜻을 나타냄]·인색(吝嗇 : 지나치게 아끼는)할 린(인)·부끄러운(도리에 벗어나거나 양심에 꺼리어 떳떳하지 못하거나 비겁한) 린(인)

직역 잘못을 고치려 함에 조금도 인색(吝嗇)하지 말라는 뜻.
의역 허물이나 잘못을 고치는 데도 주저(躊躇)하지 말고 최선을 다하라는 뜻.

거두절미
去頭截尾

한자 풀이 ───────

① **거 去 5** - 갈 거[화살이 날아와 목표물에 꽂힌 모양인 至(이를 지)가 생략된 厶와 앞으로 나
  간다는 뜻의 十(열 십)이 합해진 글자로 화살이 목표물을 뚫고 지나간다는 뜻을 나타냄]·지
  날 거·떠날 거·버릴 거

② **두 頭 16** - 머리 두[頁(머리 혈)과 발음요소와 굽이 높고 큰 그릇인 豆(제기 두)가 합해진 글
  자로 몸통이 떠받치고 있는 머리를 나타냄. 사람의 두뇌]·두목 두·우두머리 두·마리 두·
  처음 두·가 두

③ **절 截 14** - 끊을 절[扌(手 : 손 수)가 변형된 土(흙 토)와 자르는 도구를 뜻하는 戈(창 과)와 隹
  (새 추)가 합해진 글자로 절벽처럼 깎아 자르거나 새·짐승 따위의 살을 가르는]·말잘할(분
  명하게 말하는) 절

④ **미 尾 7** - 꼬리 미[사람의 엉덩이 모양을 뜻하는 尸(주검 시)와 발음요소인 毛(털 모)가 합해
  진 글자로 옛날에 사람들이 짐승의 꼬리를 만들어 달고 흉내를 낸 데서 비롯되어 꼬리를
  나타냄]·끝(책·계약서·문서 등의 끝부분을 가리키는) 미·홀레할(짐승의 암컷과 수컷이 교접하는) 미

직역 머리와 꼬리는 잘라 버리고 몸통만 남긴다는 뜻.
의역 앞뒤의 잡다한 의견은 빼놓고 요점만 간결하게 말한다는 뜻.

거안사위
居安思危

한자 풀이 ─────────

① **거 居 8** - 살 거[엉덩이를 바닥에 붙이고 있는 모습인 尸(주검 시)와 10대(十代)에 걸친 오랜 세월을 뜻하는 古(에 고)가 합해진 글자로 한곳을 차지하여 생활하며 오래 살고 지내는]·앉을 거·머무를 거·편안할 거

② **안 安 6** - 편안할 안[便安(편안). 宀(집 면)과 무릎을 꿇고 기도하는 제사장을 뜻하는 女(계집 녀)가 합해진 글자로 집 안에서 제사를 지내거나 기도를 하여 온 집안이 항상 편하다는 뜻을 나타냄]·안존(安存)할 안

③ **사 思 9** - 생각할 사[뇌의 모양을 본뜬 囟(정수리 신)이 변형된 田(밭 전)과 心(마음 심)이 합해진 글자로 생각이 두뇌와 심장에서 나온다는 뜻을 나타냄]·생각(기억·상상 등을 일으키는 정신작용) 사·그리워할 사

④ **위 危 6** - 위태 위 또는 위태할 위[𠂊(人 : 사람 인)과 厂(바위 엄)과 밑에서 밀어버리려고 쭈그리고 있는 사람의 모습의 㔾(卩 : 병부 절)이 합해진 글자로 매우 위험한 상황에 처해 있다는 뜻을 나타냄. 병세가 악화되거나 재앙을 당하여 생명이 위급한]·두려워할 위·높을(위태로울 정도로 높은) 위

직역 탈 없이 편안하게 살 때에도 닥쳐올 위태로움을 생각한다는 뜻.
의역 항상 미래에 닥쳐올 줄 모르는 불행을 대비해야 한다는 뜻.

건목생수
乾木生水

* 건목수생(乾木水生)이라고도 씀.

한자 풀이 ————————

① **건 乾 11** - 하늘 건[倝(해돋을 간)과 식물이 자라는 모습의 乙(새 을)이 합해진 글자로 햇빛을 받으며 초목이 자라는 모습을 나타냄. 태양빛이 가득 찬 넓은 공간]·임금 건·남편 건·건조(乾燥 : 물기가 말라서 없는)할 건·괘이름 건

② **목 木 4** - 나무 목(땅 아래로 뿌리를 내리고 땅 위의 수직으로 줄기가 자라고 있는 나무를 본뜬 글자로 뿌리와 줄기와 가지가 있는 나무를 나타냄)·별이름(木星 : 목성) 목·질박할(거짓이나 꾸밈이 없는 순진한) 목·저릴 목

③ **생 生 5** - 날 생[어린 싹인 떡잎을 뜻하는 屮(싹날 철)과 土(흙 토)가 합해진 글자로 초목의 새싹이 땅 위로 돋아나는 모습을 나타냄]·낳을 생·생길 생·살 생·자랄 생

④ **수 水 4** - 물 수[본래 川(내 천)에서 비롯된 글자로 흐르는 물줄기가 합쳤다가 갈라지는 모습을 나타냄. 샘물·시냇물·강물·바닷물 등 자연에 존재하는 기본 물질을 뜻함]·별이름(水星 : 수성) 수

직역 마른 나무에서 물이 나온다는 뜻.
의역 전혀 이치(理致)에 맞지 않거나 거의 불가능한 일을 뜻함.

격세지감
隔世之感

한자 풀이 ─────────

① **격 隔 13** - 막힐 격[阝(阜 : 언덕 부)와 鬲(막을 격)이 합해진 글자로 언덕으로 막혀 서로 떨어져 있다는 뜻을 나타냄. 언덕이나 벽에 둘러싸여 막혀 있는]·사이뜰 격·멀 격·격할 격·멀리할 격·막을 격

② **세 世 5** - 세대 세[본래는 十(열 십)이 3개로 된 卅(서른 삽)이며 30년을 한 세대(世代)로 이루면서 세상이 돌아간다는 뜻을 나타냄]·시대 세·세상 세·누리 세·평생 세·때 세·인간 세·시간 세

③ **지 之 4** - 갈 지[두 발을 뜻하는 止(발 지)와 출발선을 뜻하는 一(가로획)을 그어 만든 글자로 한 발을 떼고 막 출발하려는 모습을 나타냄]·이를 지·이 지·어조사(~의, ~가, ~이, ~을) 지

④ **감 感 13** - 느낄 감[心(마음 심)과 발음요소와 어떤 영향이나 작용이 두루 미친다는 뜻의 咸(다 함)이 합해진 글자로 깨닫거나 보고 느낀 감동이나 자극 등이 마음을 움직인다는 뜻을 나타냄]·감동(感動)할 감·깨달을(사물을 인식하고 스스로 알게 되는) 감·고맙게여길 감

직역 세대 간에 벽으로 막혀 있어 몹시 달라진 것처럼 느낀다는 뜻.

의역 발전과 변화가 너무 심하여 세대(世代) 간에 거리감을 느낀다는 뜻. 즉, 그리 오래되지 않은 동안인데도 딴 세상처럼 느껴진다는 뜻.

023

견리사의
見利思義

한자 풀이 ────────

① **견 見 7** - 볼 견[目(눈 목)과 人(사람 인)의 옛날 글자인 儿(어진사람 인·걷는사람 인)이 합해진 글자로 어떤 대상을 다가가서 정면으로 바라본다는 뜻을 나타냄]·보일 견·의견 견·생각 견

② **리 利 7** - 이로울 리 또는 이롭게할 리(이)[벼나 곡식을 뜻하는 禾(벼 화)와 칼로 자른다는 뜻의 刂(刀 : 칼 도)가 합해진 글자로 벼를 베어 묶어 자기 몫을 챙긴다는 데서 '이롭다'의 뜻을 나타냄]·이익 리(이)

③ **사 思 9** - 생각할 사[뇌의 모양을 본뜬 囟(정수리 신)이 변형된 田(밭 전)과 心(마음 심)이 합해진 글자로 생각이 두뇌와 심장에서 나온다는 뜻을 나타냄]·생각(정신작용) 사·그리워할 사·슬퍼할 사·근심할 사

④ **의 義 13** - 옳을 의[희생물을 뜻하는 羊(羊 : 양 양)과 돌로 된 톱니칼을 손에 잡고 있는 모양인 我(나 아)가 합해진 글자로 제사를 지낸 양의 머리·다리·꼬리 등을 제사장(祭司長)이 하는 대로 자르는 것이 '옳다'는 뜻을 나타냄. 도리나 진리·도덕 등의 규범에 맞는]·의리(義理 : 서로 교제할 때 지켜야 할 올바른 도리) 의

* 제사장(祭司長) : 종교상의 의식이나 전례(典禮)를 도맡아 보는 사람.

> **직역** 눈앞에 이익이 보일 때는 의리를 생각한다는 뜻.
> **의역** 이익에 탐(貪)을 내지 말고 의리(義理)를 먼저 생각하라는 뜻.

견마지로
犬馬之勞

* 견마지역(犬馬之役)과 같은 뜻임.

한자 풀이 ─────────

① **견 犬 4** - 개 견[서 있는 사람을 뜻하는 大(큰 대)와 사람 곁에 늘 붙어 있는 개의 모습인 ㆍ(점 주)가 합해진 글자로 영리하고 냄새를 잘 맡는 집에서도 기르도록 길들여진 짐승]ㆍ 큰개 견

② **마 馬 10** - 말 마(말의 머리ㆍ긴 목과 갈기ㆍ몸통ㆍ꼬리의 모양인 馬와 4개의 말굽을 뜻하는 灬이 합해진 글자로 달리는 말의 옆모습을 나타냄)ㆍ산가지 마ㆍ벼슬이름 마ㆍ아지랑이 마

* 말은 목에 갈기털이 있는 것이 특징임.

* 견마(犬馬)는 천하고 하잘것없는 개나 말에 비유하여 '자기'를 낮추어 이르는 말.

③ **지 之 4** - 갈 지[두 발을 뜻하는 止(발 지)와 출발선을 뜻하는 一(가로획)을 그어 만든 글자로 한 발을 떼고 막 출발하려는 모습을 나타냄]ㆍ이를 지ㆍ이 지ㆍ어조사(~의, ~가, ~이, ~을) 지

④ **로 勞 12** - 일할 로(노)[힘써 일한다는 뜻의 力(힘 력)과 발음요소와 횃불을 밝힌다는 뜻의 熒(불꽃 형)이 생략된 𤇾이 합해진 글자로 횃불을 밝히며 밤늦게까지 작업을 한다는 뜻을 나타냄]ㆍ힘쓸 로(노)ㆍ공 로(노)ㆍ위로할 로(노)ㆍ수고스러울 로(노)ㆍ노곤할 로(노)ㆍ지칠 로(노)

직역 길들여진 개나 말이 주인을 돕는 하찮은 정도의 수고로움을 뜻함.
의역 임금 또는 나라에 바친 충성이나 윗사람에 바친 자기의 노력을 낮추어 이른다는 뜻.

견마지양
犬馬之養

한자 풀이 ────────

① **견 犬 4** - 개 견[서 있는 사람을 뜻하는 大(큰 대)와 사람 곁에 늘 붙어 있는 개의 모습인 ㆍ(점 주)가 합해진 글자로 영리하고 냄새를 잘 맡는 집에서도 기르도록 길들여진 짐승]·큰개 견

② **마 馬 10** - 말 마(말의 머리·긴 목과 갈기·몸통·꼬리의 모양인 馬와 4개의 말굽을 뜻하는 灬이 합해진 글자로 달리는 말의 옆모습을 나타냄)·산가지 마·벼슬이름 마·아지랑이 마

  * 말은 목에 갈기털이 있는 것이 특징임

③ **지 之 4** - 갈 지[두 발을 뜻하는 止(발 지)와 출발선을 뜻하는 一(가로획)을 그어 만든 글자로 한 발을 떼고 막 출발하려는 모습을 나타냄]·이를 지·이 지·어조사(~의, ~가, ~이, ~을) 지

④ **양 養 15** - 기를 양[먹이나 젖을 준다는 뜻의 食(먹이 사)와 발음요소인 羊(羊 : 양 양)이 합해진 글자로 가축을 기르거나 사람에게 음식을 바치며 섬긴다는 뜻을 나타냄. 몸을 단련시키거나 지혜와 도덕을 닦는]·다스릴(사람이 바르게 성장하도록 다루는) 양·가르칠 양·봉양(奉養 : 부모를 받들어 모시는)할 양

직역 개와 말 같은 가축에게 먹이를 주며 기른다는 뜻.

의역 부모를 존경하는 마음 없이 단순히 생활만 도와드린다는 뜻. 즉, 어버이를 물질적으로 도와드릴 뿐 효도(孝道)나 공경(恭敬)하는 마음이 없다는 뜻.

견물생심
見物生心

한자 풀이 —————————

① 견 見 7 - 볼 견[目(눈 목)과 人(사람 인)의 옛날 글자인 儿(어진사람 인·걷는사람 인)이 합해진 글자로 어떤 대상을 다가가서 정면으로 바라본다는 뜻을 나타냄]·보일 견·의견 견·생각 견

② 물 物 8 - 만물 물[萬物(만물). 牛(소 우)와 여러 색깔의 물결무늬를 뜻하는 勿(말 물)이 합해진 글자로 온 몸에 칡덩굴 같은 무늬가 다양하게 많은 칡소를 가리킴]·사물 물·물건 물·사람 물·일 물·살필 물

③ 생 生 5 - 날 생[어린 싹인 떡잎을 뜻하는 屮(싹날 철)과 土(흙 토)가 합해진 글자로 초목의 새싹이 땅 위로 돋아나는 모습을 나타냄]·낳을 생·생길 생·살 생·자랄 생

④ 심 心 4 - 마음 심(사람의 심장 모양을 본뜬 글자로 본뜻은 심장이며 이후 '마음'의 뜻이 생겼음)·생각 심·심장 심 또는 염통 심·가슴 심·중심 심·별이름 심·근본 심

* 예로부터 사람들은 모든 생각은 심장이 주관하는 마음에서 나온다고 믿었음. 心琴(심금 : 미묘한 마음).

직역 물건을 보면 갖고 싶은 마음이 생긴다는 뜻.

의역 눈으로 직접 보면 탐을 내게 되어 갖고 싶은 욕심이 생긴다는 뜻. 즉, 물건을 보면 탐을 내는 것이 인지상정(人之常情)이라는 뜻.

* 인지상정(人之常情) : 사람이면 누구나 가지는 보통의 정서나 감정.

견원지간
犬猿之間

한자 풀이 ─────────

① **견 犬 4** - 개 견[서 있는 사람을 뜻하는 大(큰 대)와 사람 곁에 늘 붙어 있는 개의 모습인 丶(점 주)가 합해진 글자로 영리하고 냄새를 잘 맡는 집에서도 기르도록 길들여진 짐승]·큰개 견

② **원 猿 13** - 원숭이 원[길짐승을 뜻하는 犭(犬 : 개 견)과 발음요소와 爰(끌 원)과 통하는 袁(옷길 원)이 합해진 글자로 몸의 구조가 사람과 비슷하며 얼굴이 붉고 나무를 잘 타는 영리한 동물인 원숭이를 나타냄]

③ **지 之 4** - 갈 지[두 발을 뜻하는 止(발 지)와 출발선을 뜻하는 一(가로획)을 그어 만든 글자로 한 발을 떼고 막 출발하려는 모습을 나타냄]·이를 지·이 지·어조사(~의, ~가, ~이, ~을) 지

④ **간 間 12** - 사이 간[두 개의 문짝으로 된 門(문 문)과 본래 月(달 월)이 바뀐 日(해 일)이 합해진 글자로 본뜻은 밤에 문틈 사이로 비쳐드는 달빛을 나타냄. 물체와 물체 사이. 사람과 사람 사이]·틈 간·뜸할 간·낄 간·때 간·동안 간·요마적(요사이, 아주 가까운 때) 간·엿볼 간

직역 성질이 서로 맞지 않는 개와 원숭이 사이를 뜻함.
의역 서로 사이가 나쁜 두 사람의 관계를 뜻함.

028

견위치명
見危致命

한자 풀이 ————————

① **견 見 7** - 볼 견[目(눈 목)과 人(사람 인)의 옛날 글자인 儿(어진사람 인·걷는사람 인)이 합해진 글자로 어떤 대상을 다가가서 정면으로 바라본다는 뜻을 나타냄]·보일 견·의견 견·생각 견

② **위 危 6** - 위태 위 또는 위태할 위[⺈(人 : 사람 인)과 厂(바위 엄)과 밑에서 밀어버리려고 쭈그리고 있는 사람 모습의 㔾(卩 : 병부 절)이 합해진 글자로 매우 위험한 상황에 처해 있는]·두려워할 위·높을 위

③ **치 致[致] 10** - 이를 치[화살이 날아와 꽂힌다는 뜻의 至(이를 지)와 발음요소와 걷는다는 뜻의 夂(뒤져올 치)가 합해진 글자로 발로 걸어서 먼 곳까지 이른다는 뜻을 나타내는. 어떤 장소나 목적지에 도착하는]·지극할 지 또는 극진할 치·바칠 치·경치 치

④ **명 命 8** - 목숨 명[여럿이 모일 수 있는 천막 같은 주인의 집을 뜻하는 스(모일 집)과 말한다는 뜻의 口(입 구)와 무릎을 꿇은 사람 모습인 卩(병부 절)이 합해진 글자로 본뜻은 명령이며 이후 '목숨'의 뜻은 새로 생긴 것임. 죽음과 삶을 가르는 생명]·수명 명·운수 명·명령할 명·훈계할 명·가르칠 명·표적 명

직역 위태로운 상황을 보면 목숨을 바쳐 구한다는 뜻.
의역 나라가 위급한 경우에 자기의 목숨을 바친다는 충성(忠誠)을 뜻함.

견토방견
見兎放犬

한자 풀이 ──────────

① 견 見 7 - 볼 견[目(눈 목)과 人(사람 인)의 옛날 글자인 儿(어진사람 인·걷는사람 인)이 합해진 글 자로 어떤 대상을 다가가서 정면으로 바라본다는 뜻을 나타냄]·보일 견·의견 견·생각 견견

② 토 兎[兔] 7 - 토끼 토(한쪽 귀가 꺾인 토끼의 귀 모양을 본뜬 "와 몸통과 발과 꼬리의 모양 인 兂이 합해진 글자로 귀가 크고 뒷다리가 발달하였으며 꼬리가 짧고 작은 짐승으로 집 토끼와 산토끼를 뜻함)

③ 방 放 8 - 놓을 방[회초리를 잡은 모습인 攵(攴 : 칠 복)과 발음요소와 모서리 변방을 뜻하는 方(모 방)이 합해진 글자로 회초리를 들고 사람이나 짐승을 밖으로 내몰아친다는 뜻이며 '놓다'는 새로 생긴 것임]·석방(釋放)될 방·내쫓을 방·버릴 방

④ 견 犬 4 - 개 견[서 있는 사람을 뜻하는 大(큰 대)와 사람 곁에 늘 붙어 있는 개의 모습인 ﹅(점 주)가 합해진 글자로 영리하고 냄새를 잘 맡는 집에서도 기르도록 길들여진 짐승]· 큰개 견

직역 산토끼가 나타난 뒤에 사냥개를 풀어 놓는다는 뜻.
의역 일이 일어나는 것을 기다려서 대처해도 늦지 않다는 뜻.

결자해지
結者解之

한자 풀이 ―――――――

① **결 結 12** – 맺을 결[묶는 끈을 뜻하는 糸(실 사)와 발음요소와 운(運)과 행복과 아름다움을 뜻하는 吉(길할 길)이 합해진 글자로 줄로 묶거나 엮어 풀리지 않게 한다는 데서 '맺다'의 뜻을 나타냄]·끝맺을 결·마칠 결·엉길 결

② **자 者 9** – 놈 자[글자로는 耂(늙을 노)와 白(흰 백)이 결합된 것이나 본래 鼎(솥 정)의 생략형인 日와 叔(콩 숙)이 합해진 글자로 본뜻은 '콩을 삶다'이며 '놈 자'는 빌려 쓰게 된 것임]·사람[어떤 직업이나 분야에 종사하는 사람 – 기술자·신문기자·독자(讀者)·학자(學者)] 자

③ **해 解 13** – 풀 해[牛(소 우)와 刀(칼 도)와 角(뿔 각)이 합해진 글자로 본뜻은 칼로 소의 뿔을 '자르다·뽑다'이며 '풀다·해결하다·분해하다'는 새로 생긴 것임]·풀어질 해·가를 해·해부할 해·흩어질 해·화해할 해

④ **지 之 4** – 갈 지[두 발을 뜻하는 止(발 지)와 출발선을 뜻하는 一(가로획)을 그어 만든 글자로 한 발을 떼고 막 출발하려는 모습을 나타냄]·이를 지·이 지·어조사(~의, ~가, ~이, ~을) 지

　* 어떤 일을 분명히 결정하지 못하고 갈팡질팡하거나 길·형태 따위가 꼬불꼬불함을 뜻함

　* 之(지)는 4자(四字)를 맞추기 위하여 어조사(語助辭)로 쓰였으며 解止(해지)는 '해결해야 한다'의 뜻으로 풀이함.

　직역 묶거나 맺은 사람이 그것을 풀어야 한다는 뜻.
　의역 처음 그 일을 관계했던 사람이 그것을 책임져야 한다는 뜻.

겸양지덕
謙讓之德

한자 풀이 ────────

① **겸 謙 17** - 겸손할 겸[謙遜(겸손). 言(말씀 언)과 두 줄기의 벼를 한 손에 잡고 있는 뜻의 兼(겸할 겸)이 합해진 글자로 말을 못하게 묶어둔다는 뜻을 나타냄]·만족해할 겸·사양할 겸

② **양 讓 24** - 사양할 양[辭讓(사양). 言(말씀 언)과 발음요소인 襄(도울 양)이 합해진 글자로 남의 말을 쫓아 자신의 뜻을 굽히거나 양보한다는 뜻을 나타냄. 이로운 일이나 혜택을 남에게 겸손하게 물려주는]

③ **지 之 4** - 갈 지[두 발을 뜻하는 止(발 지)와 출발선을 뜻하는 一(가로획)을 그어 만든 글자로 한 발을 떼고 막 출발하려는 모습을 나타냄]·이를 지·이 지·어조사(~의, ~가, ~이, ~을) 지

④ **덕 德 15** - 덕 덕[본래 直(곧을 직)과 心(마음 심)이 합해져 곧은 마음을 뜻하는 悳(큰 덕)에 행동한다는 뜻의 彳(자축거릴 척)이 더해진 글자로 바른 마음으로 행동하는 깨달음의 경지를 나타냄]·큰(덕을 많이 쌓은 사람이나 임금) 덕·은덕(恩德) 덕·복(福 : 행운과 행복) 덕

직역 남에게 겸손(謙遜)하게 사양(辭讓)을 실천하는 미덕(美德)을 뜻함.

의역 언제나 자기를 낮추고 양보하며 어질고 너그러운 예(禮)로 사람을 대하는 품성을 뜻함.

경거망동
輕擧妄動

한자 풀이 ──────────

① **경 輕 14** - 가벼울 경[車(수레 거)와 베틀의 날실을 뜻하는 巠(물줄기 경)이 합해진 글자로 빠르게 움직일 만큼 가볍다는 뜻을 나타냄]·가볍게여길 경·업신여길 경·천할 경·경솔할 경

② **거 擧 18** - 들 거[手(손 수)와 발음요소와 구령에 맞추어 함께 든다는 뜻의 與(더불어 여)가 합해진 글자로 사람을 태운 가마나 무거운 짐을 여럿이 들어 올린다는 뜻을 나타냄]·거사 거·거동 거·천거할 거·행할 거

③ **망 妄 6** - 망령될 망[妄靈(망령). 女(여자 여)와 발음요소인 亡(망할 망)이 합해진 글자로 도리나 예법에 어둡고 이치에 거슬리게 행동한다는 망령을 나타냄]·요망할 망·거짓 망·허망할 망

④ **동 動 11** - 움직일 동[力(힘 력)과 한쪽 눈이 칼에 찔린 남자종이 힘든 일을 한다는 뜻의 重(무거울 중)이 합해진 글자로 본래는 노예들에게 힘든 노동을 강제로 시킨다는 뜻을 나타냄. 물체가 이동하거나 기계가 작동하거나 사람이 운동을 하는]·동물 동·어지러울 동·문득 동

직역 가볍고 분수없이 정상을 벗어난 행동한다는 뜻.
의역 도리(道理)나 사정(事情)은 생각하지 아니하고 경솔하게 행동한다는 뜻.

경세제민
經世濟民

한자 풀이 ──────

① **경 經 13** – 다스릴 경[糸(실 사)와 베틀의 날실을 뜻하는 巠(물줄기 경)이 합해진 글자로 씨실을 다스린다는 뜻을 나타냄]·경서(經書) 경·경전(經典) 경·떳떳할 경·지날 경·날줄 경·도리 경·법 경·월경(月經) 경

② **세 世 5** – 세대 세[본래는 十(열 십)이 3개로 된 卅(서른 삽)이며 30년을 한 세대(世代)로 이루면서 세상이 돌아간다는 뜻을 나타냄]·시대 세·세상 세·누리 세·평생 세·때 세·인간 세·시간 세

③ **제 濟 17** – 건널 제[氵(水 : 물 수)와 발음요소인 齊(가지런할 제)가 합해져 본래 중국의 강(江) 이름이었으나 '건너다'로 쓰이게 된 글자임. 냇물이나 강을 건너는]·구제할(불행이나 재해나 죄악으로부터 벗어나게 하는) 제

④ **민 民 5** – 백성 민[한쪽 눈을 송곳으로 찌른 目(눈 목)의 변형인 口와 부족(部族)을 뜻하는 氏(성 씨)가 합해진 글자로 활을 쏠 수 없도록 잡아온 포로의 한쪽 눈을 찔러 노예로 살도록 성씨를 준 조상이 없는 사람을 가리킴. 백 가지 성(姓)을 가진 사람들]·평민 민·민간 민·낮을 민

> **직역** 세상을 다스려 백성을 구제(救濟)한다는 뜻.
>
> **의역** 나라를 다스려 불행이나 재해를 만난 사람을 고통으로부터 벗어나게 한다는 뜻.

경천동지
驚天動地

한자 풀이 ─────

① **경 驚 23** - 놀랄 경[馬(말 마)와 두려워한다는 뜻의 敬(공경할 경)이 합해진 글자로 말이 크게 놀라는 모습을 나타냄. 많이 놀라서 갑자기 벌떡 뛰듯이 사람이 당황할 정도로 놀라는]·놀랠 경·두려워할 경

② **천 天 4** - 하늘 천[서있는 사람을 뜻하는 大(큰 대)와 정수리에 닿는 머리끝 위를 뜻하는 一(가로획)이 합해진 글자로 멀고 넓은 무한대의 공간을 나타냄]·하느님 천·자연 천·임금 천·조물주 천·날씨 천

③ **동 動 11** - 움직일 동[力(힘 력)과 한쪽 눈이 칼에 찔린 남자종이 힘든 일을 한다는 뜻의 重(무거울 중)이 합해진 글자로 본래는 노예들에게 힘든 노동을 강제로 시킨다는 뜻을 나타냄]·동물 동·어지러울 동·문득 동

④ **지 地 6** - 땅 지 또는 따 지[土(흙 토)와 발음요소와 긴 뱀의 모양을 본뜬 也(잇기 야)가 합해진 글자로 흙이 사방으로 잇달아 깔려 있는 땅 또는 넓은 땅덩어리를 나타냄. 육지와 바다를 포함한 지구표면]·곳(어떤 사물·건물 따위가 차지한 자리나 장소) 지·지위(地位 : 사회적 신분이나 직장의 계급) 지

직역 하늘을 놀라게 하고 땅을 움직이게 한다는 뜻.
의역 세상이 몹시 놀라거나 기적 같은 신기한 일이 일어남을 이르는 말.

경천애인
敬天愛人

한자 풀이 ────────

① 경 敬 13 - 공경할 경[恭敬(공경). 머리를 두 갈래로 땋아 뿔처럼 위로 올린 모양인 𦭠(북상투 관)과 몸을 웅크리고 앉아 있는 모습인 句(글귀 구)와 攵(攴 : 칠 복)이 합해진 글자로 존경하는 마음으로 공손히 섬기는]

② 천 天 4 - 하늘 천[서있는 사람을 뜻하는 大(큰 대)와 정수리에 닿는 머리끝 위를 뜻하는 一(가로획)이 합해진 글자로 멀고 넓은 무한대의 공간을 나타냄]·하느님 천·자연 천·임금 천·조물주 천·날씨 천

③ 애 愛 13 - 사랑 애[손을 뜻하는 爫(爪 : 손톱 조)와 보이지 않게 가린다는 뜻의 冖(덮을 멱)과 心(마음 심)과 夊(천천히걸을 쇠)가 합해진 글자로 손으로 쓰다듬으며 드러나지 않게 주는 마음을 나타냄]·사랑할 애·친할 애·은혜 애

④ 인 人 2 - 사람 인[벼슬아치가 증표인 홀(笏)을 잡은 두 손을 앞으로 내밀며 서 있는 옆모습을 본뜬 글자로 두 발로 똑바로 서서 걸으며 생각과 말을 할 줄 아는 만물의 우두머리를 뜻함]·인격 인·남(상대방) 인

* 홀(笏) : 벼슬아치가 임금을 만날 때에 예복에 갖추어 손에 쥐던 대나무로 만든 물건.

* 사람의 훌륭한 정도 : 善人(선인)→信人(신인)→美人(미인)→大人(대인)→聖人(성인).

> **직역** 하늘을 공경하고 인간을 사랑한다는 뜻.
> **의역** 하늘을 우러러보며 인간을 소중하게 생각하는 인성(人性)을 가져야 한다는 뜻.

계군일학
鷄群一鶴

* 군계일학(群鷄一鶴)이라고도 씀.

한자 풀이 ——————

① **계 鷄 21** - 닭 계[鳥(새 조)와 爫(爪 : 손톱 조)와 糸(실 사)와 大(큰 대)로 이루어진 奚(종 해)가 더해진 글자로 새를 잡아서 끈으로 매어 놓고 노예처럼 길러 날지 못하며 주로 꽁지가 긴 수탉을 나타냄]

② **군 群 13** - 무리 군[羊(양 양)과 발음요소와 다스린다는 뜻의 君(군자 군)이 합해진 글자로 양처럼 아무런 감정 없이 모여드는 집단을 나타냄]·떼 군·떼질 군·많을 군·벗 군

③ **일 一 1** - 한 일(한 획으로 가로선을 그어 만든 글자 또는 산가지 1개를 가로놓아 만든 글자로 1·2·3·4…로 된 아라비아 숫자에서 1을 가리킴)·하나 일·첫째 일·오로지 일·땅 일

④ **학 鶴 21** - 학 학 또는 두루미 학[鳥(새 조)와 발음요소와 높이 나는 새를 뜻하는 寉(고상할 각)이 합해진 글자로 몸이 크고 온몸의 털이 희며 목·다리·주둥이가 매우 긴 겨울새를 뜻함. * 천연기념물로서 특별히 보호하는 새임]·새(두루미 같이 양쪽 긴 날개를 치며 우아한 모습으로 하늘을 나는 날짐승) 학

직역 많은 닭 가운데에 한 마리의 학(鶴)을 뜻함.
의역 많은 평범한 여러 사람들 가운데에 뛰어난 한 사람을 가리킨다는 뜻.

계륵지상
鷄肋之狀

한자 풀이 ────────

① **계 鷄 21** - 닭 계[鳥(새 조)와 爫(爪 : 손톱 조)와 糸(실 사)와 大(큰 대)로 이루어진 奚(종 해)가 더해진 글자로 새를 잡아서 끈으로 매어 놓고 노예처럼 길러 날지 못하며 주로 꽁지가 긴 수탉을 나타냄]

② **륵 肋 6** - 갈빗대 륵(늑)[月(肉 : 몸 육)과 가슴을 둘러싸 폐와 심장을 보호한다는 뜻인 力(힘 력)이 합해진 글자로 갈비를 이루는 날개의 뼈인 뼈대를 뜻함]·갈비(뼈대로 된 골격) 륵(늑)

③ **지 之 4** - 갈 지[두 발을 뜻하는 止(발 지)와 출발선을 뜻하는 一(가로획)을 그어 만든 글자로 한 발을 떼고 막 출발하려는 모습을 나타냄]·이를 지·이 지·어조사(~의, ~가, ~이, ~을) 지

④ **상 狀 8** - 형상 상[形狀(형상). 제사 때 신(神)에게 바치는 희생물을 뜻하는 犬(개 견)과 생김새를 뜻하는 壯(훌륭할 장)이 생략된 爿(조각널 장)이 합해진 글자로 사물의 모양이나 놓여 있는 형편을 뜻함]·모양(貌樣·模樣) 상·문서(文書) 상·편지(便紙) 상

> **직역** 먹을 것 없는 닭갈비 꼴이라는 뜻.
>
> **의역** 닭갈비같이 그다지 소용은 없으나 버리기는 아까운 사물이라는 뜻. 몸이 몹시 약한 사람을 비유적으로 이르는 말.

고군분투
孤軍奮鬪

한자 풀이 ――――――

① 고 孤 8 - 외로울 고[子(아이 자)와 발음요소와 홀로 남아 있다는 뜻의 瓜(오이 과)가 합해진 글자로 오이 가지에 잎은 다 시들어 없어지고 오이만 달랑 남아 있다는 뜻을 나타냄]·홀로 고·부모없을 고

② 군 軍 9 - 군사군[軍士(군사). 사람들이 둘러싸고 있는 모양인 冖(덮을 멱)과 화력을 갖춘 車(수레 거)가 합해진 글자로 수레를 탄 왕이나 장군을 호위하는 병졸 또는 전투하는 군인]·진칠 군

③ 분 奮 16 - 떨칠 분 또는 드날릴 분[大(큰 대)와 隹(새 추)와 田(밭 전)이 합해진 글자로 새가 밭에서 날려고 날개를 힘차게 친다는 뜻을 나타냄. 기세를 펼치거나 분발하는]·힘쓸 분·분발할 분·휘두를 분

④ 투 鬪 20 - 싸울 투[鬥(싸울 투)와 손동작을 강조하는 寸(마디 촌)과 발음요소인 豆(콩 두)가 합해진 글자로 승패를 가리기 위하여 전쟁하듯 두 사람이 주먹으로 치고받으며 다툰다는 뜻을 나타냄. 두 부족(部族)의 병사들이 각각의 깃발을 날리며 활·창 같은 무기를 가지고 서로 맞서 싸우는]

직역 고립된 군사력으로 분발하여 싸운다는 뜻.

의역 도움 없는 외로운 군대가 강한 적과 용감히 싸운다는 뜻. 즉, 힘에 벅찬 일을 그 악스럽게 해냄을 이르는 말.

고금동서
古今東西

* 동서고금(東西古今)이라고도 씀.

한자 풀이 ────────

① **고 古 5** - 예 고[10대(十代)를 뜻하는 十(열 십)과 口(입 구)가 합해진 글자로 10대에 걸쳐 오랫동안 말로 전해진다는 뜻을 나타냄. 300년 이상 지난 먼 옛날]·옛날 고·오랠 고·선조(先祖) 고

② **금 今 4** - 이제 금[사람들이 한곳으로 모여든다는 뜻의 스(모일 집)과 어느 장소에 거의 다 왔다는 뜻의 フ(及 : 미칠 급)이 합해진 글자로 세월이 흐르고 쌓여서 지금에 이른 바로 이때를 나타냄]·곧 금·오늘 금

③ **동 東 8** - 동녘 동[글자로는 木(나무 목)과 日(해 일)이 합해진 글자이지만 본래는 자루에 쌀 같은 알곡을 가득 담고 양 끝을 묶은 다음 메고 갈 수 있도록 긴 막대를 가로 지른 모습이며 해가 뜨는 동쪽을 발음상 동녘으로 나타낸 것임]

④ **서 西 6** - 서녘 서[서쪽으로 해가 지면 산에서 짐승이 내려와 음식을 들추어 먹으므로 고기 그릇이나 장독의 뚜껑을 단단히 덮는다는 뜻인 襾(덮을 아)가 변형된 글자로 해가 지는 서쪽 방면·방향·지역을 가리킴]·서양(西洋 : 서쪽의 유럽과 아메리카) 서

직역 옛날부터 현재까지 동양(東洋)에서 서양(西洋)에 이르기까지를 뜻함.

의역 시간과 공간적인 인간 역사의 전체를 가리킨다는 뜻.

고립무원
孤立無援

한자 풀이 —————

① **고 孤 8** -외로울 고[子(아이 자)와 발음요소와 홀로 남아 있다는 뜻의 瓜(오이 과)가 합해진 글자로 오이 가지에 잎은 다 시들어 없어지고 오이만 달랑 남아 있다는 뜻을 나타냄]·홀로 고·부모없을 고

② **립 立 5** - 설 립(입)[사람을 뜻하는 大(큰 대)와 땅바닥을 뜻하는 一(땅 일)이 밑에 합해진 글자로 사람이 두 다리를 바닥 위에 딛고 양팔을 벌리며 서있는 모습을 나타냄]·세울 립(입)

③ **무 無 12** - 없을 무[舞(춤출 무)에서 舛(어그러질 천) 대신 4개의 발바닥 모양인 灬이 합해진 글자로 깃털 장식을 잡고 흔들며 춤추는 모습을 나타냄. 본뜻은 춤이며 '없다'는 뜻은 亡(없을 망)에서 가져온 것임]

④ **원 援 12** - 도울 원[扌(手 : 손 수)와 爫(爪 : 손톱 조)·一(한 일)·ノ(왼손 좌)·又(오른손우)가 합해진 글자로 하나를 위하여 4개 손이 돕는다는 뜻을 나타냄. 피해를 당한 사람을 물질적으로 도와주는]·구원(救援 : 어려움에 빠진 사람을 손으로 잡아 끌어내는, 고통과 죽음에서 건지어 내는)할 원

직역 홀로 외톨이 되어 구원을 받을 데가 없다는 뜻.
의역 가까운 사람이나 의지할 데가 없어 어려움에 처해 있다는 뜻.

고목사회
枯木死灰

한자 풀이 ————

① **고 枯 9** - 마를 고[木(나무 목)과 발음요소인 古(오랠 고)가 합해진 글자로 '마르다'의 뜻을 나타냄. 연못이나 강물처럼 고여 있거나 흐르던 물이 바닥을 드러내는]·마른나무 고·죽을 고

　* 고목(枯木)은 서 있는 채로 말라 죽은 나무를 뜻함.

② **목 木 4** - 나무 목(땅 아래로 뿌리를 내리고 땅 위의 수직으로 줄기가 자라고 있는 나무를 본뜬 글자로 뿌리와 줄기와 가지가 있는 나무를 나타냄)·별이름(木星 : 목성) 목·질박할(거짓이나 꾸밈이 없이 순진한) 목·저릴 목

③ **사 死 6** - 죽을 사[흐트러진 뼈를 뜻하는 歹(뼈앙상할 알)과 죽은 사람을 뜻하는 匕(비수 비)가 합해진 글자로 질병·사고 등으로 생명을 잃은 상태를 뜻함]·다할 사·죽일 사·생기없을 사

④ **회 灰 6** - 재회[火(불 화)와 𠂇(왼손 좌)가 합해진 글자로 나뭇가지를 손에 잡고 불타다 남은 찌꺼기를 그러모으는 모습을 나타냄. 나무가 불에 다 타고 난 뒤에 남은 부스러기나 가루 상태를 뜻함]·석회(石灰 : 석회석이나 조개껍데기 따위를 불에 구워서 얻은 백색 덩어리) 회

직역 물기 없이 바짝 마른 나무와 다 타버린 죽은 재라는 뜻.
의역 하고자 하는 생기(生氣)와 의욕(意欲)이 전혀 없어 보인다는 뜻.

고목생화
枯木生花

한자 풀이 ─────────

① **고 枯 9** - 마를 고[木(나무 목)과 발음요소인 古(오랠 고)가 합해진 글자로 '마르다'의 뜻을 나타냄. 연못이나 강물처럼 고여 있거나 흐르던 물이 바닥을 드러내는]·마른나무 고·죽을 고

② **목 木 4** - 나무 목(땅 아래로 뿌리를 내리고 땅 위의 수직으로 줄기가 자라고 있는 나무를 본뜬 글자로 뿌리와 줄기와 가지가 있는 나무를 나타냄)·별이름(木星 : 목성) 목·질박할(거짓이나 꾸밈이 없이 순진한) 목·저릴 목

③ **생 生 5** - 날 생[어린 싹인 떡잎을 뜻하는 屮(싹날 철)과 土(흙 토)가 합해진 글자로 초목의 새싹이 땅 위로 돋아나는 모습을 나타냄]·낳을 생·생길 생·살 생·자랄 생

④ **화 花 8** - 꽃 화[초목을 뜻하는 ⺿(艸 : 풀 초)와 발음요소인 化(될 화)가 합해진 글자로 씨를 맺어 새로운 생명으로 변화시키는 꽃이 피는 모습을 나타냄. 열매를 맺어 씨를 만드는 번식기관]·아름다울(꽃처럼 모양과 색깔이 다양하여 좋은 향기와 함께 상쾌하고 예쁜) 화

직역 말라 죽은 나무에서 꽃이 핀다는 뜻.
의역 곤궁(困窮)한 처지에 빠졌던 사람이 뜻밖에 행운(幸運)을 만난다는 뜻.

고성낙일
孤城落日

한자 풀이 ───────

① 고 孤 8 - 외로울 고[子(아이 자)와 발음요소와 홀로 남아 있다는 뜻의 瓜(오이 과)가 합해진 글자로 오이 가지에 잎은 다 시들어 없어지고 오이만 달랑 남아 있다는 뜻을 나타냄]·홀로 고·부모없을 고

② 성 城 10 - 성 성[흙무더기를 뜻하는 土(흙 토)와 발음요소인 成(이룰 성)이 합해진 글자로 전략상 중요한 지점에 적군을 막기 위하여 흙과 돌로 높이 쌓은 큰 담]·성곽 성·도읍 성

③ 낙 落 13 - 떨어질 낙(락)[卄(艸 : 풀 초)와 발음요소인 洛(강이름 낙)이 합해진 글자로 초목의 잎이 땅 위에 떨어진다는 뜻을 나타냄. 물체가 떨어지는. 시험에 떨어지는. 해와 달이 지는]

④ 일 日 4 - 날 일[해를 뜻하는 둥근 모양인 ○이 바뀐 □와 그 안에 乙(새 을)이 변한 '-'이 합해진 글자로 지구의 자전으로 밤과 낮이 이어지는 24시간인 하루를 나타냄]·해 일·낮 일·날짜 일

* 태양은 수소(H$_2$)로 핵융합반응을 일으켜 높은 열과 전자파에너지를 생성함.

직역 외따로 떨어져 있는 성(城)에 저무는 해라는 뜻.
의역 세력이 다하여 의지할 데가 없는 외로운 처지(處地)를 뜻함.

고성방가
高聲放歌

한자 풀이 ─────────

① **고 高 10** - 높을 고[冂(멀 경)의 옛날 한자인 冋(성곽 경)과 그 위에 높이 치솟은 망루의 모양인 亠이 합해진 글자로 높은 지대 위에 층층으로 지은 누각이나 높은 건물을 나타냄]·높일 고·비쌀 고·뛰어날 고

② **성 聲 17** - 소리 성[耳(귀 이)와 고대 중국의 악기로 높은 음이 나는 磬(경쇠 경)이 생략된 殸(소리 성)이 합해진 글자로 돌이나 옥(玉)을 매달아 뿔망치로 칠 때 울리는 소리를 뜻함]·풍류 성·노래 성

③ **방 放 8** - 놓을 방[회초리를 잡은 모습인 攵(攴 : 칠 복)과 발음요소와 모서리 변방을 뜻하는 方(모 방)이 합해진 글자로 회초리를 들고 사람이나 짐승을 밖으로 멀리 내몰아친다는 뜻이며 '놓다'는 뜻은 새로 생긴 것임]·방자(放恣 : 어려워하거나 삼가는 태도가 없이 건방지고 버릇이 없는)할 방

④ **가 歌 14** - 노래 가[사람이 입을 크게 벌린 모습을 나타낸 欠(하품 흠)과 높은 소리와 낮은 소리를 각각 뜻하는 두 개의 可(옳을 가)가 겹쳐진 哥(노래 가)가 합해진 글자로 노래한다는 뜻을 나타냄. 말에 곡조를 붙이어 감정을 소리로 나타내는 예술]·노래할 가·장단맞출 가·읊조릴 가

> **직역** 높은 목소리로 떠들고 큰 소리로 마구 노래를 부른다는 뜻.
> **의역** 큰 소리를 지르거나 노래를 마구 불러대어 주변 사람에게 불편을 준다는 뜻.

고수생화
枯樹生華

한자 풀이 ───────

① 고 枯 9 - 마를 고[木(나무 목)과 발음요소인 古(오랠 고)가 합해진 글자로 '마르다'의 뜻을 나타냄. 연못이나 강물처럼 고여 있거나 흐르던 물이 바닥을 드러내는]·마른나무 고·죽을 고

② 수 樹 16 - 나무 수[木(나무 목)과 발음요소인 尌(세울 주)가 합해진 글자로 울타리처럼 촘촘히 세워 심은 나무를 나타냄]·심을 수·세울 수·병풍(문을 가리거나 바람을 막기 위하여 나무틀에 종이나 천을 바른 물건) 수

③ 생 生 5 - 날 생[어린 싹인 떡잎을 뜻하는 屮(싹날 철)과 土(흙 토)가 합해진 글자로 초목의 새싹이 땅 위로 돋아나는 모습을 나타냄]·낳을 생·생길 생·살 생·자랄 생

④ 화 華[華] 12 - 빛날 화[艹(艸 : 풀 초)와 아래로 쳐져 늘어져 있다는 뜻의 垂(드리울 수)가 합해진 글자로 본래는 초목의 가지에 활짝 핀 꽃들이 아래로 드리우고 있는 모양을 나타냄. 활짝 핀 한 송이의 아름다운 꽃같이 또는 나비의 날개 무늬처럼 화려하게 보이는]·꽃 화 또는 꽃필 화·번성할 화·영화(榮華) 화

직역 말라죽은 나무에서 꽃이 다시 피어난다는 뜻.
의역 죽어가거나 늙은 사람이 생기를 다시 되찾는다는 뜻.

고식지계
姑息之計

한자 풀이 ──────────

① **고 姑 8** - 시어머니 고[女(여자 여)와 발음요소인 古(예 고)가 합해진 글자로 결혼한 남편의 어머니를 아내가 일컫는 말을 뜻함]·고모 고·장모 고·시누이 고·잠깐 고

　　* 고식(姑息)은 우선 당장에는 탈이 없는 잠시 동안의 안정을 뜻함.

② **식 息 10** - 숨쉴 식[自(코 자)와 심장의 모양인 心(마음 심)이 합해진 글자로 코와 폐로 숨을 들이 쉬고 내쉰다는 뜻을 나타냄]·쉴 식·기를 식·자식 식·자랄 식·이자 식·그칠 식·생길 식·생존할 식·한숨쉴 식

③ **지 之 4** - 갈 지[두 발을 뜻하는 止(발 지)와 출발선을 뜻하는 一(가로획)을 그어 만든 글자로 한 발을 떼고 막 출발하려는 모습을 나타냄]·이를 지·이 지·어조사(~의, ~가, ~이, ~을) 지

④ **계 計 9** - 셀 계[言(말씀 언)과 수(數)를 뜻하는 十(十 : 열 십)이 합해진 글자로 입으로 말을 하면서 하나에서 열까지 수를 센다는 뜻을 나타냄]·계산 계·셈할 계·계획 계

직역 우선 당장에 탈 없이 편안한 것만 취하는 계책을 뜻함.

의역 근본적인 해결보다는 임시변통이나 일시적으로 미봉(彌縫)하려는 꾀나 방법을 뜻함.

고진감래
苦盡甘來

한자 풀이 ─────────

① **고 苦 9** - 쓸 고[艹(屮屮 : 풀 초)와 시간이 오래 지났다는 뜻의 古(예 고)가 합해진 글자로 싹이 자라 오래 되면 쓴맛을 낸다는 뜻에서 '괴롭다'를 나타냄]·괴로울 고·아플 고

② **진 盡 14** - 다할 진[화로를 뜻하는 皿(그릇 명)과 숯불을 뜻하는 灬(火 : 불 화)와 聿(붓 율)이 변하여 막대를 손으로 잡고 휘젓는 모양을 뜻하는 聿(㐨)이 합해진 글자로 휘저어서 다 꺼진 불을 나타냄. 힘·에너지·연료·물질·소모품 등을 다 써버린]·다 진

③ **감 甘 5** - 달 감[口(입 구) 안에 一(짧은 가로획)이 더해져 입 안에 맛있는 음식을 물고 있는 모습의 글자로 맛이 있거나 좋다는 뜻을 나타냄. 혀끝으로 느끼는 꿀같이 맛이 단. 불편이나 고통을 긍정적으로 생각하는] * 口(입 구)의 본래 모양은 ▽임.

④ **래 來 8** - 올 래(내)[줄기와 꼿꼿한 이삭을 뜻하는 木(나무 목)과 양쪽으로 꺽이어 있는 잎의 모양인 从가 합해져 보리를 형상화한 글자로 겨울에 얼어서 들뜬 보리를 밟아주고 집으로 돌아온다는 뜻을 나타냄]·앞으로 래(내)·다가올 래(내)·돌아올 래(내)·부를 래(내)·보리 래(내)·부터 래(내)

직역 쓴 것이 다하면 단 것이 온다는 뜻.
의역 고생이 끝나면 즐거움이 돌아온다는 뜻. 즉, 고생 끝에 낙(樂)이 있다는 뜻.

곤궁이통
困窮而通

한자 풀이 ─────────

① **곤 困 7** - 곤란 곤[困難(곤란). 木(나무 목)과 口(에워쌀 위)가 합해져 나무가 사방으로 둘러싸인 틀 속에 들어 있는 모양의 글자로 나무가 자랄 수 없듯이 사람이 어떤 어려움에 부딪혀 있는]·어려울 곤·괴로울 곤

② **궁 窮 15** - 곤궁할 궁[宀(穴 : 구멍 혈)과 躬(몸 궁)이 합해진 글자로 몸이 빠져나올 수 없는 구덩이에 빠진 뜻을 나타냄. 어렵고 힘든 상황에 빠져 있거나 경제적으로 쪼달리는]·궁구할 궁·궁리할 궁·막힐 궁·다할 궁

③ **이 而 6** - 말이을 이[콧수염과 턱수염의 모습을 나타낸 글자로 그 사이에 있는 위·아래 입술을 움직여 말이 나온다는 뜻을 나타냄]·수염 이·또(그리고·그 뿐만 아니라·다시 더·그래도) 이·이에 이·뿐 이·어조사(그리고·그러나) 이

④ **통 通 11** - 통할 통[무거운 종을 옮긴다는 뜻의 辶(길갈 착)과 꼭지가 달린 종 모양인 甬(쇠북꼭지 용)이 합해진 글자로 종(鐘)은 장소를 옮겨가도 같은 소리를 낸다는 데서 '통하다'의 뜻을 나타냄. 문장이나 책의 내용을 완전히 이해하거나 알게 되는]·뚫릴 통·형통(亨通)한 통·다닐 통

직역 어렵고 궁핍하더라도 막힘이 트이듯이 통할 때가 생긴다는 뜻.
의역 어려운 지경에 처하더라도 살아날 길이 있으니 좌절하지 말라는 뜻.

골육지친
骨肉之親

한자 풀이 ————

① 골 骨 10 - 뼈 골[옛날에 점칠 때 쓰던 소 어깨뼈 모양을 본뜬 冎(살발라낼 과)와 月(肉 : 살육)이 합해진 글자로 본래는 살 또는 몸속의 알맹이인 쇠뼈를 나타내며 이후 사람과 동물의 뼈를 뜻함]·뼈대 골·요긴할 골

② 육 肉 6 - 고기 육[칼로 크게 썬 짐승의 고깃덩어리의 단면을 뜻하는 冂(멀 경)과 仌의 무늬결이 합해진 글자로 소·돼지 같은 짐승이나 새·물고기의 살을 나타냄]·살 육·몸 육

③ 지 之 4 - 갈 지[두 발을 뜻하는 止(발 지)와 출발선을 뜻하는 一(가로획)을 그어 만든 글자로 한 발을 떼고 막 출발하려는 모습을 나타냄]·이를 지·이 지·어조사(~의, ~가, ~이, ~을) 지

④ 친 親 16 - 친할 친[본래 見(볼 견)과 발음요소인 辛(매울 신)이 합해져 '살펴보다'였으나 다시 木(나무 목)이 합해진 글자로 나무가 바르게 자라도록 보살펴 준다는 뜻을 나타냄]·어버이 친·몸소 친·가까울 친·사이좋을 친·사랑할 친·친척 친

직역 뼈와 살이 서로 떨어질 수 없는 것과 같은 깊은 관계라는 뜻.
의역 부자(父子)·형제(兄弟)·자매(姉妹)같이 가까운 혈족(血族)을 뜻함.

공명정대
公明正大

*대공지평(大公至平)과 같은 뜻임.

한자 풀이 ───────

① 공 公 4 - 공평할 공[公平(공평). 본래 口(입 구)가 변한 厶(사사 사)와 하늘에서 내려오는 기(氣)를 뜻하는 八이 합해진 글자로 각자가 모여서 공공의 집단이나 나라를 위해서 소원을 빈다는 뜻을 나타냄]·공변될 공·여러 공·관청(官廳) 공·벼슬 공·귀인 공·작위(爵位) 공

② 명 明 8 - 밝을 명[본래 冏(창문 경)이 변형된 日(날 일)과 月(달 월)이 합해진 글자로 밤에 창문으로 달빛이 밝게 비친다는 뜻을 나타냄]·맑을 명·깨달을 명·총명할 명·밝힐 명

③ 정 正 5 - 바를 정[도읍을 둘러싼 성(城)을 뜻하는 囗(에워쌀 위)가 파괴되어 흔적만 남았다는 뜻의 一(한 일)과 잠시 멈춘다는 뜻의 止(그칠 지)가 합해진 글자로 적(敵)의 잘못을 바로잡기 위하여 정정당당하게 성(城)을 치고 그 앞에서 멈추고 있다는 뜻을 나타냄]·정당(正當)할 정·바로잡을 정·정월(正月) 정

④ 대 大 3 - 큰 대(양쪽 두 팔과 두 다리를 벌리고 서 있는 사람의 정면 모습을 본뜬 글자로 키가 큰 어른이라는 데서 '크다'의 뜻을 나타냄)·어른 대·위대 대·대강 대·심할 대·클 태
   * 신체적 정신적으로 이미 성장한 성인(成人)을 뜻하며 나라·땅·바다·마음 등이 넓고 큼.

직역 사사로운 마음이 없이 공정(公正)하고 명백하며 떳떳하다는 뜻.
의역 한쪽으로 치우침이 없이 의지나 언어와 행동이 바르고 당당(堂堂)하다는 뜻.

공수래거
空手來去

*공수래 공수거(空手來 空手去)의 준말임.

한자 풀이 ————

① **공 空 8** - 빌 공[穴(穴 : 구멍 혈)과 발음요소와 작업이나 제작한다는 뜻의 工(장인 공)이 합해진 글자로 땅을 파서 만든 구멍이나 텅 빈 공간을 나타냄]·구멍 공·하늘 공·궁할 공·공중 공·헛될 공·없을 공

② **수 手 4** - 손 수(손목과 주먹을 편 사람 손의 손바닥과 손가락의 모양을 본뜬 글자로 사람의 손을 나타냄. 바둑이나 장기를 두는 기술이나 무엇을 다루는 솜씨와 수단)·손으로할 수·잡을 수·재주 수·사람 수

③ **래 來 8** - 올 래(내)[줄기와 꼿꼿한 이삭을 뜻하는 木(나무 목)과 양쪽으로 꺾이어 있는 잎의 모양인 ㅆ가 합해져 보리를 형상화한 글자로 겨울에 얼어서 들뜬 보리를 밟아주고 집으로 돌아온다는 뜻을 나타냄]

④ **거 去 5** - 갈 거[화살이 날아와 목표물에 꽂힌 모양인 至(이를 지)가 생략된 厶와 앞으로 나간다는 뜻의 十(열 십)이 합해진 글자로 화살이 목표물을 뚫고 지나간다는 뜻을 나타냄]·지날 거·떠날 거·버릴 거

직역 빈손으로 이 세상에 왔다가 빈손으로 저 세상으로 간다는 뜻.

의역 사람이 세상에 태어났다가 헛되이 죽는 것을 일컫는다는 뜻.

과공비례
過恭非禮

한자 풀이 ─────────

① **과 過 13** - 지날 과[辶(길갈 착)과 발음요소와 한쪽으로 쏠려 있다는 뜻의 咼(입비뚤어질 와)가 합해진 글자로 '지나다·도를 넘다'의 뜻을 나타냄]·지나칠 과·허물 과·뛰어날 과·건널 과·지낼 과

② **공 恭 10** - 공손할 공[恭遜(공손). 두 손을 바닥에 대고 엎드린 모습인 共(함께공)과 小(心 : 마음 심)이 합해진 글자로 고개를 들고 위를 바라보며 마음으로 상대방을 우러러보는]·공경할 공·삼갈 공·엄숙할 공

③ **비 非 8** - 아닐 비[두 날개가 어긋난 방향으로 쭉 펼친 새의 모양을 나타낸 글자로 본뜻은 '등지다·어긋나다'이며 이후 부정의 뜻인 '아니다'로 쓰이게 된 글자임]·어길 비·그를 비·어긋날 비·다를 비·나무랄 비

④ **례 禮 18** - 예도 례(예)[禮度(예도). 示(제사 시)와 豆(제기 두)와 그릇에 식혜가 가득 담겨져 있는 모습인 ㅃ의 생략형인 曲(곡)이 합해진 글자로 신(神)에게 비는 의식의 뜻인 예의와 법도(法度)를 나타냄]·예절 례(예)·예법 례(예)·절 례(예)·인사 례(예)

* 禮(례)를 示(제사 시·보일 시)와 豊(예도 례·풍년 풍)이 합해진 글자로도 풀이함.

> **직역** 너무 지나친 공손(恭遜)은 도리어 예(禮)가 아니라는 뜻.
> **의역** 지나친 공손은 예의가 아니므로 조심해야 한다는 뜻.

과대망상
誇大妄想

한자 풀이 ─────────

① 과 誇 13 - 자랑할 과[言(말씀 언)과 발음요소인 夸(자랑할 과)가 합해진 글자로 자기의 사물이나 지식·재주 등을 드러내어 지나치게 말하며 뽐내는]·자만할 과·뽐낼 과

    * 과대(誇大)는 사실 이상으로 지나치게 과장한다는 뜻.

② 대 大 3 - 큰 대(양쪽 두 팔과 두 다리를 벌리고 서 있는 사람의 정면 모습을 본뜬 글자로 키가 큰 어른이라는 데서 '크다'는 뜻을 나타냄)·어른 대·위대 대·대강 대·심할 대·클 태

③ 망 妄 6 - 망령될 망[妄靈(망령). 女(여자 여)와 발음요소인 亡(망할 망)이 합해진 글자로 도리나 예법에 어둡고 이치에 거슬리게 행동한다는 망령을 나타냄]·요망할 망·거짓 망·허망할 망

④ 상 想 13 - 생각 상 또는 생각할 상[생각한다는 뜻의 心(마음 심)과 발음요소와 살펴본다는 뜻의 相(서로 상)이 합해진 글자로 마음속으로 자세히 살펴보며 생각한다는 뜻을 나타냄]·사모(思慕 : 애틋하게 생각하고 그리워하는)할 상·희망(希望 : 꿈과 소원을 기대하는) 상

    * 망상(妄想) : 이치에 어긋나는 정신이 흐린 생각 또는 사실에 근거하지 않은 바르지 못한 생각.

직역 현재 자기의 상태나 분수를 턱없이 과장하여 엉뚱하게 생각한다는 뜻.
의역 현실과 이치에 크게 벗어나는 제정신이 아닌 말과 행동을 뜻함.

관존민비
官尊民卑

한자 풀이 —————

① **관 官 8** - 관청 관[官廳(관청). 宀(집 면)과 많은 사람들이 모여 있다는 뜻의 目(작은언덕 퇴)가 합해진 글자로 많은 관리(官吏)가 사무를 보는 집을 나타냄]·벼슬 관·마을(관원들이 근무하는 옛날 관청) 관·기관 관

② **존 尊[尊] 12** - 높을 존 또는 높일 존[酉(술병 유)와 술 냄새를 뜻하는 八(八 : 여덟 팔)과 두 손을 뜻하는 廾(받들 공)이 변형된 寸(손 촌)이 합해진 글자로 술이 든 용기를 두 손으로 높여 들고 바치는 모습을 나타냄]·공경(恭敬)할 존

③ **민 民 5** - 백성 민[한쪽 눈을 송곳으로 찌른 目(눈 목)의 변형인 口와 부족(部族)을 뜻하는 氏(성 씨)가 합해진 글자로 포로의 눈을 찔러 노예로 살도록 성씨를 준 조상이 없는 사람들. 백 가지 성(姓)을 가진 사람들]·평민(平民) 민·민간(民間) 민·낮을(신분이 낮거나 경제력·학력·문화수준 등이 낮은 하류층에 속하는 사람들) 민

④ **비 卑 8** - 낮을 비[본래는 屮(왼손 좌)의 변형인 屮(十 : 열 십)과 큰 부채 같은 물건을 뜻하는 由 또는 그물 모양의 사냥 도구를 뜻하는 甲(갑옷 갑)이 합해진 글자로 신분이 낮다는 뜻을 나타냄]·왜소(矮小)할 비·낮출 비·천할 비·비루(鄙陋)할 비

직역 관직에 있는 사람은 우러러보고 일반 백성은 낮추어 본다는 뜻.
의역 관리(官吏)는 높고 귀하며 백성(百姓)은 낮고 천하다는 뜻.

광음여시
光陰如矢

한자 풀이 ────────

① **광 光 6** - 빛 광[환한 불꽃을 뜻하는 ㅛ(火 : 불 화)와 사람이 걷거나 무릎을 꿇은 모습인 儿(길게걸을 인)이 합해진 글자로 밤에 횃불을 들고 걸어가거나 등잔불을 머리에 이고 꿇어앉은 모습을 나타냄]·세월 광·영화로울 광

② **음 陰 11** - 그늘 음[본래 雲(구름 운)의 생략형인 云(이를 운)과 阝(阜 : 언덕 부)에 발음요소인 今(이제 금)이 합해진 글자로 구름에 가려 햇볕이 들지 않는 언덕을 나타냄]·세월 음

  * 광음(光陰) : 햇빛과 그늘. 즉 낮과 밤, 세월, 시간.

③ **여 如 6** - 같은 여[옛날 제사장 또는 무당을 뜻하는 女(여자 여)와 말을 한다는 뜻의 口(입 구)가 합해진 글자로 신(神)의 뜻과 제사장의 말이 똑같다는 뜻을 나타내는. ~와 같은. 생각·내용·사상·취향 등이 서로 같은. * 제사장(祭司長) : 종교적인 의식이나 행사를 맡아보는 사람]

④ **시 矢 5** - 화살 시[사람을 뜻하는 大(큰 대)와 화살촉과 화살대와 오늬로 된 화살을 활에 걸어 쏘려고 당기는 모습인 ㅗ(ㅗ-)이 합해진 글자로 가는 대나무 줄기에 앞쪽에는 쇠붙이 촉을 꽂고 뒤쪽에는 새의 깃을 세 줄로 붙여 만든 것]·곧을 시·똥 시·맹세[盟誓(맹서→맹세)]할 시

직역 해와 달이 바뀌면서 흐르는 세월이 화살 같다는 뜻.
의역 세월이 가는 것이 날아가는 화살과 같이 빠르다는 뜻.

광풍제월
光風霽月

한자 풀이 ──────

① **광 光 6** - 빛 광[환한 불꽃을 뜻하는 ⺊(火 : 불 화)와 사람이 걷거나 무릎을 꿇은 모습인 儿 (길게걸을 인)이 합해진 글자로 밤에 횃불을 들고 걸어가거나 등잔불을 머리에 이고 꿇어앉 은 모습을 나타냄]·세월 광·영화로울 광

② **풍 風 9** -바람 풍[배의 돛 모양을 본뜬 帆(돛 범)이 생략된 凡(무릇 범)과 虫(뱀 훼)가 합해진 글자로 돛이 바람에 의해 뱀이 움직이는 모양처럼 흔들린다는 뜻을 나타냄]·모양 풍·풍속 풍·경치 풍

③ **제 霽 22** - 비갤 제 또는 비개일 제[⻗(雨 : 비 우)와 발음요소인 齊(가지런할 제)가 합해진 글자로 구름의 이동이나 기온과 기압의 변화로 내리던 비가 멈추고 해가 나 날씨가 맑 게 되는]·비가그칠 제·노여움풀릴 제

④ **월 月 4** - 달 월[초승달에서 둥근 보름달까지 변화하는 달의 모양을 형상화한 글자로 지구 의 둘레를 약 1달에 1번 돌고 있는 위성(衛星)]·한달 월·세월 월

　* 본래 달월의 글자는 달의 모양인 ⟨⟨⟨○을 그린 月이며 1달은 28~31일임.

직역 비가 내린 뒤의 맑은 날에 부는 바람과 밝은 달을 뜻함.

의역 마음이 상쾌하고 깨끗하다는 뜻. 또는 심성이 맑고 깨끗한 인품을 비유하여 이르는 말.

교각살우
矯角殺牛

한자 풀이 ────────

① **교 矯 17** - 바로잡을 교[矢(화살 시)와 발음요소와 높은 건축물이나 곧바르게 편다는 뜻의
喬(높을 교)가 합해진 글자로 틀어지거나 굽은 화살을 바르게 편다는 뜻을 나타냄]·굳셀
교·거짓 교·날랠 교

② **각 角 7** - 뿔 각(짐승의 몸과 뿔의 결 무늬 모양인 用와 모가 나게 뾰족한 뿔의 끝 모양인 ⺈
이 합해진 글자로 짐승의 머리에 난 뿔을 나타냄)·찌를 각·쌍상투 각·모서리 각·모날 각·
다툴 각·별이름 각·견줄 각

③ **살 殺 11** - 죽일 살(시)[도구를 뜻하는 殳(몽둥이 수)와 발음요소와 나무 막대로 찔러 상처를
낸다는 뜻의 朮(죽일 살)이 합해진 글자로 사람이나 짐승을 몽둥이나 칼·창으로 마구 때리
거나 찔러 죽게 하는]·죽을 살·없앨 살·어수선할 살·늘어질(기운이 없어 몸이 아래로 처지는)
살·지울 살·감할 쇄·심할 쇄·시해(弑害 : 부모나 임금을 죽이는)할 시

④ **우 牛 4** - 소 우(소의 머리와 어깨·몸의 정면 모습을 형상화한 半에다 뿔을 뜻하는 ╱이 더
해져 牛가 된 글자로 소를 나타냄. 엉금엉금 걸으며 논밭을 갈거나 수레를 끄는 집에서 기
르는 가축을 뜻함)·일(소를 부리어 밭을 갈고 농사를 짓는) 우·희생(犧牲) 우

직역 쇠뿔을 바로 잡으려다 소를 죽인다는 뜻.
의역 결점이나 흠을 고치려다 그 정도가 지나쳐 오히려 일을 그르친다는 뜻.

교학상장
敎學相長

한자 풀이 ————————

① **교 敎** 11 - 가르칠 교[회초리를 뜻하는 爻(점괘 효)와 다독거린다는 뜻의 攵(칠 복)과 자식이 나 학생을 뜻하는 子(아이 자)가 합해진 글자로 회초리와 애정으로 훈계하며 효자가 되도록 가르치는]·이끌다 교·종교 교·본받을 교·하여금 교

② **학 學** 16 - 배울 학[회초리를 뜻하는 爻(爻 : 점괘 효)와 두 손으로 책을 잡은 臼(깍지낄 각·국) 과 几(책상 궤)가 변형된 冖(덮을 멱)과 子(아이 자)가 합해진 글자로 아이가 책상에서 공부하 는 모습을 나타냄]·공부할 학·학문 학

③ **상 相** 9 - 서로 상[본래 杖(지팡이 장)이 생략된 木(나무 목)과 살펴본다는 뜻의 目(눈 목)이 합 해진 글자로 장님이 지팡이로 세상을 본다는 장님과 지팡이 관계에서 '서로'의 뜻을 나타 냄]·볼 상·도울 상

④ **장 長** 8 - 길 장 또는 긴 장[긴 머리털을 뜻하는 毛(털 모)의 변형인 镸와 人(사람 인)과 丈(지 팡이 장)으로 이루어진 乀이 합해진 글자로 본래는 노인을 나타내며 '길다'의 뜻은 새로 생 긴 것임]·자랄(사람이나 생명체가 성장하는, 능력이 발전하는) 장

직역 스승은 가르치고 제자는 배우면서 서로가 더불어 성장한다는 뜻.
의역 교육과 학문은 가르치고 배우는 데서 발전한다는 뜻.

구곡간장
九曲肝腸

한자 풀이 ────────

① **구 九 2** - 아홉 구[꾸불꾸불하게 땅을 파는 모양인 乙(새 을)과 샘물이 솟는 모습인 丿(삐침 별)이 합해진 글자로 물이 나오는 순간이 마지막이라는 뜻에서 숫자 중에서 가장 큰 수나 끝수인 '아홉'을 나타냄]·많을 구·모을 규

② **곡 曲 6** - 굽을 곡[曰(가로왈)에 ‖와 같은 두 개의 막대를 세로로 꽂아 놓은 모양의 글자로 대나무나 싸리를 굽혀서 만든 누에를 기르는 채반인 잠박을 나타냄]·굽이 곡·자세할 곡·곡조 곡

③ **간 肝 7** - 간 간[月(肉 : 몸 육)과 발음요소인 干(방패 간)이 합해진 글자로 방패처럼 작용하는 간을 나타냄. 간장(肝臟)이라고도 하며 영양물의 대사·분해·저장 등을 하는 내장기관]·속 마음 간·화락(和樂)할 간

④ **장 腸 13** - 창자 장[月(肉 : 몸 육)과 발음요소와 따뜻하거나 살아 움직인다는 뜻의 昜(볕 양)이 합해진 글자로 몸 안의 소화 및 배출기관으로 길고 꾸불꾸불하며 항문까지 이어진 작은창자와 큰창자를 뜻함]·마음(배안의 창자까지 뒤틀릴 정도로 자극을 주고 모든 정신작용과 행동변화의 근원이 되는) 장

직역 아홉 구비나 되는 간(肝)과 창자라는 뜻.

의역 시름과 한이 쌓이고 쌓인 마음속을 뜻함. 또는 너무나 마음에 사무쳐 애가 탄다는 뜻.

구마지심
狗馬之心

한자 풀이 ————————

① **구 狗 8** - 개 구[길짐승을 뜻하는 犭(犬 : 개 견)과 발음요소와 몸을 오그리고 있는 모습의 句(글귀 구)가 합해진 글자로 작은 강아지를 나타냄. 귀가 밝고 냄새를 잘 맡아 집을 지키거나 사냥을 하는 영리한 동물]·강아지 구

② **마 馬 10** - 말 마(말의 머리·긴 목과 갈기·몸통·꼬리의 모양인 馬와 4개의 말굽을 뜻하는 灬이 합해진 글자로 달리는 말의 옆모습을 나타냄)·산가지 마·벼슬이름 마·아지랑이 마

③ **지 之 4** - 갈 지[두 발을 뜻하는 止(발 지)와 출발선을 뜻하는 一(가로획)을 그어 만든 글자로 한 발을 떼고 막 출발하려는 모습을 나타냄]·이를 지·이 지·어조사(~의, ~가, ~이, ~을) 지

④ **심 心 4** - 마음 심(사람의 심장 모양을 본뜬 글자로 본뜻은 심장이며 이후 '마음'의 뜻이 생긴 것임)·생각 심·심장 심 또는 염통 심·가슴 심·중심 심·별이름 심·근본 심

* 예로부터 사람들은 모든 생각은 심장이 주관하는 마음에서 나온다고 믿었음. 心琴(심금 : 미묘한 마음).

직역 개나 말이 주인에게 충성을 다하는 참된 마음을 뜻함.

의역 군주(君主)에 대한 자기의 충성심이나 진심을 낮추어 일컫는다는 뜻.

* 군주(君主) : 임금, 세습적으로 나라를 다스리는 최고 지위에 있는 사람.

구태의연
舊態依然

한자 풀이 ————————

① 구 舊 18 - 예 구[머리에 뿔 모양의 갈대털이 난 부엉이를 뜻하는 雈(풀우거질 추)와 곡식을 찧도록 우묵하게 파낸 통나무인 臼(절구 구)가 합해진 글자로 절구 위에 지은 부엉이가 머물던 둥지가 오래되었다는 뜻을 나타냄]·오랠 구·늙은이 구·친구 구

② 태 態 14 - 모양 태[貌樣(모양). 본래 곰이 나무를 잡고 있는 모습을 그린 熊(곰 웅)이 생략된 能(능할 능)과 心(마음 심)이 합해진 글자로 능력이나 마음의 뜻에 따른 형상을 나타냄. 사물의 생김새를 뜻하는 형태]·모습 태·형태 태·상태 태

③ 의 依 8 - 의지할 의[依支(의지). 亻(人 : 사람 인)과 몸에 달라붙거나 몸을 감싸 보호한다는 뜻의 衣(옷 의)가 합해진 글자로 남에게 기대어 도움을 받는]·비슷할 의·전과같을(변화가 전혀 없는) 의·좇을 의

④ 연 然 12 - 그럴 연[犬(개 견)과 月(肉 : 몸 육)과 灬(火 : 불 화)가 합해진 글자로 본뜻은 개를 제물로 불에 산채로 굽는다는 뜻을 나타내며 '그러하다·당연하다'는 이후에 생긴 것임. 원래 있던 그대로의 모양이나 상태를 말함]·그러할 연 또는 그렇다할 연·그러면 연·그러나 연·불탈 연·불사를 연

* 의연(依然) : 전과 같이 다름이 없는 또는 변함이 없는.

직역 옛 형태나 모양 그대로 전과 다름이 없다는 뜻.

의역 예나 지금이나 변화가 전혀 없이 여전하다는 뜻. 즉, 진보나 발전이 없다는 뜻.

국궁진췌
鞠躬盡瘁

한자 풀이 ──────

① **국 鞠 17** – 기를 국[소·말에게 채찍질한다는 뜻의 革(가죽 혁)과 먹이를 준다는 뜻의 匊(움킬 국)이 합해진 글자로 소·돼지 등 가축에게 먹이를 주며 기른다는 뜻을 나타냄]·칠(짐승을 길들이는) 국·굽힐(몸을 구부리는) 국

② **궁 躬 10** – 몸 궁[身(몸 신)과 사람 등뼈의 척추 모양인 呂(등뼈 려)를 대신한 弓(활 궁)이 합해진 글자로 사람의 등이 활처럼 굽어 있는 모양이나 움직이고 활동하는 기능적인 몸을 나타내는]·몸소 궁 또는 몸소행할 궁·자신 궁

   * 국궁(鞠躬) : 존경하는 마음으로 웃사람이나 영위(靈位) 앞에서 몸을 굽히는.

③ **진 盡 14** – 다할 진[화로를 뜻하는 皿(그릇 명)과 숯불을 뜻하는 灬(火 : 불 화)와 聿(붓 율)이 변하여 막대를 손으로 잡고 휘젓는 모양을 뜻하는 聿(⺻)이 합해진 글자로 휘저어서 다 꺼진 불을 나타냄. 다 써버린]·다(전부를 가리키는) 진

④ **췌 瘁 13** – 병들 췌[疒(병들어기댈 녁)과 발음요소와 심하게 앓고 있다는 뜻의 卒(죽을 졸)이 합해진 글자로 암(癌)이나 상처 등으로 활동을 못하고 괴로워하는]·파리할(병으로 핏기가 없고 얼굴이 핼쑥한) 췌

   * 진췌(盡瘁·盡悴) : 몸이 여위도록 힘을 다하여 수고를 한다는 뜻.

직역 웃사람이나 영위(靈位) 앞에서 몸을 굽혀 존경하며 있는 힘을 다 바친다는 뜻.

   * 영위(靈位) : 죽은 사람의 혼백(魂魄)이나 신위(神位).

의역 마음과 힘을 다하여 나라에 이바지한다는 뜻.

군자대로
君子大路

* 군자대로행(君子大路行)이라고도 씀.

한자 풀이 ————————

① 군 君 7 - 임금 군[손에 지팡이나 지휘봉을 잡은 모습의 尹(다스릴 윤)과 호령하거나 백성을 뜻하는 口(입 구)가 합해진 글자로 나라를 통치하며 백성을 보살피는 왕(王)을 뜻함]·왕자 군·군자 군·남편 군·자네 군

② 자 子 3 - 아이 자 또는 아들 자(머리와 양쪽으로 벌리고 있는 두 팔과 포대기에 두 발이 싸여진 갓 태어난 아기의 모습을 본뜬 글자로 어린 아이를 나타냄)·자식 자·당신 자·자네 자·씨 자·경칭 자·사람 자·첫째지지 자

③ 대 大 3 - 큰 대(양쪽 두 팔과 두 다리를 벌리고 서 있는 사람의 정면 모습을 본뜬 글자로 키가 큰 어른이라는 데서 '크다'는 뜻을 나타냄)·어른 대·위대 대·대강 대·심할 대·클 태

④ 로 路 13 - 길 로(노)[足(足 : 발 족)과 발음요소인 各(각각 각)이 합해진 글자로 사람들이 각각 발로 밟고 걸어가는 곳이 곧 길이라는 뜻을 나타냄. 자동차나 배가 다니는 길. 기차나 전동차가 궤도를 따라 다니는 길. 인생을 살아가는 행로]·드러낼 로(노)·중요할 로(노)·방도(方道) 로(노)

> **직역** 군자(君子)는 큰 길로 품위 있게 걸어 다닌다는 뜻.
>
> **의역** 학식과 덕행이 높은 사람과 높은 관직에 있는 사람은 떳떳하고 올바르게 행동한다는 뜻.

궁여일책
窮餘一策

* 궁여지책(窮餘之策)과 같이 씀.

한자 풀이 ━━━━━━

① **궁 窮 15** - 곤궁할 궁[穴(穴 : 구멍 혈)과 躬(몸 궁)이 합해진 글자로 몸이 빠져나올 수 없는 구덩이에 빠진 뜻을 나타냄. 어렵고 힘든 상황에 빠져 있거나 경제적으로 쪼달리는]·궁구할 궁·궁리할 궁·막힐 궁·다할 궁

② **여 餘 16** - 남을 여[음식을 뜻하는 食(食 : 밥 식)과 발음요소와 펼쳐놓은 모습의 余(남을 여)가 합해진 글자로 가득 차고도 남는다는 뜻을 나타냄]·나머지(필요한 수량을 빼거나 어느 한도에 차고도 남아 있는) 여

③ **일 一 1** - 한 일(한 획으로 가로선을 그어 만든 글자 또는 산가지 1개를 가로놓아 만든 글자로 1·2·3·4…로 된 아라비아 숫자에서 1을 가리킴)·하나 일·첫째 일·오로지 일·땅 일

④ **책 策 12** - 꾀 책[竹(竹 : 대나무 죽)과 발음요소인 束(가시 자)가 합해진 글자로 본뜻은 '채찍'이며 이후 '꾀·대쪽'의 뜻이 생겨났음. 말이나 소를 부리기 위하여 대나무로 만든 채찍. 일을 교묘하게 잘 꾸미는 생각이나 수단 또는 방법인 방책(方策)을 뜻함]·계략 책 또는 계책 책·책 책·죽간(竹簡) 책·문서 책

> **직역** 궁한 나머지 짜낸 한 가지의 방책(方策)을 뜻함.
> **의역** 매우 급하게 쫓기는 어려운 가운데서 생각하다 못해 짜낸 꾀나 방법을 뜻함.

궁여지책
窮餘之策

한자 풀이 ——————

① 궁 窮 15 - 곤궁할 궁[宀(穴 : 구멍 혈)과 躬(몸 궁)이 합해진 글자로 몸이 빠져나올 수 없는 구덩이에 빠진 뜻을 나타냄. 어렵고 힘든 상황에 빠져 있거나 경제적으로 쪼달리는]·궁구할 궁·궁리할 궁·막힐 궁·다할 궁

② 여 餘 16 - 남을 여[음식을 뜻하는 食(食 : 밥 식)과 발음요소와 펼쳐놓은 모습의 余(남을 여)가 합해진 글자로 가득 차고도 남는다는 뜻을 나타냄]·나머지(필요한 수량을 빼거나 어느 한도에 차고도 남아 있는) 여

③ 지 之 4 - 갈 지[두 발을 뜻하는 止(발 지)와 출발선을 뜻하는 一(가로획)을 그어 만든 글자로 한 발을 떼고 막 출발하려는 모습을 나타냄]·이를 지·이 지·어조사(~의, ~가, ~이, ~을) 지

④ 책 策 12 - 꾀 책[竹(竹 : 대나무 죽)과 발음요소인 束(가시 자)가 합해진 글자로 본뜻은 '채찍'이며 이후 '꾀·대쪽'의 뜻이 생겨났음. 말이나 소를 부리기 위하여 대나무로 만든 채찍. 일을 교묘하게 잘 꾸미는 생각이나 수단 또는 방법인 방책(方策)을 뜻함]·계략 책 또는 계책 책·책 책·죽간(竹簡) 책·문서 책

직역 이럴 수도 저럴 수도 없이 딱한 나머지 생각해 낸 방법이라는 뜻.
의역 매우 어려운 상태에서 짜낸 마지막으로 꾀를 부린 대책이라는 뜻.

권모술수
權謀術數

*권모술책(權謀術策)과 같은 뜻임.

한자 풀이 ──────

① **권 權 22** - 권세 권[權勢(권세). 木(나무 목)과 발음요소인 雚(황새 관)이 합해진 글자로 본뜻은 저울을 나타냄. '저울질하다'로부터 사람을 다스리는 권력과 세력의 뜻이 생긴 것임]·저울 권·권리 권·방편 권

② **모 謀 16** - 꾀 모 또는 꾀할 모[言(말씀 언)과 발음요소인 某(아무 모)가 합해진 글자로 어떤 계책을 말한다는 뜻을 나타냄]·의논(議論)할 모·도모(圖謀)할 모·가르칠 모

　* 권모(權謀) : 때와 형편에 따라 둘러맞추는 묘한 책략.

③ **술 術 11** - 꾀 술[길이나 수단을 뜻하는 行(길 항)과 바싹 붙어 뒤를 따른다는 뜻의 朮(차조 출)이 합해진 글자로 사람이 따라오도록 만든 새로운 길을 뜻함. 꾀나 재주는 새로 생긴 것임]·재주 술·기술 술

　* 술수(術數) : 어떤 일을 꾸미는 꾀나 방법.

④ **수 數 15** - 셀 수[여자를 묶어 두 손으로 끌고 간다는 뜻의 婁(끌 루)와 攵(攴 : 칠 복)이 합해진 글자로 다그치게 회초리로 치는 숫자를 센다는 뜻을 나타냄. 구슬이나 동전을 실에 꿰면서 하나·둘·셋…을 헤아리는]·셈할 수·수 수·몇몇[두서너(2~4)·서너너덧(3~5)·대여섯(5~6)] 수·몇 수·여러 수

직역 목적을 위해서는 수단과 방법을 가리지 않고 교묘하게 남을 속이는 술책을 뜻함.
의역 경우에 따라 대응이 변하는 묘한 꾀나 방법을 뜻함.

금과옥조
金科玉條

한자 풀이 ─────────

① **금 金 8** - 쇠 금[본래 土(흙 토)와 광물을 뜻하는 ∶∶이 합해진 ♯와 발음요소인 숌(머금을 함) 이 생략된 今(이제 금)이 합해진 글자로 땅속에 박혀 있는 광물을 나타냄. 또는 쇳물이 떨어 지는 거푸집 모양을 나타냄]·금 금·성(姓) 김

② **과 科 9** - 과목 과[科目(과목). 禾(벼 화)와 곡식의 양(量)을 재는 斗(말 두)가 합해진 글 자로 곡식을 말로 되어 몇몇 등급으로 나눈다는 뜻을 나타냄]·조목(條目 : 법률과 규정) 과·과정 과·법 과·법률 과

③ **옥 玉 5** - 구슬 옥[3개의 둥근 옥을 뜻하는 三(석 삼)에 동전처럼 끈으로 꿴다는 뜻의 丨(뚫 을 곤)이 합해진 글자에 동그란 모양으로 다듬어 만든 옥돌을 뜻하는 丶(점 주)가 더해진 글 자로 보석을 작고 둥글게 만든 물건]

④ **조 條 11** - 가지 조[木(나무 목)과 발음요소와 어떤 일이 벌어지고 있는 곳을 뜻하는 攸(바 유)가 합해진 글자로 끈처럼 가늘고 길게 이어진 줄기를 나타냄. 원줄기에서 갈라져 다시 곁으로 나오는 작은 줄기]·곁가지 조·가닥 조·조목[條目 : 사물이나 법률·규정·예산 따위를 특 징별·종류별·성질별로 나누는 낱낱의 조(條)나 항(項)] 조·법규 조

직역 금(金)과 같은 법률이나 옥(玉)과 같은 규범이라는 뜻.
의역 몹시 귀중한 법칙이나 규정을 뜻함.

금란지교
金蘭之交

*금란지계(金蘭之契)도 같은 뜻으로 씀.

한자 풀이 ────────

① 금 金 8 - 쇠 금[본래 土(흙 토)와 광물을 뜻하는 ∶∶이 합해진 ꙮ와 발음요소인 숌(머금을 함)이 생략된 今(이제 금)이 합해진 글자로 땅속에 박혀 있는 광물을 나타냄. 또는 쇳물이 떨어지는 거푸집 모양을 나타냄]·금 금·성(姓) 김

② 란 蘭 21 - 난초 란(난)[蘭草(난초). ⺿(艸 : 풀 초)와 발음요소인 闌(가로막을 란)이 합해진 글자로 꽃의 향기가 진하고 아름다워 보고 즐기는 관상용 화초로 잎이 가늘고 길며 꽃이 석장씩 피는 식물]

③ 지 之 4 - 갈 지[두 발을 뜻하는 止(발 지)와 출발선을 뜻하는 一(가로획)을 그어 만든 글자로 한 발을 떼고 막 출발하려는 모습을 나타냄]·이를 지·이 지·어조사(~의, ~가, ~이, ~을) 지

④ 교 交 6 - 사귈 교[사람을 뜻하는 亠(돼지머리 두)와 아랫다리인 정강이가 교차해 있는 모양을 본뜬 爻(사귈 효)가 합해진 글자로 여럿이 옆 사람과 서로 손을 잡고 두 발이 꼬이면서 원을 그리며 걷는 모습을 나타냄]·벗 교·바뀔 교

* 朋(벗 붕)은 같은 스승으로부터 가르침을 받는 반 친구, 友(벗 우)는 손을 잡고 다닐 정도로 가까운 친구.

직역 금(金)같이 단단하고 난초같이 향기로운 친구 사이를 뜻함.
의역 정(情)이 끈끈하고 두터운 지극히 친한 친구를 뜻함.

금석맹약
金石盟約

* 금석지약(金石之約)이라고도 씀.

한자 풀이 ─────────

① 금 金 8 - 쇠 금[본래 土(흙 토)와 광물을 뜻하는 ∷이 합해진 ⌘와 발음요소인 含(머금을 함)이 생략된 今(이제 금)이 합해진 글자로 땅속에 박혀 있는 광물을 나타냄 또는 쇳물이 떨어지는 거푸집 모양을 나타냄]·금 금·성(姓) 김

② 석 石 5 - 돌 석[바위를 뜻하는 厂(언덕 엄)과 작은 돌덩이를 뜻하는 口(입 구)가 합해진 글자로 언덕 아래로 굴러 떨어진 작은 돌을 나타냄. 크고 작은 단단한 바위 조각]·저울 석·군을 석·섬(곡식의 용량을 세는 단위) 석

③ 맹 盟 13 - 맹세 맹 또는 맹세할 맹[盟誓(맹서→맹세). 피가 담긴 뜻인 皿(그릇 명)과 발음요소인 明(밝을 명)이 합해진 글자로 해와 달을 바라보며 피를 그릇에 담아 마시며 맹세한다는 뜻을 나타냄]·약속(約束)할 맹

④ 약 約 9 - 묶을 약 또는 얽맬 약[끈을 뜻하는 糸(실 사)와 묶는다는 뜻의 勺(구기 작)이 합해진 글자로 여러 개의 대나무를 끌고 가기 위하여 끈으로 한데 묶는다는 뜻을 나타냄. 한군데로 모아 얽어서 동여매는]·약속(約束 : 어떤 일에 대해서 시간·장소·방법 등을 미리 정하고 어기지 않을 것을 다짐하는)할 약

직역 쇠와 암석과 같은 굳은 맹세로 맺은 약속을 뜻함.
의역 영원히 변하지 않는 굳은 약속을 뜻함.

금석지감
今昔之感

한자 풀이 ─────

① 금 今 4 - 이제 금[사람들이 한곳으로 모여든다는 뜻의 亼(모일 집)과 어느 장소에 거의 다 왔다는 뜻의 ㄱ(及 : 미칠 급)이 합해진 글자로 세월이 흐르고 쌓여서 지금에 이른 바로 이때를 나타냄]·곧 금 또는 바로 금·오늘 금·지금 금

② 석 昔 8 - 예 석 또는 옛 석[얇게 썬 짐승고기를 담은 채반 그릇을 뜻하는 龶(井 : 우물 정)과 햇볕에 말린다는 뜻의 日(해 일)이 합해진 글자로 옛날에 짐승을 잡아서 말린 육포를 나타냄]·오랠 석·어제 석

③ 지 之 4 - 갈 지[두 발을 뜻하는 止(발 지)와 출발선을 뜻하는 一(가로획)을 그어 만든 글자로 한 발을 떼고 막 출발하려는 모습을 나타냄]·이를 지·이 지·어조사(~의, ~가, ~이, ~을) 지

④ 감 感 13 - 느낄 감[心(마음 심)과 발음요소와 어떤 영향이나 작용이 두루 미친다는 뜻의 咸(다 함)이 합해진 글자로 깨닫거나 보고 느낀 감동이나 자극 등이 마음을 움직인다는 뜻을 나타냄]·감동(感動 : 깊이 느끼어 사람들의 마음을 움직이는)할 감·깨달을 감·고맙게여길 감

직역 지금과 옛날을 비교할 때 차이가 매우 심하게 느껴지는 감정을 뜻함.
의역 문명(文明)·기술(技術) 등 현재와 과거에 느끼는 감정의 변화를 뜻함.

금석지교
金石之交

* 금석지계(金石之契)와 같은 뜻임.

한자 풀이 ─────

① **금 金 8** - 쇠 금[본래 土(흙 토)와 광물을 뜻하는 ︰이 합해진 ﹖와 발음요소인 含(머금을 함) 이 생략된 今(이제 금)이 합해진 글자로 땅속에 박혀 있는 광물을 나타냄. 또는 쇳물이 떨어 지는 거푸집 모양을 나타냄]·금 금·성(姓) 김

② **석 石 5** - 돌 석[바위를 뜻하는 厂(언덕 엄)과 작은 돌덩이를 뜻하는 口(입 구)가 합해진 글자 로 언덕 아래로 굴러 떨어진 작은 돌을 나타냄. 크고 작은 단단한 바위 조각]·저울 석·굳을 석·섬(곡식의 용량을 세는 단위) 석

   * 돌덩이 : 돌멩이보다 크고 바위보다 작은 돌.

③ **지 之 4** - 갈 지[두 발을 뜻하는 止(발 지)와 출발선을 뜻하는 一(가로획)을 그어 만든 글자로 한 발을 떼고 막 출발하려는 모습을 나타냄]·이를 지·이 지·어조사(~의, ~가, ~이, ~을) 지

④ **교 交 6** - 사귈 교[사람을 뜻하는 ㅗ(돼지머리 두)와 아랫다리인 정강이가 교차해 있는 모양 을 본뜬 㐅(사귈 효)가 합해진 글자로 여럿이 옆 사람과 서로 손을 잡고 두 발이 꼬이면서 원을 그리며 걷는 모습을 나타냄]·벗 교·바뀔 교

   * 朋(벗 붕)은 같은 스승으로부터 가르침을 받는 반 친구, 友(벗 우)는 손을 잡고 다닐 정도로 가까운 친구.

직역 쇠와 암석과 같이 단단하고 변함 없는 사귐 또는 친구를 뜻함.
의역 굳게 맺어진 두터운 친구간의 사이라는 뜻.

금의야행
錦衣夜行

* 의금야행(衣錦夜行)이라고도 씀.

한자 풀이 ———————

① **금 錦 16** – 비단 금[緋緞(비단). 명주실로 무늬 없이 짠 피륙인 帛(비단 백)과 오색(五色)광택을 뜻하는 金(쇠 금)이 합해진 글자로 화려한 색깔을 넣어서 짠 비단을 나타냄]·비단옷 금·아름다울 금

② **의 衣 6** – 옷 의[人(사람 인)이 겹친 모양인 𧘇와 몸을 감싸 덮는다는 뜻의 亠(머리 두)가 합해진 글자로 목에 둘러대는 깃과 소매가 있는 위에 입는 옷을 나타냄. * 저고리 : 한복(韓服)의 일종인 웃옷]

③ **야 夜 8** – 밤 야[누워 있는 사람의 겨드랑이 모습인 亦(겨드랑 액·또 역)과 月(달 월)이 합해진 글자로 옆구리에 달이 놓인 모양으로 해질녘에서 새벽까지의 밤을 나타냄. * 이 한자는 밤과 낮을 사람의 몸과 달의 위치에 비유하여 나타낸 것임]·캄캄할(몹시 어두운) 야·침실(寢室) 야

④ **행 行 6** – 다닐 행[들어 올린 왼발 모양인 彳(조금걸을 척)과 바닥에 닿는 오른발 모양인 亍(자축거릴 촉)이 합해진 글자로 가다가 멈췄다가 하면서 천천히 걸어간다는 뜻을 나타냄]·걸을 행·갈 행·떠날 행·여행 행·항렬 항

> **직역** 화려한 비단옷을 입고 밤길을 걷는다는 뜻.
>
> **의역** 성공하여 높은 벼슬을 하고도 고향에 돌아가지 못하는 신세라는 뜻. 또는 당당하게 인정도 받지 못하는 쓸데없는 일을 자랑삼아 한다는 뜻.

금의옥식
錦衣玉食

한자 풀이 ────────

① 금 錦 16 - 비단 금[緋緞(비단). 명주실로 무늬 없이 짠 피륙인 帛(비단 백)과 오색(五色)광택을 뜻하는 金(쇠 금)이 합해진 글자로 화려한 색깔을 넣어서 짠 비단을 나타냄]·비단옷 금·아름다울 금

② 의 衣 6 - 옷 의[人(사람 인)이 겹친 모양인 𧘇와 몸을 감싸 덮는다는 뜻의 亠(머리 두)가 합해진 글자로 목에 둘러대는 깃과 소매가 있는 위에 입는 옷을 나타냄. * 저고리 : 한복(韓服)의 일종인 웃옷]

③ 옥 玉 5 - 구슬 옥[3개의 둥근 옥을 뜻하는 三(석 삼)에 동전처럼 끈으로 꿴다는 뜻의 丨(뚫을 곤)이 합해진 글자에 동그란 모양으로 다듬어 만든 옥돌을 뜻하는 丶(점 주)가 더해진 글자로 보석을 작고 둥글게 만든 물건]

④ 식 食 9 - 밥 식[본래 米(쌀 미)와 水(물 수)가 합해진 글자 또는 人(사람 인)과 良(좋을 량)이 합해진 글자로 쌀·보리 등을 끓여 익혀 숟가락으로 떠서 끼니로 즐겨 먹는 음식을 뜻함]·음식 식·먹일 사·기를 사

직역 아름다운 비단옷과 흰쌀밥이라는 뜻.
의역 사치스럽고 화려(華麗)하며 평안한 삶을 누린다는 뜻.

금지옥엽
金枝玉葉

한자 풀이 ————————

① **금 金 8** - 쇠 금[본래 土(흙 토)와 광물을 뜻하는 :.이 합해진 圭와 발음요소인 含(머금을 함) 이 생략된 今(이제 금)이 합해진 글자로 땅속에 박혀 있는 광물을 나타냄. 또는 쇳물이 떨어 지는 거푸집 모양을 나타냄]·금 금·성(姓) 김

② **지 枝 8** - 가지 지[줄기를 뜻하는 木(나무 목)과 발음요소와 근원에서 갈라져 나온다는 뜻의 支(가지 지)가 합해진 글자로 굵고 큰 나무줄기에서 갈라져 뻗어나간 작은 가지를 뜻함]·버 팀목 지·육손이(여섯 개의 손가락이 달린 사람) 기

③ **옥 玉 5** - 구슬 옥[3개의 둥근 옥을 뜻하는 三(석 삼)에 동전처럼 끈으로 꿴다는 뜻의 丨(뚫 을 곤)이 합해진 글자에 동그란 모양으로 다듬어 만든 옥돌을 뜻하는 丶(점 주)가 더해진 글 자로 보석을 작고 둥글게 만든 물건]

④ **엽 葉 13** - 잎 엽[++(艸 : 풀 초)와 枼(나뭇잎 엽)이 합해진 글자로 넓은 의미에서 나뭇잎을 나 타냄. 풀 또는 나뭇가지의 끝이나 둘레에 붙어 호흡작용과 탄소동화작용을 하는 녹색을 띤 기관을 뜻함]·대(代 : 여러 세대를 거쳐 이어 내려오는 한 집안이나 생물체의 계통) 엽·세대(世代) 엽

직역 자손을 금(金)으로 된 나뭇가지와 옥(玉)으로 된 나뭇잎에 비유한다는 뜻.
의역 귀여운 자손을 소중하게 생각하거나 임금의 자손을 높여 이르는 말.

기고만장
氣高萬丈

한자 풀이 ——————

① **기 氣 10** - 기운 기[세 가닥의 얇은 구름 띠가 하늘에 퍼져 있는 모습인 气(기운 기)에 밥을 지을 때 나오는 증기를 뜻하는 米(쌀 미)가 합해진 글자로 몸과 마음의 정력, 전기·빛·열에너지를 뜻함]·숨(코로 숨쉬기) 기·기후 기

② **고 高 10** - 높을 고[冂(멀 경)의 옛날 한자인 冋(성곽 경)과 그 위에 높이 치솟은 망루의 모양인 亠이 합해진 글자로 높은 지대 위에 층층으로 지은 누각이나 높은 건물을 나타냄]·높일 고·비쌀 고·뛰어날 고

③ **만 萬 13** - 일만 만[절지동물의 일종인 전갈이 알을 많이 낳아 품고 있는 모습을 나타낸 글자로 본래는 전갈을 뜻하였으나 이후 수(數)를 나타내는 万(만)으로 쓰이게 되었음]·많을 만·만약 만

④ **장 丈 3** - 어른 장[사람이 손으로 긴 지팡이를 짚고 있는 모양을 나타낸 글자로 본뜻은 '지팡이'이며 이후 '어른·길이'의 뜻이 생겨났음. 지팡이를 짚고 다닐 정도로 나이가 많은 또는 윗사람에 대한 존칭]·길 장 또는 열자[깊이나 거리나 길이를 나타내는 옛날 단위의 한 가지이며 1丈(장)은 10尺(척)] 장

직역 기운이 만 길에 이를 만큼 높이 뻗쳐 치솟는다는 뜻(1길은 사람 키 높이의 길이 단위).
의역 기세나 의기가 하늘을 찌를 듯이 대단하다는 뜻.

기상천외
奇想天外

한자 풀이 ──────

① **기 奇 8** - 기이할 기[奇異(기이). 大(큰 대)와 발음요소인 可(옳을 가)가 합해진 글자로 기이하게 크다는 뜻을 나타냄. 발을 절뚝거리는 것같이 정상적인 상태가 아니거나 생각과 행동이 뛰어난]·이상할 기·기수 기 또는 홀수 기

   * **기발(奇拔)** : 생각할 수 없을 만큼 유달리 재치있게 뛰어난(拔 : 뛰어날 발·빼어날 발).

② **상 想 13** - 생각 상 또는 생각할 상[생각한다는 뜻의 心(마음 심)과 발음요소와 살펴본다는 뜻의 相(서로 상)이 합해진 글자로 마음속으로 자세히 살펴보며 생각한다는 뜻을 나타냄]·사모할 상·희망 상

   * **기상(奇想)** : 보통으로는 좀처럼 추측할 수 없는 기발한 생각.

③ **천 天 4** - 하늘 천[서있는 사람을 뜻하는 大(큰 대)와 정수리에 닿는 머리끝 위를 뜻하는 一(가로획)이 합해진 글자로 멀고 넓은 무한대의 공간을 나타냄]·하느님 천·자연 천·임금 천·조물주 천·날씨 천

④ **외 外 5** - 밖 외 또는 바깥 외[의미요소와 발음요소를 뜻하는 夕(저녁 석)과 점(占)을 친다는 뜻의 卜(점 복)이 합해진 글자로 저녁에 밖으로 앞날의 운수나 길흉을 미리 판단해주는 점을 치러간다는 뜻에서 '밖'을 나타냄. 어떤 경계나 범위의 바깥쪽이 되는]·외국(外國) 외·멀리할 외·외방 외·벗어날 외

   * **천외(天外)** : 하늘의 바깥, 매우 높거나 먼 곳, 상상을 초월하는 경지.

> **직역** 기발(奇拔)한 생각이 하늘 바깥까지 다다른다는 뜻.
>
> **의역** 생각이나 착안이 보통 사람이 짐작할 수 없을 만큼 엉뚱하고 기발(奇拔)하다는 뜻.

기승전결
起承轉結

*기승전락(起承轉落)·기승전합(起承轉合)이라고도 함.

한자 풀이 ————

① 기 起 10 - 일어날 기[걷는 모습을 뜻하는 走(달릴 주)와 아이의 모습을 뜻하는 己(몸 기)가 합해진 글자로 아이가 첫걸음을 떼려고 몸을 일으켜 세운다는 뜻을 나타냄]·일으킬 기·설 기·시작할 기

② 승 承 8 - 이을 승[본래 手(손 수)와 무릎을 꿇고 앉은 사람의 모습인 卪(卩 : 병부 절)과 廾(받들 공)이 합해진 글자로 윗사람을 받들거나 손에 손을 잡고 계속 이어나간다는 뜻을 나타냄]·받들 승·받아들일 승·도울 승

   * 承(전개-展開) : 어떤 글이나 내용을 구체적으로 진전시켜 펴 나가는.

③ 전 轉 18 - 구를 전[車(수레 거)와 실을 감는 둥근 실패나 물레를 손으로 돌린다는 뜻의 專(오로지 전)이 합해진 글자로 수레바퀴가 물레가 돌아가듯이 굴러간다는 뜻을 나타냄]·돌아누울 전·돌 전·옮길 전·바꿀 전

④ 결 結 12 - 맺을 결[묶는 끈을 뜻하는 糸(실 사)와 발음요소와 운(運)과 행복과 아름다움을 뜻하는 吉(길할 길)이 합해진 글자로 줄로 묶거나 엮어 풀리지 않게 한다는 데서 '맺다'의 뜻을 나타냄]·끝맺을(소설·논문·문장·연설 등에서 끝을 정리하는) 결·마칠 결·엉길 결

> **직역** 한문 시(詩)의 절구(絶句)와 율시(律詩)의 구성법을 뜻함.
>
> **의역** 업무나 일의 기준이 되는 진행과정을 뜻함.
>
>   * 문제를 제기(起)하고 그 문제를 전개(承)하며 방향을 전환(轉)하며 끝을 맺는(結) 것을 뜻함.

기왕지사
旣往之事

* 이왕지사(已往之事)와 같은 뜻임(已 : 이미 이·벌써 이).

한자 풀이 ————

① **기 旣 11** - 이미 기[흰밥의 고소한 냄새를 뜻하는 皀(향기로울 핍)과 사람이 고개를 돌린 모습의 旡(이미기 방)이 합해진 글자로 밥을 다 먹고 배가 불러 밥상 앞에서 고개를 돌리는 모습을 나타냄]·다할 기·녹봉 희

② **왕 往 8** - 갈 왕[본래 걷는다는 뜻의 止(발 지)와 발음요소인 王(갈 왕)으로 이루어진 초기자형 㞷에 다시 길을 뜻하는 彳(조금걸을 척)이 합해진 글자로 어디로 향하여 걸어간다는 뜻을 나타냄]·옛(이미 지나간) 왕·떠나갈 왕·돌아갈 왕·이따금 왕

③ **지 之 4** - 갈 지[두 발을 뜻하는 止(발 지)와 출발선을 뜻하는 一(가로획)을 그어 만든 글자로 한 발을 떼고 막 출발하려는 모습을 나타냄]·이를 지·이 지·어조사(~의, ~가, ~이, ~을) 지

④ **사 事 8** - 일 사[깃발이나 팻말의 모양인 甶와 彐(又 : 오른손 우)가 합해진 글자로 팻말 아래 사람들이 모여 작업이나 행사하는 모습을 나타냄]·섬길 사·벼슬 사·경영할 사

* 事(사)를 장식이 달린 붓을 손에 잡고 있는 모습으로 보아 기록하는 일을 맡은 관원으로 풀이하기도 함.

직역 이미 지나간 일 또는 이미 지난 일을 뜻함.
의역 이미 지나간 일이므로 현재 아무런 의미가 없다는 뜻. 즉, 엎질러진 물이라는 뜻.

낙미지액
落眉之厄

한자 풀이 ─────

① **낙 落 13** - 떨어질 낙(락)[艹(艸 : 풀 초)와 발음요소인 洛(강이름 낙)이 합해진 글자로 초목의 잎이 땅 위에 떨어진다는 뜻을 나타냄. 물체가 떨어지는. 시험에 떨어지는. 해와 달이 지는]·이룰 낙(락)·마을 낙(락)

② **미 眉 9** - 눈썹 미 또는 눈썹털 미[目(눈 목)과 巴(뱀 파)의 변형인 尸이 합해진 글자로 눈 위의 눈썹을 그린 것임. 눈두덩 위나 눈시울에 가로로 난 눈을 보호하는 짧은 털]·가(표면의 한계가 되는 가장자리) 미·둘레 미·언저리 미

③ **지 之 4** - 갈 지[두 발을 뜻하는 止(발 지)와 출발선을 뜻하는 一(가로획)을 그어 만든 글자로 한 발을 떼고 막 출발하려는 모습을 나타냄]·이를 지·이 지·어조사(~의, ~가, ~이, ~을) 지

④ **액 厄 4** - 재앙 액[災殃(재앙). 바위를 뜻하는 厂(굴바위 엄)과 바위 밑에서 사람이 쭈그리고 있는 모습의 卩(㔾 : 병부 절)이 합해진 글자로 사람이 바위 아래로 떨어져 불행한 화(禍)를 당한 상태를 나타냄. 운수가 사나워 재물에 손해를 보거나 참혹한 불행을 당하는]·곤궁(困窮)할 액·액(마귀가 해치는) 액

직역 눈썹에 떨어진 좋지 못한 운수를 뜻함.
의역 뜻밖의 눈앞에 닥친 재액(災厄 : 재앙으로 입은 불운)을 뜻함.

낙화유수
落花流水

한자 풀이 ─────

① **낙 落 13** - 떨어질 낙(락)[艹(艸 : 풀 초)와 발음요소인 洛(강이름 낙)이 합해진 글자로 초목의 잎이 땅 위에 떨어진다는 뜻을 나타냄. 물체가 떨어지는. 시험에 떨어지는. 해와 달이 지는]·이룰 낙(락)·마을 낙(락)

② **화 花 8** - 꽃 화[초목을 뜻하는 艹(艸 : 풀 초)와 발음요소인 化(될 화)가 합해진 글자로 씨를 맺어 새로운 생명으로 변화시키는 꽃이 피는 모습을 나타냄. 다시 열매를 맺어 씨를 만드는 번식기관임]·아름다울 화

③ **유 流 10** - 흐를 유(류)[氵(水 : 물 수)와 발음요소와 거꾸로 떠내려간다는 뜻의 㐬(류)가 합해진 글자로 죽은 아이를 물에 버려 거꾸로 떠내려가는 모습을 나타냄. 냇물이나 강물이 흐르는]·흐르게할 유(류)

④ **수 水 4** - 물 수[본래 川(내 천)에서 비롯된 글자로 흐르는 물줄기가 합쳤다가 갈라지는 모습을 나타냄. 샘물·시냇물·강물·바닷물 등 자연에 존재하는 기본 물질을 뜻함]·별이름(水星 : 수성) 수

* **水星(수성)**은 우주 만물을 이루는 5가지 원소 중 물을 뜻함 - 목성(나무)·화성(불)·토성(흙)·금성(쇠).

직역 떨어지는 꽃과 흐르는 물 또는 흐르는 물에 떨어지는 꽃이라는 뜻.
의역 무심히 흘러가는 세월을 뜻함 또는 남녀의 애틋한 정과 쇠퇴해가는 청춘을 뜻함.

난공불락
難攻不落

한자 풀이 ―――――――

① 난 難 19 - 어려운 난(란)[작은 새를 뜻하는 隹(새 추)와 堇(堇 : 진흙 근)이 합해진 글자로 진흙에 빠져 날개에 진흙이 묻은 새가 날지 못하고 어려움을 겪고 있다는 뜻을 나타냄]·어려워할 난(란)·난리(亂離) 난(란)·재앙(災殃) 난(란)

② 공 攻 7 - 칠 공[攵(攴 : 칠 복)과 발음요소와 돌을 다듬는 끌 같은 연장을 뜻하는 工(장인 공)이 합해진 글자로 본뜻은 '물건을 만들다'이며 이후 '다스리다·치다'가 생겼음]·닦을 공·다스릴 공·공격(攻擊)할 공

③ 불 不 4 - 아니 불 또는 아닐 불(식물의 꽃대와 꽃받침과 꽃의 암술로 된 씨방 모양을 본뜬 글자로 씨방이 자라서 열매를 맺을지 모른다는 뜻에서 '아니'라고 나타냄)·못할 불·없을 불·않을 불

④ 락 落 13 - 떨어질 락(낙)[艹(艸 : 풀 초)와 발음요소인 洛(강이름 락)이 합해진 글자로 초목의 잎이 땅 위에 떨어진다는 뜻을 나타냄. 물체가 떨어지는. 시험에 떨어지는. 해와 달이 지는]·이룰 락(낙)·마을 락(낙)·몰락할 락(낙)·함락[陷落 : 적의 성(城)·요새(要塞)·진지(陣地) 따위를 공격하여 무너뜨리는]할 락(낙)·비로소 락(낙)·쓸쓸할 락(낙)

직역 공격(攻擊)하기 어려워 쉽사리 함락(陷落)되지 아니한다는 뜻.
의역 적의 힘이 워낙 강해 대응(對應)할 수가 없다는 뜻.

난상토의
爛商討議

* 난상토론(爛商討論)도 같은 뜻으로 씀.

한자 풀이 ——————

① 난 爛 21 - 찬란할 난 또는 빛날 난(란)[火(불 화)와 발음요소인 闌(한창 난·가로막을 난)
이 합해진 글자로 불꽃이나 화려한 광채를 나타냄]·밝을 난(란)·델 난(란)·문드러질 난
(란)·터질 난(란)

② 상 商 11 - 장사 상 또는 장사할 상[중국 고대 은(殷)나라 신사(神祠)의 건물을 형상화한 丙
에 口(입구)가 더해진 글자로 유목민들이 신사의 입구에 모여서 행상을 업으로 했던 '장사·
상인'의 뜻을 나타냄]·의논할(議論) 상

* 난상(爛商) : 충분히 잘 의논하는.

③ 토 討 10 - 칠 토[言(말씀 언)과 법률과 제도를 뜻하는 寸(마디 촌)이 합해진 글자로 잘못한
사람을 붙잡아 옳고 그름을 말로 따지거나 문제에 대하여 말을 주고받는]·궁구할 토

④ 의 議 20 - 의논 의 또는 의논할 의[議論(의논). 言(말씀 언)과 이치에 맞는 법칙을 뜻하는 義
(옳을 의)가 합해진 글자로 말을 서로 나누어 하면서 어떤 문제나 주제에 대하여 올바른 결
과에 이르도록 서로 의견을 주고받는다는 뜻을 나타냄]·말할 의·논의(論議 : 각자의 의견을
내어 옳고 그름을 따지며 토의하는)할 의

* 토의(討議) : 어떤 문제에 대하여 각자의 의견을 내놓고 토론하며 의논하는.

직역 충분히 의논하고 검토하며 협의한다는 뜻.
의역 어떤 문제에 대하여 낱낱이 토론하고 결론을 얻는다는 뜻.

난중지난
難中之難

* '난중지란'이라고도 읽음.

한자 풀이 ————————

① **난 難 19** - 어려운 난(란)[작은 새를 뜻하는 隹(새 추)와 菫(菫 : 진흙 근)이 합해진 글자로 진흙에 빠져 날개에 진흙이 묻은 새가 날지 못하고 어려움을 겪고 있다는 뜻을 나타냄]·어려워할 난(란)·난리(亂離) 난(란)·재앙(災殃) 난(란)

② **중 中 4** - 가운데 중(깃발을 가운데 꽂아 사람들을 모이게 하거나 부락·군부대·집단의 가운데에 깃발을 꽂은 모양의 글자로 사물이나 위치·나이·순서 등의 중심을 뜻함)·바를 중·진행 중·안 중 또는 안쪽 중·속 중·사이 중

③ **지 之 4** - 갈 지[두 발을 뜻하는 止(발 지)와 출발선을 뜻하는 一(가로획)을 그어 만든 글자로 한 발을 떼고 막 출발하려는 모습을 나타냄]·이를 지·이 지·어조사(~의, ~가, ~이, ~을) 지

* 어떤 일을 분명히 결정하지 못하고 갈팡질팡하거나 길·형태 따위가 꼬불꼬불함을 뜻함.

직역 어려운 일 가운데서도 가장 어려운 일이라는 뜻.
의역 처해 있는 사정이나 형편이 몹시 어렵다는 뜻.

남존여비
男尊女卑

한자 풀이 ————

① **남 男 7** - 사내 남[田(밭 전)과 농기구인 쟁기 모양을 본뜬 力(힘 력)이 합해진 글자로 쟁기로 밭을 가는 사내를 나타냄]·남자 남·아들 남·작위 (爵位 : 벼슬의 지위) 남

② **존 尊[尊]12** - 높을 존 또는 높일 존[酉(술병 유)와 술 냄새를 뜻하는 八(八 : 여덟 팔)과 두 손을 뜻하는 廾(받들 공)이 변형된 寸(손 촌)이 합해진 글자로 술이 든 용기를 두 손으로 높여 들고 신(神)에 바치는]·공경할 존

③ **여 女 3** - 여자 여(녀)(두 손을 모으고 무릎을 꿇고 얌전하게 앉아 있는 여성으로 태어난 사람을 나타냄. 본래는 나라의 의식을 맡아보는 제사장이 하느님께 제사를 지내는 모습이었음)·계집 여·너 여

④ **비 卑 8** - 낮을 비[본래는 𠂇(왼손 좌)의 변형인 ㇒(十 : 열 십)과 큰 부채 같은 물건을 뜻하는 由 또는 그물 모양의 사냥 도구를 뜻하는 甲(갑옷 갑)이 합해진 글자로 신분이 낮다는 뜻을 나타냄 * 고대 중국에서는 왼손 사용을 천하게 여기는 풍습이 있었음]·천할 비·천박(淺薄)할 비·낮출 비

직역 남자는 높고 귀하며 여자는 낮고 천하다는 뜻.
의역 사회 생활에서 남자의 권리와 지위를 여자보다 위에 두는 사상(思想)을 뜻함.

내유외강
內柔外剛

*외강내유(外剛內柔)라고도 씀.

한자 풀이 ———————

① 내 內 4 - 안 내[본래 흙으로만 쌓은 토담에 지붕만 덮은 옛날 집을 본뜬 冂(멀 경)과 入(들 입)이 합해진 글자로 문 안쪽으로 사람이 허리를 구부리고 들어간다는 뜻을 나타냄]·속(몸 속·옷속·배속·마음속) 내·아내 내·대궐 내

② 유 柔 9 - 부드러울 유[木(나무 목)과 발음요소와 창 모양으로 뾰족하게 돋아난 새순을 뜻하는 矛(창 모)가 합해진 글자로 나무 끝에서 뾰족한 창끝 모양으로 막 돋아나온 새싹같이 약하고 연한. 성질이 온화한]·순할 유

③ 외 外 5 - 밖 외 또는 바깥 외[의미요소와 발음요소를 뜻하는 夕(저녁 석)과 점(占)을 친다는 뜻의 卜(점 복)이 합해진 글자로 저녁에 밖으로 앞날의 운수나 길흉을 미리 판단해주는 점을 치러간다는 뜻에서 '밖'을 나타냄]

④ 강 剛 10 - 굳셀 강[岡(산등성이 강)과 刂(刀 : 칼 도)가 합해진 글자로 산등성이에 드러난 날카로운 돌같이 강하거나 부러지지 않는 칼처럼 강하다는 뜻을 나타냄. 마음이 꿋꿋하고 의지가 강한]·강할(억세고 단단한) 강

* 剛(강할 강)은 주로 의지나 정신이, 强(강할 강)은 힘이나 몸이 강하다는 뜻임.

> **직역** 속으로는 마음이 부드럽고 겉으로는 성격이 강하다는 뜻.
>
> **의역** 겉으로는 굳세고 강해 보이지만 실제로 내면은 부드러운 사람을 이르는 뜻. 즉, 부드러움과 강직함을 두루 갖춘 사람을 이르는 말.

노당익장
老當益壯

*노익장(老益壯)이라고도 씀.

한자 풀이 ―――――――――

① **노 老 6** - 늙을 노(로)[머리털이 길고 지팡이를 짚은 사람의 모습인 耂(늙을 노)에 허리가 굽은 모습의 匕(비수 비)가 합해진 글자로 본래는 '늙은이'를 나타냄]·늙은이 노(로)·어른 노(로)·익숙할 노(로)·덕높을 노(로)

② **당 當 13** - 마땅 당[田(밭 전)과 발음요소와 생각보다 잘 어울린다는 뜻의 尙(오히려 상)이 합해진 글자로 이 밭과 저 밭이 포개어 맞추듯이 두말할 나위도 없이 옳다는 뜻을 나타냄]·마땅할 당·당연할 당·지킬 당

③ **익 益[益] 10** - 더할 익[본래 益의 한자로 水(물 수)가 변형된 물이 튀거나 넘친다는 뜻의 㳠와 皿(그릇 명)이 합해진 글자로 물이 있는 그릇에 물을 더하여 넘친다는 뜻을 나타냄. 보태어 많게 하는]·더욱 익·넘칠 익·이로울 익

④ **장 壯 7** - 장할 장[옛날 무기 모양을 뜻하는 士(선비 사)와 발음요소와 將(장수 장)이 생략된 爿(나무조각 장)이 합해진 글자로 무기를 들고 목숨을 바쳐 싸우는 용기가 있는. 큰 뜻을 품고 실천하거나 기상과 인품이 훌륭한]·장정(壯丁 : 기운이 왕성한 사나이) 장·씩씩할 장·굳셀 장·웅장(雄壯)할 장

직역 나이가 먹을수록 기력이 좋아져 기운이 더욱 씩씩하다는 뜻.
의역 늙어서도 젊은이 같은 열정과 기력을 굳게 갖고 있다는 뜻.

노발대발
怒發大發

한자 풀이 ——————

① **노 怒 9** - 성낼 노(로)[心(마음 심)과 발음요소와 일만 하는 노예를 뜻하는 奴(종 노)가 합해진 글자로 화가 치밀어 오른다는 뜻을 나타냄. 종이나 노예가 학대를 받아 눈을 사납게 뜨고 화를 내는]·뽐낼(미모를 자랑하거나 분수에 넘치게 겉치레하며 의기가 양양한) 노(로)·세찰 노(로)

② **발 發 12** - 필 발[쌍떡잎처럼 둘로 갈라진다는 뜻의 癶(필 발)과 弓(활 궁)과 殳(창 수)가 합해진 글자로 창 부대는 앞에 활 부대는 뒤에 배치된다는 뜻을 나타냄]·일으킬 발·나아갈 발·쏠 발·발산할 발

③ **대 大 3** - 큰 대(양쪽 두 팔과 두 다리를 벌리고 서 있는 사람의 정면 모습을 본뜬 글자로 키가 큰 어른이라는 데서 '크다'는 뜻을 나타냄)·어른 대·위대 대·대강 대·심할(정도가 지나친) 대·클 태

* 신체적 정신적으로 이미 성장한 성인(成人)을 뜻하며 나라·땅·바다·마음 등이 넓고 큰.

직역 몹시 크게 화를 낸다는 뜻.
의역 몹시 화가 나고 흥분되어 매섭게 감정을 터트린다는 뜻.

노심초사
勞心焦思

한자 풀이 ─────────

① **노 勞 12** - 일할 노(로)[힘써 일한다는 뜻의 力(힘 력)과 발음요소와 횃불을 밝힌다는 뜻의 熒(불꽃 형)이 생략된 熒이 합해진 글자로 횃불을 밝히며 밤늦게까지 작업한다는 뜻을 나타냄]·힘쓸 노(로)·공 노(로)·애쓸 노(로)

② **심 心 4** - 마음 심(사람의 심장 모양을 본뜬 글자로 본뜻은 심장이며 이후 '마음'의 뜻이 생긴 것임)·생각 심·심장 심 또는 염통 심·가슴 심·중심 심·별이름 심·근본 심

③ **초 焦 12** - 탈 초[灬(火 : 불 화)와 발음요소인 隹(새 추)가 합해진 글자로 불에 그슬린다는 뜻을 나타냄]·애탈 초 또는 애태울(어떤 일로 마음의 근심이 커서 속이 타거나 피가 바짝바짝 마르는) 초

  * 초조(焦燥) : 애가 타서 마음이 조마조마한.

④ **사 思 9** - 생각할 사[뇌의 모양을 본뜬 囟(정수리 신)이 변형된 田(밭 전)과 心(마음 심)이 합해진 글자로 두뇌와 심장에서 생각이 나온다는 뜻을 나타냄]·생각(마음에 느끼는 의견이나 기억·판단·상상·창조 등을 일으키는 정신작용) 사·그리워할 사·슬퍼할 사·근심할 사

  * 초사(焦思) : 애를 태우며 하는 생각. 여기서 '애'는 근심 걱정에 싸인 마음속을 뜻함.

  * 속을 태우다 : 몹시 걱정이 되어 마음이 초초하고 고통스러워하다.

직역 마음으로 애를 쓰며 속을 태운다는 뜻.
의역 마음이 몹시 초조(焦燥)하다는 뜻.

논공행상
論功行賞

한자 풀이 ──────

① **논 論 15** - 논할 논(론)[言(말씀 언)과 집이나 관청에 책이 차례차례 정돈된 모습을 뜻하는 侖(뭉치 륜)이 합해진 글자로 주로 학자들의 말씀을 정리한 책을 뜻함]·의논할 논(론)·평할 논(론)

② **공 功 5** - 공 공 또는 공로 공[功勞(공로). 力(힘 력)과 발음요소와 힘써 이룬다는 뜻의 工(장인 공)이 합해진 글자로 단체나 사회·국가나 인류를 위하여 가치 있는 목표를 달성한 업적을 뜻함]·이바지할 공·상복입을 공

③ **행 行 6** - 다닐 행[들어 올린 왼발 모양인 彳(조금걸을 척)과 바닥에 닿는 오른발 모양인 亍(자축거릴 촉)이 합해진 글자로 가다가 멈췄다가 하면서 천천히 걸어간다는 뜻을 나타냄]·행할(실천하는) 행

④ **상 賞 15** - 상줄 상[더 높은 뜻을 갖고 일을 한다는 뜻의 尙(숭상할 상)과 돈·재물을 뜻하는 貝(조개 패)가 합해진 글자로 공(功)을 세운 사람에게 귀한 재물을 준다는 뜻을 나타냄. 돈·상품 또는 증서를 줌]·칭찬(稱讚)할 상·완상(玩賞 : 감상과 구경으로 즐거움을 느끼는)할 상

* 玩 : 희롱할 완·장난할 완·감상(鑑賞 : 주로 예술 작품을 이해하여 즐기고 평가하는)할 완.

직역 공(功)이 있고 없고 크고 작음을 논의하여 거기에 알맞은 상(賞)을 준다는 뜻.
의역 공적(功績)을 따져 정중히 대우해야 한다는 뜻.

능지처참
陵遲處斬

* 凌遲處斬(능지처참)이라고도 씀.

한자 풀이 ────────

① **능 陵 11** - 언덕 능(릉)[阝(阜 : 언덕 부)와 발음요소인 夌(언덕 능)이 합해진 글자로 흙으로 무덤이나 산같이 높이 쌓아올린 비탈진 곳을 뜻함]·능(임금이나 왕후의 무덤) 능(릉)·오를 능(릉)·짓밟을 능(릉)

② **지 遲 16** - 더딜 지[辶(辵 : 쉬엄쉬엄갈 착)과 발음요소와 느릿느릿 걷는 코뿔소를 뜻하는 犀(무소 서)가 합해진 글자로 코뿔소나 물소가 천천히 걸어가듯이 발걸음이나 발전 속도가 퍽 느린]·늦을 지·기다릴 지·천천히할 지

 * 능지(陵遲) : 언덕이 세월이 지나면서 평평해진다는 뜻으로 몸체의 형태가 없어진다는 뜻.

③ **처 處 11** - 곳 처[虍(범 호)와 걸어간다는 뜻의 夂(뒤져올 치)와 받침대를 뜻하는 几(안석 궤)가 합해진 글자로 범이 걸어가다가 머무는 곳을 나타냄. 장소나 조직체 기관을 뜻함]·처리할 처·처치할 처

④ **참 斬 11** - 벨 참 또는 베일 참[사람을 죽이려고 기둥에 아래 위를 묶어 놓은 모습의 車(수레 차)와 칼을 뜻하는 斤(도끼 근)이 합해진 글자로 형벌로 죄인의 목을 칼로 자른다는 뜻을 나타냄]·목벨 참·죽일 참

 * 처참(處斬) : 범죄자의 목을 베어 죽이는 형벌(刑罰)에 처한다는 뜻.

직역 머리·양팔·양다리·몸뚱이 순으로 여섯 부분으로 토막 내어 죽이는 형벌을 뜻함.

의역 대역 죄인(罪人)에게 가하는 극형(極刑)을 뜻함.

 * 대역(大逆) : 국가나 사회의 질서를 어지럽히는 큰 죄나 왕권·궁궐 등을 범하는 행위.

다사다난
多事多難

한자 풀이 ————————

① 다 多 6 - 많을 다[月(肉 : 고기 육)의 변형인 夕(저녁 석) 두 개가 위로 겹쳐 있는 모습의 글자로 사냥으로 잡은 짐승고기를 한곳에 겹겹으로 포개어 쌓아 놓거나 신(神)에게 제사를 올릴 때 고기를 많이 쌓아 놓고 지낸다는 뜻을 나타냄]·넓을 다·뛰어날 다·과시할 다·다만 다

② 사 事 8 - 일 사[깃발이나 팻말의 모양인 中와 彐(又 : 오른손 우)가 합해진 글자로 팻말 아래 사람들이 모여 작업이나 행사하는 모습을 나타냄]·섬길 사·벼슬 사·경영할 사

③ 난 難 19 - 어려운 난(란)[작은 새를 뜻하는 隹(새 추)와 堇(菫 : 진흙 근)이 합해진 글자로 진흙에 빠져 날개에 진흙이 묻은 새가 날지 못하고 어려움을 겪고 있다는 뜻을 나타냄]·어려워할 난(란)·난리(亂離) 난(란)·재앙(災殃) 난(란)

직역 일도 많고 어려움도 많다는 뜻.
의역 여러 가지로 복잡하고 분주하게 살아온 세월을 뜻함.

다사다망
多事多忙

한자 풀이 ————————

① **다 多 6** - 많을 다[月(肉 : 고기 육)의 변형인 夕(저녁 석) 두 개가 위로 겹쳐 있는 모습의 글자로 사냥으로 잡은 짐승고기를 한곳에 겹겹으로 포개어 쌓아 놓거나 신(神)에게 제사를 올릴 때 고기를 많이 쌓아 놓고 지낸다는 뜻을 나타냄]·넓을 다·뛰어날 다·과시할 다·다만 다

② **사 事 8** - 일 사[깃발이나 팻말의 모양인 中와 크(又 : 오른손 우)가 합해진 글자로 팻말 아래 사람들이 모여 작업이나 행사하는 모습을 나타냄]·섬길 사·벼슬 사·경영할 사

③ **망 忙 6** - 바쁠 망[忄(心 : 마음 심)과 발음요소인 亡(없을 망)이 합해진 글자로 마음이 조급하여 정신이 없다는 뜻을 나타냄. 하고 있는 일이 많아 정신을 잃을 정도로 마음이 급하고 시간에 쫓기는]·초조(焦燥 : 시간에 쫓기어 불안하고 속을 태우며 조바심이 나는)할 망·바쁘게지낼 망

직역 할 일이 많아 매우 바쁘다는 뜻.
의역 여러 가지 일로 눈코 뜰 사이가 없다는 뜻.

다재다능
多才多能

한자 풀이 ────────

① **다 多 6** - 많을 다[月(肉 : 고기 육)의 변형인 夕(저녁 석) 두 개가 위로 겹쳐 있는 모습의 글 자로 사냥으로 잡은 짐승고기를 한곳에 겹겹으로 포개어 쌓아 놓거나 신(神)에게 제사를 올릴 때 고기를 많이 쌓아 놓고 지낸다는 뜻을 나타냄]·넓을 다·뛰어날 다·과시할 다· 다만 다

② **재 才 3** - 재주 재[본래 扌(手 : 손 수)가 변형된 글자로 옛날 중국에서 강물이 넘쳐 피해를 입 을 것을 손으로 강에 둑을 쌓아 막았다는 데서 유래되어 재주를 나타냄. 공부·예술·기술· 운동 등의 분야에 능력이 뛰어난]·재간 재

③ **능 能 10** - 능할 능[짐승의 머리를 뜻하는 彑(돼지머리 계)의 변형인 厶(마늘 모·마늘모 모)와 月(肉 : 몸 육)과 곰이 발로 나무를 잡고 있는 모습인 匕(비수 비) 두 개가 합해진 글자로 본뜻 은 '곰'이었으나 곰이 재주가 많다는 뜻에서 '능하다'의 뜻으로 쓰이게 된 것임]·알 능·능히 할 능·능력(能力) 능·재능(才能) 능·재간(才幹) 능·곰 능

직역 재주도 많고 능력도 많다는 뜻.

의역 못하거나 모르는 일이 없을 정도로 재능이 뛰어난 사람을 뜻함. 즉, 여러 방면 에 뛰어난 사람을 가리키는 말.

다정다감
多情多感

한자 풀이 ──────────

① **다 多 6** - 많을 다[月(肉 : 고기 육)의 변형인 夕(저녁 석) 두 개가 위로 겹쳐 있는 모습의 글자로 사냥으로 잡은 짐승고기를 한곳에 겹겹으로 포개어 쌓아 놓거나 신(神)에게 제사를 올릴 때 고기를 많이 쌓아 놓고 지낸다는 뜻을 나타냄]·넓을 다·뛰어날 다·과시할 다· 다만 다

② **정 情 11** - 뜻 정[忄(心 : 마음 심)과 땅을 뚫고 막 올라오는 푸른 풀을 뜻하는 靑(푸를 청)이 합해진 글자로 순수한 마음에서 솟아오르는 느낌이나 사랑을 뜻함]·정 정·마음 정·사랑 정· 마음씨 정·사실(事實) 정

③ **감 感 13** - 느낄 감[心(마음 심)과 발음요소와 어떤 영향이나 작용이 두루 미친다는 뜻의 咸 (다 함)이 합해진 글자로 깨닫거나 보고 느낀 감동이 마음을 움직인다는 뜻을 나타냄]·감동 (感動 : 깊이 느끼어 마음을 움직이는)할 감·깨달을 감·고맙게여길 감

직역 정(情)도 많고 느낌도 많다는 뜻.
의역 사람과 사물에 대한 생각과 감정이 섬세하고 풍부함을 이르는 말.

단금지교
斷金之交

한자 풀이 ─────────

① **단 斷 18** - 끊을 단[칼을 뜻하는 斤(도끼 근)과 실이 섞여 있는 모양인 繼(이을 계)가 생략된 𢇍(절)이 합해진 글자로 베틀로 천을 짤 때 섞여 있는 실을 칼로 자르는]·결단(決斷)할 단· 한결같을 단

② **금 金 8** - 쇠 금[본래 土(흙 토)와 광물을 뜻하는 :이 합해진 𠂇와 발음요소인 含(머금을 함) 이 생략된 今(이제 금)이 합해진 글자로 땅속에 박혀 있는 광물을 나타냄. 또는 쇳물이 떨어 지는 거푸집 모양을 나타냄]·금 금·성(姓) 김

③ **지 之 4** - 갈 지[두 발을 뜻하는 止(발 지)와 출발선을 뜻하는 一(가로획)을 그어 만든 글자로 한 발을 떼고 막 출발하려는 모습을 나타냄]·이를 지·이 지·어조사(~의, ~가, ~이, ~을) 지

④ **교 交 6** - 사귈 교[사람을 뜻하는 亠(돼지머리 두)와 아랫다리인 정강이가 교차해 있는 모양 을 본뜬 乂(사귈 효)가 합해진 글자로 여럿이 옆 사람과 서로 손을 잡고 두 발이 꼬이면서 원을 그리며 걷는 모습을 나타냄]·벗 교·바뀔 교

  * 朋(벗 붕)은 같은 스승으로부터 가르침을 받는 친구, 友(벗 우)는 손을 잡고 다닐 정도로 가까운 친구.

> **직역** 쇠라도 자를 만큼 우정이 강하고 굳다는 뜻.
> **의역** 친구 사이의 사귄 정과 의리가 매우 두텁다는 뜻.

단도직입
單刀直入

한자 풀이

① **단 單** 12 - 홑 단[줄의 끝에 돌구슬을 매달고 던져 짐승을 옭아맨다는 뜻의 ⼝⼝와 손잡이가 달린 그물을 뜻하는 毕이 합해진 글자로 본뜻은 옛날 사냥도구이며 '홑'은 빌려 쓴 것임]· 홀로 단·외로울 단·오직 단

  * 단도(單刀) : 한 자루의 칼.

② **도 刀** 2 - 칼 도(칼집을 뜻하는 ⼅와 칼을 뜻하는 ⼃가 합해진 글자로 한쪽에만 날이 있는 외날 칼을 뜻함. 무기로 쓰는 긴 칼부터 부엌에서 쓰는 식칼. 글자를 새기는 조각칼)·자를 도·거루 도·위엄 도

③ **직 直** 8 - 곧을 직[目(눈 목)과 좌우상하로 움직이며 측량한다는 뜻의 十(열 십)과 긴 막대기를 뜻하는 ㄴ(ㅣ : 뚫을 곤)이 합해진 글자로 본뜻은 '똑바로 보다'이며 이후 '곧다·바르다'는 새로 생긴 것임]·바를(올바른) 직

④ **입 入** 2 - 들 입(사람이 드나드는 옛날 움집의 입구 모양을 또는 초목의 뿌리가 땅속으로 뻗어 들어가는 모양을 본뜬 글자로 사람이나 물건을 문 안으로 들어오게 하거나 들어가게 한다는 뜻을 나타냄. 어떤 조직에 회원이 되는)·들릴(지나가는 길에 잠깐 거치는) 입·들어올 입·넣을 입·빠질(빠져 들어가는) 입

직역 한 자루의 작은 칼을 들고 직접 쳐들어간다는 뜻.

의역 말할 때나 문장에서 바로 요점이나 본문제를 곧바로 다룬다는 뜻. 즉, 대번에 직접 요점을 찌르거나 적진으로 쳐들어간다는 뜻.

당구풍월
堂狗風月

한자 풀이 ─────

① **당 堂 11** - 집 당[土(흙 토)와 발음요소와 기도하는 집을 뜻하는 尙(尙 : 숭상할 상)이 합해진 글자로 높은 터전 위에 조상이나 죽은 사람의 위패(位牌)를 모셔 놓은 집인 사당(祠堂)을 뜻함]·사랑채 당·마루 당·근친(近親) 당

  * 서당(書堂) : 예전에 한문(漢文)을 사사로이 가르치던 글방.

② **구 狗 8** - 개 구[길짐승을 뜻하는 犭(犬 : 개 견)과 발음요소와 몸을 오그리고 있는 모습의 句(글귀 구)가 합해진 글자로 작은 강아지를 나타냄. 귀가 밝고 냄새를 잘 맡아 집을 지키거나 사냥을 하는 영리한 동물]·강아지 구

③ **풍 風 9** -바람 풍[배의 돛 모양을 본뜬 帆(돛 범)이 생략된 凡(무릇 범)과 虫(뱀 훼)가 합해진 글자로 돛이 바람에 의해 뱀이 움직이는 모양처럼 흔들린다는 뜻을 나타냄]·모양 풍·풍속 풍·경치 풍

④ **월 月 4** - 달 월[초승달에서 둥근 보름달까지 변화하는 달의 모양을 형상화한 글자로 지구의 둘레를 약 1달에 1번 돌고 있는 위성(衛星)]·한달 월·세월 월

  * 본래 달월의 글자는 달의 모양인 (⟨⟨◯⟩⟩을 그린 月이며 1달은 28~31일임.

직역 개도 서당(書堂)에서 오래 보고 듣고 자라면 '바람풍과 달월'을 읊는다는 뜻. 즉, '서당 개 삼 년에 풍월하다'는 뜻.

의역 무식한 사람일지라도 유식한 사람과 오래 지내면 견문(見聞)이 넓어진다는 뜻.

대동단결
大同團結

한자 풀이 ──────

① **대 大 3** - 큰 대(양쪽 두 팔과 두 다리를 벌리고 서 있는 사람의 정면 모습을 본뜬 글자로 키가 큰 어른이라는 데서 '크다'는 뜻을 나타냄)·어른 대·위대 대·대강 대·심할 대·클 태

② **동 同 6** - 같을 동[위로 거듭 포개 덮는다는 뜻인 冂(겹쳐덮을 모)에 밥과 반찬 그릇을 뜻하는 口(입 구)가 가운데 더해진 글자로 크기와 모양이 똑같은 그릇이 여러 층으로 된 찬합(饌盒)을 나타냄]·함께 동

③ **단 團 14** - 둥글 단[한곳에 모인다는 뜻의 專(오로지 전)과 囗(에워쌀 위)가 합해진 글자로 같은 무리들이 둥근 모양으로 에워싸 뭉쳐 있는]·모일 단·모을 단·모임 단·덩어리 단·단속할 단

④ **결 結 12** - 맺을 결[묶는 끈을 뜻하는 糸(실 사)와 발음요소와 운(運)과 행복과 아름다움을 뜻하는 吉(길할 길)이 합해진 글자로 줄로 묶거나 엮어 풀리지 않게 한다는 데서 '맺다'의 뜻을 나타냄]·끝맺을(소설·논문·문장·연설 등에서 끝마무리를 정리하는) 결·마칠 결·엉길 결

직역 여러 사람이나 여러 당파가 크게 한 덩어리로 뭉친다는 뜻.
의역 이념이나 사상(思想) 등을 초월하여 하나의 큰 세력으로 단합(團合)한다는 뜻.

대마불사
大馬不死

한자 풀이 ────────

① 대 大 3 - 큰 대(양쪽 두 팔과 두 다리를 벌리고 서 있는 사람의 정면 모습을 본뜬 글자로 키가 큰 어른이라는 데서 '크다'는 뜻을 나타냄)·어른 대·위대 대·대강 대·심할 대·클 태

② 마 馬 10 - 말 마(말의 머리·긴 목과 갈기·몸통·꼬리의 모양인 馬와 4 개의 말굽을 뜻하는 灬이 합해진 글자로 달리는 말의 옆모습을 나타냄)·산가지 마·벼슬이름 마·아지랑이 마

　　* 말은 목에 갈기털이 있는 것이 특징임.

　　* 대마(大馬) : 바둑에서 하나로 이어져 널리 자리를 잡은 많은 바둑점.

③ 불 不 4 - 아니불 또는 아닐불(식물의 꽃대와 꽃받침과 꽃의 암술로 된 씨방 모양을 본뜬 글자로 씨방이 자라서 열매를 맺을지 모른다는 뜻에서 '아니'라고 나타냄)·못할불·없을 불·않을불

④ 사 死 6 - 죽을 사[흐트러진 뼈를 뜻하는 歹(뼈앙상할 알)과 죽은 사람을 뜻하는 匕(비수 비)가 합해진 글자로 질병·사고 등으로 생명을 잃은 상태를 뜻함]·다할 사·죽일 사·생기없을 사

　* 옛날 중국에서는 사람이 죽으면 살이 다 썩어 없어진 뒤에 뼈만 모아 장례를 치렀음.

직역 큰 말(馬)은 쉽게 죽지 않는다는 뜻. 즉, 바둑을 둘 때 많은 바둑점은 쉽게 패하
　　지 않는다는 뜻.

의역 군사나 기업·경제 등이 숫자가 많고 규모가 크면 쉽게 패망하거나 파산(破産)하
　　지 않는다는 뜻.

대서특필
大書特筆

한자 풀이 ────────

① 대 大 3 - 큰 대(양쪽 두 팔과 두 다리를 벌리고 서 있는 사람의 정면 모습을 본뜬 글자로 키가 큰 어른이라는 데서 '크다'는 뜻을 나타냄)·어른 대·위대 대·대강 대·심할 대·클 태

② 서 書 10 - 글 서[손에 붓을 잡고 있는 모양인 聿(붓 율)과 먹물이 담긴 그릇을 뜻하는 曰 (가로 왈)이 합해진 글자로 붓으로 먹물을 묻혀 남의 말이나 자기의 생각을 쓰는 기록을 뜻함]·책 서·문서 서·편지 서

③ 특 特 10 - 특별할 특[特別(특별). 牛(소 우)와 손을 뜻하는 寸(마디 촌)과 之(갈 지)로 이루어진 寺(관청 시)가 합해진 글자로 관청이나 신(神)에게 특별히 바치기 위하여 수컷 소를 잡고 끌고 가는 모습을 나타내는. 보통과 유달리 다르거나 훨씬 뛰어난]·우뚝할 특·다만 특·수컷소 특·홀로 특

④ 필 筆 12 - 붓 필[⺮(竹 : 대 죽)과 붓을 손에 잡고 있는 모습인 聿(붓 율)이 합해진 글자로 손으로 붓을 잡고 글을 쓴다는 뜻을 나타내는. *본래의 붓의 글자는 聿이었으나 '이에·마침내'로 빌려 쓰이자 ⺮(竹 : 대 죽)을 덧붙여 筆(필)이 된 것임]·글씨 필·글 필·기록할 필

직역 큰 글자로 특별히 뚜렷하게 드러나도록 쓴다는 뜻.

의역 어떤 사실을 일반 대중에게 널리 알려지도록 크게 여론화(與論化)한다는 뜻.

대자대비
大慈大悲

한자 풀이 ——————

① 대 大 3 - 큰 대(양쪽 두 팔과 두 다리를 벌리고 서 있는 사람의 정면 모습을 본뜬 글자로 키가 큰 어른이라는 데서 '크다'는 뜻을 나타냄)·어른 대·위대 대·대강 대·심할 대·클 태

② 자 慈[慈] 13 - 사랑 자[心(마음 심)과 어린 자식을 돌보아 키운다는 뜻의 玆(무성할 자)가 합해진 글자로 어머니처럼 자식을 아끼고 정성을 다하는 따뜻한 인간적인 마음을 뜻함]·어머니 자·어질(마음을 쓰는 성품을 가지고 너그러움을 베푸는) 자·인자(仁慈)할 자·불쌍할(부모를 잃거나 병과 가난으로 의지할 곳이 없는) 자

③ 비 悲 12 - 슬플 비[心(마음 심)과 발음요소와 두 방향이 서로 어긋난다는 뜻의 非(아닐 비)가 합해진 글자로 그릇된 일로 마음이 아픈 것을 표현하여 '슬프다'의 뜻을 나타냄. 이별이나 불행한 운명 등으로 안타깝고 마음이 아픈]·슬퍼할 비·불쌍히여길 비·한심(寒心)할 비·자비로울 비

＊ 자비(慈悲) : 남을 동정하고 사랑하는 마음이 매우 지극한.

직역 큰 사랑과 불쌍히 여기는 마음이라는 뜻.

의역 부처나 보살이 중생에게 베푸는 큰 자비라는 뜻.

＊ 중생(衆生) : 살아 있는 모든 사람들과 모든 생명체.

덕필유린
德必有隣

* 덕불고필유린(德不孤必有隣)의 준말임.

한자 풀이 ─────

① 덕 德 15 - 덕 덕[본래 直(곧을 직)과 心(마음 심)이 합해져 곧은 마음을 뜻하는 悳(큰 덕)에 행한다는 뜻의 彳(자축거릴 척)이 합해진 글자로 바르게 행동하는 깨달음의 경지에 올라간다는 뜻을 나타냄. 어질고 포용성 있는 품성]·클 덕·덕을베풀 덕·고맙게생각할 덕

② 필 必 5 - 반드시 필(옛날에 높은 벼슬을 하면 긴 칼의 손잡이에 무늬가 있는 장식을 실로 반드시 맨다는 뜻의 글자로 어떤 원인에 대한 결과가 틀림없이 일어나는)·오로지 필·필연코(반드시 그렇게 되는) 필

③ 유 有 6 - 있을 유[月(肉 : 고기 육)과 발음요소인 𠂇(又 : 손 우)가 합해진 글자로 사냥하여 잡은 짐승을 손에 잡고 여기 가지고 있다고 말한다는 뜻을 나타냄. 사물이나 뜻이나 관심을 현재 가지고 있는]·가질 유·혹 유·어떤 유·또 유

④ 린 隣 15 - 이웃 린(인)[阝(阜 : 언덕 부)와 발음요소와 나란히 잇닿는다는 뜻의 粦(도깨비불 인)이 합해진 글자로 언덕을 사이에 둔 이웃 고을이나 언덕 아래 다섯 집이 모여 사는 마을을 나타냄. 집이나 동네·나라 등이 서로 접하여 가까이 곁에 있는]·이웃할 린(인)·도울 린(인)

직역 덕(德)이 있는 자에게는 반드시 이웃이 있다는 뜻.
의역 외롭지 않게 지내려면 포용성 있는 성품으로 남을 대하여야 한다는 뜻.

독불장군
獨不將軍

한자 풀이 ────────

① **독 獨 16** - 홀로 독[犭(犬 : 개 견)과 발음요소인 蜀(나라이름 촉)이 합해진 글자로 개는 습관 상 홀로 산다는 뜻을 나타냄. 혼자 외롭게 사는. 혼자 행동하는]·외로울 독·고독(孤獨)할 독·다만 독

② **불 不 4** - 아니 불 또는 아닐 불(식물의 꽃대와 꽃받침과 꽃의 암술로 된 씨방 모양을 본뜬 글자로 씨방이 자라서 열매를 맺을지 모른다는 뜻에서 '아니'라고 나타냄)·못할 불·없을 불·않을 불

③ **장 將 11** - 장수 장[將帥(장수). 손을 뜻하는 寸(마디 촌)과 夕(肉 : 고기 육)과 발음요소와 음식 을 만드는 도마나 조리대를 뜻하는 爿(나무조각널 장)이 합해진 글자로 희생물로 바칠 고기 를 손질하는 통솔자를 뜻함]·대장(大將) 장·장차(將次) 장·문득 장

④ **군 軍 9** - 군사 군[軍士(군사). 사람들이 둘러싸고 있는 모양인 冖(덮을 멱)과 화력을 갖춘 車 (수레 거)가 합해진 글자로 수레를 탄 왕이나 장군을 호위하는 병졸 또는 총을 들고 적과 싸 우는 군인]·군사(軍事) 군·진칠 군

직역 남의 의견을 무시하고 모든 일을 혼자 주관하려는 군(軍) 통솔자 같은 사람이 라는 뜻.

의역 다른 사람들과 타협과 화목을 저버리고 모든 일을 혼자서 처리하려는 사람을 뜻함. * 여러 사람의 지지를 받지 못하여 외롭게 된 사람.

독서삼매
讀書三昧

*독서삼매경(讀書三昧境)이라고도 씀.

한자 풀이 ──────

① **독 讀 22** - 읽을 독[言(말씀 언)과 발음요소와 돌아다니며 소리내어 장사하는 賣(행상할 육)이 합해진 글자로 글을 소리내어 읽는다는 뜻을 나타냄]·귀절 두 또는 구절(句節 : 한 토막의 말이나 글) 두

② **서 書 10** - 글 서[손에 붓을 잡고 있는 모양인 聿(붓 율)과 먹물이 담긴 그릇을 뜻하는 曰(가로 왈)이 합해진 글자로 붓으로 먹물을 묻혀 남의 말이나 자기의 생각을 쓰는 기록을 뜻함]·책 서·문서 서·편지 서

③ **삼 三 3** - 석 삼[본래 세 줄의 가로획을 나란히 그은 글자로 숫자의 셋을 나타내며 또한 하늘과 땅을 뜻하는 二(두 이) 사이에 사람을 뜻하는 一(가로획)이 더해져 천(天)·지(地)·인(人)을 가리켜 숫자의 셋을 뜻함]

④ **매 昧 9** - 어두울 매[日(해 일)과 발음요소와 '아직~하지 못한다'의 뜻인 未(아닐 미)가 합해진 글자로 해가 아직 떠오르지 않아 어둑어둑하다는 뜻을 나타냄]·몰입(沒入 : 깊은 생각에 잠기는)할 매

* 三昧(삼매) : 본래 불교 용어로 하나의 대상에만 마음을 집중시키는 경지를 뜻함.

직역 독서할 때에는 오로지 책에만 정신을 집중시키는 경지(境地)에 이르러야 한다는 뜻.

의역 책을 읽을 때에는 탐독(耽讀)이 되도록 열중해야 한다는 뜻.

* 耽(즐길 탐·열중할 탐·탐구할 탐).

독야청청
獨也靑靑

한자 풀이 ────────

① 독 獨 16 - 홀로 독[犭(犬 : 개 견)과 발음요소인 蜀(나라이름 촉)이 합해진 글자로 개는 습관상 홀로 산다는 뜻을 나타냄. 혼자 공부·노래·춤·운동 등을 행하는. 자기 혼자만이]·외로울(의지할 곳 없이 홀로 쓸쓸하게 살아가는) 독·고독(孤獨)할 독·다만 독

② 야 也 3 - 잇기 야 또는 이끼 야(뱀이 긴 몸을 웅크리고 있는 고리 모양의 글자로 끊임없이 쭉 이어진다는 뜻을 나타냄. 물체나 물질·사람·깃발 등이 고리 모양으로 계속 이어지는)·라(~라·~이라·~도다) 야·잇달을이 야·뱀 야

③ 청 靑 8 - 푸를 청[새싹을 뜻하는 主(生 : 날 생)과 붉은 광물을 뜻하는 丹(붉을 단)이 합해진 글자로 붉은 바위에서 이끼가 파랗게 자라나는 또는 물기가 많은 우물 주위에서 싹이 많이 움트고 푸르게 자라는 모습을 나타냄. 광물인 구리(Cu)가 산화작용으로 생긴 녹이나 초목과 하늘의 빛깔 같은]

　* 청청(靑靑) : 싱싱하게 푸르고 푸른. 조금도 변함이 없이 한결같다는 뜻.

직역 홀로 푸르게 서 있는 모습을 뜻함.
의역 변함없이 홀로 굳은 절개(節槪)를 지킨다는 뜻.

동가홍상
同價紅裳

한자 풀이 ──────

① 동 同 6 - 같을 동[위로 거듭 포개 덮는다는 뜻인 冂(겹쳐덮을 모)에 밥·반찬 그릇을 뜻하는 口(입 구)가 가운데 더해진 글자로 크기와 모양이 똑같은 그릇이 여러 층으로 된 찬합(饌盒)을 뜻함]·한가지 동·함께 동

② 가 價 15 - 값 가[亻(人 : 사람 인)과 발음요소인 賈(장사 고)가 합해진 글자로 물품의 가격이나 물건을 사고파는 금액을 뜻함]·물가(物價 : 시장에서 거래되는 물건 가격) 가·가치(價値 : 작품을 평가했을 때의 값어치) 가

③ 홍 紅 9 - 붉을 홍[명주실을 뜻하는 糸(실 사)와 가공을 뜻하는 工(장인 공)이 합해진 글자로 베틀로 짠 흰색 비단이 염색되어 붉은색을 띤다는 뜻임]·연지(臙脂 : 여자가 양쪽 뺨에 찍는 붉은 염료) 홍·다홍색 또는 주홍색 홍

  * 다홍색 : 빨강에 노랑이 약간 섞인 짙게 붉은 산뜻한 색.

④ 상 裳 14 - 치마 상[본래 常(치마 상)이 常(항상 상·늘 상)으로 쓰이자 衣(옷 의)가 더해진 글자로 넓은 천과 허리띠로 만든 여자 아랫도리의 겉옷을 뜻함]·아랫도리옷 상·산뜻한모양 상

  * 衣裳(의상) : 겉에 입는 저고리와 치마, 衣服(의복) : 모든 옷.

직역 같은 값이면 예쁜 다홍치마라는 뜻.
의역 이왕이면 품질 좋고 보기 좋은 것을 고른다는 뜻.

동문서답
東問西答

한자 풀이 ────────

① **동 東 8** - 동녘 동[글자로는 木(나무 목)과 日(해 일)이 합해진 글자이지만 본래는 자루에 쌀 같은 알곡을 가득 담고 양 끝을 묶은 다음 메고 갈 수 있도록 긴 막대를 가로 지른 모습이 며 해가 뜨는 동쪽을 발음상 동녘으로 나타낸 것임]

② **문 問 11** - 물을 문[무엇을 알거나 밝히기 위하여 말로 물어본다는 뜻의 口(입 구)와 발음요 소와 해결 방법을 뜻하는 門(문 문)이 합해진 글자로 모르는 것을 배우고자 묻는]·문초할 (따지며 캐묻는) 문·방문할 문

③ **서 西 6** - 서녘 서[서쪽으로 해가 지면 산에서 짐승이 내려와 음식을 들추어 먹으므로 고기 그릇이나 장독의 뚜껑을 단단히 덮는다는 뜻인 襾(덮을 아)가 변형된 글자로 해가 지는 서 쪽 방면·방향·지역을 가리킴]

④ **답 答 12** - 대답 답[對答(대답). 竹(竹 : 대나무 죽)과 발음요소인 合(합할 합)이 합해진 글자로 편지를 받거나 묻는 말에 답을 할 때 죽간(竹簡)에 글을 써서 회답한다는 뜻을 나타냄. *종 이가 없었던 옛날에는 여러 개의 대나무 조각을 엮은 죽간에다 글을 써서 편지를 주고받 았음]

직역 동쪽을 묻는데 서쪽으로 대답한다는 뜻.

의역 어떤 물음에 대하여 당치도 않는 엉뚱한 말을 한다는 뜻. 즉, 물음을 전혀 이해 하지 못하거나 상대방을 무시하는 상황에서 쓰는 표현임.

동분서주
東奔西走

*동치서주(東馳西走)와 같은 뜻임(馳 : 달릴 치).

한자 풀이 ————————

① **동 東 8** - 동녘 동[글자로는 木(나무 목)과 日(해 일)이 합해진 글자이지만 본래는 자루에 쌀 같은 알곡을 가득 담고 양 끝을 묶은 다음 메고 갈 수 있도록 긴 막대를 가로 지른 모습이며 해가 뜨는 동쪽을 발음상 동녘으로 나타낸 것임]

② **분 奔 9** - 달릴 분[사람을 뜻하는 大(큰 대)와 앞으로 나아간다는 뜻인 十(열 십) 세 개로 된 卉(풀 훼)가 합해진 글자로 사람들이 앞다투어 나간다는 뜻을 나타냄]·달아날 분·분주할 분·장가들 분·패할 분

③ **서 西 6** - 서녘 서[서쪽으로 해가 지면 산에서 짐승이 내려와 음식을 들추어 먹으므로 고기 그릇이나 장독의 뚜껑을 단단히 덮는다는 뜻인 襾(덮을 아)가 변형된 글자로 해가 지는 서쪽 방면·방향·지역을 가리킴]

④ **주 走 7** - 달릴 주[두 팔을 앞뒤로 휘젓는 사람의 모습인 大(큰 대)가 변형된 土와 발이나 발자국을 뜻하는 止(발 지)가 변형된 灬이 합해진 글자로 사람이 도망치듯이 빠른 속도로 뛰어가거나 움직여 가는]·달아날(발을 크게 내딛으며 재빠르게 도망가는) 주·달음질할(달리기 겨기나 어떤 사정으로 급히 뛰어가는) 주

직역 동쪽으로 뛰어갔다가 다시 서쪽으로 달렸다가 한다는 뜻.
의역 급해서 이리저리 사방으로 바쁘게 돌아다닌다는 뜻.

동상이몽
同床異夢

*동상각몽(同床各夢)과 같은 뜻, 동상이몽(同牀異夢)이라고도 씀.

한자 풀이 ────────

① 동 同 6 - 같을 동[위로 거듭 포개 덮는다는 뜻인 冂(겹쳐덮을 모)에 밥·반찬 그릇을 뜻하는 口(입 구)가 가운데 더해진 글자로 크기와 모양이 똑같은 그릇이 여러 층으로 된 찬합(饌盒)을 뜻함]·한가지 동·함께 동

② 상 床 7 - 평상 상[平床(평상). 广(집 엄)과 발음요소와 한층 더 높다는 뜻인 牀(평상 상)이 생략된 木(나무 목)이 합해진 글자로 바닥보다 한층 더 높은 마루나 침대를 나타냄]·침상 상·병상 상

③ 이 異 11 - 다를 이[畀(줄 비)와 두 손을 뜻하는 廾(받들 공)이 합해진 글자로 본래는 물건을 '나누어주다'이며 '다르다'는 새로 생긴 것임. 또는 田(밭 전)과 共(함께 공)이 합해져 함께 농사를 지어도 수확량은 다르다는 뜻으로 풀이하기도 함]·달리할 이·기이(奇異)할 이

④ 몽 夢 14 - 꿈 몽[눈썹을 뜻하는 卝(艸 : 풀 초)와 罒(目 : 눈 목)과 人(사람 인)의 변형인 冖(덮을 멱)과 어두움을 뜻하는 夕(저녁 석)이 합해진 글자로 잠잘 때 꾸는 꿈을 나타냄. 인생에서 실현시키고 싶은 희망이나 이상(理想)]·꿈꿀 몽·희미(稀微 : 기억이 분명치 못하거나 물체가 잘 안 보이고 소리가 잘 안 들리는)할 몽

직역 한 침상에서 같이 자면서 서로 다른 꿈을 꾼다는 뜻.
의역 겉으로는 함께 행동하면서 속마음은 저마다 각기 다르다는 뜻.

두문불출
杜門不出

한자 풀이 ————————

① **두 杜 7** - 막을 두[木(나무 목)과 발음요소인 土(흙 토)가 합해진 글자로 나무나 흙을 쌓아 통로나 통행을 막는다는 뜻을 나타냄. 교통이나 통신이 막히는]·끊을 두

② **문 門 8** - 문 문(좌우 양쪽에 마주 선 기둥에 한 짝씩 달려 있는 두 문짝을 닫아놓은 큰 문의 모습을 본뜬 글자로 사람이 드나드는 관청이나 궁궐 같은 큰 집의 대문을 뜻함)·집안문·가문 문·동문 문·전문(專門)문

  * 杜門(두문) : 길흉화복(吉凶禍福)을 예측하는 사람인 술가(術家)가 점치는 팔문(八門) 가운데 하나로 밖으로 나다니지 않으려고 집이나 방문을 닫아 막음.

③ **불 不 4** - 아니 불 또는 아닐 불(식물의 꽃대와 꽃받침과 꽃의 암술로 된 씨방 모양을 본뜬 글자로 씨방이 자라서 열매를 맺을지 모른다는 뜻에서 '아니'라고 나타냄)·못할 불·없을 불·않을 불

④ **출 出 5** - 날 출[화분 같은 그릇을 뜻하는 凵(입벌릴 감)과 안쪽 가운데에 屮(싹날 철)이 합해진 글자로 땅이나 화분에서 새싹이 돋아난다는 뜻을 나타냄]·낳을 출·태어날 출·떠날 출·나올 출·뛰어날 출·나아갈(옛 주거지인 동굴에서 밖으로 발을 내딛는다는 데서 비롯된 뜻으로 바깥 출입을 뜻함) 출

직역 집에서 문을 닫아놓고 바깥출입을 하지 않는다는 뜻.
의역 속세(俗世)와 인연을 끊고 사회활동을 전혀 하지 않는다는 뜻.

등화가친
燈火可親

한자 풀이 ─────────

① **등 燈 16** − 등불 등[火(불 화)와 발음요소인 登(오를 등)이 합해진 글자로 제사를 지내기 위해 제단에 올라갈 때 불을 밝힌다는 뜻을 나타냄]·등잔(燈盞 : 석유나 기름을 넣고 심지로 불을 켜는 사기 그릇) 등

② **화 火 4** − 불 화[장작을 엇갈리게 세운 모습인 人와 불꽃을 뜻하는 두 개의 丶(점 주)가 합해진 글자로 장작이 탈 때 불꽃이 튀거나 위로 치솟아 피어오르는 모양을 나타냄]·불사를 화·급할 화

③ **가 可 5** − 옳을 가[口(입 구)와 꼬불꼬불하게 꺾인 목구멍 모양을 본뜬 ㄹ이 변형된 丁(고무래 정)이 합해진 글자로 마지못해 억지로 '옳다'고 내는 소리를 나타냄. ~을 인정하거나 도덕과 사리에 맞는]·가할 가

④ **친 親 16** − 친할 친[본래 見(볼 견)과 발음요소인 辛(매울 신)이 합해져 '살펴보다'였으나 다시 木(나무 목)이 합해진 글자로 나무가 바르게 자라도록 보살펴 준다는 뜻을 나타냄]·어버이 친·몸소 친

직역 등불을 가까이 한다는 뜻.
의역 가을이 되면 등불을 켜고 밤늦게까지 책을 읽는다는 뜻.

막상막하
莫上莫下

한자 풀이 ——————

① **막 莫 11** - 없을 막[위의 ++(艸 : 풀 초)와 아래의 ++(艸 : 풀 초→大)의 가운데 日(해 일)이 합해진 글자로 숲속 사이로 해가 지는 모습을 나타냄. 해가 지면서 평원에 동물이 없는]·말(금지하는) 막·덮을 막·저물 모

② **상 上 3** - 위 상 또는 윗 상[땅의 기준을 뜻하는 一(한 일·땅 일)과 그 위로 그은 丨(수직선)에 임의의 지점을 뜻하는 -(짧은 가로획)을 표시한 글자로 위·아래의 구조나 수직선상에서 지구 중심인 위쪽과 위치·계급·능력 등이 높은 위쪽을 나타냄]·윗사람 상·첫째 상

　＊ 上(상)이 동사로 쓰일 때는 '~로 올라가다'로 풀이함.

③ **하 下 3** - 아래 하[땅의 기준을 뜻하는 一(한 일·땅 일)과 그 아래로 그은 丨(수직선)에 임의의 지점을 뜻하는 -(짧은 가로획)을 표시한 글자로 위·아래의 구조나 수직선상에서 지구 중심인 아래쪽과 위치·계급·능력 등이 낮은 아래쪽을 나타냄]·낮을 하·임금거처 하·내릴 하·낮출 하·겸손할 하

　＊ 下(하)는 높은 지위나 존칭으로 씀.

직역 위도 없고 아래도 없을 정도로 거의 비슷하다는 뜻.
의역 낮고 못한 우열(優劣)의 차이가 거의 없다는 뜻.

만경창파
萬頃蒼波

한자 풀이

① **만 萬 13** - 일만 만[절지동물의 일종인 전갈이 알을 많이 낳아 품고 있는 모습을 나타낸 글자로 본래는 전갈을 뜻하였으나 이후 수(數)를 나타내는 万(만)으로 쓰이게 되었음]·많을 만·만약 만

② **경 頃 11** - 잠깐 경[頁(머리 혈)과 날카로운 짧은 칼을 뜻하는 匕(비수 비)가 합해진 글자로 칼에 찔린 머리가 한쪽으로 기울어짐을 나타내며 '잠깐'은 빌려 쓴 것임]·이랑 경·요즈음 경

  * 1경(頃) = 밭 100이랑 넓이.

  * 만경(萬頃) : 지면(地面)이나 수면(水面)이 한없이 넓고 넓은.

③ **창 蒼 14** - 푸를 창[++(艸 : 풀 초)와 발음요소인 倉(푸를 창)이 합해진 글자로 풀이 새파랗다 하여 '푸르다'의 뜻을 나타내며 이후 '무성하다·아득하다'의 뜻이 생긴 것임]·무성할 창·백성[백가지 성(姓)을 가진 국민] 창

④ **파 波 8** - 물결 파 또는 잔물결 파[氵(水 : 물 수)와 발음요소와 짐승의 털을 뜻하는 皮(가죽 피)가 합해진 글자로 바람에 움직이는 짐승 가죽의 털처럼 물이 파동을 일으킨다는 뜻을 나타냄. 물의 표면이 바람이나 달의 인력에 의해 파동을 그리며 올라갔다 내려왔다 하는 운동]·눈의영채(햇빛이 잔물결의 반사로 눈에 비치는 고운 빛깔) 파

직역 밭의 넓이 단위로 백만 이랑이나 되는 푸른 물결이라는 뜻.
의역 한없이 넓고 넓은 푸른 바다라는 뜻.

만기친람
萬機親覽

한자 풀이 ─────────

① 만 萬 13 - 일만 만[절지동물의 일종인 전갈이 알을 많이 낳아 품고 있는 모습을 나타낸 글자로 본래는 전갈을 뜻하였으나 이후 수(數)를 나타내는 만(万)으로 쓰이게 되었음]·많을 만·만약 만

② 기 機 16 - 베틀 기[木(나무 목)과 피륙을 짜는 기계 장치를 뜻하는 幾(기틀 기)가 합해진 글자로 나무로 만든 베를 짜는 베틀을 나타냄]·기틀 기·틀 기·때 기·기계 기·기관 기·기미 기·덫 기

  * 만기(萬機) : 임금이 보살피는 정치상의 중요한 기틀이 되는 업무.

③ 친 親 16 - 친할 친[본래 見(볼 견)과 발음요소인 辛(매울 신)이 합해져 '살펴보다'였으나 다시 木(나무 목)이 합해진 글자로 나무가 바르게 자라도록 보살펴 준다는 뜻을 나타냄]·어버이 친·몸소 친

④ 람 覽 21 - 볼 람[見(볼 견)과 발음요소와 물그릇 위에 비치는 영상을 본다는 뜻의 監(볼 감)이 합해진 글자로 눈을 통하여 생각하며 자세히 살펴보는. 영화나 그림 등을 감상하며 구경하는]·두루볼(빠짐없이 여기저기를 골고루 보는) 람·살펴볼(깊은 관심을 갖고 구체적으로 보는) 람

직역 임금이 만 가지나 되는 온갖 정사(政事)를 친히 보살핀다는 뜻.
의역 임금이 의정(議政)벼슬이나 신하를 전혀 믿지 못한다는 뜻.

만사법통
萬事法通

한자 풀이 ────────

① **만 萬 13** - 일만 만[절지동물의 일종인 전갈이 알을 많이 낳아 품고 있는 모습을 나타낸 글자로 본래는 전갈을 뜻하였으나 이후 수(數)를 나타내는 만(万)으로 쓰이게 되었음]·많을 만·만약 만

② **사 事 8** - 일 사[깃발이나 팻말의 모양인 屮와 彐(又 : 오른손 우)가 합해진 글자로 팻말 아래 사람들이 모여 작업이나 행사하는 모습을 나타냄]·섬길 사·벼슬 사·경영할 사

③ **법 法 8** - 법 법[본래는 氵(水 : 물 수)와 정의의 상징인 廌(해태 태)와 제거한다는 뜻의 去(물리칠 거)가 합해진 글자로 물이 흘러가는 자연의 법칙과 해태 같은 공평과 정의로 사람을 대한다는 법을 뜻함]·방법 법·본받을 법
   * 후에 상상의 동물을 뜻하는 廌(태)는 생략되었고 法만 남은 글자임.

④ **통 通 11** - 통할 통[무거운 종을 옮긴다는 뜻의 辶(길갈 착)과 꼭지가 달린 종 모양인 甬(쇠북꼭지 용)이 합해진 글자로 종(鐘)은 장소를 옮겨가도 같은 소리를 낸다는 데서 '통하다'의 뜻을 나타냄. 문장이나 책의 내용을 완전히 이해하거나 알게 되는. 서로 대화가 되는]·뚫릴 통·다닐 통·내왕할 통·형통(亨通)할 통

> **직역** 모든 일이 강제적 규범인 법(法)으로만 통한다는 뜻.
>
> **의역** 인간 사회가 인정과 도덕으로 해결되는 것이 없고 오로지 법(法)으로만 해결된다는 뜻.

만사형통
萬事亨通

한자 풀이 ——————

① **만 萬 13** - 일만 만[절지동물의 일종인 전갈이 알을 많이 낳아 품고 있는 모습을 나타낸 글자로 본래는 전갈을 뜻하였으나 이후 수(數)를 나타내는 만(万)으로 쓰이게 되었음]·많을 만·만약 만

② **사 事 8** - 일 사[깃발이나 팻말의 모양인 ㅂ와 ㅋ(又 : 오른손 우)가 합해진 글자로 팻말 아래 사람들이 모여 작업이나 행사하는 모습을 나타냄]·섬길 사·벼슬 사·경영할 사

③ **형 亨 7** - 형통할 통[亨通(형통). 조상신을 모시는 사당(祠堂)의 형태를 본뜬 글자로 조상에게 제사를 드려서 빌고 바라는 모든 일이 형통하게 된다는 뜻을 나타냄. 막힘이나 장애가 없이 모든 일이 뜻대로 잘 되는]

④ **통 通 11** - 통할 통[무거운 종을 옮긴다는 뜻의 辶(길갈 착)과 꼭지가 달린 종 모양인 甬(쇠북꼭지 용)이 합해진 글자로 종(鐘)은 장소를 옮겨가도 같은 소리를 낸다는 데서 '통하다'의 뜻을 나타냄. 문장이나 책의 내용을 완전히 이해하거나 알게 되는. 서로 대화가 되는]·뚫릴 통·다닐 통·내왕할 통·형통(亨通)할 통

직역 만 가지 일이 뜻과 같이 잘 되어간다는 뜻.
의역 하늘이 돕듯이 온갖 일이 다 잘된다는 뜻.

만수무강
萬壽無疆

한자 풀이 ─────────

① **만 萬 13** - 일만 만[절지동물의 일종인 전갈이 알을 많이 낳아 품고 있는 모습을 나타낸 글자로 본래는 전갈을 뜻하였으나 이후 수(數)를 나타내는 만(万)으로 쓰이게 되었음]·많을 만·만약 만

② **수 壽 14** - 목숨 수[老(늙을 노)의 변형인 士(선비 사)와 亅(갈고리 궐)과 工(장인 공)과 口(입 구)와 寸(손 촌)이 합해진 글자로 늙은 사람이 먹고 일하며 오래 산다는 뜻을 나타냄. 생명]·오래살 수

  * 만수(萬壽) : 매우 오래 사는, 오래도록 사는.

③ **무 無 12** - 없을 무[舞(춤출 무)에서 舛(어그러질 천) 대신 4개의 발바닥 모양인 灬이 합해진 글자로 깃털 장식을 잡고 흔들며 춤추는 모습을 나타냄. 본뜻은 춤이며 '없다'는 뜻은 亡(없을 망)에서 가져온 것임]

④ **강 疆 19** - 지경 강[地境(지경). 두 개의 田(밭 전)에 一(가로획)이 더해진 畺(지경 강)에 다시 弓(활 궁)과 土(흙 토)가 더해진 글자로 활로 땅의 길이를 잰다는 것을 뜻함]·끝 강 또는 한계 강·갈피 강·지경정할 강

  * 지경(地境) : 땅과 땅을 가르는 경계나 경계선. 땅의 가장자리.

  * 무강(無疆) : 한이 없는, 끝이 없는, 얼마 또는 어디까지라고 정함이 없는.

직역 살아가거나 존재하는 수명이 한없이 길다는 뜻.
의역 오래오래 삶을 누리기를 기원한나는 뜻.

만휘군상
萬彙群象

한자 풀이 ————

① 만 萬 13 - 일만 만[절지동물의 일종인 전갈이 알을 많이 낳아 품고 있는 모습을 나타낸 글자로 본래는 전갈을 뜻하였으나 이후 수(數)를 나타내는 만(万)으로 쓰이게 되었음]·많을 만·만약 만

② 휘 彙 13 - 고슴도치 휘[고슴도치의 모양인 彑(돼지머리 계)와 발음요소인 胃(위장 위)가 변형된 𠦄이 합해진 글자로 몸의 등과 양편에 날카로운 가시가 있는 작은 동물을 뜻함]·무리(고슴도치의 가시털같이 모여든 집단을 뜻함) 휘·모을 휘·동류(同類) 휘

③ 군 群 13 - 무리 군[羊(양 양)과 발음요소와 다스린다는 뜻의 君(군자 군)이 합해진 글자로 양처럼 아무런 감정 없이 모여드는 집단을 나타냄]·떼 군·떼질 군·많을 군·벗 군

④ 상 象 12 - 코끼리 상[구부러진 긴 코와 무겁고 큰 몸체와 네 개의 긴 다리를 가진 코끼리의 모습을 수직으로 세워서 나타낸 글자로 눈을 감고 만질 때 상상에 따라 여러 가지 모양으로 그려진다는 큰 동물을 뜻함]·형상(形象·形像 : 자연에 존재하는 만물의 형태) 상·상징할 상·현상 상·모양 상

> **직역** 만(萬) 가지의 종류가 무리지어 있는 온갖 형상을 뜻함.
> **의역** 우주나 지구에 있는 세상 만물(萬物)의 형상을 뜻함.

망극지은
罔極之恩

한자 풀이 ―――――――

① **망 罔 8** – 없을 망[网(그물 망)이 변형된 网와 발음요소와 달아나 없다는 뜻의 亡(없어질 망)이 합해진 글자로 물고기나 새가 다 도망가고 그물 안에는 아무것도 없는]·그물 망·갚을 망·속일 망·어두울 망·흐릴 망

② **극 極 13** – 극진할 극[極盡(극진). 木(나무 목)과 발음요소인 亟(빠를 극)이 합해진 글자로 본뜻은 '대들보나 용마루'이며 마음과 힘을 다 한다는 뜻인 '극진하다'는 새로 생긴 것임]·지극할 극

  * **망극(罔極)** : '그지없다'는 뜻으로 어버이나 임금 등에 관련된 은혜나 슬픔의 경우에 씀.

③ **지 之 4** – 갈 지[두 발을 뜻하는 止(발 지)와 출발선을 뜻하는 一(가로획)을 그어 만든 글자로 한 발을 떼고 막 출발하려는 모습을 나타냄]·이를 지·이 지·어조사(~의, ~가, ~이, ~을) 지

④ **은 恩 10** – 은혜 은[恩惠(은혜). 心(마음 심)과 발음요소와 원인과 의지를 뜻하는 因(인할 인)이 합해진 글자로 마음에서 우러나 도와준다는 뜻을 나타냄. 남에게 베풀어 주는 혜택]·사랑할(은혜를 베풀어 행복하거나 훌륭한 사람이 되도록 따뜻하게 돌보아주는) 은·보답할 은

직역 어버이나 임금의 지극한 은혜라는 뜻.

의역 하늘보다 높고 땅보다 넓을 정도로 베풀어준 은혜가 그지없이 크다는 뜻.

명불허전
名不虛傳

한자 풀이 ─────────

① **명 名 6** - 이름 명[달이 서쪽으로 지면서 반쯤 비치거나 초승달을 뜻하는 즉 月(달 월)이 변형된 夕(저녁 석)과 口(입 구)가 합해진 글자로 등불도 없던 옛날에 어두워지면 이름을 불러 통했다는 저녁을 나타냄]·평판 명·명분 명

② **불 不 4** - 아니 불 또는 아닐 불(식물의 꽃대와 꽃받침과 꽃의 암술로 된 씨방 모양을 본뜬 글자로 씨방이 자라서 열매를 맺을지 모른다는 뜻에서 '아니'라고 나타냄)·못할 불·없을 불·않을 불

③ **허 虛 12** - 빌 허[虍(범 호)와 큰 언덕을 뜻하는 业(丘 : 언덕 구)가 합해진 글자로 산 너머에는 허공만 보일뿐 텅 비어 있다는 뜻을 나타냄]·헛될(호랑이를 잡으려고 언덕에 함정을 만들었으나 걸리지 않듯이 실패한) 허

④ **전 傳 13** - 전할 전[亻(人 : 사람 인)과 발음요소와 후대 사람들이 알 수 있도록 근거를 남긴다는 뜻의 專(오로지 전)이 합해진 글자로 전한다는 뜻을 나타냄. 어떤 뜻을 글로 쓰거나 마음으로 서로 통하게 하는. 물려주는]·펼(세상에 널리 알리는) 전·전기(傳記 ; 어떤 인물의 활동을 글로 쓴) 전·역말 전·주막 전·책 전

> **직역** 이름이 공연히 헛되게 전하여 진 것이 아니라는 뜻.
> **의역** 명성(名聲)이 나는 데는 모두 그럴만한 이유가 있다는 뜻.

명실상부
名實相符

한자 풀이 ————

① **명 名 6** - 이름 명[달이 서쪽으로 지면서 반쯤 비치거나 초승달을 뜻하는 즉 月(달 월)이 변형된 夕(저녁 석)과 口(입 구)가 합해진 글자로 등불도 없던 옛날에 어두워지면 이름을 불러 통했다는 저녁을 나타냄]

② **실 實 14** - 열매 실[宀(집 면)과 가운데 구멍이 뚫려 있는 옛날 동전 여러 개를 줄에 걸어 맨다는 뜻의 貫(꿸 관)이 합해진 글자로 본래는 집 안에 줄로 꿴 재물을 뜻하며 '열매'의 뜻은 새로 생긴 것임]·실제 실·사실 실·과실 실

③ **상 相 9** - 서로 상[본래 杖(지팡이 장)이 생략된 木(나무 목)과 살펴본다는 뜻의 目(눈 목)이 합해진 글자로 장님이 지팡이로 세상을 본다는 장님과 지팡이 관계에서 '서로'의 뜻을 나타냄]·볼 상·도울 상

④ **부 符 11** - 부신 부[符信(부신). 竹(竹 : 대나무 죽)과 발음요소인 付(줄 부)가 합해진 글자로 대나무 조각에 글을 새겨 만든 것을 나누어주어 증거로 삼는다는 뜻을 나타냄]·부절[符節 : 대나무나 옥(玉)으로 만든 부신] 부·병부 부·도장 부·부호 부·부적(符籍 : 불교를 믿는 집에서 재앙을 방지하고 못된 귀신을 쫓기 위하여 휴대하는 물건) 부·들어맞을 부·부합(附合 : 둘 이상의 것이 서로 꼭 들어맞는)할 부

> **직역** 이름과 실상이 서로 들어맞는다는 뜻.
> **의역** 표면상의 명성(名聲)과 실제의 내용이 서로 부합(符合)된다는 뜻.

명약관화
明若觀火

한자 풀이 ————

① **명 明 8** - 밝을 명[본래 囧(창문 경)이 변형된 日(날 일)과 月(달 월)이 합해진 글자로 밤에 창문으로 달빛이 밝게 비친다는 뜻을 나타냄. 기억하고 판단하는 능력이 뛰어난]·맑을 명·총명할 명·이승(현재 살고 있는 이 세상) 명

② **약 若 9** - 같을 약(서로 다른 데가 없고 모양·상황·사태 등이 아주 비슷한. 이와 같이 또는 마치 ~하는 것과 같이)·반야 야[般若(반야). ⺾(艸 : 풀 초)와 右(오른손 우)가 합해진 글자로 무당의 모습을 나타냄. 지혜라는 뜻임]·어릴 약·만약(萬若) 약

③ **관 觀 25** - 볼 관[見(볼 견)과 두 개의 도가머리와 두 눈이 강조된 雚(황새 관)이 합해진 글자로 물총새나 황새가 두 눈을 크게 뜨고 먹이를 바라본다는 뜻을 나타냄]·생각 관·관념 관·경치 관·관광 관

④ **화 火 4** - 불 화[장작을 엇갈리게 세운 모습인 人와 불꽃을 뜻하는 두 개의 丶(점 주)가 합해진 글자로 장작이 탈 때 불꽃이 튀거나 위로 치솟아 피어오르는 모양을 나타냄]·불사를 화·급할 화

 * 불은 나무나 석유 등을 이루는 탄소(C)와 공기 중의 산소(O_2)가 화합하면서 열과 빛을 내는 현상.

직역 불을 보듯이 환하다는 뜻.
의역 돌아가는 일이나 사물의 이치가 더 말할 것 없이 명백하다는 뜻.

목석초화
木石草花

한자 풀이 ───────

① **목 木 4** - 나무 목(땅 아래로 뿌리를 내리고 땅 위의 수직으로 줄기가 자라고 있는 나무를 본뜬 글자로 뿌리와 줄기와 가지가 있는 나무를 나타냄)·별이름(木星 : 목성) 목·질박(質樸)할 목·저릴 목

② **석 石 5** - 돌 석[바위를 뜻하는 厂(언덕 엄)과 작은 돌덩이를 뜻하는 口(입 구)가 합해진 글자로 언덕 아래로 굴러 떨어진 작은 돌을 나타냄. 크고 작은 단단한 바위 조각]·저울 석·굳을 석·섬(곡식의 용량 단위) 석

③ **초 草 10** - 풀 초[艹(艸 : 풀 초)와 발음요소와 해가 떠오르는 모습의 早(이를 조)가 합해진 글자로 태양의 따뜻한 기운을 받아 땅에서 싹들이 돋아나는 풀을 나타냄]·잡초 초·시작할 초·대강 초

④ **화 花 8** - 꽃 화[초목을 뜻하는 艹(艸 : 풀 초)와 발음요소인 化(될 화)가 합해진 글자로 씨를 맺어 새로운 생명으로 변화시키는 꽃이 피는 모습을 나타냄. 싹눈이 봉오리가 되었다가 꽃이 되며 다시 열매를 맺어 씨를 만드는 번식기관임]·아름다울(꽃처럼 모양과 색깔이 다양하며 좋은 향기와 함께 상쾌하고 예쁜) 화

직역 나무와 돌 초목과 꽃이라는 뜻.
의역 자연의 아름다움과 조화 그리고 만물의 현상을 뜻함.

무고지민
無告之民

한자 풀이 —————

① **무 無 12** - 없을 무[舞(춤출 무)에서 舛(어그러질 천) 대신 4개의 발바닥 모양인 灬이 합해진 글자로 깃털 장식을 잡고 흔들며 춤추는 모습을 나타냄. 본뜻은 춤이며 '없다'는 뜻은 亡(없을 망)에서 가져온 것임]

② **고 告 7** - 알릴 고 또는 고할 고[신(神)에 바칠 제물을 뜻하는 牛(소 우)와 말한다는 뜻의 口(입 구)가 합해진 글자로 희생물로 바칠 소를 끌고 왔다고 아뢴다는 뜻을 나타냄]·여쭐 고·하소연할 고·고소할 고·뵙고청할 곡

 * 무고(無告) : 자기의 괴로운 처지를 하소연할 곳이 없다는 뜻.

③ **지 之 4** - 갈 지[두 발을 뜻하는 止(발 지)와 출발선을 뜻하는 一(가로획)을 그어 만든 글자로 한 발을 떼고 막 출발하려는 모습을 나타냄]·이를 지·이 지·어조사(~의, ~가, ~이, ~을) 지

④ **민 民 5** - 백성 민[한쪽 눈을 송곳으로 찌른 目(눈 목)의 변형인 口와 부족(部族)을 뜻하는 氏(성 씨)가 합해진 글자로 포로의 한쪽 눈을 찔러 노예로 살도록 성씨를 준 조상이 없는 사람을 가리킴. 백 가지 성을 가진 사람들]·평민(平民 : 노동자나 가사일을 하는 일반 시민) 민·민간 민

직역 누구에게도 구원을 받거나 의지할 데가 없는 백성(百姓)이라는 뜻.
의역 남편이나 처자식이 없는 노인처럼 외롭고 어려운 사람을 가리키는 말.

무소불위
無所不爲

한자 풀이 ─────────

① 무 無 12 - 없을 무[舞(춤출 무)에서 舛(어그러질 천) 대신 4개의 발바닥 모양인 灬이 합해진 글자로 깃털 장식을 잡고 흔들며 춤추는 모습을 나타냄. 본뜻은 춤이며 '없다'는 뜻은 亡(없을 망)에서 가져온 것임]

② 소 所 8 - 바 소[戶(지게문 호)와 斤(도끼 근)이 합해진 글자로 전쟁할 때 바로 공격할 수 있도록 초소에서 병사가 도끼 같은 무기를 머리 앞에 두고 있다는 뜻을 나타냄]·것 소·장소 소·연고 소·곳 소

③ 불 不 4 - 아니 불 또는 아닐 불(식물의 꽃대와 꽃받침과 꽃의 암술로 된 씨방 모양을 본뜬 글자로 씨방이 자라서 열매를 맺을지 모른다는 뜻에서 '아니'라고 나타냄)·못할 불·없을 불·않을 불

④ 위 爲 12 - 할 위 또는 행할 위[본래 爫(爪 : 손톱 조)와 象(코끼리 상)이 변형된 爲이 합해진 글자로 손으로 코끼리를 쓰다듬으며 어떤 일을 하도록 부린다는 뜻을 나타냄]·위할(~을 위하여) 위·속일[착한 척 하거나 사슴(鹿)을 말(馬)이라고 하듯이 꾸며 말하는] 위·될 위·하여금 위

직역 하지 못하는 것이 어디에도 없다는 뜻.
의역 불가능이 없는 힘이나 권력(權力)을 뜻함.

무술옥사
戊戌獄事

한자 풀이 ────────

① **무 戊 5** – 다섯째천간 무[天干(천간). 戈(창 과)와 칼을 뜻하는 丿이 합해진 글자로 죽이거나 상처를 입히기 위하여 창이나 칼로 찌른다는 뜻을 나타냄. 주역에서 60갑자로 윗단위를 이루는 요소]

② **술 戌 6** – 개 술[戊(도끼 월)과 날카로운 도끼로 찍은 자국을 나타내는 一이 합해진 글자로 본 래는 도끼의 모양이며 주역의 지지(地支)에서 '개'의 뜻으로 쓰이게 된 것임]·열한번째지지 술·무기 술

③ **옥 獄 14** – 옥 옥 또는 감옥 옥[監獄(감옥). 犭(犬 : 개 견)과 言(말씀 언)과 犬(개 견)이 합해진 글자로 개 두 마리가 서로 으르렁거리며 사납게 싸운다는 것을 뜻함. 법정에서 판결을 받 아 형(刑)을 사는 곳]

④ **사 事 8** – 일 사[깃발이나 팻말의 모양인 申와 ヨ(又 : 오른손 우)가 합해진 글자로 팻말 아래 사람들이 모여 작업이나 행사하는 모습을 나타냄]·섬길 사·벼슬 사·경영할 사

　　* 事(사)를 장식이 달린 붓을 손에 잡고 있는 모습으로 보아 기록하는 일을 맡은 관원으로 풀이하기도 함.

직역 60갑자(甲子)로 무술년(戊戌年)에 일어난 중대한 범죄 사건을 뜻함.

의역 조선시대(朝鮮時代)의 대표적 옥사(獄事)를 뜻함.

　　* 옥사 : 나라와 겨레를 배반한 반역(叛逆)이나 살인(殺人) 따위의 중대한 범죄를 다스린다 는 뜻 또는 그러한 사건(事件)을 말함.

무용지용
無用之用

한자 풀이 ──────

① **무 無 12** - 없을 무[舞(춤출 무)에서 舛(어그러질 천) 대신 4개의 발바닥 모양인 灬이 합해진 글자로 깃털 장식을 잡고 흔들며 춤추는 모습을 나타냄. 본뜻은 춤이며 '없다'는 뜻은 亡(없을 망)에서 가져온 것임]·아닐(부정하는) 무·말(금지를 뜻하는) 무·빌(텅 비어 있는) 무

* 동사로는 '~하지 못하다'.

② **용 用 5** - 쓸 용[옛날 의식에서 연주할 때 사용한다는 겉에 무늬를 새긴 쇠북(종)의 모양을 본뜬 글자로 본래는 종(鐘)을 뜻하였으며 '쓰다'는 새로 생긴 것임. 사람이 도구나 그릇·글 귀를 사용하는. 기술을 활용하거나 권세를 마음대로 쓰는]·베풀 용·부릴(사람·소 등을 몰아 일을 시키는) 용·써(~로써) 용

③ **지 之 4** - 갈 지[두 발을 뜻하는 止(발 지)와 출발선을 뜻하는 一(가로획)을 그어 만든 글자로 한 발을 떼고 막 출발하려는 모습을 나타냄]·이를 지·이 지·어조사(~의, ~가, ~이, ~을) 지

> **직역** 언뜻 보아 별 쓸모없는 것으로 생각되는 것이 도리어 크게 쓰인다는 뜻.
> **의역** 쓸모없는 것도 긴요하게 쓰일 때가 있다는 뜻.

무위도식
無爲徒食

한자 풀이 ─────

① **무 無 12** - 없을 무[舞(춤출 무)에서 舛(어그러질 천) 대신 4개의 발바닥 모양인 灬이 합해진 글자로 깃털 장식을 잡고 흔들며 춤추는 모습을 나타냄. 본뜻은 춤이며 '없다'는 뜻은 亡(없을 망)에서 가져온 것임]

② **위 爲 12** - 할 위 또는 행할 위[본래 爪(爪 : 손톱 조)와 象(코끼리 상)이 변형된 爲이 합해진 글자로 손으로 코끼리를 쓰다듬으며 어떤 일을 하도록 부린다는 뜻을 나타냄]·위할 위·속일 위·될 위·만들 위·하여금 위

③ **도 徒 10** - 무리 도[彳(人 : 사람 인)이 겹쳐진 彳(두인 변)과 본래 무기의 모양을 본뜬 土(선비 사)가 바뀐 土(흙 토)와 걷는다는 뜻의 疋(발 족)이 합해져 무기를 들고 무리지어 걸어가는]·다만(오로지·한갓) 도

④ **식 食 9** - 밥 식[본래 米(쌀 미)와 水(물 수)가 합해진 글자 또는 人(사람 인)과 良(좋을 량)이 합해진 글자로 쌀·보리 등을 끓여 익혀 숟가락으로 떠서 끼니로 즐겨 먹는 음식을 뜻함]·음식 식·먹을 식·양식 식·일식(日蝕) 식·월식(月蝕) 식·먹일 사·기를 사

직역 아무 일도 하지 않고 거저 놀고먹기만 한다는 뜻.
의역 애써 노력하지 않고 세월만 헛되이 보낸다는 뜻.

무위자연
無爲自然

한자 풀이 ————————

① **무 無** 12 - 없을 무[舞(춤출 무)에서 舛(어그러질 천) 대신 4개의 발바닥 모양인 灬이 합해진 글자로 깃털 장식을 잡고 흔들며 춤추는 모습을 나타냄. 본뜻은 춤이며 '없다'는 뜻은 亡(없을 망)에서 가져온 것임]

② **위 爲** 12 - 할 위 또는 행할 위[본래 爫(爪 : 손톱 조)와 象(코끼리 상)이 변형된 爲이 합해진 글자로 손으로 코끼리를 쓰다듬으며 어떤 일을 하도록 부린다는 뜻을 나타냄]·위할 위·속일 위·될 위·만들 위·하여금 위

③ **자 自** 6 - 스스로 자[目(눈 목)에 코를 내려다본다는 뜻의 丿(삐침 별)이 합해진 글자로 코의 앞모습과 코로 숨을 쉬고 있는 자기 자신을 가리킴]·몸소 자·저절로 자·부터 자·코 자

④ **연 然** 12 - 그럴 연[犬(개 견)과 月(肉 : 몸 육)과 灬(火 : 불 화)가 합해진 글자로 본뜻은 개를 제물로 바치기 위하여 불에 산 채로 굽는다는 뜻을 나타내며 '그러하다·당연하다'는 이후에 생긴 것임. 하늘·자연처럼 원래 있거나 그러한 모양과 상태를 말하는]·그러할 연·불탈 연·불사를 연

직역 자연에 대해 아무 일도 하지 않는다는 뜻.

의역 사람의 힘이 가해지지 않은 자연 본래의 상태를 뜻함. 즉, 자연에 대해 인위(人爲)를 부정하는 노자(老子)와 장자(莊子)의 사상을 뜻함.

무지몽매
無知蒙昧

한자 풀이 ————————

① **무 無 12** - 없을 무[舞(춤출 무)에서 舛(어그러질 천) 대신 4개의 발바닥 모양인 灬이 합해진 글자로 깃털 장식을 잡고 흔들며 춤추는 모습을 나타냄. 본뜻은 춤이며 '없다'는 뜻은 亡(없을 망)에서 가져온 것임]

② **지 知 8** - 알 지[矢(화살 시)와 큰 소리로 말한다는 뜻의 口(입 구)가 합해진 글자로 과녁을 향해 쏜 화살이 어디에 꽂혔는지를 관측자가 흰 깃발로 신호를 보내거나 말로 알려주어 알게 된다는 뜻을 나타냄. ~이해하거나 깨닫는]·알릴 지·나타낼 지·주관할 지

③ **몽 蒙 14** - 어릴 몽[卝(艸 : 풀 초)와 발음요소와 어둡다는 뜻의 冡(덮어쓸 몽)이 합해진 글자로 사물의 이치에 어둡다는 뜻을 나타냄]·어린아이 몽·어리석을 몽·어두울 몽·입을 몽·덮어쓸 몽

④ **매 昧 9** - 어두울 매[日(해 일)과 발음요소와 '아직~하지 못한다'의 뜻인 未(아닐 미)가 합해진 글자로 해가 아직 떠오르지 않아 날이 어둑어둑한. 사람이 어리석어 세상의 일이나 사물의 이치를 잘 모르는]·새벽 매·먼동틀 매·무릅쓸(참고 견디거나 죽을 각오를 하는) 매·몰입(沒入 : ~에 깊이 빠지는)할 매

> **직역** 아는 것이 없고 어리석을 정도로 사리(事理)에 어둡다는 뜻.
> **의역** 세상 물정(物情)이나 사물의 이치에 대해 아는 것이 전혀 없다는 뜻.

미도불원
迷道不遠

한자 풀이 ──────────

① **미 迷 10** - 미혹할 미[迷惑(미혹). 辶_(辵 : 쉬엄쉬엄갈 착)과 발음요소와 사방팔방으로 갈라진 길을 뜻하는 米(쌀 미)가 합해진 글자로 길이 여러 갈래라 헷갈리는. 정신을 차리지 못하는]·헤맬 미·혼미할 미

② **도 道 13** - 길 도[辶_(길갈 착)과 사람의 머리를 형상화한 首(머리 수)가 합해진 글자로 걸어 가는 길과 마음의 세계가 향하고 있는 눈에 안 보이는 길을 나타냄]·도리 도·이치 도·지 역 도

③ **불 不 4** - 아니 불 또는 아닐 불(식물의 꽃대와 꽃받침과 꽃의 암술로 된 씨방 모양을 본뜬 글자로 씨방이 자라서 열매를 맺을지 모른다는 뜻에서 '아니'라고 나타냄)·못할 불·없을 불·않을 불

④ **원 遠 14** - 멀 원[辶_(辵 : 쉬엄쉬엄갈 착)과 땅에 닿을 정도로 길게 입은 옷의 모양을 뜻하는 袁(옷길 원)이 합해진 글자로 정장 차림으로 가야할 만큼 길이 먼. 거리상으로나 시간적으로 멀다는 뜻을 나타냄]·멀리할(어떤 만남이나 접촉을 피하기 위하여 멀리 떨어져 있게 하는) 원·심오(深奧:썩 깊고 야릇하고 묘한)할 원

직역 그리 멀지 않은 곳에서 길을 헤맨다는 뜻.
의역 어려운 어떤 일이나 문제가 머지않아 곧 해결된다는 뜻.

미인박명
美人薄命

한자 풀이 ─────────

① 미 美 9 - 아름다울 미[羊(羊:양 양)과 大(큰 대)가 합해진 글자로 살찐 큰 양이 보기에도 좋다는 뜻에서 '아름답다'로 쓰이게 된 것임. 마을의 우두머리인 추장(酋長)이 온 몸에 깃털과 색칠로 장식하여 아름답게 보이는]

  * 추장(酋長) : 원시 사회에서 씨족 마을의 우두머리.

② 인 人 2 - 사람 인[벼슬아치가 증표인 홀(笏)을 잡은 두 손을 앞으로 내밀며 서 있는 옆모습을 본뜬 글자로 두 발로 똑바로 서서 걸으며 생각과 말을 할 줄 아는 만물의 우두머리를 뜻함]·인격 인·남(상대방) 인

  * 홀(笏) : 벼슬아치가 임금을 만날 때에 예복에 갖추어 손에 쥐던 대나무로 만든 물건.

③ 박 薄 17 - 엷을 박[艹(艸 : 풀 초)와 발음요소와 넓다는 뜻의 溥(펼 부)가 합해진 글자로 본래는 '얇다·적다'의 뜻을 나타냄. 명(命)이 짧은]·얇을 박·적을 박·메마를 박·야박할 박·핍박할 박·싱거울 박

④ 명 命 8 - 목숨 명[여럿이 모일 수 있는 천막 같은 주인의 집을 뜻하는 亼(모일 집)과 말한다는 뜻의 口(입 구)와 무릎을 꿇은 사람 모습인 卩(병부 절)이 합해진 글자로 본뜻은 '명령'이며 목숨은 새로 생긴 것임. 죽음과 삶을 가르는 생명]·수명 명·운수 명·명령할 명·훈계할 명·이름지을 명·가르칠 명·표적 명

직역 얼굴이 예쁜 사람은 운명이 짧다는 뜻.

의역 용모가 아름다운 여인(女人)은 팔자가 사납고 복(福)이 없다는 뜻.

박장대소
拍掌大笑

한자 풀이 ───────

① **박 拍 8** - 칠 박[扌(手 : 손 수)와 발음요소와 손바닥을 뜻하는 白(흰 백)이 합해진 글자로 소리가 나도록 손바닥으로 친다는 뜻임. 약자를 몰아치는]·손뼉칠 박·장단 박·박자 박·가락 박

② **장 掌 12** - 손바닥 장[手(손 수)와 발음요소와 손을 위로 향하게 한다는 뜻의 尙(높일 상)이 합해진 글자로 손을 높이 들어 펴보이는 손바닥을 나타냄. 손가락을 쭉 편 손 안쪽의 편편한 바닥]·주장할(主掌) 장

③ **대 大 3** - 큰 대(양쪽 두 팔과 두 다리를 벌리고 서 있는 사람의 정면 모습을 본뜬 글자로 키가 큰 어른이라는 데서 '크다'는 뜻을 나타냄)·어른 대·위대 대·대강 대·심할 대·클 태

④ **소 笑 10** - 웃을 소 또는 웃음 소[竹(대나무 죽)과 목이 꺾인 사람의 모습을 뜻하는 夭(일찍죽을 요)가 합해진 글자로 대나무가 바람에 구부러지듯 사람이 몸의 윗부분을 뒤로 젖히고 웃는다는 뜻을 나타냄. 기쁜 일로 얼굴에 즐거운 표정과 소리를 내며 웃는. 업신여기는 태도로 웃는]

직역 손뼉을 치며 크게 웃는다는 뜻.
의역 매우 즐겁고 흥이 난다는 뜻.

반면교사
反面教師

한자 풀이 ————————

① **반 反 4** - 돌이킬 반[벼랑을 뜻하는 厂(굴바위 엄)과 又(손 우)가 합해진 글자로 벼랑 아래로 흘러내리는 흙을 손으로 다시 퍼 올린다는 뜻을 나타냄]·돌아갈 반·되풀이할 반·거꾸로 반

② **면 面 9** - 낯 면[사람의 머리와 가운데 目(눈 목)을 중심으로 얼굴의 양쪽 볼을 정면으로 그린 글자로 사람의 얼굴을 나타내는. 감정을 표현하는 얼굴]·얼굴 면·볼 면·대할 면·방향(측면) 면·밀가루 면

③ **교 教 11** - 가르칠 교[회초리를 뜻하는 爻(점괘 효)와 다독거린다는 뜻의 攵(칠 복)과 자식이나 아이를 뜻하는 子(아이 자)가 합해진 글자로 회초리와 애정으로 효자가 되도록 가르치는]·이끌다 교·종교 교·본받을 교·하여금 교

④ **사 師 10** - 스승 사[군대가 주둔하거나 사람이 많이 모여 사는 곳인 𠂤(작은언덕 퇴)와 깃발을 뜻하는 帀(수건 건)과 무늬가 있는 장식을 뜻하는 一(가로획)이 합해진 글자로 군대나 집단을 이끄는 우두머리나 스승을 가리킴. 학식과 덕망이 높은 사람이 제자를 가르치는]·어른 사·벼슬 사·군사 사·무리 사·군대 사·본받을 사

직역 나와 다른 반대되는 측면도 때로는 나 자신을 가르치는 스승이 된다는 뜻.
의역 남의 옳지 못한 행동도 때로는 나의 인격 수양에 교훈이 된다는 뜻.

반포보은
反哺報恩

* 반포지효(反哺之孝)도 같은 뜻임.

한자 풀이 ───────

① **반 反 4** - 돌이킬 반[벼랑을 뜻하는 厂(굴바위 엄)과 又(손 우)가 합해진 글자로 벼랑 아래로 흘러내리는 흙을 손으로 다시 퍼 올린다는 뜻을 나타냄]·돌아갈 반·되풀이할 반·거꾸로 반

② **포 哺 10** - 먹일 포[口(입 구)와 발음요소와 돌보아야 할 아기나 새끼를 뜻하는 甫(아무개 보)가 합해진 글자로 엄마가 아기에게 어미가 새끼에게 밥이나 젖을 주는 또는 어떤 먹이를 입 안에 씹어 넣어주는]·씹어먹을 포

③ **보 報 12** - 갚을 보[차꼬의 모양을 본뜬 幸(다행 행)과 무릎을 꿇고 앉아 있는 사람의 모습인 卩(卪 : 병부 절)과 又(손 우)가 합해진 글자로 본뜻은 죄인을 '재판하다'이며 형벌을 면했다는 데서 '갚다'의 뜻으로 쓰이게 된 것임]

  * 차꼬 : 죄수를 가두어 둘 때 쓰는 옛날 형구(刑具)의 한 가지로 기다란 두 개의 토막나무 틈에 가로 구멍을 파서 그 구멍 안에 죄인의 두 발목을 넣고 자물쇠로 채우게 된 물건.

④ **은 恩 10** - 은혜 은[恩惠(은혜). 心(마음 심)과 발음요소와 원인과 의지를 뜻하는 因(인할 인)이 합해진 글자로 마음에서 우러나 도와준다는 뜻을 나타냄. 남에게 베풀어 주는 혜택]·사랑할(은혜를 베풀어 행복하거나 훌륭한 사람이 되도록 따뜻하게 돌보아주는) 은·보답할 은

직역 까마귀 새끼가 자라서 늙은 어미에게 먹이를 물어다주며 은혜를 갚는다는 뜻.

의역 자식이 커서 부모를 받들어 섬긴다는 뜻. 즉, 어버이를 섬기는 자식의 효성(孝誠)을 뜻함.

방휼지쟁
蚌鷸之爭

* 휼방지쟁(鷸蚌之爭)이라고도 씀.

한자 풀이 ──────

① **방 蚌 10** - 방합 방[虫(벌레 훼)와 발음요소와 생김새가 아름답다는 뜻의 丰(예쁠 봉)이 합해
진 글자로 조가비가 합치는 쌍각류 조개를 뜻함. 흑색에 딸린 갈색무늬가 있는 긴 타원형
의 조개. 펄조개]

② **휼 鷸 23** - 황새 휼[鳥(새 조)와 발음요소와 재치가 있다는 뜻의 矞(속일 휼)이 합해진 글자로
백로와 비슷하나 날개가 66cm로 길고 몸은 순백색으로 다리가 긴 새를 뜻함]·도요새(몸빛
은 담갈색에 흑갈색 무늬가 있고 다리와 부리가 길며 꽁지가 짧은 새) 휼

③ **지 之 4** - 갈 지[두 발을 뜻하는 止(발 지)와 출발선을 뜻하는 一(가로획)을 그어 만든 글자로
한 발을 떼고 막 출발하려는 모습을 나타냄]·이를 지·이 지·어조사(~의, ~가, ~이, ~을) 지

④ **쟁 爭 8** - 다툴 쟁[한 손을 뜻하는 爫(爪 : 손톱 조)와 다른 손을 뜻하는 ㅋ(又 : 손 우)와 중요
한 물건을 뜻하는 亅(갈고리 궐)이 합해진 글자로 어떤 사람이 손에 잡고 있는 물건을 다른
사람이 강제로 빼앗는다는 뜻을 나타냄. 다투거나 경쟁하는]·간할 쟁 또는 간쟁할 쟁·싸
울 쟁

직역 펄조개와 도요새가 어부 앞에서 먹이를 놓고 서로 싸운다는 뜻.

의역 서로 양보하지 아니하고 버티며 다투다가 제삼자에게 이익을 빼앗긴다는 뜻.

배은망덕
背恩忘德

한자 풀이 ─────────

① 배 背 9 - 등 배[月(肉 : 몸 육)과 발음요소와 두 사람이 등을 맞대고 있는 모습인 北(달아날 배)가 합해진 글자로 사람이나 동물의 등골뼈 부분을 뜻함]·뒤 배·등질 배·배반(背反·背叛) 할 배

② 은 恩 10 - 은혜 은[恩惠(은혜). 心(마음심)과 발음요소와 원인과 의지를 뜻하는 因(인할 인)이 합해진 글자로 마음에서 우러나 도와준다는 뜻을 나타냄. 남에게 베풀어 주는 혜택]·사랑 할 은·보답할 은

③ 망 忘 7 - 잊을 망[心(마음 심)과 발음요소와 잃거나 없어진다는 뜻의 亡(없을 망)이 합해진 글자로 마음이 없어서 기억하지 못한다는 뜻을 나타냄. 기억이 안 나는]·건망증(健忘症) 망

④ 덕 德 15 - 덕 덕[본래 直(곧을 직)과 心(마음 심)이 합해져 곧은 마음을 뜻하는 悳(큰 덕)에 행 동한다는 뜻의 彳(자축거릴 척)이 더해진 글자로 바른 마음으로 행동하는 깨달음의 경지를 나타냄. 어질고 포용성 있는 품성]·은혜(恩惠) 덕·은덕(恩德) 덕

직역 은혜(恩惠)를 배반하고 덕택(德澤)을 잊는다는 뜻.
의역 고마운 은덕(恩德)을 모를 정도로 예의가 없다는 뜻.

백계무책
百計無策

한자 풀이 ─────────

① **백 百 6** - 일백 백[하나의 뜻인 一(한 일)과 발음요소인 白(흰 백)이 합해진 글자로 수효(數爻)의 '일백'이나 '많다'는 뜻을 나타냄. 아라비아 숫자에서 100을 가리키는]·백번 백·많을 백

② **계 計 9** - 셀 계[言(말씀 언)과 수(數)를 뜻하는 十(十 : 열 십)이 합해진 글자로 입으로 말을 하면서 하나에서 열까지 수를 센다는 뜻을 나타냄]·계산 계·셈할 계·계획 계·꾀할 계

③ **무 無 12** - 없을 무[舞(춤출 무)에서 舛(어그러질 천) 대신 4개의 발바닥 모양인 灬이 합해진 글자로 깃털 장식을 잡고 흔들며 춤추는 모습을 나타냄. 본뜻은 춤이며 '없다'는 뜻은 亡(없을 망)에서 가져온 것임]

④ **책 策 12** - 꾀 책[竹(竹 : 대나무 죽)과 발음요소인 朿(가시 자)가 합해진 글자로 본뜻은 '채찍'이며 이후 '꾀·대쪽'의 뜻이 생겨났음. 말이나 소를 부리기 위하여 대나무로 만든 채찍이나 일을 교묘하게 잘 꾸미는 생각이나 수단 또는 방책]·계략 책 또는 계책 책·책 책·죽간 책·대쪽 책·문서 책·채찍 책   * 방책(方策) : 방법과 꾀.

직역 백 가지의 계책(꾀) 중에도 쓸 만한 방책(方策)은 하나도 없다는 뜻.

의역 어려운 일을 당하여 있는 꾀를 다 써 봐도 해결할 만한 좋은 방안이 나오지 않는다는 뜻.

백골난망
白骨難忘

한자 풀이 ——————

① **백 白 5** - 흰 백[주먹을 쥔 엄지손가락의 모양을 뜻하는 日(해 일)과 손가락을 치켜세운 동작의 丿(삐침 별)이 합해진 글자로 엄지손가락을 치켜세울 때 손톱의 흰 색깔이나 태양의 흰 빛깔을 나타냄]·흴 백·깨끗할 백·아뢸 백

  * 백골(白骨) : 죽은 사람의 살이 다 썩은 뒤에 남은 흰 뼈.

② **골 骨 10** - 뼈 골[옛날에 점칠 때 쓰던 소 어깨뼈 모양을 본뜬 冎(살발라낼 과)와 月(肉 : 살 육)이 합해진 글자로 본래는 뼈에 붙어있는 살을 칼로 벗겨내어 뼈만 남아 있다는 뜻임]·뼈대 골·요긴(要緊)할 골

③ **난 難 19** - 어려운 난(란)[작은 새를 뜻하는 隹(새 추)와 堇(菫 : 진흙 근)이 합해진 글자로 진흙에 빠져 날개에 진흙이 묻은 새가 날지 못하고 어려움을 겪고 있다는 뜻을 나타냄]·어려워할 난(란)·난리(亂離) 난(란)·재앙(災殃) 난(란)

④ **망 忘 7** - 잊을 망[心(마음 심)과 발음요소와 잃거나 없어진다는 뜻의 亡(없을 망)이 합해진 글자로 마음이 없어서 기억하지 못한다는 뜻을 나타냄. 기억이 안 나는]·건망증(健忘症) 망

직역 죽어서 백골이 된 뒤에도 은혜를 잊을 수 없다는 뜻.
의역 큰 은혜(恩惠)에 깊은 감사(感謝)를 드린다는 뜻.

백년가약
百年佳約

한자 풀이 ────────

① **백 百 6** - 일백 백[하나의 뜻인 一(한 일)과 발음요소인 白(흰 백)이 합해진 글자로 수효(數爻)의 '일백'이나 '많다'는 뜻을 나타냄. 아라비아 숫자에서 100을 가리키는]·백번 백·많을 백

② **년 年 5** - 해 년(연)[본래 禾(벼 화)와 벼를 베는 농기구를 뜻하는 干(방패 간)이 합해진 秊의 글자로 여문 벼를 베어 등에 지고 집으로 돌아오는 가을의 계절을 나타냄. 다음 곡식을 수확하는 데 걸리는 기간]·나이 년(연)·시대(時代) 년(연)

③ **가 佳 8** - 아름다울 가[亻(人 : 사람 인)과 圭(홀 규)가 합해진 글자로 홀(笏)을 들고 있는 사람이 아름답게 보인다는 뜻을 나타냄]·착할 가·좋을 가·훌륭할(태도가 좋거나 경치가 아름답거나 덕망이 높고 위대한) 가

* 홀(笏) : 벼슬아치가 임금을 만날 때에 예복에 갖추어 손에 쥐던 대나무로 만든 물건.

④ **약 約 9** - 묶을 약 또는 얽맬 약[끈을 뜻하는 糸(실 사)와 묶는다는 뜻의 勺(구기 작)이 합해진 글자로 여러 개의 대나무를 끌고 가기 위하여 끈으로 한데 묶는다는 뜻을 나타냄. 얽어서 동여매는]·약속(約束 : 할 일에 대하여 시간·장소·방법을 정하고 실천을 다짐하는)할 약·대략 약

직역 백년을 함께 부부로서 살자는 아름다운 약속을 뜻함.

의역 결혼식을 올릴 때 평생을 행복하게 살자는 신랑·신부의 언약(言約)을 뜻함.

백의종군
白衣從軍

한자 풀이 ——————

① **백 白 5** - 흰 백[주먹을 쥔 엄지손가락 모양을 뜻하는 日(해 일)과 손가락을 치켜세우는 동작의 丿(삐침 별)이 합해진 글자로 엄지손가락을 치켜세울 때의 손톱의 흰 색깔이나 태양의 흰 빛깔을 나타냄]·흴 백·깨끗할 백·아뢸 백

② **의 衣 6** - 옷 의[人(사람 인)이 겹친 모양인 𧘇와 몸을 감싸 덮는다는 뜻의 亠(머리 두)가 합해진 글자로 목에 둘러대는 깃과 소매가 있는 위에 입는 옷을 나타냄. *저고리 : 한복(韓服)의 일종인 웃옷]

③ **종 從 11** - 따를 종 또는 쫓을 종[彳(人 : 사람인)이 겹쳐 여럿이 줄지어 간다는 뜻의 彳(조금걸을 척)과 뒷사람이 앞사람을 따라가는 모양을 나타내는 从(종)과 足(발 족)이 합해진 글자로 걸어서 따라가는 모습을 뜻함]·따를 종·시중들 종

④ **군 軍 9** - 군사 군[軍士(군사). 사람들이 둘러싸고 있는 모양인 冖(덮을 멱)과 화력을 갖춘 車(수레 거)가 합해진 글자로 수레를 탄 왕이나 장군을 호위하는 병졸 또는 총을 들고 적과 싸우는 군인]·군사(軍事 : 군대나 전투장비·전쟁전술에 관한 일) 군·진칠(전투대열로 배치하는) 군

직역 군복이 아닌 평민이 입는 흰옷 차림으로 군대를 따라 전쟁터로 나간다는 뜻.
의역 벼슬에 탐욕(貪慾)이 없이 끝까지 충성을 다 바친다는 뜻.

백절불굴
百折不屈

*백절불요(百折不撓)라고도 씀(撓 : 굽힐 요·구부러질 요).

한자 풀이 ─────────

① **백 百 6** - 일백 백[하나의 뜻인 一(한 일)과 발음요소인 白(흰 백)이 합해진 글자로 수효(數爻)의 '일백'이나 '많다'는 뜻을 나타냄. 아라비아 숫자에서 100을 가리키는]·백번 백·많을 백

② **절 折 7** - 꺾을 절[본래 초목을 본뜬 屮의 변형인 扌(手 : 손 수)와 자르거나 꺾는다는 뜻의 斤(도끼 근)이 합해진 글자로 도끼로 나무를 찍어 넘어뜨린다는 뜻을 나타냄]·끊을 절·꺾일 절·굽힐 절·휠 절

③ **불 不 4** - 아니 불 또는 아닐 불(식물의 꽃대와 꽃받침과 꽃의 암술로 된 씨방 모양을 본뜬 글자로 씨방이 자라서 열매를 맺을지 모른다는 뜻에서 '아니'라고 나타냄)·못할 불·없을 불·않을 불

④ **굴 屈 8** - 굽을 굴[尾(꼬리 미)와 움푹 팬 곳의 변화한 모양인 出(날 출)이 합해진 글자로 짐승이 움푹 팬 곳에 꼬리를 감아 넣은 모양에서 굽힘을 나타냄. 해안선·산등성이 들쭉날쭉하]·굽힐(몸을 앞으로 구부리는) 굴·굴복(屈服 : 왕 앞에서 꿇어 엎드리는, 전쟁에서 항복하는) 굴

직역 백번을 꺾는다 해도 굽히지 않는다는 뜻.
의역 어떤 위력이나 난관(難關)에도 굴복하지 않는 강한 의지를 뜻함.

백중지세
伯仲之勢

한자 풀이 ————

① **백 伯 7** - 맏 백[亻(人 : 사람 인)과 발음요소와 엄지손가락을 치켜 우두머리를 뜻하는 白(흰 백)이 합해진 글자로 순서나 형제의 항렬에서 첫 번째를 가리킴]·우두머리 백·첫 백·작위(벼슬) 백·으뜸 패

② **중 仲 6** - 버금 중[亻(人 : 사람 인)과 발음요소와 중간 자리를 뜻하는 中(가운데 중)이 합해진 글자로 남자 형제의 항렬에서 가운데 또는 둘째라는 데서 '버금'이라는 뜻을 나타냄]

　＊ 형제항렬 : 伯(맏이 백), 仲(둘째 중), 叔(셋째 숙), 季(막내 계)

③ **지 之 4** - 갈 지[두 발을 뜻하는 止(발 지)와 출발선을 뜻하는 一(가로획)을 그어 만든 글자로 한 발을 떼고 막 출발하려는 모습을 나타냄]·이를 지·이 지·어조사(~의, ~가, ~이, ~을) 지

④ **세 勢 13** - 세력 세[勢力(세력). 力(힘 력)과 발음요소와 마구 휘두른다는 뜻의 執(권세 세)가 합해진 글자로 성대한 기운이나 세력을 나타냄. 사람이나 단체·사회나 국가를 지배하는 힘이나 영향력을 뜻함]·형세(形勢 : 살림살이의 경제적 형편이나 닥쳐오는 상황이나 어느 방향으로 나가는 경향) 세

직역 맏이와 둘째 간에 큰 차이가 없이 아주 비슷한 형세(形勢)라는 뜻.

의역 둘 또는 서로가 어슷비슷하여 낮고 못한 우열(優劣)을 가릴 수가 없다는 뜻.
　　　즉, 인물·기량·지식 등이 서로 매우 비슷하다는 뜻.

백척간두
百尺竿頭

한자 풀이 ──────────

① 백 百 6 - 일백 백[하나의 뜻인 一(한 일)과 발음요소인 白(흰 백)이 합해진 글자로 수효(數
爻)의 '일백'이나 '많다'는 뜻을 나타냄. 아라비아 숫자에서 100을 가리키는]·백번 백·많
을 백

② 척 尺 4 - 자 척[본래 사람을 뜻하는 尸(주검 시)와 팔을 굽힌 모양인 乙(새 을)이 합해진 글자
로 팔목에서 팔꿈치까지의 길이를 나타냄. 1尺(척)은 10寸(촌)과 같으며 1자라고 부름]·길
이 척

③ 간 竿 9 - 장대 간[竹(竹 : 대나무 죽)과 발음요소인 干(방패 간)이 합해진 글자로 대나무나 나
무를 다듬어 창같이 만든 긴 막대기를 뜻함]·횟대(방안의 벽에 달아맨 긴 막대) 간

④ 두 頭 16 - 머리 두[頁(머리 혈)과 발음요소와 굽이 높고 큰 그릇인 豆(제기 두)가 합해진 글
자로 몸통이 떠받치고 있는 머리를 나타냄. 사물을 인식하고 이치를 판단하는 기능을 가진
사람의 두뇌]·두목(頭目) 두·우두머리 두·마리(소 같은 가축을 세는 단위) 두·처음 두·앞 두·
가 두·변두리 두·꼭대기 두

직역 100척이나 되는 높은 장대 끝 위에 올라섰다는 뜻.

* 1척은 약 30cm임.

의역 현재의 처지가 매우 위태(危殆)롭고 어려운 지경(地境)에 놓여 있다는 뜻.

백해무익
百害無益

* 백해무일리(百害無一利)라고도 씀.

한자 풀이 ————————

① 백 百 6 - 일백 백[하나의 뜻인 一(한 일)과 발음요소인 白(흰 백)이 합해진 글자로 수효(數爻)의 '일백'이나 '많다'는 뜻을 나타냄. 아라비아 숫자에서 100을 가리키는]·백번 백·많을 백

② 해 害 10 - 해칠 해[宀(집 면)과 말하다의 뜻인 口(입 구)와 발음요소인 丯(해칠 개)가 합해진 글자로 본뜻은 집에서 기도하는 것을 방해한다는 뜻을 나타냄. 남의 생명이나 신체·재산·명예에 손해를 입히는]·해로울 해

③ 무 無 12 - 없을 무[舞(춤출 무)에서 舛(어그러질 천) 대신 4개의 발바닥 모양인 灬이 합해진 글자로 깃털 장식을 잡고 흔들며 춤추는 모습을 나타냄. 본뜻은 춤이며 '없다'는 뜻은 亡(없을 망)에서 가져온 것임]

④ 익 益[益] 10 - 더할 익[본래 溢의 한자로 水(물 수)가 변형된 물이 튀거나 넘친다는 뜻의 丷와 皿(그릇 명)이 합해진 글자로 물이 있는 그릇에 물을 더하여 넘친다는 뜻을 나타냄. 더 보태어 늘리거나 많게 하는]·더욱 익·넘칠 익·이익(利益) 익·이로울 익·유익(有益 : 이롭게 작용하여 도움이 되는)할 익

직역 백 가지가 해로울 뿐 이로울 것이 하나도 없다는 뜻.
의역 오로지 해롭기만 하다는 뜻.

병가상사
兵家常事

한자 풀이 ───────

① **병 兵 7** – 병사 병 또는 병졸 병[兵士(병사). 무기를 뜻하는 斤(도끼 근)과 두 손을 뜻하는 廾
(廾 : 받들 공)이 합해진 글자로 양손으로 무기를 잡고 있는 병사를 나타내며 이후 병기·싸
움의 뜻이 생겼음]·군사 병·병기 병

② **가 家 10** – 집 가[宀(집 면)과 본래 발음요소인 豭(수퇘지 가)가 변형된 豕(돼지 시)가 합해진
글자로 방 밑에다 돼지를 기르고 농사를 짓는 옛날 집의 구조를 나타냄]·집안 가·전문(專
門 : 전문) 가

 * 병가(兵家) : 전쟁에 관한 병법(兵法) 전문가 또는 군사에 종사하는 사람. 여기서는 전쟁에 이기고 지는
  일을 뜻함.

③ **상 常 11** – 항상 상 또는 늘 상[恒常(항상). 깃발을 뜻하는 巾(수건 건)과 발음요소와 기도하
는 집을 뜻하는 尙(숭상할 상)이 합해진 글자로 기도와 제사로 신(神)을 섬기는 집에는 항상
깃발을 달아놓는다는 뜻을 나타냄]·법 상·떳떳할 상

④ **사 事 8** – 일 사[깃발이나 팻말의 모양인 申와 彐(又 : 오른손 우)가 합해진 글자로 팻말 아래
사람들이 모여 작업이나 행사하는 모습을 나타냄]·섬길 사·벼슬 사·경영할 사

 * 事(사)를 장식이 달린 붓을 손에 잡고 있는 모습으로 보아 기록하는 일을 맡은 관원으로 풀이하기도 함.

 * 상사(常事) : 예상사(例常事)와 같은 말로 보통으로 있는 일. 평범한 일. 흔히 있는 일을 뜻함.

직역 전쟁에서 이기고 지는 일은 보통 있는 흔한 일이라는 뜻.

의역 어떤 일을 실패하더라도 낙심(落心)하지 말라는 뜻.

 * 낙심(落心)하다 : 바라던 일이 뜻대로 되지 않아 마음이 상하다.

복수불수
覆水不收

한자 풀이 ────────

① **복 覆 18** – 덮을 복(부)[거꾸로의 뜻인 復(다시 부)와 襾(覀 : 덮을 아)가 합해진 글자로 한 번 뒤집은 것을 다시 한 번 더 뒤집어 덮는다는 뜻을 나타냄. 하천을 콘크리트로 덮개처럼 씌우는]·돌이킬 복·엎을 복

  *복수(覆水) : 담겨 있는 그릇에서 엎지른 물.

② **수 水 4** – 물 수[본래 川(내 천)에서 비롯된 글자로 흐르는 물줄기가 합쳤다가 갈라지는 모습을 나타냄. 샘물·시냇물·강물·바닷물 등 자연에 존재하는 기본 물질을 뜻함]·별이름(水星 : 수성) 수

③ **불 不 4** – 아니 불 또는 아닐 불(식물의 꽃대와 꽃받침과 꽃의 암술로 된 씨방 모양을 본뜬 글자로 씨방이 자라서 열매를 맺을지 모른다는 뜻에서 '아니'라고 나타냄)·못할 불·없을 불·않을 불

④ **수 收 6** – 거둘 수[攵(攴 : 칠 복)과 발음요소인 丩(넝쿨 구)가 합해진 글자로 추수한 곡식을 모아들이거나 빌려준 돈·땅·물품 등을 되받아오는. 회비를 거두어들이는. 경쟁을 통하여 우승컵을 획득하는. 그릇에 담는]·잡을(범인을 끈으로 매어서 붙잡는) 수

직역 바닥에 쏟아진 물을 다시 그릇에 담을 수가 없다는 뜻.
의역 한번 끝난 일은 되돌릴 수 없다는 뜻.

복지부동
伏地不動

한자 풀이 ─────────

① **복 伏 6** - 엎드릴 복[亻(人 : 사람 인)과 훈련이 되어 있거나 직접 기르는 개를 뜻하는 犬(개 견)이 합해진 글자로 개가 땅바닥에 엎드리고 주인의 명령을 기다리고 있는 모습을 나타냄]·숨을 복·감출 복·항복할 복

② **지 地 6** - 땅 지 또는 따 지[土(흙 토)와 발음요소와 긴 뱀의 모양을 본뜬 也(잇기 야)가 합해진 글자로 흙이 사방으로 잇달아 깔려 있는 땅 또는 넓은 땅덩어리를 나타냄. 육지와 바다를 포함한 지구표면]·대지 지·곳 지·영토(領土) 지

③ **부 不 4** - 아니 불 또는 아닐 불(식물의 꽃대와 꽃받침과 꽃의 암술로 된 씨방 모양을 본뜬 글자로 씨방이 자라서 열매를 맺을지 모른다는 뜻에서 '아니'라고 나타냄)·못할 불·없을 불·않을 불

④ **동 動 11** - 움직일 동[力(힘 력)과 한쪽 눈이 칼에 찔린 남자종이 힘든 일을 한다는 뜻의 重(무거울 중)이 합해진 글자로 본래는 노예들에게 힘든 노동을 강제로 시킨다는 뜻을 나타냄. 힘에 의해 물체가 이동하거나 사회활동을 하는]·동물(動物) 동·어지러울(폭력·반란·전쟁으로 소란해지는) 동·문득 동·걸핏하면(툭하면) 동

직역 땅에 납작 엎드려 꼼짝하지 않는다는 뜻.

의역 마땅히 해야 할 일을 하지 않고 살살 피하기만 한다는 뜻. 즉, 능동적이고 창의적인 업무 수행을 피하고 소극적인 태도로 임한다는 뜻.

본말전도
本末顛倒

한자 풀이 ────────

① **본 本 5** - 근본 본[根本(근본). 본래는 사람을 뜻하는 大(큰 대)와 앞으로 나아간다는 뜻인 十
(열 십)이 합해진 本의 글자로 사람이 발전하여 사람답게 사는 것이 근본이라는 뜻을 나타
냄]·뿌리 본·바탕 본·책 본·문서 본

② **말 末 5** - 끝 말[木(나무 목)에 나뭇가지가 무성하게 다 자란 모습인 一(긴 가로획)이 합해진
글자로 나무가 다 자라서 더 이상 자랄 수 없는 한계인 끝을 나타냄. 마지막이 되는]·없을
말·마침내 말

　* 본말(本末) : 물건의 밑과 끝. 일의 근본과 그냥 곁달린 것.

③ **전 顛 19** - 이마 전[사람의 이마·눈·코가 있는 머리의 형태를 뜻하는 頁(머리 혈)과 발음요
소와 정면을 뜻하는 眞(참 진)이 합해진 글자로 사람의 이마를 나타냄]·정수리 전·엎어질
전·넘어질 전·뒤집어질 전

④ **도 倒 10** - 넘어질 도[亻(人 : 사람 인)과 어디에 닿는다는 뜻의 到(이를 도)가 합해진 글자로
사람이 바닥에 넘어진다는 뜻을 나타냄. 건물이 무너지는. 몸이 한쪽으로 쏠리는]·넘어뜨
릴 도·나빠질(점점 악화되는) 도·거꾸로 도·쏟을(그릇에 붓거나 일에 열중하는) 도

　* 전도(顛倒) : 엎어져 넘어지는. 위치나 차례를 뒤바꾸어 거꾸로 하는.

직역 앞으로 넘어져 이마가 바닥에 닿듯이 일의 처음과 나중이 바뀌었다는 뜻.

의역 일의 본래 줄거리는 잊고 사소한 부분에만 사로잡혀 있다는 뜻.

부관참시
剖棺斬屍

한자 풀이

① **부 剖 10** – 쪼갤 부[刂(刀 : 칼 도)와 발음요소와 둘로 갈라진다는 뜻의 北(북녘 북)과 통하는 咅(침 부)가 합해진 글자로 과일·고기·나무·상자 등을 잘라 여러 개의 조각으로 나눈다는 뜻을 나타냄]·가를 부·갈라질 부·깨뜨릴 부

② **관 棺 12** – 널 관 또는 널판 관[木(나무 목)과 발음요소인 官(벼슬 관)이 합해진 글자로 표면이 판판하고 넓게 켠 나무조각을 뜻함]·관[염(殮)을 마친 사람의 시체를 넣는 관] 관

＊ 염(殮) : 죽은 사람의 몸을 씻긴 다음 수의로 갈아 입히거나 베로 감싸고 묶는 일.

③ **참 斬 11** – 벨 참 또는 베일 참[사람을 죽이려고 기둥에 아래 위를 묶어 놓은 모습의 車(수레 차)와 칼을 뜻하는 斤(도끼 근)이 합해진 글자로 형벌로 죄인의 목을 칼로 자른다는 뜻을 나타냄]·목벨 참 또는 목베일 참·죽일 참

④ **시 屍 9** – 주검 시[곧게 누워서 죽은 사람의 모습인 尸(주검 시)와 死(죽을 사)가 합해진 글자로 주검을 나타냄. 병이나 사고로 숨이 끊어져 죽은 사람의 시체. 사람의 송장이나 시체를 예스럽게 일컫는 말]·죽음(생리적 작용이 멈추고 영원히 생명을 잃은) 시·시체(屍體 : 사람이 죽은 몸뚱이) 시

직역 땅에 묻은 관(棺)을 쪼개어 시체의 목을 칼로 벤다는 뜻.
의역 죽은 뒤에도 큰 죄가 드러나면 다시 극형에 처한다는 엄한 형벌을 뜻함.

부앙무괴
俯仰無愧

한자 풀이 ————

① **부 俯 10** - 구부릴 부[亻(人 : 사람 인)과 발음요소와 고개를 숙인다는 뜻의 府(구부릴 부)가 합해진 글자로 세상 사람들이 땅을 바라보거나 절을 하기 위하여 허리를 굽히는. 아래를 굽어본다는 뜻]·엎드릴 부·머리를숙일 부·숨을 부·누울 부

② **앙 仰 6** - 우러러볼 앙 또는 우러를 앙[亻(人 : 사람 인)과 무릎을 꿇고 고개를 들어 높이 쳐다본다는 뜻의 卬(나 앙)이 합해진 글자로 훌륭한 인물을 존경하는 마음으로 섬기거나 대하는. 위를 쳐다본다는 뜻]·사모(思慕)할 앙·믿을 앙

③ **무 無 12** - 없을 무[舞(춤출 무)에서 舛(어그러질 천) 대신 4개의 발바닥 모양인 灬이 합해진 글자로 깃털 장식을 잡고 흔들며 춤추는 모습을 나타냄. 본뜻은 춤이며 '없다'는 뜻은 亡(없을 망)에서 가져온 것임]

④ **괴 愧 13** - 부끄러울 괴 또는 부끄러워할 괴[忄(心 : 마음 심)과 발음요소인 鬼(귀신 귀)가 합해진 글자로 마음이 귀신과 같아 스스로 양심에 꺼리며 욕심과 나쁜 마음으로 떳떳하지 못한. 남과의 대화나 외교적 활동에서 무시나 업신여김을 당하는]

직역 땅을 굽어봐도 하늘을 우러러봐도 양심에 부끄러움이 전혀 없다는 뜻.
의역 자기 자신의 양심에 거리낄 만한 것이 조금도 없이 떳떳하다는 뜻.

부자유친
父子有親

한자 풀이 ─────────

① **부 父 4** - 아버지 부[크(又 : 오른손 우)와 옛날 도끼나 회초리를 뜻하는 爻(점괘 효)가 합해진 글자로 돌도끼를 들고 사냥을 하거나 회초리를 들고 자식을 가르치는 아버지의 모습을 나타냄]·늙으신네 부

② **자 子 3** - 아이 자 또는 아들 자(머리와 양쪽으로 벌리고 있는 두 팔과 포대기에 두 발이 싸여진 갓 태어난 아기의 모습을 본뜬 글자로 어린 아이를 나타냄)·자식 자·당신 자·자네 자·씨 자·경칭 자·사람 자·첫째지지 자

③ **유 有 6** - 있을 유[月(肉 : 고기 육)과 발음요소인 ナ(又 : 손 우)가 합해진 글자로 사냥하여 잡은 짐승을 손에 잡고 여기 가지고 있다고 말한다는 뜻을 나타냄. 어떤 사물을 현재 지니고 있거나 건축·제도 등이 존재하는]·가질 유

④ **친 親 16** - 친할 친[본래 見(볼 견)과 발음요소인 辛(매울 신)이 합해져 '살펴보다'였으나 다시 木(나무 목)이 합해진 글자로 나무가 바르게 자라도록 보살펴 준다는 뜻을 나타냄]·어버이 친·몸소 친

  * 親(친)은 혈연(血緣)관계로 맺어진 가족을, 戚(척)은 혼인(婚姻)관계로 맺어진 가족을 뜻함.

직역 아버지와 자식 사이의 도리는 친밀한 사랑에 있다는 뜻.
의역 아버지는 자식을 사랑하고 자식은 아버지를 섬기는 혈육의 정(情)을 뜻함.

부전자전
父傳子傳

*부자상전(父子相傳)·부전자승(父傳子承)이라고도 씀.

한자 풀이 ─────────

① **부 父 4** - 아버지 부[⺕(又 : 오른손 우)와 옛날 도끼나 회초리를 뜻하는 乂(점괘 효)가 합해진 글자로 돌도끼를 들고 사냥을 하거나 회초리를 들고 자식을 가르치는 아버지의 모습을 나타냄]·늙으신네 부

② **전 傳 13** - 전할 전[亻(人 : 사람 인)과 발음요소와 후대 사람들이 알 수 있도록 근거를 남기다는 뜻의 專(오로지 전)이 합해진 글자로 전한다는 뜻을 나타냄. 어떤 뜻을 글로 쓰거나 마음으로 느끼어 서로 통하게 되는]·펼(세상에 널리 알리는) 전·전기(傳記 : 어떤 인물의 생애나 활동을 쓴 기록) 전·역(驛 : 정거장 또는 옛날에 교통 및 통신 수단이었던 역말을 갈아타던 곳) 전·책 전

③ **자 子 3** - 아이 자 또는 아들 자(머리와 양쪽으로 벌리고 있는 두 팔과 포대기에 두 발이 싸여진 갓 태어난 아기의 모습을 본뜬 글자로 어린 아이를 나타냄)·자식 자·당신 자·자네 자·씨 자·경칭 자·사람 자·첫째지지 자

* 子(자)는 兒女子(아녀자)·菓子(과자)·卓子(탁자)·酒煎子(주전자)처럼 접미사로 쓰임.

직역 아버지의 혈통이 자식에게 전해진다는 뜻.
의역 부모의 성품과 재능이 대대(代代)로 자식에게 전해진다는 뜻.

부화뇌동
附和雷同

한자 풀이 ──────────

① **부 附 8** - 붙을 부[阝(阜 : 언덕 부)와 따라 붙는다는 뜻의 付(줄 부)가 합해진 글자로 산에 붙어 있는 언덕을 나타냄. 건물이나 사물에 딸려 있는. 다른 소리에 뒤따라 내는]·붙일 부·부착할 부·따를 부·가까울 부·의지할 부

② **화 和 8** - 화할 화[禾(벼 화)와 벼의 대롱으로 만든 여러 개의 피리를 묶어 부는 모습인 龠(피리 약)이 생략된 口(입 구)가 합해진 글자로 여러 가지 높고 낮은 소리가 서로 잘 어울린다는 뜻을 나타냄. 평화롭고 온화한]·서로응할 화

③ **뇌 雷 13** - 우레 뇌(뢰)[疊(雨 : 비 우)와 발음요소와 천둥소리가 거듭된다는 뜻의 畾(밭갈피 뢰)가 생략된 田(밭 전)이 합해진 글자로 번뜩이는 번개라는 데서 우레의 뜻을 나타냄. 높은 열에너지에 의한 공기의 팽창으로 하늘을 요란하게 울리는 소리]

④ **동 同 6** - 같을 동[위로 거듭 포개 덮는다는 뜻인 冂(겹쳐덮을 모)에 밥·반찬 그릇을 뜻하는 口(입 구)가 가운데 더해진 글자로 크기와 모양이 똑같은 그릇이 여러 층으로 된 찬합(饌盒)을 나타냄]·한가지 동·화할(마음으로 화합하는) 동·함께 동·모을 동·무리 동·빌(아무것도 없거나 비어 있는) 동

직역 우렛소리에 맞춰 함께 소리를 낸다는 뜻.

* 우레는 비올 때 대기 중의 방전현상으로 일어남.

의역 자기의 소신이나 주장이 없이 남의 의견에 덩달아 따라간다는 뜻.

분기탱천
憤氣撑天

*분기충천(憤氣沖天)과 같은 뜻임(沖 : 찌를 충·솟구칠 충).

한자 풀이 ─────

① **분 憤 15** - 분할 분[忄(心 : 마음 심)과 발음요소와 마음에 크게 동요된다는 뜻의 賁(클 분)이 합해진 글자로 누명·오해·손해 등을 당하여 괴로워하며 화를 내는]·분발할 분·성낼 분 또는 화낼 분·결낼(마음에 응어리가 맺히는) 분

② **기 氣 10** - 기운 기[세 가닥의 얇은 구름 띠가 하늘에 퍼져 있는 모습인 气(기운 기)에 밥을 지을 때 나오는 증기를 뜻하는 米(쌀 미)가 합해진 글자로 몸과 마음의 정력. 전기·빛·열에너지를 뜻함]·숨 기·기후 기

③ **탱 撑 15** - 버틸 탱[扌(手 : 손 수)와 발음요소와 떠받쳐 지탱한다는 뜻의 掌(버틸 탱)이 합해진 글자로 어떤 물체나 나무·물건 또는 사람이 쓰러지거나 넘어지지 않도록 기둥이나 손으로 떠받친다는 뜻을 나타냄]·취할 탱

④ **천 天 4** - 하늘 천[서있는 사람을 뜻하는 大(큰 대)와 정수리에 닿는 머리끝 위를 뜻하는 一(가로획)이 합해진 글자로 하늘을 상징적으로 나타냄]·하느님 천·자연 천·임금 천·조물주 천·날씨 천

* 하늘의 정의는 땅과 바다에서 보이는 멀고 넓은 무한대의 둥근 모양에 해·달·별들이 있는 공간.

* 탱천(撑天) : 하늘을 찌를 듯이 공중으로 높이 솟아오르는. 분하거나 의로운 기개·기세 따위가 북받쳐 오르는.

직역 분한 기운이 하늘을 찌를 듯이 솟구친다는 뜻.
의역 머리털이 곤두설 정도로 몹시 화가 난다는 뜻.

불가사의
不可思議

한자 풀이 ─────────

① **불 不 4** - 아니 불 또는 아닐 불(식물의 꽃대와 꽃받침과 꽃의 암술로 된 씨방 모양을 본뜬 글자로 씨방이 자라서 열매를 맺을지 모른다는 뜻에서 '아니'라고 나타냄)·못할 불·없을 불·않을 불

② **가 可 5** - 옳을 가[口(입 구)와 꼬불꼬불하게 꺾인 목구멍 모양을 본뜬 ㄹ이 변형된 丁(고무래 정)이 합해진 글자로 마지못해 억지로 '옳다'고 내는 소리를 나타냄. ~을 인정하거나 도덕과 사리에 맞는]·가할 가

③ **사 思 9** - 생각할 사[뇌의 모양을 본뜬 囟(정수리 신)이 변형된 田(밭 전)과 心(마음 심)이 합해진 글자로 생각이 두뇌와 심장에서 나온다는 뜻을 나타냄]·생각(기억·상상 등을 일으키는 정신작용) 사·그리워할 사

④ **의 議 20** - 의논 의 또는 의논할 의[議論(의논). 言(말씀 언)과 이치에 맞는 법칙을 뜻하는 義(옳을 의)가 합해진 글자로 어떤 문제나 주제에 대하여 서로 의견을 주고받는다는 뜻을 나타냄]·말할(정당한 의견을 말로 표하는) 의·논의(論議 : 각자의 의견을 내어 옳고 그름을 따지며 토의하는)할 의

* 사의(思議) : 생각하여 헤아리는.

직역 사람의 생각으로는 헤아려 알 수 없다는 뜻.
의역 인간의 능력을 초월하여 신(神)의 경지에 이른다는 뜻.

불감생심
不敢生心

* 불감생의(不敢生意)와 같은 뜻임.

한자 풀이 ――――――

① 불 不 4 ‒ 아니 불 또는 아닐 불(식물의 꽃대와 꽃받침과 꽃의 암술로 된 씨방 모양을 본뜬 글자로 씨방이 자라서 열매를 맺을지 모른다는 뜻에서 '아니'라고 나타냄)·못할 불·없을 불·않을 불

② 감 敢 12 ‒ 용감할 감[勇敢(용감). 옛날 사냥도구의 모양인 爭와 攵(攴 : 칠 복)이 합해진 글자로 손에 창을 들고 멧돼지와 싸울 수 있는 용기를 나타냄]·감히 감·구태어 감·군셀 감

③ 생 生 5 ‒ 날 생[어린 싹인 떡잎을 뜻하는 屮(싹날 철)과 土(흙 토)가 합해진 글자로 초목의 새싹이 땅 위로 돋아나는 모습을 나타냄]·낳을 생·생길 생·살 생·자랄 생

④ 심 心 4 ‒ 마음 심(사람의 심장 모양을 본뜬 글자로 본뜻은 심장이며 이후 '마음'의 뜻이 생긴 것임)·생각 심·심장 심 또는 염통 심·가슴 심·중심 심·별이름 심·근본 심

* 예로부터 사람들은 모든 생각은 심장이 주관하는 마음에서 나온다고 믿었음. 心琴(심금 : 미묘한 마음).

직역 감히 무엇을 할 마음이 생기지 않는다는 뜻.

의역 도저히 힘이 미치지 못하여 감히 엄두를 낼 수 없다는 뜻.

* 엄두 : 어떤 일에 감히 손을 대어 무엇을 하려는 마음.

불면불휴
不眠不休

한자 풀이 ────────

① **불 不 4** - 아니 불 또는 아닐 불(식물의 꽃대와 꽃받침과 꽃의 암술로 된 씨방 모양을 본뜬 글자로 씨방이 자라서 열매를 맺을지 모른다는 뜻에서 '아니'라고 나타냄)·못할 불·없을 불·않을 불

② **면 眠 10** - 잘 면 또는 잠잘 면[目(눈 목)과 발음요소와 칼에 찔려 한쪽 눈을 잃은 노예를 뜻하는 民(백성 민)이 합해진 글자로 밤에 눈을 감고 꿈을 꿀 정도로 깊이 잠을 자는]·졸 면·쉴 면·시들 면

③ **휴 休 6** - 쉴 휴[亻(人 : 사람 인)과 木(나무 목)이 합해진 글자로 사람이 나무처럼 움직이지 않고 숨만 쉬고 있다는 뜻을 나타냄 또는 사람이 나무에 기대거나 나무 밑에서 편히 쉰다는 뜻을 나타냄. 피로를 풀기 위하여 편한곳에서 그냥 머물러 있는]·편안(便安 : 몸과 마음이 편하고 좋은) 휴·아름다울 휴·그칠 휴

직역 잠을 자지도 않고 쉬지도 않는다는 뜻.
의역 잠시도 쉴 새 없이 애써 일한다는 뜻.

불요불굴
不撓不屈

한자 풀이 ─────────

① **불 不 4** - 아니 불 또는 아닐 불(식물의 꽃대와 꽃받침과 꽃의 암술로 된 씨방 모양을 본뜬 글자로 씨방이 자라서 열매를 맺을지 모른다는 뜻에서 '아니'라고 나타냄)·못할 불·없을 불·않을 불

   * '그렇지 아니하다'라는 부정(否定)이나 반대(反對)의 뜻을 나타냄. 동사로는 '~를 하지 마라'.

② **요 撓 15** - 긁을 요(뇨)[扌(手 : 손 수)와 발음요소와 흙이 수북하게 쌓인 뜻인 堯(높을 요)가 합해진 글자로 손으로 흙을 긁어낸다는 뜻을 나타내는. 손톱으로 얼굴을 할퀴거나 가려운 데를 긁는]·흔들(사람이나 물체를 위아래로 또는 좌우로 계속 움직이게 하는) 요(뇨)·어지러울 요(뇨)·흔들릴 요(뇨)

③ **굴 屈 8** - 굽을 굴[尾(꼬리 미)와 움푹 팬 곳의 변화한 모양인 出(날 출)이 합해진 글자로 짐승이 움푹 팬 곳에 꼬리를 감아 넣은 모양에서 굽힘을 뜻함. 해안선·산등성이 들쭉날쭉한]·굽힐(몸을 앞으로 구부리는) 굴·굴복(屈服 : 무릎을 꿇고 항복하는) 굴·다할 굴·군셀 굴

직역 흔들리지도 아니하고 굽히지도 아니한다는 뜻.
의역 마음이 군세어 어떤 어려움에도 포기(抛棄)하지 않는다는 뜻.

불인지심
不忍之心

한자 풀이 ——————

① 불 不 4 - 아니 불 또는 아닐 불(식물의 꽃대와 꽃받침과 꽃의 암술로 된 씨방 모양을 본뜬 글자로 씨방이 자라서 열매를 맺을지 모른다는 뜻에서 '아니'라고 나타냄)·못할 불·없을 불·않을 불

② 인 忍 7 - 참을 인[심장을 뜻하는 心(마음 심)과 발음요소인 刃(칼날 인)이 합해진 글자로 부끄러움과 칼날 위의 고통을 참아낸다는 뜻을 나타냄. 불편한 마음을 드러내지 않거나 불행한 환경을 이겨내는]·모질(마음씨가 몹시 악하고 독한) 인

  * 불인(不忍) : 차마 하기가 어려운.

③ 지 之 4 - 갈 지[두 발을 뜻하는 止(발 지)와 출발선을 뜻하는 一(가로획)을 그어 만든 글자로 한 발을 떼고 막 출발하려는 모습을 나타냄]·이를 지·이 지·어조사(~의, ~가, ~이, ~을) 지

④ 심 心 4 - 마음 심(사람의 심장 모양을 본뜬 글자로 본뜻은 심장이며 이후 '마음'의 뜻이 생긴 것임)·생각 심·심장 심 또는 염통 심·가슴 심·중심 심·별이름 심·근본 심

  * 예로부터 사람들은 모든 생각은 심장이 주관하는 마음에서 나온다고 믿었음. 心琴(심금 : 미묘한 마음).

직역 참고 견딜 수밖에 없는 마음을 뜻함.

의역 정(情)이 많아 차마 가혹하게 하지 못한다는 뜻. 즉, 남의 불행을 마음 편하게 보아 넘기지 못하는 마음을 뜻함.

불철주야
不撤晝夜

한자 풀이 ────────

① **불 不 4** - 아니 불 또는 아닐 불(식물의 꽃대와 꽃받침과 꽃의 암술로 된 씨방 모양을 본뜬 글자로 씨방이 자라서 열매를 맺을지 모른다는 뜻에서 '아니'라고 나타냄)·못할 불·없을 불·않을 불

② **철 撤 15** - 거둘 철[扌(手 : 손 수)와 발음요소와 徹(치울 철)이 생략된 㪝이 합해진 글자로 설치한 천막을 거두어들이거나 진지에 배치되었던 또는 주둔지역에서 병력을 철수하는]·빼낼 철·철폐(撤廢 : 없애버리는)할 철

   * 불철(不撤) : 이것 저것을 가리지 아니하는.

③ **주 晝 11** - 낮 주[글자로는 聿(붓 율)과 日(해 일)과 一(한 일)이 합해진 것이나 본래 태양이 떠오르는 모습인 旦(아침 단)과 한 발자국을 내디딘 보폭(步幅)을 뜻하는 尺(자 척)이 합해진 晝(낮 주)의 글자로 해가 떠서 질 때까지의 낮시간을 나타냄]·대낮 주·정오(正午) 주

④ **야 夜 8** - 밤 야[누워 있는 사람의 겨드랑이 모습인 亦(겨드랑 액·또 역)과 月(달 월)이 합해진 글자로 옆구리에 달이 놓인 모양으로 해질녘에서 새벽까지의 밤을 나타냄. *이 한자는 밤과 낮을 사람의 몸과 달의 위치에 비유하여 나타낸 것임]·캄캄할(몹시 어두운) 야·침실(寢室) 야

직역 낮과 밤을 가리지 아니한다는 뜻.

의역 조금도 쉬지 않고 강행(强行)하거나 열중(熱中)한다는 뜻.

   * 강행(强行) : 무리하거나 어려운 점을 무릅쓰고 행하는.

비몽사몽
非夢似夢

한자 풀이 ────────

① **비 非 8** - 아닐 비[두 날개가 어긋난 방향으로 쭉 펼친 새의 모양을 나타낸 글자로 본뜻은 '등지다·어긋나다'이며 이후 부정의 뜻인 '아니다'로 쓰이게 된 것임]·어길 비·그를 비·어 긋날 비·다를 비·꾸짖을 비

② **몽 夢 14** - 꿈 몽[눈썹을 뜻하는 艹(艸 : 풀 초)와 罒(目 : 눈 목)과 人(사람 인)의 변형인 ⺈(덮을 멱)과 어두움을 뜻하는 夕(저녁 석)이 합해진 글자로 꿈을 나타냄. 인생에서 실현시키고 싶 은 희망이나 이상(理想)]·꿈꿀 몽·희미(稀微 : 기억이 분명치 못하는, 잘 안 보이는)할 몽

③ **사 似 7** - 닮을 사[亻(人 : 사람 인)과 사람이 쟁기질을 하는 모습인 以(써 이)가 합해진 글자 로 앞에서 구부리며 쟁기를 끄는 사람의 모습이 소 같은 짐승을 닮았다는 뜻을 나타냄. 모양이 서로 비슷한]·비슷할 사·본뜰(사물이나 사진·자료 등을 그대로 옮기는) 사·이을 사· 받을 사

직역 꿈이 아닌 것 같기도 하고 꿈인 것 같기도 한다는 뜻.
의역 정신이 헷갈릴 정도로 어렴풋한 상태를 뜻함.

비분강개
悲憤慷慨

*강개비분(慷慨悲憤)이라고도 씀.

한자 풀이 ─────────

① **비 悲 12** -슬플 비[心(마음 심)과 발음요소와 두 방향이 서로 어긋난다는 뜻의 非(아닐 비)가 합해진 글자로 그릇된 일로 마음이 아픈 것을 드러내어 '슬프다'의 뜻을 나타냄]·슬퍼할 비·불쌍히여길 비·자비로울 비

② **분 憤 15** - 분할 분[忄(心 : 마음 심)과 발음요소와 마음에 크게 동요된다는 뜻의 賁(클 분)이 합해진 글자로 누명·오해·손해 등을 당하여 괴로워하며 화를 내는]·분발할 분·성낼 분 또는 화낼 분·결낼(응어리가 맺히는) 분

③ **강 慷 14** - 강개할 강[慷慨(강개). 忄(心 : 마음 심)과 발음요소인 康(편안할 강)이 합해진 글자로 슬퍼하고 한탄하는]·개탄(慨嘆 : 분하여 탄식하는)할 강·슬퍼할 강·쓰러질 강

④ **개 慨 14** - 개탄할 개[慨嘆(개탄). 忄(心 : 마음 심)과 한숨을 뜻하는 旣(이미 기)가 합해진 글자로 억울하거나 섭섭한 일로 한탄하며 한숨을 내쉬는]·슬플 개·슬퍼할 개·강개[慷慨 : 의롭지 못한 것을 보고 정의심(正義心)이 북받쳐 슬퍼하고 한탄하는]할 개

* **원통(冤痛)하다 :** 분하고 억울하다. 몹시 원망스럽다. 애석하고 아깝다.

직역 슬프고 분하며 원통(冤痛)하여 화가 치민다는 뜻.
의역 울분이 터져 도저히 견딜 수가 없다는 뜻.

사고무친
四顧無親

한자 풀이 ————————

① **사 四 5** - 넉 사[돼지 같은 짐승의 콧구멍이나 입안의 혀와 이빨이 보이는 주둥이 모양을 본뜬 글자로 본뜻은 들이마시고 내쉬는 '숨'이며 四를 숫자의 넷으로 빌려 쓰면서 呬(숨쉴 희)가 새로 생긴 것임]

② **고 顧 21** - 돌아볼 고[隹(새 추)와 새의 울음소리를 뜻하는 戶(지개문 호)와 頁(머리 혈)이 합해진 글자로 새가 날아오는 것을 머리를 돌려 바라본다는 뜻을 나타냄]·돌볼 고·마음쓸 고·생각할 고·다만 고

    * 사고(四顧) : 사방 또는 사방을 둘러보는.

③ **무 無 12** - 없을 무[舞(춤출 무)에서 舛(어그러질 천) 대신 4개의 발바닥 모양인 灬이 합해진 글자로 깃털 장식을 잡고 흔들며 춤추는 모습을 나타냄. 본뜻은 춤이며 '없다'는 뜻은 亡(없을 망)에서 가져온 것임]

④ **친 親 16** - 친할 친[본래 見(볼 견)과 발음요소인 辛(매울 신)이 합해져 '살펴보다'였으나 다시 木(나무 목)이 합해진 글자로 나무가 바르게 자라도록 보살펴 준다는 뜻을 나타냄]·어버이 친·몸소 친

    * 親(친)은 혈연(血緣)관계로 맺어진 가족을, 戚(척)은 혼인(婚姻)관계로 맺어진 가족을 뜻함.

직역 사방을 둘러봐도 가족(家族)이나 친척(親戚) 하나 없다는 뜻.
의역 세상 천지(天地)에 의지(依支)할 만한 사람이 도무지 없다는 뜻.

165

사농공상
士農工商

한자 풀이

① **사 士 3** - 선비 사[옛날 전쟁용 작은 도끼의 모양을 본뜬 글자로 힘과 지혜를 갖춘 무사(武士) 또는 전사(戰士)의 뜻을 나타냈으며 이후에 공자(孔子)의 유학(儒學)을 닦는 선비의 뜻이 생겨났음]·벼슬 사·군사 사·사내 사

② **농 農 13** - 농사 농[논밭에 모나 농작물을 심은 모습을 뜻하는 𡱝이 변형된 曲(굽을 곡)과 살아 움직이는 조개 모양인 辰(때 신)이 합해진 글자로 옛날에 큰 조개껍데기로 밭을 갈았다는 뜻을 나타냄]·짙을 농·농부(農夫) 농

③ **공 工 3** - 장인 공[匠人(장인). 목공일 할 때 쓰는 자나 돌을 다듬는 끌과 같은 연장의 모양이나 옛날 담을 쌓는데 쓰던 돌공이의 모양을 본뜬 글자로 연장을 이용하여 물건·기계·건물 등을 만드는 사람]·공구 공·일 공·공인 공

＊돌공이 : 절구에서 찧을 때 쓰는 돌을 깎아 만든 기구

④ **상 商 11** - 장사 상 또는 장사할 상[중국 고대 은(殷)나라 신사(神祠)의 건물을 형상화한 啇에 口(입 구)가 더해진 글자로 유목민들이 신사의 입구에 모여서 행상을 업으로 하는 '장사·상인'을 뜻함, 떠돌아다니며 물건을 사고팔아 돈을 버는]·장수 상·헤아릴 상·짐작할 상·의논할 상

＊봉건시대(封建時代) : 중국 주(周)나라 6~15세기에 실시하였던 봉건제도가 국가나 사회 구성의 기준이었던 시대. ＊봉건제도 : 통치자가 제후들에게 땅을 나누어 주고 그 지역을 통치하게 하는 제도.

직역 선비·농부·공인·상인의 네 종류의 신분을 뜻함.

의역 옛날 봉건시대(封建時代)의 백성의 사회적 신분제도를 뜻함.

사상누각
沙上樓閣

*사상누각(砂上樓閣)이라고도 씀.

한자 풀이 ─────────

① **사 沙 7** - 모래 사[개천이나 강을 뜻하는 氵(水 : 물 수)와 발음요소와 모래알을 뜻하는 少(작을 소)가 합해진 글자로 강가에 흩어져 있는 돌의 부스러기를 나타냄]·사막(沙漠·砂漠) 사·일(금과 광물을 가려내는) 사

② **상 上 3** - 위 상 또는 윗 상[땅의 기준을 뜻하는 一(한 일·땅 일)과 그 위로 그은 丨(수직선)에 임의의 지점을 뜻하는 -(짧은 가로획)을 표시한 글자로 위·아래의 구조나 수직선상에서 지구 중심인 위쪽과 위치·계급·능력 등이 높은 위쪽을 나타냄]·윗사람 상·첫째 상

* 上(상)이 동사로 쓰일 때는 '~로 올라가다'로 풀이함.

③ **누 樓 15** - 다락 누(루)[木(나무 목)과 발음요소와 아래에서 위로 쌓아 올린다는 뜻의 婁(포갤 루)가 합해진 글자로 '다락'의 뜻을 나타냄. 나무를 사용하여 2층 이상의 높이로 문과 벽이 없이 사방을 바라볼 수 있도록 지은 건물. 옛날 집에서 부엌 위에 2층처럼 만들어 물건을 넣어 두는 곳]·누각(樓閣) 누(루)·망루(望樓) 누(루)·다락집(다락같이 좁고 작으며 간편하게 지은 집) 누(루)

④ **각 閣 14** - 누각 각[樓閣(누각). 門(문 문)과 발음요소와 오직 하나뿐인 유일한 개체나 존재를 뜻하는 各(각각 각)이 합해진 글자로 사방을 바라볼 수 있도록 높은 기둥 위에 지은 다락집을 뜻함]·집 각·빗장 각·선반 각·내각(內閣) 각

> **직역** 모래 위에 높이 지은 다락집을 뜻함.
>
> **의역** 건물·정책·사상 등의 기반이 약하다는 뜻 또는 헛된 일을 뜻함.

사생결단
死生決斷

한자 풀이 ─────────────

① **사 死 6** - 죽을 사[흐트러진 뼈를 뜻하는 歹(뼈앙상할 알)과 죽은 사람을 뜻하는 匕(비수 비)가 합해진 글자로 질병·사고 등으로 생명을 잃은 상태를 뜻함]·다할 사·죽일 사·생기없을 사

② **생 生 5** - 날 생[어린 싹인 떡잎을 뜻하는 屮(싹날 철)과 土(흙 토)가 합해진 글자로 초목의 새싹이 땅 위로 돋아나는 모습을 나타냄]·낳을 생·생길 생·살 생·자랄 생

③ **결 決 7** - 결단할 결[決斷(결단). 氵(水 : 물 수)와 발음요소인 夬(터놓을 쾌)가 합해진 글자로 강물의 둑이 무너져 물이 콸콸 흐르듯이 결단을 내린다는 뜻을 나타냄]·터질 결·터뜨릴 결

④ **단 斷 18** - 끊을 단[칼을 뜻하는 斤(도끼 근)과 실이 섞여 있는 모양인 繼(이을 계)가 생략된 㡭(절)이 합해진 글자로 베틀로 천을 짤 때 섞여 있는 실을 칼로 자른다는 뜻을 나타냄. 절벽처럼 깎아내는]·결단(決斷 : 옳고 그름을 따져 결정적인 판단을 하는)할 단·한결같을 단

직역 죽고 사는 문제를 각오하고 대들어 끝장을 낸다는 뜻.
의역 죽기를 결심하고 어떤 일에 임하거나 맞서 싸운다는 뜻.

사시춘풍
四時春風

*사면춘풍(四面春風)과 같은 뜻임.

한자 풀이 —————

① **사 四 5** – 넉 사[돼지 같은 짐승의 콧구멍이나 입안의 혀와 이빨이 보이는 주둥이 모양을 본뜬 글자로 본뜻은 들이마시고 내쉬는 '숨'이며 四를 숫자의 넷으로 빌려 쓰면서 呬(숨쉴 희)가 새로 생긴 것임]

② **시 時 10** – 때 시[日(해 일)과 발음요소와 관원이 모여 나랏일을 처리하던 곳인 마을을 뜻하는 寺(관청 시)가 합해진 글자로 태양의 운행으로부터 시간을 나타냄. 과거·현재·미래·봄·여름·가을·겨울 등을 뜻함]·계절(季節) 시·시대(時代) 시

③ **춘 春 9** – 봄 춘[본래 艸(풀 초)와 새싹이 흙을 뚫고 나오는 모습인 屯(머무를 둔)과 기운을 뜻하는 日(해 일)이 합해진 글자로 땅이 따스한 봄볕을 받아 새싹들이 돋아나는 계절을 나타냄]·화할 춘·젊을 춘

* 춘풍(春風) : 따뜻한 봄바람. 온화한 얼굴의 기색.

④ **풍 風 9** –바람 풍[배의 돛 모양을 본뜬 帆(돛 범)이 생략된 凡(무릇 범)과 虫(뱀 훼)가 합해진 글자로 돛이 바람에 의해 뱀이 움직이는 모양처럼 흔들린다는 뜻을 나타냄]·모양 풍·풍속 풍·경치 풍

* 風(풍)은 유행처럼 지나가는 세상이나 한 시대에 뛰어난 활약을 나타냄→풍운아(風雲兒).

> **직역** 사(4)계절 부는 봄바람이라는 뜻.
> **의역** 언제나 누구에게나 좋은 얼굴로 대하며 아무 탈 없이 편안하다는 뜻.

사통오달
四通五達

*사통팔달(四通八達)도 같은 의미로 씀.

한자 풀이 ───────

① **사 四 5** - 넉 사[돼지 같은 짐승의 콧구멍이나 입안의 혀와 이빨이 보이는 주둥이 모양을 본뜬 글자로 본뜻은 들이마시고 내쉬는 '숨'이며 四를 숫자의 넷으로 빌려 쓰면서 呬(숨쉴 희)가 새로 생긴 것임]

② **통 通 11** - 통할 통[무거운 종을 옮긴다는 뜻의 辶(길갈 착)과 꼭지가 달린 종 모양인 甬(쇠 북꼭지 용)이 합해진 글자로 종(鐘)은 장소를 옮겨가도 같은 소리를 낸다는 데서 '통하다'의 뜻을 나타냄]·뚫릴 통·다닐 통·형통할 통

③ **오 五 4** - 다섯 오[본래 하늘과 땅을 뜻하는 二(두 이)에 서로 교감한다는 뜻의 X가 가운데 더해진 글자로 하늘과 땅이 교감한다는 뜻인 X가 五로 변형되면서 숫자의 5를 나타냄]· 다섯번째 오

④ **달 達 13** - 통달할 달[通達(통달). 辶(뛰어넘을 착)과 발음요소인 夆(어린양 달)이 변형된 羍이 합해진 글자로 '활달하게 나아가다'의 의미에서 '통달하다'로 쓰이게 된 것임. 학문·기술· 운동·예술 등 어떤 분야에 관해 환하게 잘 아는]·깨달을 달·통할 달·이룰 달·출세할 달· 천거(薦擧 : 인재를 어떤 자리에 추천하는 일)할 달

직역 네 길로 통하고 다섯 군데로 도달할 수 있다는 뜻.
의역 사방으로 왕래할 수 있는 편리한곳을 뜻함.

사필귀정
事必歸正

한자 풀이 ────────

① 사 事 8 - 일 사[깃발이나 팻말의 모양인 宙와 彐(又 : 오른손 우)가 합해진 글자로 팻말 아래 사람들이 모여 작업이나 행사하는 모습을 나타냄]·섬길 사·벼슬 사·경영할 사

    * 事(사)를 장식이 달린 붓을 손에 잡고 있는 모습으로 보아 기록하는 일을 맡은 관원으로 풀이하기도 함.

② 필 必 5 - 반드시 필(옛날에 높은 벼슬을 하면 긴 칼의 손잡이에 무늬가 있는 장식을 실로 반드시 맨다는 뜻의 글자로 어떤 원인에 대한 결과가 틀림없이 일어나는)·오로지(오직 단 하나만 생각하고 행동하는) 필·필연코 필

③ 귀 歸 18 - 돌아올 귀[𠂤(언덕 퇴)와 止(발 지)와 婦(아내 부)의 생략형인 帚(비 추)가 합해진 글자로 남자가 언덕을 넘어 걸어가서 처가(妻家)에서 색시를 데리고 온다는 뜻을 나타냄]·돌아갈 귀

④ 정 正 5 - 바를 정[도읍(都邑)을 둘러싼 성(城)을 뜻하는 囗(에워쌀 위)가 파괴되어 흔적만 남았다는 뜻의 一(한 일)과 잠시 멈춘다는 뜻의 止(그칠 지)가 합해진 글자로 적(敵)의 잘못을 바로잡기 위하여 정정당당하게 성(城)을 치고 그 앞에서 멈추고 지키고 있다는 뜻을 나타냄]·정당할 정·올바른도리 정

직역 모든 일은 반드시 옳은 이치대로 돌아간다는 뜻.

의역 모든 일의 잘잘못은 올바르게 밝혀질 뿐 그릇되게 끝나지 않는다는 뜻. 즉, 죄(罪)는 지은 데로 가고, 물은 물길 따라 흐른다는 뜻.

산전수전
山戰水戰

한자 풀이 ──────

① **산 山 3** – 뫼 산 또는 메 산(우뚝 솟은 봉우리 3개가 ⛰의 그림과 같이 붙어 있는 산의 모습을 본뜬 글자로 둘레보다 우뚝하게 높이 솟아 있는 땅덩이를 나타냄)·무덤(시체나 유골을 묻은 묘) 산

② **전 戰 16** – 싸울 전[원시적인 무기를 뜻하는 單(홑 단)과 무력에 의한 투쟁을 뜻한 戈(창 과)가 합해진 글자로 창과 같은 무기를 들고 적과 싸운다는 뜻을 나타냄]·싸움(승부를 가리기 위하여 적이나 경쟁자와 또는 고통과 싸우는 일) 전·두려워할(무서워하는) 전·떨(벌벌 떨며 어찌할 바를 모르는) 전

③ **수 水 4** – 물 수[본래 川(내 천)에서 비롯된 글자로 흐르는 물줄기가 합쳤다가 갈라지는 모습을 나타냄. 샘물·시냇물·강물·바닷물 등 자연에 존재하는 기본 물질을 뜻함]·별이름(水星 : 수성) 수

* 水星(수성)은 우주 만물을 이루는 5가지 원소 중 물을 뜻함 - 목성(나무)·화성(불)·토성(흙)·금성(쇠).

직역 산에서 싸우고 물에서도 싸웠다는 뜻.

의역 세상의 온갖 고생과 어려움을 다 겪어 경험이 많다는 뜻.

산해진미
山海珍味

*수륙진미(水陸珍味)·해륙진미(海陸珍味)와 같은 뜻임.

한자 풀이 ————————

① **산 山 3** – 뫼 산 또는 메 산(우뚝 솟은 봉우리 3개가 ⛰의 그림과 같이 붙어 있는 산의 모습을 본뜬 글자로 둘레보다 우뚝하게 높이 솟아 있는 땅덩이를 나타냄)·무덤(시체나 유골을 묻은 묘) 산

② **해 海 10** – 바다 해[氵(水 : 물 수)와 발음요소와 언제나·항상의 뜻인 每(매양 매)가 합해진 글자로 온갖 물길을 받아들여 항상 물이 마르지 않고 괴여 있는 큰 구역이라는 데서 '바다'의 뜻을 나타냄]·넓을 해

③ **진 珍 9** – 보배 진[寶貝(보배). 王(玉 : 구슬 옥)과 발음요소인 㐱(머리털늘어질 진)이 합해진 글자로 좀처럼 보기 드문 귀중한 옥이라는 데서 '보배'의 뜻을 나타냄]·진귀(珍貴 : 음식 맛이 뛰어나게 좋은)할 진

④ **미 味 8** – 맛 미[먹는다는 뜻의 口(입 구)와 발음요소와 맛을 본다는 뜻의 未(아닐 미)가 합해진 글자로 입으로 아직 먹어보지 못한 갖가지의 음식을 맛본다는 뜻을 나타냄]·맛볼 미·맛들일(맛이 나게 하는, 어떤 일에 재미를 붙이는) 미·기분 미·취향(趣向 : 재미를 느껴 마음이 끌리는) 미

직역 산과 바다의 생산물로 만든 썩 맛있는 음식이라는 뜻.
의역 온갖 귀한 재료로 만들어 차린 진귀(珍貴)한 음식이라는 뜻.

삼강오륜
三綱五倫

한자 풀이 ──────────

① 삼 三 3 - 석 삼[본래 세 줄의 가로획을 나란히 그은 글자로 숫자의 셋을 나타내며 또한 하늘과 땅을 뜻하는 二(두 이) 사이에 사람을 뜻하는 一(가로획)이 더해져 천(天)·지(地)·인(人)을 가리켜 숫자의 셋을 나타내기도 함]

② 강 綱 14 - 벼리 강[糸(실 사)와 단단하다는 뜻의 岡(산등성이 강)이 합해진 글자로 그물을 버티는 강한 줄을 뜻함. 물고기나 새를 잡는 그물의 위쪽 코를 꿰어 오므렸다 폈다 하는]·법 강·근본 강·다스릴 강·대강 강

  * 삼강(三綱) : 유교 도덕의 3가지 강령(綱領).

③ 오 五 4 - 다섯 오[본래 하늘과 땅을 뜻하는 二(두 이)에 서로 교감한다는 뜻의 X가 가운데 더해진 글자로 하늘과 땅이 교감한다는 뜻인 X가 五로 변형되면서 숫자의 5를 나타냄]· 다섯번째 오

④ 륜 倫 10 - 인륜 륜(윤)[亻(人 : 사람 인)과 책이 잘 정돈된 모습의 侖(책뭉치 륜)이 합해진 글자로 인간관계에서 순서 있게 벌어져 나가는 차례를 나타냄. 사회생활에서 마땅히 지켜야 할 도리]·윤리 륜(윤)·무리 륜(윤)·또래 륜(윤)·등급(사회적인 신분과 계층·문화 수준의 구분) 륜(윤)

  * 오륜(五倫) : 유교의 5가지 실천 도리.
  * 유교(儒敎) : 공자(孔子)가 주장한 사서(四書)·삼경(三經)을 정치 도덕으로 하는 학문을 받드는 교.

> **직역** 사람으로서 지켜야 할 세 가지 근본과 다섯 가지 도리를 뜻함.
> **의역** 인간관계에서 지켜야 할 바탕이 되는 유교(儒敎)의 도덕을 뜻함.

삼라만상
森羅萬象

한자 풀이 ————————

① **삼 森 12** – 수풀 삼[木(나무 목)이 세 개가 합해져 나무가 무성하게 많이 있는 모양을 형상화한 글자로 산에 나무나 풀이 많이 크게 자라서 햇빛을 가릴 정도로 꽉 들어찬]·빽빽할 삼·성할 삼·으쓱할 삼

   * 삼라(森羅) : 숲의 나무처럼 무척 많이 벌여 서 있는.

② **라 羅 19** – 벌일 라(나)[罒(网 : 그물 망)과 새를 잡는 벼릿줄을 뜻하는 維(벼리 유)가 합해진 글자로 새를 잡으려고 그물을 넓게 펼치는. 물건을 넓게 펼쳐놓는]·새그물 라(나)·깁(거칠게 짠 비단) 라(나)

③ **만 萬 13** – 일만 만[절지동물의 일종인 전갈이 알을 많이 낳아 품고 있는 모습을 나타낸 글자로 본래는 전갈을 뜻하였으나 이후 수(數)를 나타내는 만(万)으로 쓰이게 된 것임]·많을 만·만약 만

④ **상 象 12** – 코끼리 상[구부러진 긴 코와 무겁고 큰 몸체와 네 개의 긴 다리를 가진 코끼리의 모습을 수직으로 세워서 나타낸 글자로 눈을 감고 만질 때 사람의 상상에 따라 여러 가지 모양으로 그려지는 코끼리를 뜻함]·형상(形象·形像) 상·상징(象徵)할 상·현상(現象) 상·본받을 상·모양 상

직역 무성한 나무처럼 벌여 있는 만 가지 사물의 형상을 뜻함.
의역 우주(宇宙) 사이에 존재하는 온갖 사물의 현상을 뜻함.

삼수갑산
三水甲山

*삼수(三水) : 중국 광동성 서강(西江)과 북강(北江)의 합류점.

한자 풀이 ──────────

① **삼 三 3** - 석 삼[본래 세 줄의 가로획을 나란히 그은 글자로 숫자의 셋을 나타내며 또한 하늘과 땅을 뜻하는 二(두 이) 사이에 사람을 뜻하는 一(가로획)이 더해져 천(天)·지(地)·인(人)을 가리켜 숫자의 셋을 나타내기도 함]

② **수 水 4** - 물 수[본래 川(내 천)에서 비롯된 글자로 흐르는 물줄기가 합쳤다가 갈라지는 모습을 나타냄. 샘물·시냇물·강물·바닷물 등 자연에 존재하는 기본 물질을 뜻함]·별이름(水星 : 수성) 수

③ **갑 甲 5** - 갑옷 갑(4개의 발이 있고 몸이 타원형으로 납작하게 생긴 동물인 거북의 등딱지를 본뜬 글자로 쇠나 가죽 또는 나무 조각을 꿰어 만든 갑옷을 뜻함)·으뜸 갑·딱지 갑·껍질 갑·첫째천간 갑

④ **산 山 3** - 뫼 산 또는 메 산(우뚝 솟은 봉우리 3개가 ⛰의 그림과 같이 붙어 있는 산의 모습을 본뜬 글자로 둘레보다 우뚝하게 높이 솟아 있는 땅덩이를 나타냄)·무덤(시체나 유골을 묻은 묘) 산

* '메'는 산(山)을 예스럽게 이르는 말이며 山林(산림)은 산과 숲을 뜻함.

* 산세(山勢) : 산의 솟고 내려가고 굽고 꺾인 모양.

> **직역** 세 물줄기가 합류하는 삼수와 산세(山勢)가 험난한 갑산을 뜻함.
>
> **의역** 매우 힘들고 험난한곳으로 한번 가면 다시 돌아오기가 힘들다는 뜻. 즉, 몹시 어려운 지경이나 최악의 상황을 비유적으로 나타낸 말임.

삼일천하
三日天下

한자 풀이 ———————

① **삼 三 3** - 석 삼[본래 세 줄의 가로획을 나란히 그은 글자로 숫자의 셋을 나타내며 또한 하늘과 땅을 뜻하는 二(두 이) 사이에 사람을 뜻하는 一(가로획)이 더해져 천(天)·지(地)·인(人)을 가리켜 숫자의 셋으로 나타내기도 함]

② **일 日 4** - 날 일[해를 뜻하는 둥근 모양인 ○이 바뀐 □와 그 안에 乙(새 을)이 변한 -이 합해진 글자로 지구의 자전으로 밤과 낮이 이어지는 24시간인 하루를 나타냄]·해 일·낮 일·날짜 일

③ **천 天 4** - 하늘 천[서있는 사람을 뜻하는 大(큰 대)와 정수리에 닿는 머리끝 위를 뜻하는 一(가로획)이 합해진 글자로 멀고 넓은 무한대의 공간을 나타냄]·하느님 천·자연 천·임금 천·조물주 천·날씨 천

④ **하 下 3** - 아래 하[땅의 기준을 뜻하는 一(한 일·땅 일)과 그 아래로 그은 │(수직선)에 임의의 지점을 뜻하는 -(짧은 가로획)을 표시한 글자로 위·아래의 구조나 수직선상에서 지구 중심인 아래쪽과 위치·계급·능력 등이 낮은 아래쪽을 나타냄]·낮을 하·임금거처 하·내릴 하·낮출 하·겸손한 하

* 下(하)는 높은 지위나 존칭으로 씀.

* 천하(天下) : 하늘 아래, 온 세상, 한 정권 밑에 속하는.

직역 3일 동안 천하(세상)를 지배한다는 뜻.

의역 극히 짧은 기간 정권이나 세력을 잡았다가 잃는다는 뜻. 즉, 권세·영광·명예 등을 느끼지도 못한 채 허무하게 끝났음을 말함.

상산구어
上山求魚

* 연목구어(緣木求魚)와 통하는 뜻임. 연목(緣木) : 나무에 올라가서.

한자 풀이 ─────────

① 상 上 3 - 위 상 또는 윗 상[땅의 기준을 뜻하는 一(한 일·땅 일)과 그 위로 그은 丨(수직선)에 임의의 지점을 뜻하는 -(짧은 가로획)을 표시한 글자로 위·아래의 구조나 수직선상에서 지구 중심인 위쪽과 위치·계급·능력 등이 높은 위쪽을 나타냄]·윗사람 상·첫째 상

* 上(상)이 동사로 쓰일 때는 '~로 올라가다'로 풀이함.

② 산 山 3 - 뫼 산 또는 메 산(우뚝 솟은 봉우리 3개가 ⅏의 그림과 같이 붙어 있는 산의 모습을 본뜬 글자로 둘레보다 우뚝하게 높이 솟아 있는 땅덩이를 나타냄)·무덤(시체나 유골을 묻은 묘) 산

③ 구 求 7 - 구할 구[짐승을 잡아서 살과 뼈를 빼내고 털가죽만 쭉 펼쳐 놓은 모양을 본뜬 글자로 짐승을 잡거나 옷을 만들고자 통째로 말린 털가죽을 구한다는 뜻임]·구걸할 구·바랄 구·요할 구·탐낼 구

④ 어 魚 11 - 물고기 어(물고기의 머리인 〃와 몸통과 비늘을 뜻하는 田와 지느러미와 꼬리를 뜻하는 ⺍가 합해진 글자로 물속에서 헤엄치며 살아가는 물고기를 나타냄)·잉어 어·생선(生鮮 : 잡은 그대로의 물고기) 어

직역 산 위에서 물고기를 구한다는 뜻.

의역 당치도 않는 일을 무리하게 한다는 뜻.

상전벽해
桑田碧海

한자 풀이 ───────

① 상 桑 10 - 뽕나무 상[木(나무 목)과 누에나방의 애벌레를 뜻하는 又(또 우) 세 개가 합해진 글자로 잎이 넓고 연하며 누에의 먹이가 되며 흑자색의 열매(오디)를 맺는 나무]·뽕나무심을 상

② 전 田 5 - 밭 전[사방으로 네모나게 경계선을 표시한 囗(에워쌀 위)에 가운데 사방으로 통한다는 도랑이나 두렁길을 뜻하는 十(열 십)이 합해진 글자로 사방을 둑으로 경계 지어 농사를 짓는 구획된 땅을 뜻함]·사냥 전

③ 벽 碧 14 - 푸른옥 벽[石(돌 석)과 王(玉 : 구슬 옥)과 푸른 기가 있는 백색을 뜻하는 白(흰 백)이 합해진 글자로 아름다운 광택을 띠며 둥글게 다듬어진 맑고 푸른색을 띠는 옥]·옥돌 벽·푸를 벽

④ 해 海 10 - 바다 해[氵(水 : 물 수)와 발음요소와 언제나·항상의 뜻인 每(매양 매)가 합해진 글자로 온갖 물길을 받아들여 항상 물이 마르지 않고 괴여 있는 큰 구역이라는 데서 '바다'의 뜻을 나타냄. 지구 표면에서 양쪽에 육지를 끼고 있거나 육지에 가까이 붙어 있는 짠물이 넓은 부분]·넓을 해·세계 해

직역 뽕나무 밭이 변해 푸른 바다가 되었다는 뜻.

의역 세상이나 어떤 일이 덧없이 급격하게 확 변했다는 뜻.

* 덧없이 : 알지 못하는 사이에 시간이(세월이) 빠르게 흐르는.

상풍고절
霜風高節

한자 풀이 ─────────

① **상 霜 17** - 서리 상[하늘에서 내리는 비·눈을 뜻하는 ⻗(雨 : 비우)와 발음요소인 相(모양 상)이 합해진 글자로 공기 중의 수증기가 차가운 땅이나 물체에 닿아서 엉기어 희게 보이는 작은 얼음 알갱이]·세월 상

② **풍 風 9** -바람 풍[배의 돛 모양을 본뜬 帆(돛 범)이 생략된 凡(무릇 범)과 虫(뱀 훼)가 합해진 글자로 돛이 바람에 의해 뱀이 움직이는 모양처럼 흔들린다는 뜻을 나타냄]·모양 풍·풍속 풍·경치 풍

　* **상풍(霜風) : 견디기 힘든 고통과 어려움을 뜻함.**

③ **고 高 10** - 높을 고[冂(멀 경)의 옛날 한자인 冋(성곽 경)과 그 위에 높이 치솟은 망루의 모양인 亠이 합해진 글자로 높은 지대 위에 층층으로 지은 누각이나 높은 건물을 나타냄]·높일 고·비쌀 고·뛰어날 고

④ **절 節[节] 15** - 마디 절[⺮(竹 : 대나무 죽)과 숟가락을 들고 밥상 앞에 무릎을 꿇고 앉아 있는 모습인 卽(곧 즉)이 합해진 글자로 대나무의 마디 같이 나무의 줄기에서 잎이나 가지가 나는 조금 도드라진 곳을 뜻함]·절개(節介 : 대나무 같이 옳은 원칙과 신념을 굽히지 아니하고 곧은 의지를 지키는) 절

직역 서리와 바람을 맞으며 지켜 낸 고상(高尚)한 절개(節槪)라는 뜻.
의역 어떠한 어려움에도 신념(信念)과 의리(義理)를 꿋꿋하게 지킨다는 뜻.

생구불망
生口不網

한자 풀이 ─────────

① **생 生 5** - 날 생[어린 싹인 떡잎을 뜻하는 屮(싹날 철)과 土(흙 토)가 합해진 글자로 초목의 새싹이 땅 위로 돋아나는 모습을 나타냄]·낳을 생·생길 생·살 생·자랄 생

② **구 口 3** - 입 구(혀를 움직여 말하는 입의 본래 모양인 ⌣을 편하게 쓰도록 口와 같이 바뀐 글자로 소리를 내어 말하거나 음식을 먹는 기관을 뜻함)·말할 구·구멍 구·어귀 구·사람 구· 인구 구

③ **불 不 4** - 아니 불 또는 아닐 불(식물의 꽃대와 꽃받침과 꽃의 암술로 된 씨방 모양을 본뜬 글자로 씨방이 자라서 열매를 맺을지 모른다는 뜻에서 '아니'라고 나타냄)·못할 불·없을 불·않을 불

④ **망 網 14** - 그물 망[糸(실 사)와 발음요소인 罔(그물 망)이 합해진 글자로 실로 짠 그물을 나타냄. 새나 물고기를 잡을 수 있도록 실이나 노끈으로 작은 구멍이 나게 얽어 만든 기구]· 그물질할(그물을 쳐서 새나 물고기를 잡는, 책을 만들 때 자료를 널리 포함시키는) 망

직역 산 사람의 목구멍에 거미줄 치지 않는다는 뜻.
의역 아무리 곤궁(困窮)해도 굶어 죽지 않고 살길이 있다는 뜻.

서동부언
胥動浮言

한자 풀이 ───────

① **서 胥 9** - 서로 서[月(肉 : 몸 육)과 발음요소와 오른발과 왼발이 짝이 되어 걷는다는 뜻의 疋(발 소)가 합해진 글자로 마치 한 쌍처럼 서로 돕고 함께 행동한다는 뜻을 나타냄]·다(모두) 서·따를 서·짝 서·벼슬아치 서·서리(書吏 : 기관의 말단 사무에 종사하는 하급 관리) 서

② **동 動 11** - 움직일 동[力(힘 력)과 발음요소와 한쪽 눈이 칼에 찔린 남자종이 힘든 일을 한다는 뜻의 重(무거울 중)이 합해진 글자로 본래는 노예들에게 힘든 노동을 강제로 시킨다는 뜻임]·동물 동·어지러울 동·문득 동

③ **부 浮 10** - 뜰 부[氵(水 : 물 수)와 爫(爪 : 손톱 조)와 子(아이 자)가 합해진 글자로 아이를 손으로 잡고 물에서 위로 들어 올리는 모습을 나타냄. 물이나 공기의 힘으로 물체가 뜨는]·떠다닐 부·근거없을 부·가벼울 부

④ **언 言 7** - 말씀 언[口(입 구)와 혀로 말할 때 말소리가 퍼져 나오는 현상을 그림 𠦝이 합해진 글자로 위·아래의 입술과 혀를 움직이며 소리로 의견을 교환하고 내용을 전달하는 수단]·말할 언

* 言(언)을 형벌 도구인 辛(매울 신)과 맹세한다는 뜻인 口(입 구)가 합해진 䇂의 변형으로도 풀이함.

* 부언(浮言) : 근거 없이 떠돌아다니는 말 또는 소문.

> **직역** 거짓말을 퍼뜨리어서 백성의 마음을 들뜨게 한다는 뜻.
> **의역** 남의 말에 흔들리지 않고 공익(公益)을 위하여 열심히 일해야 한다는 뜻.

석고대죄
席藁待罪

*藁와 藁는 같은 뜻으로 씀.

한자 풀이 —————

① 석 席 10 - 자리 석[형겊이나 베를 뜻하는 巾(수건 건)과 발음요소인 庶(여러 서)가 생략된 广가 합해진 글자로 바닥에 깔아 놓고 사람들이 앉아 있는 베로 만든 돗자리나 멍석을 나타냄]·돗자리 석·깔 석

② 고 藁[藁] 19 - 짚 고[++(艸 : 풀 초)와 발음요소인 藁(볏짚 고)가 합해진 글자로 마른 벼·보리 등의 이삭을 떨어낸 줄기를 나타냄]·거적(볏짚으로 엮거나 새끼와 볏짚으로 걸어서 앉거나 누울 수 있도록 만든 물건) 고

③ 대 待 9 - 기다릴 대[여러 사람을 뜻하는 彳(조금걸을 척)과 어떤 일을 처리한다는 뜻의 寺(관청 시)가 합해진 글자로 순서를 기다린다는 뜻을 나타냄]·대할(마주 대하며 상대하는) 대·대접(待接)할 대

④ 죄 罪 13 - 죄 죄[잡아들인다는 뜻인 罒(网 : 그물 망)과 그릇된 일을 뜻하는 非(아닐 비)가 합해진 글자로 마땅히 지켜야 할 도리나 법(法)에 어긋나는 일을 저지른 사람을 잡아들인다는 뜻을 나타냄]·허물[부주의로 인하여 어떤 결과를 내다보지 못하고 저지른 잘못이나 화(禍)를 입게 되는 실수] 죄

직역 거적을 깔고 엎드려 매로 볼기 맞는 형벌을 기다린다는 뜻.
의역 죄(罪)를 지으면 응당히 벌(罰)을 받아야 한다는 뜻.

석화광음
石火光陰

한자 풀이 ─────────

① **석 石 5** - 돌 석[바위를 뜻하는 厂(언덕 엄)과 작은 돌덩이를 뜻하는 口(입 구)가 합해진 글자로 언덕 아래로 굴러 떨어진 작은 돌을 나타냄. 크고 작은 단단한 바위 조각]·저울 석·굳을 석·섬(곡식 용량 단위) 석

② **화 火 4** - 불 화[장작을 엇갈리게 세운 모습인 人와 불꽃을 뜻하는 두 개의 丶(점 주)가 합해진 글자로 장작이 탈 때 불꽃이 튀거나 위로 치솟아 피어오르는 모양을 나타냄]·불사를 화·급할 화

③ **광 光 6** - 빛 광[환한 불꽃을 뜻하는 ⺍(火 : 불 화)와 사람이 걷거나 무릎을 꿇은 모습인 儿(길게걸을 인)이 합해진 글자로 밤에 횃불을 들고 걸어가거나 등잔불을 머리에 이고 꿇어앉은 모습을 나타냄]·빛날 광·영화로울 광

④ **음 陰 11** - 그늘 음[본래 雲(구름 운)의 생략형인 云(이를 운)과 阝(阜 : 언덕 부)에 발음요소인 今(이제 금)이 합해진 글자로 구름에 햇볕이 들지 않는 언덕을 나타냄. 물체가 햇빛을 가려 생기는 어두운 부분]·세월(歲月 : 우주의 순환에 따라 밤낮과 해와 달이 바뀌면서 흘러가는 시간) 음

* 광음(光陰) : 낮과 밤, 세월, 시간.

직역 두 개의 돌이 맞부딪칠 때 번쩍이는 불빛 같은 짧은 세월을 뜻함.
의역 몹시 빠른 세월을 뜻함.

선공후사
先公後私

한자 풀이 ————————

① **선 先 6** - 먼저 선[본래 之(갈 지)와 儿(걷는사람 인)이 합해진 글자로 남보다 먼저 앞서간다는 뜻을 나타냄. 출발·획득 등이 시간적 시대적으로 순서가 앞서는]·앞설 선·옛 선·뛰어날 선·돌아가신 선

② **공 公 4** - 공평할 공[公平(공평). 본래 口(입 구)가 변한 厶(사사 사)와 하늘에서 내려오는 기(氣)를 뜻하는 八이 합해진 글자로 각자가 모여서 공공의 집단이나 나라를 위해서 소원을 빈다는 뜻을 나타냄]·공변될 공·여러 공·관청(官廳) 공·벼슬 공·귀인 공·작위(爵位) 공

　* 공(公)은 공공(公共)에 관계되는 일을 뜻함.

③ **후 後 9** - 뒤 후[종종걸음으로 걷는다는 뜻인 彳(조금걸을 척)과 끈을 뜻하는 糸(실 사)가 생략된 幺(작을 요)와 夂(뒤져올 치)가 합해진 글자로 끈에 발이 묶인 죄인이 걸을 때 뒤로 처져 늦게 온다는 뜻을 나타냄. 나중·뒤쪽]

④ **사 私 7** - 사사 사 또는 사사로울 사[私私(사사). 칼로 곡식을 벤다는 뜻인 利(이로울 리)가 생략된 禾(벼 화)와 일그러진 마음을 뜻하는 厶(사사로울 사)가 합해진 글자로 곡물이나 재물을 자신의 것으로 만든다는 뜻을 나타냄]·개인(個人) 사·간사(奸詐)할 사·간통(姦通 : 그릇된 성관계를 갖는)할 사

　* 사(私)는 공무(公務)가 아닌 개인적인 일을 뜻함.

> **직역** 공적(公的)인 일을 먼저하고 사적(私的)인 일은 나중에 한다는 뜻.
> **의역** 개인의 이익보다 전체의 이익을 우선(優先)한다는 뜻.

선례후학
先禮後學

한자 풀이 ━━━━━━━

① 선 先 6 - 먼저 선[본래 之(갈 지)와 儿(걷는사람 인)이 합해진 글자로 남보다 먼저 앞서간다는 뜻을 나타냄. 출발·획득 등이 시간적 시대적으로 순서가 앞서는]·앞설 선·옛 선·뛰어날 선·돌아가신 선

② 례 禮 18 - 예도 례(예)[禮度(예도). 示(제사 시)와 豆(제기 두)와 그릇에 식혜가 가득 담겨져 있는 모습인 豐의 생략형인 曲(곡)이 합해진 글자로 신(神)에게 비는 의식의 뜻인 예의와 법도(法度)를 나타냄]·예절 례(예)·예법 례(예)·절 례(예)·인사 례(예)

③ 후 後 9 - 뒤 후[종종걸음으로 걷는다는 뜻인 彳(조금걸을 척)과 끈을 뜻하는 糸(실 사)가 생략된 幺(작을 요)와 夂(뒤져올 치)가 합해진 글자로 끈에 발이 묶인 죄인이 걸을 때 뒤로 처져 늦게 온다는 뜻을 나타냄. 나중·뒤쪽]

④ 학 學 16 - 배울 학[회초리를 뜻하는 爻(爻 : 점괘 효)와 두 손으로 책을 잡은 臼(깍지낄 각·국)과 几(책상 궤)가 변형된 冖(덮을 멱)과 子(아이 자)가 합해진 글자로 아이가 책상에서 공부하는 모습을 나타냄]·공부할 학·학문 학·학자 학

  * 여기서 학문(學文)은 주역·서경·시경·춘추·예·악을 뜻함.

> **직역** 먼저 예의를 갖추고 나중에 학문을 배운다는 뜻.
> **의역** 스승에 대한 예의가 학문을 배우는 것보다 더 중요하다는 뜻. 즉, 배움에는 예의(禮儀)가 첫째라는 뜻.

설부화용
雪膚花容

한자 풀이 ──────────

① **설 雪 11** - 눈 설[雫(雨 : 비 우)와 손으로 잡고 쓰는 대나무로 만든 비를 뜻하는 彗(빗자루 혜)가 생략된 ⺕(又 : 손 우)가 합해진 글자로 하늘에서 떨어지는 눈을 비로 쓴다는 뜻을 나타냄.

② **부 膚 15** - 살갗 부[月(肉 : 몸 육)과 밥을 담듯이 몸을 싸고 있다는 뜻인 盧(밥그릇 로)가 생략된 虍가 합해진 글자로 살가죽의 겉면을 나타냄. 피부]·살 부·아름다울 부·클 부·얕을(피부 두께가 얇은, 생각이나 학문의 깊이가 짧은) 부

③ **화 花 8** - 꽃 화[초목을 뜻하는 ⺿(艸 : 풀 초)와 발음요소인 化(될 화)가 합해진 글자로 씨를 맺어 새로운 생명으로 변화시키는 꽃이 피는 모습을 나타냄. 싹눈이 봉오리가 되었다가 꽃이 되며 다시 씨를 만드는 번식기관]

④ **용 容 10** - 얼굴 용[머리에 쓰는 갓을 뜻하는 宀(집 면)과 눈썹과 수염·입을 나타내는 谷(골 곡)이 합해진 글자로 사람 얼굴의 생김새나 인격·명예·이미지를 나타냄]·모양(模樣·貌樣 : 겉으로 나타나는 생김새) 용·모양낼 용·넣을 용·담을 용·용서(容恕)할 용·포용(包容)할 용

직역 눈처럼 흰 살결과 꽃처럼 아름다운 얼굴이라는 뜻.
의역 아름다운 여인(女人)이나 미인(美人)의 용모를 뜻함.

설상가상
雪上加霜

한자 풀이 ────────

① **설 雪** 11 - 눈 설[雺(雨 : 비 우)와 손으로 잡고 쓰는 대나무로 만든 비를 뜻하는 彗(빗자루 혜)가 생략된 ヨ(又 : 손 우)가 합해진 글자로 하늘에서 떨어지는 눈을 비로 쓴다는 뜻을 나타냄.

② **상 上** 3 - 위 상 또는 윗 상[땅의 기준을 뜻하는 一(한 일·땅 일)과 그 위로 그은 丨(수직선)에 임의의 지점을 뜻하는 -(짧은 가로획)을 표시한 글자로 위·아래의 구조나 수직선상에서 지구 중심인 위쪽과 위치·계급·능력 등이 높은 위쪽을 나타냄]·윗사람 상·첫째 상

③ **가 加** 5 - 더할 가[쟁기모양을 본뜬 力(힘 력)과 口(입 구)가 합해진 글자로 쟁기로 일하는 사람에게 칭찬의 말을 해 힘을 더한다는 뜻을 나타냄. 숫자나 수량을 더 보태는]·가담할 가 또는 들 가·입을 가

④ **상 霜** 17 - 서리 상[하늘에서 내리는 비·눈을 뜻하는 雺(雨 : 비 우)와 발음요소인 相(모양 상)이 합해진 글자로 공기 중의 수증기가 차가운 땅이나 물체에 닿아서 엉기어 희게 보이는 작은 얼음 알갱이]·세월 상

> **직역** 내린 눈 위에 서리가 내려 덮친다는 뜻.
> **의역** 엎친 데 덮치거나 불행한 일이 잇달아 겹쳐 일어난다는 뜻.

설왕설래
說往說來

한자 풀이 ————————

① **설 說 14** - 말씀 설[言(말씀 언)과 발음요소와 입을 움직이며 계속 말한다는 뜻의 兌(기뻐할 열)이 합해진 글자로 잘 알아듣도록 큰 소리로 말한다는 뜻을 나타냄. 자기의 의견이나 주장·학문·사상을 설명하는]·언론(言論 : 정치·경제·사회·문화…교육 등을 글로써 발표하는) 설·달랠 세·기쁠 열·벗을 탈

② **왕 往 8** - 갈 왕[글자로는 彳(조금걸을 척)과 主(주인 주)가 합해진 것이지만 본래 걷는다는 뜻의 止(발 지)와 발음요소인 王(갈 왕)으로 이루어진 초기자형에 다시 길을 뜻하는 彳(조금걸을 척)이 합해진 글자로 어디로 향하여 걸어간다는 뜻을 나타냄]·향할 왕·옛 왕

③ **래 來 8** - 올 래(내)[줄기와 꼿꼿한 이삭을 뜻하는 木(나무 목)과 양쪽으로 꺾이어 있는 잎의 모양인 ㅆ가 합해져 보리를 형상화한 글자로 겨울에 얼었던 보리를 밟아주고 집으로 돌아온다는 뜻을 나타냄]·앞으로 래(내)·이를 래(내)·다가올 래(내)·돌아올 래(내)·부를 래(내)·보리 래(내)

직역 상대방에게 말이 가고 상대방으로부터 말이 온다는 뜻.

의역 서로 변론(辯論)을 주고받으며 옥신각신한다는 뜻.

　　* 옥신각신 : 서로 옳으니 그르니 하고 시비하며 다투는 모양.

섬섬옥수
纖纖玉手

한자 풀이 ───────

① 섬 纖 23 - 가늘 섬[糸(가는실 멱)과 발음요소와 가늘다는 뜻의 韱(산부추 섬)이 합해진 글자로 본래는 아주 가늘고 연한 산이나 들에서 저절로 자라는 야생 부추를 나타냄. 성격이 꼼꼼하고 치밀하거나 문장 등이 교묘한]·가는실(누에에서 뽑은 명주실 같은) 섬

  * 섬섬(纖纖) : 가냘프고 여린, 연약하고 가냘픈 모양.

② 옥 玉 5 - 구슬 옥[3개의 둥근 옥을 뜻하는 三(석 삼)에 동전처럼 끈으로 꿴다는 뜻의 丨(뚫을 곤)이 합해진 글자에 동그란 모양으로 다듬어 만든 옥돌을 뜻하는 丶(점 주)가 더해진 글자로 보석을 작고 둥글게 만든 물건을 뜻함]

  * 옥(玉)은 엷은 녹색과 회색으로 빛이 곱고 아름다운 광택이 나는 보석류임.

③ 수 手 4 - 손 수(손목과 주먹을 편 사람 손의 손바닥과 손가락의 모양을 본뜬 글자로 사람의 팔뚝에 달린 다섯 손가락과 손바닥을 가리킴. 무엇을 다루는 솜씨와 수단을 뜻함)·손으로할 수·손수할 수·잡을 수 또는 쥘 수·재주 수 또는 수단 수·사람(가수·목수·기수 등 등) 수

직역 보드랍고 고운 구슬 같은 손이라는 뜻.

의역 아주 예쁘고 가냘픈 여자의 손을 뜻함.

세속오계
世俗五戒

한자 풀이 ─────────

① **세 世 5** - 세대 세[본래는 十(열 십)이 3개로 된 卅(서른 삽)이며 30년을 한 세대(世代)로 이루면서 세상이 돌아간다는 뜻을 나타냄]·세상(世上) 세·누리 세·평생(平生) 세·때 세·인간 세

② **속 俗 9** - 풍속 속[風俗(풍속). 亻(人 : 사람 인)과 계곡을 흘러내리는 물이 고여 있는 모습인 谷(골짜기 곡)이 합해진 글자로 깨끗한 계곡물로 목욕하면서 정신을 수양하는 생활 습관을 뜻함]·버릇 속·풍습 속

③ **오 五 4** - 다섯 오[본래 하늘과 땅을 뜻하는 二(두 이)에 서로 교감한다는 뜻의 X가 가운데 더해진 글자로 하늘과 땅이 교감한다는 뜻인 X가 五로 변형되면서 숫자의 5를 나타냄]·다섯번째 오]

④ **계 戒 7** - 경계할 계[警戒(경계). 좌우 두 손을 맞잡는다는 뜻의 廾(받들 공)과 戈(창 과)가 합해진 글자로 병사가 전후좌우를 경계한다는 뜻을 나타냄]·징계(懲戒)할 계·재계(齋戒: : 종교적 의식을 치르기 위하여 마음과 몸가짐을 깨끗이 하는)할 계·계율(戒律 : 지켜야 할 행동 규범) 계

  * 신라 진평왕 때 원광법사가 지은 화랑의 5가지 계율을 뜻함.(①事君以忠 ②事親以孝 ③交友以信 ④臨戰無退 ⑤殺生有擇)

직역 세상 풍습상 지켜야 할 다섯 가지 행동규범을 뜻함.

의역 화랑도 정신과 실천을 통한 청년들의 엄격한 생활교육을 뜻함.

세한삼우
歲寒三友

한자 풀이 ─────────

① 세 歲 13 - 해 세[어떤 행위를 뜻하는 步(걸음 보)와 연장이나 무기를 뜻하는 戌(도끼 월)이 변형된 戌(개 술)이 합해진 글자로 농사를 지어 수확에서 그 다음 수확 때까지의 1년 주기를 뜻함]·세월 세·나이 세

② 한 寒 12 - 찰 한[움집을 뜻하는 宀(집 면)과 잡풀더미를 뜻하는 茻(잡풀우거질 망)과 人(사람 인)과 冫(얼음 빙)이 합해진 글자로 땅을 파서 만든 움집에서 겨울에 풀 더미나 거적을 덮고 자다가 발이 얼었다는 데서 '춥다·차다'의 뜻을 나타냄]

    * 세한(歲寒) : 설 전후의 추위라는 뜻으로 몹시 추운 한겨울의 추위를 말함.

③ 삼 三 3 - 석 삼[본래 세 줄의 가로획을 나란히 그은 글자로 숫자의 셋을 나타내며 또한 하늘과 땅을 뜻하는 二(두 이) 사이에 사람을 뜻하는 一(가로획)이 더해져 천(天)·지(地)·인(人)을 가리켜 숫자의 셋을 나타내기도 함]

④ 우 友 4 - 벗 우[ナ(왼손 좌)와 又(오른손 우)가 합해진 글자로 서로 손을 잡고 어울려 지내는 친구를 나타냄. 가깝게 사귀어 온 친구]·벗할(서로 마음이 통하고 믿을 수 있어 좋은 친구로 삼는) 우·친할(서로 돕고 힘을 합치거나 사귀어 정과 의리가 두터운) 우·우애(友愛) 우

직역 겨울의 추위를 잘 견디는 소나무·대나무·매화나무를 뜻함.

의역 퇴폐한 세상에서 신념과 신의를 상징하는 松(송)·竹(죽)·梅(매) 삼우(三友)를 뜻함.

세한송백
歲寒松柏

한자 풀이 ────────

① **세 歲 13** - 해 세[어떤 행위를 뜻하는 步(걸음 보)와 연장이나 무기를 뜻하는 戌(도끼 월)이 변형된 戌(개 술)이 합해진 글자로 농사를 지어 수확에서 그 다음 수확 때까지의 1년 주기를 뜻함]·세월 세·나이 세

② **한 寒 12** - 찰 한[움집을 뜻하는 宀(집 면)과 잡풀더미를 뜻하는 茻(잡풀우거질 망)과 人(사람 인)과 冫(얼음 빙)이 합해진 글자로 땅을 파서 만든 움집에서 겨울에 풀 더미나 거적을 덮고 자다가 발이 얼었다는 데서 '춥다·얼다'의 뜻을 나타냄]

　　* 세한(歲寒) : 설 전후의 추위라는 뜻으로 몹시 추운 한겨울의 추위를 말함.

③ **송 松 8** - 솔 송 또는 소나무 송[木(나무 목)과 발음요소와 잎의 색깔이 언제나 변치 않는다는 뜻의 公(공평할 공)이 합해진 글자로 일 년 내내 푸르고 향이 나며 잎이 바늘처럼 생긴 상록수(常綠樹)를 뜻함]

④ **백 柏 9** - 측백나무 백 또는 칙백나무 백[木(나무 목)과 발음요소인 白(흰 백)이 합해진 글자로 측백나무를 나타내는 잎은 작은 비늘 모양으로 다다다다 붙어 있고 키가 3m 정도 되는 사계절 푸른 나무임]·잣나무 백·잣 백

직역 추운 겨울에도 늘 푸르게 자라는 소나무와 잣나무를 뜻함.

의역 어떤 어려움에도 변하지 않는 지조(志操)와 절개(節槪)를 뜻함.

　　* 지조(志操) : 꿋꿋한 뜻과 바른 몸가짐.　* 절개(節槪) : 신념을 굽히거나 변하지 않는 태도.

소탐대실
小貪大失

한자 풀이 ──────

① **소 小 3** - 작을 소[八(八 : 나눌 팔)의 한 가운데 물체의 덩어리를 뜻하는 亅(갈고리 궐)이 합해
진 글자로 작은 물체를 다시 반으로 나눈 아주 작은 조각을 나타냄]·적을 소·조금 소·어릴
소·짧을 소

② **탐 貪 11** - 탐할 탐 또는 탐낼 탐[돈과 재물을 뜻하는 貝(조개 패)와 머금다는 뜻인 含(함)
의 생략형인 今(이제 금)이 합해진 글자로 돈이나 물품 또는 어떤 대상을 차지하려고 욕심
을 내는]·욕심낼(慾心) 탐

③ **대 大 3** - 큰 대(양쪽 두 팔과 두 다리를 벌리고 서 있는 사람의 정면 모습을 본뜬 글자로
키가 큰 어른이라는 데서 '크다'는 뜻을 나타냄)·어른 대·위대 대·대강 대·심할 대·클 태

④ **실 失 5** - 잃을 실[어른을 뜻하는 大(큰 대)와 화살을 쏘는 모습을 뜻하는 ㇒이 합해진 글자
로 쏜 화살이 목표물을 지나 멀리 날아가 찾을 수가 없다는 뜻을 나타냄. 어떤 기회를 놓쳐
버리는]·그르칠(일이나 작품·계획·기술관리 등을 잘못하여 망치게 되는) 실·잊을 실·허물 실

직역 작은 것을 탐내다가 도리어 큰 것을 잃는다는 뜻.
의역 욕심을 부리다가 큰 이익을 잃게 되는 어리석음을 뜻함.

속수무책
束手無策

한자 풀이 ──────────

① **속 束 7** − 묶을 속[木(나무 목)과 동여맨다는 뜻의 口(입 구)가 합해진 글자로 땔나무를 일정한 길이로 자른 다음 여러 개를 한데 모아 칡넝쿨로 묶어 놓은 모습을 나타냄. 물건이나 곡식을 잡아매는]·결박할 속·단속할 속

② **수 手 4** − 손 수(손목과 주먹을 편 사람 손의 손바닥과 손가락의 모양을 본뜬 글자로 손을 나타냄. 솜씨와 수단)·손으로할 수·손수할 수·잡을 수 또는 쥘 수·재주 수 또는 수단 수·사람(가수·목수·기수 등등) 수

③ **무 無 12** − 없을 무[舞(춤출 무)에서 舛(어그러질 천) 대신 4개의 발바닥 모양인 灬이 합해진 글자로 깃털 장식을 잡고 흔들며 춤추는 모습을 나타냄. 본뜻은 춤이며 '없다'는 뜻은 亡(없을 망)에서 가져온 것임]·아닐(부정하는) 무·말(금지를 뜻하는) 무·빌(텅 비어 있는) 무

  * 동사로는 '~하지 못하다'.

④ **책 策 12** − 꾀 책[竹(竹 : 대나무 죽)과 발음요소인 朿(가시 자)가 합해진 글자로 본뜻은 '채찍'이며 이후 '꾀·대쪽'의 뜻이 생겨났음. 일을 교묘하게 잘 꾸미는 생각이나 수다]·계략 책 또는 계책(計策 : 꾀나 수단방법) 책

  * 방책(方策) : 방법과 꾀.

직역 손이 묶여 어떤 계책도 세울 수 없다는 뜻.
의역 뻔히 눈으로 보면서도 어찌할 방책(方策)이 없어 꼼짝 못한다는 뜻.

속수지례
束脩之禮

한자 풀이 ————————

① **속 束 7** - 묶을 속[木(나무 목)과 동여맨다는 뜻의 囗(입 구)가 합해진 글자로 땔나무를 일정한 길이로 자른 다음 여러 개를 한데 모아 칡넝쿨로 묶어 놓은 모습을 나타냄. 물건이나 곡식을 잡아매는]·결박할 속·단속할 속

② **수 脩 11** - 말린고기 수[月(肉 : 고기 육)과 발음요소와 가늘고 길다는 뜻의 攸(바 유)가 합해진 글자로 쇠고기나 생선 따위를 얇게 또는 길쭉하게 썰어 햇볕에 말린 고기를 뜻함. 육포(肉脯)]

 * **속수(束脩)** : 옛날 선물로 드리는 육포의 묶음.

③ **지 之 4** - 갈 지[두 발을 뜻하는 止(발 지)와 출발선을 뜻하는 一(가로획)을 그어 만든 글자로 한 발을 떼고 막 출발하려는 모습을 나타냄]·이를 지·이 지·어조사(~의, ~가, ~이, ~을)지

④ **례 禮 18** - 예도 례(예)[禮度(예도). 示(제사 시)와 豆(제기 두)와 그릇에 식혜가 가득 담겨져 있는 모습인 ⾖의 생략형인 曲(곡)이 합해진 글자로 신(神)에게 비는 의식의 뜻인 예의와 법도(法度)를 나타냄]·예절 례(예)·예법 례(예)·절 례(예)·인사 례(예)

직역 소고기를 얇게 저며서 말린 육포(肉脯) 한 묶음의 예절이라는 뜻.
의역 스승을 만나 가르침을 청할 때 작은 선물로 예절을 갖춘다는 뜻.

송구영신
送舊迎新

한자 풀이 ──────

① **송 送** 10 - 보낼 송[辶(辵 : 쉬엄쉬엄갈 착)과 火(불 화)와 廾(받들 공)으로 이루어져 전송하다를 뜻하는 关이 합해진 글자로 옛날에 딸이 시집갈 때 밤에 횃불을 든 사람을 따라 보낸다는 뜻을 나타냄]

② **구 舊** 18 - 예 구[머리에 뿔 모양의 갈대털이 난 부엉이를 뜻하는 萑(풀우거질 추)와 곡식을 찧도록 우묵하게 파낸 통나무인 臼(절구 구)가 합해진 글자로 절구 위에 지은 부엉이가 머물던 둥지가 오래되었다는 뜻을 나타냄]·오랠 구·늙은이 구

③ **영 迎** 8 - 맞을 영 또는 맞이할 영[辶(辵 : 쉬엄쉬엄갈 착)과 발음요소와 상대방을 우러러본다는 뜻의 卬(높을 앙)이 합해진 글자로 오는 사람을 나아가서 맞이한다는 뜻을 나타냄. 새 아침이나 새해를 맞이하는]

④ **신 新** 13 - 새 신[斤(도끼 근)과 木(나무 목)과 발음요소인 辛(매울 신)이 합해진 글자로 본뜻은 '도끼로 나무를 베다'이며 '새롭다'는 이후에 새로 생긴 것임]·새로울(맛·색깔·기분이 전혀 다르거나 모양·정치·문화 등이 바뀌는) 신·고울(산뜻하고 아름다운) 신

직역 묵은해를 보내고 새해를 맞이한다는 뜻.

의역 한 해가 지나가면 새로운 마음가짐으로 새해를 맞이한다는 뜻.

송백지조
松柏之操

한자 풀이 ────────

① **송 松 8** - 솔 송 또는 소나무 송[木(나무 목)과 발음요소와 잎의 색깔이 언제나 변치 않는다는 뜻의 公(공평할 공)이 합해진 글자로 일 년 내내 푸르고 향이 나며 잎이 바늘처럼 생긴 상록수(常綠樹)를 뜻함]

② **백 柏 9** - 측백나무 백 또는 칙백나무 백[木(나무 목)과 발음요소인 白(흰 백)이 합해진 글자로 잎은 작은 비늘 모양으로 다닥다닥 붙어 있는 4계절 푸른 나무인 칙백나무를 뜻함]·잣나무 백 * 송백(松柏)은 4계절 변함없이 푸른 것처럼 뜻이 굳어 절대로 변하지 않는 절개(節槪)를 뜻함.

③ **지 之 4** - 갈 지[두 발을 뜻하는 止(발 지)와 출발선을 뜻하는 一(가로획)을 그어 만든 글자로 한 발을 떼고 막 출발하려는 모습을 나타냄]·이를 지·이 지·어조사(~의, ~가, ~이, ~을) 지

④ **조 操 16** - 잡을 조[扌(手 : 손 수)와 나무 위에서 새들이 무리지어 운다는 뜻의 喿(새무리지어울 조)가 합해진 글자로 손으로 새를 솜씨 있게 잡는다는 뜻을 나타냄. 자동차를 부리기 위하여 핸들을 잡는]·지조(志操 : 옳은 원칙과 신념을 끝까지 굽히지 아니하고 굳게 지키는 꿋꿋한 의지) 조

직역 사계절 푸른 소나무와 잣나무 같은 지조(또는 절개)를 뜻함.
의역 어떤 인물(人物)에 대한 굳은 신의와 충실한 태도를 뜻함.

송풍산월
松風山月

한자 풀이

① 송 松 8 - 솔 송 또는 소나무 송[木(나무 목)과 발음요소와 잎의 색깔이 언제나 변치 않는다
는 뜻의 公(공평할 공)이 합해진 글자로 일 년 내내 푸르고 향이 나며 잎이 바늘처럼 생긴 상
록수(常綠樹)를 뜻함]

② 풍 風 9 - 바람 풍[배의 돛 모양을 본뜬 帆(돛 범)이 생략된 凡(무릇 범)과 虫(뱀 훼)가 합해진
글자로 돛이 바람에 의해 뱀이 움직이는 모양처럼 흔들린다는 뜻을 나타냄]·모양 풍·풍속
풍·경치 풍

③ 산 山 3 - 뫼 산 또는 메 산(우뚝 솟은 봉우리 3개가 ⛰의 그림과 같이 붙어 있는 산의 모습
을 본뜬 글자로 둘레보다 우뚝하게 높이 솟아 있는 땅덩이를 나타냄)·무덤(시체나 유골을 묻
은 묘) 산

④ 월 月 4 - 달 월[초승달에서 둥근 보름달까지 변화하는 달의 모양을 형상화한 글자로 지구
의 둘레를 약 1달에 1번 돌고 있는 위성(衛星)]·한달 월·세월 월

* 본래 달월의 글자는 달의 모양인 ☽☽〇을 그린 月이며 1달은 28~31일임.

직역 소나무 숲 사이를 스쳐 부는 바람과 산에 걸려 있는 둥근 달을 뜻함.
의역 달빛에 비치는 솔숲의 아름다운 시(詩)적인 풍경을 뜻함.

수구초심
首丘初心

*호사수구(狐死首丘)와 같은 뜻임(狐 : 여우 호).

한자 풀이 ──────

① **수 首 9** - 머리 수[눈·이마·머리의 모양을 본뜬 首에 머리털을 뜻하는 巛(川 : 내 천)이 생략된 丶 이 윗부분에 더해진 글자로 사람의 머리를 나타냄]·우두머리 수·첫째 수·첫머리 수·처음 수· 자백할 수·임금 수

② **구 丘 5** - 언덕 구[두 개의 등성이가 있는 언덕을 나타낸 글자로 사람이 손으로 수북하게 쌓아 만든 언덕을 뜻함. 땅이 좀 높고 비탈진 나지막한 산]·높을 구·무덤 구·고을(읍·군 단위) 구·마을(여럿이 모여사는 촌락) 구

③ **초 初 7** - 처음 초[衤(衣 : 옷 의)와 옷감을 자르는 도구를 뜻하는 刀(칼 도)가 합해진 글자로 옷을 만들 때 칼로 재단하는 일이 처음이나 첫 번째라는 뜻을 나타냄. 애초에 또는 당초에]

④ **심 心 4** - 마음 심(사람의 심장 모양을 본뜬 글자로 본뜻은 심장이며 이후 '마음'의 뜻이 생긴 것임)·생각 심·심장 심 또는 염통 심·가슴 심·중심 심·별이름 심·근본 심

* 예로부터 사람들은 모든 생각은 심장이 주관하는 마음에서 나온다고 믿었음. 心琴(심금 : 미묘한 마음).

직역 여우가 죽을 때는 제가 살던 굴이 있는 언덕 쪽으로 머리를 향한다는 뜻.
의역 죽을 때는 누구나 고향(故鄕)을 그리워한다는 뜻.

수락석출
水落石出

한자 풀이 ─────────

① **수 水 4** - 물 수[본래 川(내 천)에서 비롯된 글자로 흐르는 물줄기가 합쳤다가 갈라지는 모습을 나타냄. 샘물·시냇물·강물·바닷물 등 자연에 존재하는 기본 물질을 뜻함]·별이름(水星 : 수성) 수

② **락 落 13** - 떨어질 락(낙)[++(艸 : 풀 초)와 발음요소인 洛(강이름 락)이 합해진 글자로 초목의 잎이 땅 위에 떨어진다는 뜻을 나타냄. 물체가 떨어지는. 시험에 떨어지는. 해와 달이 지는]·이룰 락(낙)·몰락할 락(낙)·마을 락(낙)

③ **석 石 5** - 돌 석[바위를 뜻하는 厂(언덕 엄)과 작은 돌덩어리를 뜻하는 c가 합해진 글자로 언덕 아래로 굴러 떨어진 작은 돌을 나타냄. 크고 작은 바위 조각]·저울 석·굳을 석·섬(가마니에 담은 곡식의 용량) 석

④ **출 出 5** - 날 출[화분 같은 그릇을 뜻하는 凵(입벌릴 감)과 안쪽 가운데에 屮(싹날 철)이 합해진 글자로 땅이나 화분에서 새싹이 돋아나거나 태양이 솟아오르거나 어딘가에 숨었다가 모습을 드러낸다는 뜻을 나타냄]·낳을 출·나아갈 출·떠날 출·나타날(겉으로 드러나 보이는) 출

직역 물이 빠지고 나니 밑바닥의 돌이 드러난다는 뜻.
의역 어떤 일의 흉악한 검은 막이 걷히고 진상(眞相)이 드러난다는 뜻.

수복강녕
壽福康寧

한자 풀이 ─────────

① **수 壽 14** - 목숨 수[老(늙을 노)의 변형인 耂(선비 사)와 丿(갈고리 궐)과 工(장인 공)과 口(입 구)와 寸(손 촌)이 합해진 글자로 늙은 사람이 먹고 일하며 오래 산다는 뜻을 나타냄. 생명]·나이 수·오래살 수

② **복 福 14** - 복 복[神(신)에게 제물을 올리는 제단의 모양인 示(제사 시)와 술이 가득 들어 있는 술항아리를 본뜬 畐(가득할 복)이 합해진 글자로 정성껏 제사를 지내어 자손이 누리는 즐거운 삶을 뜻함]·상서로울 복

③ **강 康 11** - 편안할 강[便安(편안). 广(집 엄)과 隷(노예 예)가 생략된 隶이 합해진 글자로 노예가 집에서 편하게 쉰다는 뜻을 나타냄. 걱정 없이 안정되고 평화스러운]·몸(활동하는 건강한 몸) 강·오거리 강·튼튼할 강

④ **녕 寧 14** - 편안할 녕(영)[便安(편안). 宀(집 면)과 心(마음 심)과 皿(그릇 명)과 제단을 뜻하는 丁(고무래 정)이 합해진 글자로 제단 위에 제물이 담긴 그릇을 놓고 집안의 편안함을 빈다는 뜻을 나타냄. 집에 쌀이 많이 있어 아무 걱정이 없는]·문안할 녕(영)·차라리 녕(영)·평안할(걱정이나 탈 되는 일 없이 마음이 편안한) 녕(영)

직역 오래 살고 행복하며 건강하고 평안하다는 뜻.

의역 인간의 복(福)을 다 누리며 오래 살기를 기원한다는 뜻.

수불석권
手不釋卷

한자 풀이 ────────

① **수 手 4** - 손 수(손목과 주먹을 편 사람 손의 손바닥과 손가락의 모양을 본뜬 글자로 사람의 팔뚝에 달린 손을 나타냄. 무엇을 다루는 솜씨와 수단)·손수할 수·잡을 수 또는 쥘 수·재주 수·사람(가수·목수·기수) 수

② **불 不 4** - 아니 불 또는 아닐 불(식물의 꽃대와 꽃받침과 꽃의 암술로 된 씨방 모양을 본뜬 글자로 씨방이 자라서 열매를 맺을지 모른다는 뜻에서 '아니'라고 나타냄)·못할 불·없을 불·않을 불

 * '그렇지 아니하다'라는 부정(否定)이나 반대(反對)의 뜻을 나타냄. 동사로는 '~를 하지 마라'.

③ **석 釋 20** - 풀 석 또는 풀어놓을 석[짐승 발자국을 본뜬 釆(분별할 변)과 擇(가릴 택)이 생략된 睪(엿볼 역)이 합해진 글자로 자유롭게 풀어놓은]·해석 석·해석할(원리 등을 논리적으로 풀어 설명하는) 석·주낼(어려운 뜻을 풀이하는) 석

④ **권 卷 8** - 책 권[두 손으로 만든 주먹밥 모양인 共와 돌돌 감아 싸는 모양의 卩(卩 : 병부 절)이 합해진 글자로 옛날 종이가 없던 시대에 대나무 조각과 끈으로 만든 두루마리 책을 뜻함]·공문서 권·증서 권·두루마리 권

직역 손에서 책을 놓지 않고 항상 글을 읽는다는 뜻.
의역 부지런히 배움이나 학문(學問)에 힘쓴다는 뜻.

수수방관
袖手傍觀

한자 풀이 ————

① **수 袖 9** - 소매 수[衤(衣 : 옷 의)와 발음요소와 통이 넓고 크다는 뜻의 由(말미암을 유)가 합해진 글자로 웃옷의 양쪽 팔의 끝부분으로 양쪽 두 팔을 서로 엇갈리게 꿰도록 통넓게 만든 옷소매를 나타냄]

② **수 手 4** - 손 수(손목과 주먹을 편 사람 손의 손바닥과 손가락의 모양을 본뜬 글자로 사람의 팔뚝에 달린 손을 나타냄. 무엇을 다루는 솜씨와 수단)·손수할 수·잡을 수 또는 쥘 수·재주 수·사람(가수·목수·기수) 수

③ **방 傍 12** - 곁 방[亻(人 : 사람 인)과 발음요소와 사방 옆을 뜻하는 旁(곁 방)이 합해진 글자로 사람에게 가깝게 붙어 있는 양쪽 옆이나 간접적인 관계를 나타냄. 토론·공개방송 등에 참석하는]·의지할 방·좌우에서종할 방

④ **관 觀 25** - 볼 관[見(볼 견)과 두 개의 도가머리와 두 눈이 강조된 雚(황새 관)이 합해진 글자로 물총새나 황새가 두 눈을 크게 뜨고 먹이를 바라본다는 뜻을 나타냄]·생각 관·관념 관·경치 관·관광 관   * 도가머리 : 새의 대가리에 길고 더부룩하게 난 털.

> **직역** 양손을 옷의 소매 속에 엇갈리게 넣고 곁에서 보고만 있다는 뜻.
> **의역** 어떤 일에 직접 나서지 않거나 거들지 아니하고 그냥 내버려 둔다는 뜻.

수신제가
修身齊家

한자 풀이 ──────

① **수 修 10** - 닦을 수[빛나게 꾸민다는 뜻의 彡(터럭 삼)과 발음요소와 스스로 몸을 깨끗이 한
　　다는 뜻의 攸(다스릴 유)가 합해진 글자로 육체적 정신적 훈련을 통하여 마음을 깨끗하게
　　하고 인품과 소양을 높이는]·익힐 수·늙은이 수

　　＊ 수신(修身) : 악(惡)을 물리치고 선(善)을 북돋아서 마음과 행실을 바르게 닦는 일.

② **신 身 7** - 몸 신(여자가 아이를 가져 배가 부른 모습을 본뜬 글자로 본뜻은 '배'이며 이후에
　　사람의 '몸'의 뜻으로 쓰이게 된 것임. 머리·목·몸통·팔·다리가 있고 각 기관이 온전하여
　　활동하는 사람의 육체)·몸소(직접 행하는) 신·아이밸 신

③ **제 齊 14** - 가지런할 제[본래 한자가 亝으로 논과 밭에서 자라는 벼·보리 이삭이 같은 길이
　　로 나란히 돋은 모양을 나타내는 글자로 팬 여러 개의 이삭들의 끝이 나란하게 맞춰져 있
　　다는 뜻을 나타냄]·다스릴 제

④ **가 家 10** - 집 가[宀(집 면)과 본래 발음요소인 豭(수돼지 가)가 변형된 豕(돼지 시)가 합해진
　　글자로 방 밑에다 돼지를 기르고 농사를 짓는 옛날 집의 구조를 나타냄]·집안 가·전문(專
　　門) 가

　　＊ 家族(가족)·家門(가문)에는 家(집 가)를 쓰고, 金哥(김가)·李哥(이가)에는 哥(성씨 가)를 씀.

직역 마음과 행실을 바르게 닦고 집안을 다스린다는 뜻.
의역 몸과 마음을 단련하여 품성·지혜·도덕을 닦고 나서 가정을 이룬다는 뜻.

수원수구
誰怨誰咎

한자 풀이 ───────

① **수 誰 15** - 누구 수[言(말씀 언)과 발음요소와 누구냐고 물을 때의 목소리의 의성어인 隹
(새 추)가 합해진 글자로 가리키는 대상이 누구인지 모르는. 그 어떤 사람. 아무개를 뜻하
는]·무엇(이름·내용 따위를 알지 못하는 사물을 가리키는) 수·발어사(發語詞 : 말을 꺼내거나 연설
하는) 수

② **원 怨 9** - 원망할 원[怨望(원망). 心(마음 심)과 발음요소와 사람이 몸을 꼬부리고 있는 모습
인 夗(누워딩굴 원)이 합해진 글자로 마음이 꼬부라졌다는 뜻을 나타냄. 잠을 자지 못할 정
도로 분하여 못마땅하게 여기며 괴로워하는]·미워할(싫어하는) 원·원수(怨讎 : 원한이 맺힌 대
상) 원

③ **구 咎 8** - 허물 구[따로따로 제각기라는 뜻의 各(각각 각)에 人(사람 인)이 합해진 글자로 부
주의나 나쁜 습관으로 그릇된 일을 저지르는 나쁜 점]·꾸짖을 구·탓할(원망하는) 구·근심거
리 구

> **직역** '누구를 원망하며 누굴 탓하랴'라는 뜻.
>
> **의역** 남을 원망하거나 책망하지 않는다는 뜻. 즉, 그 모든 것이 다 내 잘못임을 강조
> 하는 말임.

숙맥불변
菽麥不辨

한자 풀이 ──────────

① **숙 菽 12** - 콩 숙[본래 叔(콩 숙)이 '아재비'로 쓰이면서 다시 콩의 뜻을 나타내기 위하여 艹(艸 : 풀 초)가 더해진 글자로 밭에서 재배하는 곡식으로 낱알에 단백질이 많은 콩을 뜻함]·넝쿨(꼬투리가 있는 콩넝쿨을 뜻함) 숙

② **맥 麥 11** - 보리 맥[본래 보리의 모양을 본뜬 來(보리 래)와 발로 밟는다는 뜻인 夊(뒤져올 치)가 합해진 글자로 겨울에 추위로 들뜬 뿌리를 밟아준다는 줄기가 곧고 이삭에는 까끄라기가 있는 보리쌀인 곡식을 뜻함]

③ **불 不 4** - 아니 불 또는 아닐 불(식물의 꽃대와 꽃받침과 꽃의 암술로 된 씨방 모양을 본뜬 글자로 씨방이 자라서 열매를 맺을지 모른다는 뜻에서 '아니'라고 나타냄)·못할 불·없을 불·않을 불

* '그렇지 아니하다'라는 부정(否定)이나 반대(反對)의 뜻을 나타냄. 동사로는 '~를 하지 마라'.

④ **변 辨 16** - 분별할 변[分別(분별). 재판한다는 뜻의 辡(따질 변) 사이에 刂(刀 : 칼 도)가 더해진 글자로 칼로 나누듯이 법적인 근거로 따져 판단하는. 사물의 특성·모양·종류·말의 뜻 등에 따라 서로 구별지어 가르는]·판단할 변·가릴 변·구별할 변

직역 콩인지 보리인지를 분간할 줄 모른다는 뜻.
의역 사물을 분별하지 못하는 어리석고 못난 사람이라는 뜻.

순치지국
脣齒之國

한자 풀이 ─────────

① **순 脣 11** - 입술 순[본래 月(⺼ : 몸 육)과 입술 모양의 辰(큰조개 신)이 합해진 글자로 어미가 젖으로 새끼를 기르는 포유동물의 입의 바깥 부분을 이루는 위·아래의 부드러운 살인 입술을 나타냄]

② **치 齒 15** - 이 치[음식을 입 안에 넣고 위 아래 이빨로 씹는 모양을 뜻하는 䒑와 발음요소와 입 안에 물고 있다는 뜻의 止(그칠 지)가 합해진 글자로 앞니·송곳니·어금니 등을 나타냄]· 나이 치

③ **지 之 4** - 갈 지[두 발을 뜻하는 止(발 지)와 출발선을 뜻하는 一(가로획)을 그어 만든 글자로 한 발을 떼고 막 출발하려는 모습을 나타냄]·이를 지·이 지·어조사(~의, ~가, ~이, ~을) 지

④ **국 國 11** - 나라 국[백성을 뜻하는 口(입 구)와 영토를 뜻하는 一(땅 일)과 무기를 뜻하는 戈(창 과)와 국경을 뜻하는 囗(에워쌀 위)가 합해진 글자로 나라를 나타냄]·국가(國家 : 일정한 영토와 통치조직을 가진 집단) 국

＊ 달나라 별나라 등과 같이 명사에 붙어서 넓은 세계·세상을 나타냄.

직역 입술과 이빨처럼 서로 이해관계가 밀접한 두 나라를 뜻함.
의역 서로 의지하는 매우 중요한 국가관계라는 뜻.

숭덕광업
崇德廣業

한자 풀이 ━━━━━━━

① **숭 崇 11** - 높을 숭[山(뫼 산)과 발음요소와 등성이가 진 산꼭대기를 뜻하는 宗(마루 종)이 합해진 글자로 높고 큰 산이라는 뜻에서 우러러본다는 뜻을 나타냄]·높일(깊이 존경하여 높이 받드는) 숭

② **덕 德 15** - 덕 덕[본래 直(곧을 직)과 心(마음 심)이 합해져 곧은 마음을 뜻하는 悳(큰 덕)에 행동한다는 뜻의 彳(자축거릴 척)이 더해진 글자로 깨달음의 경지를 나타냄]·은혜(恩惠) 덕·은덕(恩德) 덕

   * 덕(德) : 공정하고 포용성 있는 마음이나 품성. 윤리적 이상을 실현하는 마음과 행동.

③ **광 廣 15** - 넓을 광[广(집 엄)과 발음요소와 빛살처럼 넓게 퍼진다는 뜻의 黃(누런빛 황)이 합해진 글자로 크고 넓은 지붕이라는 데서 '넓다'의 뜻을 나타냄]·널리 광·넓힐 광·광(작은 곳간) 광·클 광

④ **업 業 13** - 업 업[북이나 종 같은 옛날 악기를 걸던 여러 개의 갈고리가 달린 나무로 만든 틀의 모양을 본뜬 글자로 본뜻은 널빤지이며 이후 전문성을 뜻하는 '업'이 생겼음. 농업·공업·상업 등의 일하는 직업과 훌륭한 활동·학문 연구 등의 일을 뜻함]·일 업·직업(職業) 업·위태로울 업·처음 업·선악의소행 업

   * 업(業) : 인간의 노동, 사회활동, 사업, 학업 또는 학문, 공적 등을 폭넓게 의미함.

> **직역** 덕(德)을 높이고 업(業)을 넓힌다는 뜻.
>
> **의역** 덕(德)을 숭상하고 일과 학문을 넓게 개척해나간다는 뜻.

승승장구
乘勝長驅

한자 풀이 ─────

① 승 乘 10 - 탈 승 또는 오를 승[글자로는 禾(벼 화)와 北(북녘 북)이 합해진 것이지만 본래 서 있는 사람을 뜻하는 大(큰 대)와 한쪽 발을 들어 올린다는 뜻의 舛(어그러질 천)과 木(나무 목)이 합해진 글자로 사람이 나무 위로 올라가는 모습을 나타냄. 말·수레·자동차 등 탈것에 오르는]

② 승 勝 12 - 이길 승[力(힘 력)과 舟(배 주)와 횃불을 뜻하는 火(불 화)와 廾(받들 공)으로 이루어진 朕(나 짐)이 합해진 글자로 전쟁에서 이기고 돌아오는 모습을 나타냄]·나을 승·훌륭할 승·뛰어날 승

③ 장 長 8 - 길 장 또는 긴 장[긴 머리털을 뜻하는 毛(털 모)의 변형인 ⻑와 人(사람 인)과 丈(지팡이 장)으로 이루어진 ⻑이 합해진 글자로 본래는 긴 머리를 풀어헤친 노인을 뜻하며 '길다'는 새로 생긴 것임]·오랠 장

④ 구 驅 21 - 몰 구 또는 말몰 구[馬(말 마)와 발음요소인 區(구역 구)가 합해진 글자로 말 떼를 특정구역으로 몰고 간다는 뜻을 나타냄]·몰아칠 구·몰아낼 구·쫓을 구·대열 구·달릴 구

직역 승리의 기세(氣勢)를 타고 계속 적을 몰아친다는 뜻.
의역 좋은 기세(氣勢)를 이용하여 계속 발전해 나간다는 뜻.

시불재래
時不再來

한자 풀이 ————————

① **시 時 10** - 때 시[日(해 일)과 발음요소와 관원이 모여 나랏일을 처리하던 곳인 마을을 뜻하는 寺(관청 시)가 합해진 글자로 태양의 운행(運行)으로부터 시간을 나타냄. 스님들이 태양의 이동을 보고 1일을 24시간으로 나누어 나타내는]

② **불 不 4** - 아니 불 또는 아닐 불(식물의 꽃대와 꽃받침과 꽃의 암술로 된 씨방 모양을 본뜬 글자로 씨방이 자라서 열매를 맺을지 모른다는 뜻에서 '아니'라고 나타냄)·못할불·없을불·않을 불

　　* '그렇지 아니하다'라는 부정(否定)이나 반대(反對)의 뜻을 나타냄. 동사로는 '~를 하지 마라'.

③ **재 再 6** - 두 재 또는 두번 재[一(한 일)과 건축재목을 쌓아 놓은 모양인 構(얽을 구) 또는 冓(쌓을 구)가 생략된 冉(나아갈 염)이 합해진 글자로 포개지거나 거듭해서 일어나는]·다시 재 또는 거듭 재

④ **래 來 8** - 올 래(내)[줄기와 꼿꼿한 이삭을 뜻하는 木(나무 목)과 양쪽으로 꺽이어 있는 잎의 모양인 ㅆ가 합해져 보리를 형상화한 글자로 겨울에 얼었던 보리를 밟아주고 집으로 돌아온다는 뜻을 나타냄]·앞으로 래(내)·다가올 래(내)

직역 한 번 지난 때는 두 번 다시 돌아오지 아니한다는 뜻.
의역 어떤 기회가 오면 그 기회를 놓치지 말라는 뜻.

시시비비
是是非非

한자 풀이 ─────────

① **시 是 9** - 옳을 시[본래 日(해 일)과 正(正 : 바를 정)이 합해져 해가 하늘에 똑바로 떠있는 모습을 나타낸 글자로 '곧바르다·옳다'의 뜻을 나타냄. 어떤 문제나 사물의 이치를 객관적으로 볼 때 도리에 맞거나 타당성이 있는]·이('이것'의 준말로 가까운 곳에 있는 사물이나 옳고 바르게 선택한 것을 가리키는) 시

② **비 非 8** - 아닐 비[두 날개가 어긋난 방향으로 쭉 펼친 새의 모양을 나타낸 글자로 본뜻은 '등지다·어긋나다'이며 이후 부정의 뜻인 '아니다'로 쓰이게 된 글자임]·어길(약속·규칙 등을 지키지 아니하는) 비·그를(옳지 아니하거나 잘못된) 비·어긋날(서로 엇갈리는) 비·다를 비·나무랄 비·나쁠 비·날개 비

＊ 시비(是非) : 옳음과 그름 또는 옳고 그름이나 잘잘못을 따지며 말다툼을 하는.

직역 옳은 것은 옳다고 하고 그릇된 것은 그르다고 한다는 뜻.
의역 사물의 이치를 시비(是非)를 가려 공정하게 판단한다는 뜻.

시야비야
是也非也

* 왈시왈비(日是日非)와 같은 뜻임.

한자 풀이 ──────

① **시 是 9** - 옳을 시[본래 日(해 일)과 正(正 : 바를 정)이 합해져 해가 하늘에 똑바로 떠있는 모습을 나타낸 글자로 '곧바르다·옳다'의 뜻을 나타냄. 어떤 문제나 사물의 이치를 객관적으로 볼 때 도리에 맞거나 타당성이 있는]·이('이것'의 준말로 가까운 곳에 있는 사물이나 옳고 바르게 선택한 것을 가리키는) 시

② **야 也 3** - 잇기 야 또는 이끼 야[뱀이 긴 몸을 웅크리고 있는 고리 모양의 글자로 끊임없이 쭉 이어진다는 뜻을 나타냄. 물체나 물질·사람·깃발 등이 연쇄 고리 모양으로 계속 이어가는]·라 야·잇달을이 야·또 야 또는 또한 야·뱀 야·어조사(~이니, ~인지, ~라고, ~이라) 야

   * '이끼'는 '잇기'의 옛말임

③ **비 非 8** - 아닐 비[두 날개가 어긋난 방향으로 쭉 펼친 새의 모양을 나타낸 글자로 본뜻은 '등지다·어긋나다'이며 이후 부정의 뜻인 '아니다'로 쓰이게 된 글자임]·어길(약속·규칙 등을 지키지 아니하는) 비·그를(옳지 아니하거나 잘못된) 비·어긋날(서로 엇갈리는) 비·다를 비·나무랄 비·나쁠 비·날개 비

직역 옳으니 그르니 하고 시비(是非)를 가리지 못한다는 뜻.
의역 좋은 지 나쁜 지 흘려서 옳게 판단하지 못한다는 뜻.

시정잡배
市井雜輩

한자 풀이 ————

① **시 市 5** – 저자 시[宀(人 : 사람 인)과 모이는 장소를 표시하는 깃발을 뜻하는 巾(수건 건)이 합해진 글자로 큰 길거리에서 사람들이 곡식·음식·반찬거리를 팔고 사는 장터를 나타냄]· 시장 시·시가 시·시끄러울 시

② **정 井 4** – 우물 정(정사각형의 난간 모양으로 만든 우물의 틀을 본뜬 글자로 물을 얻기 위하여 땅을 파고 4각 모양으로 나무막대를 설치하여 물이 괴게 만든 시설이나 샘을 뜻함)· 밭이랑 정·정자(亭子)꼴 정

  * 시정(市井) : 사람들이 모여 있는 거리나 모여 사는 곳을 뜻함.

③ **잡 雜 18** – 섞일 잡[본래 衣(옷 의)와 여러 마리의 새가 나무에 모여 앉은 모습인 集(모일 집) 이 합해진 글자로 다양한 옷 색깔에서 비롯되어 뒤섞여 있음을 뜻함]·섞을 잡·번거로울(여러 가지가 뒤죽박죽 섞인) 잡

④ **배 輩 15** – 무리 배[車(수레 거)와 발음요소와 나란히 한다는 뜻인 非(아닐 비)가 합해진 글자로 군사가 전쟁터에 나갈 때 전차의 대열을 나타냄. 학교의 선후배나 남을 해치거나 금품을 빼앗는 집단이나 불량배]·동배(신분이 같거나 비슷한 사람) 배·떼지을 배·짝(한 쌍의 팀을 이루는) 배

  * 잡배(雜輩) : 장터나 거리를 떠돌아다니는 점잖지 못한 무리.

직역 장터와 우물가의 주변을 맴도는 불량배를 뜻함.

의역 사람이 모여사는 동네에 어떤 이권을 노리는 불량배들이 꼬여든다는 뜻.

시종일관
始終一貫

*종시일관(終始一貫)이라고도 씀.

한자 풀이 ―――――――

① **시 始 8** - 처음 시[女(여자 여)와 발음요소와 작은 생명체를 뜻하는 台(비롯할 태)가 합해진 글자로 엄마의 뱃속에서 애기가 처음 생긴다는 뜻을 나타냄. 일이나 행동의 첫 단계가 되는]·비로소 시

② **종 終 11** - 마칠 종[실끈을 뜻하는 糸(실 사)와 실의 매듭 모양을 본뜬 夂(뒤져올 치)와 발음요소인 冫(얼음 빙)이 합해진 글자로 실의 양끝을 잡아매어 매듭을 진다는 뜻을 나타냄. 하던 일을 끝내는]·끝 종·끝날 종

③ **일 ― 1** - 한 일(한 획으로 가로선을 그어 만든 글자 또는 산가지 1개를 가로놓아 만든 글자로 1·2·3·4…로 된 아라비아 숫자에서 1을 가리킴)·하나 일·첫째 일·오로지 일·땅 일

   * 一(한 일)은 우주(宇宙)와 천지(天地)가 생기는 맨 처음인 태초(太初)의 존재를 나타냄.

④ **관 貫 11** - 꿸 관[옛날 화폐를 뜻하는 貝(조개 패)와 발음요소인 毌(꿰뚫을 관)이 합해진 글자로 구멍을 뚫어 꿴 긴 돈꾸러미를 나타냄]·꿰뚫을(학문과 이론을 깊이 아는) 관·호적 관·익힐 관·통과할 관

직역 처음부터 끝까지 하나로 꿰뚫는다는 뜻.
의역 어떤 일에 임하는 자세가 조금도 변함없이 한결같다는 뜻.

신토불이
身土不二

한자 풀이 ──────

① **신 身 7** - 몸 신(여자가 아이를 가져 배가 부른 모습을 본뜬 글자로 본뜻은 '배'이며 이후에 사람의 '몸'의 뜻으로 쓰이게 된 것임. 머리·목·몸통·팔다리가 있고 각 기관이 온전하여 활동하는 사람의 육체)·몸소(직접 행하는) 신·아이밸 신

② **토 土 3** - 흙 토[흙무더기나 초목(草木)의 싹이 흙덩이를 뚫고 땅 위로 돋아나는 모양을 그린 글자로 논밭이나 땅을 이루는 바위·돌의 부스러기를 나타냄]·뿌리 토·나라 토·토성 토

③ **불 不 4** - 아니 불 또는 아닐 불(식물의 꽃대와 꽃받침과 꽃의 암술로 된 씨방 모양을 본뜬 글자로 씨방이 자라서 열매를 맺을지 모른다는 뜻에서 '아니'라고 나타냄)·못할 불·없을 불·않을 불

* **'그렇지 아니하다'라는 부정(否定)이나 반대(反對)의 뜻을 나타냄. 동사로는 '~를 하지 마라'.**

④ **이 二 2** - 두 이 또는 둘 이[본래 가벼운 기운은 위로 향한다는 하늘을 뜻하는 위의 −(짧은 가로획)과 무거운 기운은 아래로 향한다는 땅을 뜻하는 아래의 一(긴 가로획)이 합해진 글자로 또는 산가지 두 개를 뜻하는 글자로 숫자의 둘을 나타냄]

직역 우리의 몸과 살고 있는 땅은 둘이 아니라는 뜻.
의역 자신이 사는 땅에서 나는 농산물을 먹어야 체질(體質)에 잘 맞는다는 뜻.

심사숙고
深思熟考

한자 풀이 ————

① **심 深 11** - 깊을 심[氵(水 : 물 수)와 발음요소와 더욱더 깊이 들어간다는 뜻의 罙(깊을 심)이 합해진 글자로 물이 깊거나 정이 두텁거나 학문의 수준이 높거나 은혜가 큰]·깊게할 심· 깊이 심·짙을 심

② **사 思 9** - 생각할 사[뇌의 모양을 본뜬 囟(정수리 신)이 변형된 田(밭 전)과 心(마음 심)이 합해 진 글자로 생각이 두뇌와 심장에서 나온다는 뜻을 나타냄]·생각(의견·감정·기억·상상 등을 일 으키는 정신작용) 사·그리워할 사

③ **숙 熟 15** - 익힐 숙 또는 익을 숙[삶은 고기를 뜻하는 孰(익힐 숙)과 灬(火 : 불 화)가 합해진 글자로 불로 음식을 익힌다는 뜻을 나타냄. 생고기를 불에 굽거나 가열하여 음식을 만드 는]·자세할 숙·충분할 숙·여물 숙·무르익을 숙·곰곰이 숙

④ **고 考 6** - 생각 고 또는 생각할 고[본래 老(늙을 노)와 丂(정교할 교)가 합해진 글자로 연륜이 많은 노인이 깊이 생각한다는 뜻을 나타냄. ~을 알아내고자 깊이 생각하는]·살필(자세히 보 는) 고·상고(詳考 : ~을 시험해보거나 검토하는)할 고·헤아릴 고·시험 고·죽은아버지 고

직역 깊이 생각하고 곰곰이 헤아려 신중을 기한다는 뜻.
의역 마음을 써서 이리저리 깊이 생각한다는 뜻.

십시일반
十匙一飯

한자 풀이 ──────────

① 십 十 2 - 열 십[두 개의 산가지를 가로 세로로 놓거나 중심점을 뜻하는 점(·)에서 一(가로 선)과 ㅣ(세로선)을 그어 만든 글자로 모든 숫자를 갖춘 1·2·3·4로 된 아라비아 숫자에서 10(열)을 나타냄]·십자가 십

② 시 匙 11 - 숟가락 시[숟가락을 뜻하는 匕(비수 비)와 발음요소인 是(이 시)가 합해진 글자로 놋쇠나 은·스텐·나무·플라스틱으로 오목하고 길고 둥근 부분에 자루가 달려 있게 만든 숟 가락을 뜻함]

 * 匙箸(시저→수저).

③ 일 一 1 - 한 일(한 획으로 가로선을 그어 만든 글자 또는 산가지 1개를 가로놓아 만든 글 자로 1·2·3·4…로 된 아라비아 숫자에서 1을 가리킴)·하나 일·첫째 일·오로지 일·땅 일

 * 一(한 일)은 우주(宇宙)와 천지(天地)가 생기는 맨 처음인 태초(太初)의 존재를 나타냄.

④ 반 飯 13 - 밥 반[먹다의 뜻인 飠(食 : 밥 식)과 발음요소인 反(바꿀 반)이 합해진 글자로 곡물 을 익혀 끼니로 먹는 밥을 나타냄]·밥먹을 반·기를 반 또는 먹일(사람이나 가축에게 음식이나 사료를 주는) 반

직역 열 숟가락의 밥을 모으면 한 그릇의 밥이 된다는 뜻.

의역 여러 사람이 힘을 합하면 한 사람을 구제(救濟)하기는 쉽다는 뜻.

안불망위
安不忘危

한자 풀이 ──────────

① 안 安 6 - 편안할 안[便安(편안). 宀(집 면)과 무릎을 꿇고 기도하는 제사장(祭司長)을 뜻하는 女(계집 녀)가 합해진 글자로 집 안에서 제사를 지내거나 기도를 하여 온 집안이 편하다는 뜻을 나타냄]

② 불 不 4 - 아니 불 또는 아닐 불(식물의 꽃대와 꽃받침과 꽃의 암술로 된 씨방 모양을 본뜬 글자로 씨방이 자라서 열매를 맺을지 모른다는 뜻에서 '아니'라고 나타냄)·못할 불·없을 불·않을 불

　* '그렇지 아니하다'라는 부정(否定)이나 반대(反對)의 뜻을 나타냄. 동사로는 '~를 하지 마라'.

③ 망 忘 7 - 잊을 망[心(마음 심)과 발음요소인 잃거나 없어진다는 뜻의 亡(없을 망)이 합해진 글자로 주의하는 마음이 없어서 기억하지 못한다는 뜻을 나타냄. 과거의 기억을 못하는]·건망증(健忘症) 망

④ 위 危 6 - 위태 위 또는 위태할 위[𠂉(人 : 사람 인)과 厂(바위 엄)과 밑에서 밀어버리려고 사람이 쭈그리고 있는 모습의 㔾(卩 : 병부 절)이 합해진 글자로 매우 위험한 상황에 처해 있는]·두려워할 위·높을 위

직역 편안한 가운데서도 위태로움을 잊지 않는다는 뜻.
의역 늘 스스로를 경계(警戒)한다는 뜻.
　* 경계(警戒) : 뜻밖의 사고나 나쁜 일이 생기지 않도록 미리 마음을 가다듬어 단속하는.

안빈낙도
安貧樂道

한자 풀이 ───────

① 안 安 6 - 편안할 안[便安(편안). 宀(집 면)과 무릎을 꿇고 기도하는 제사장(祭司長)을 뜻하는 女(계집 녀)가 합해진 글자로 집 안에서 제사를 지내거나 기도를 하여 온 집안이 편하다는 뜻을 나타냄]

② 빈 貧 11 - 가난할 빈 또는 구차할 빈[苟且(구차). 돈과 재물을 뜻하는 貝(조개 패)와 발음요소인 分(나눌 분)이 합해진 글자로 재물을 나누고 쪼개서 적거나 거의 없다는 뜻을 나타냄. 살림살이가 쪼달리는]·모자랄 빈

   * 안빈(安貧) : 가난하고 궁하면서도 절개를 버리지 않고 편안한 마음으로 지낸다는 뜻.

③ 낙 樂 15 - 즐길 낙(락)[큰 북을 뜻하는 白(흰 백)과 작은 북을 뜻하는 幺(작을 요)와 받침대를 뜻하는 木(나무 목)이 합해진 글자로 큰 북을 중심으로 작은 북들이 원을 그리며 북과 춤과 노래로 즐거움을 누리는]·풍류 악·좋아할 요

④ 도 道 13 - 길 도[辶(길갈 착)과 사람의 머리를 형상화한 首(머리 수)가 합해진 글자로 걸어가는 길과 마음의 세계가 향하고 있는 눈에 안 보이는 길을 나타냄]·도리 도·이치 도·말씀 도·지역 도

   * 낙도(樂道) : 인간이 마땅히 지켜야 할 도리를 즐겨 지킨다는 뜻.

직역 가난한 생활에서도 편안한 마음으로 세상 삶의 도리를 즐긴다는 뜻.

의역 어떠한 어려움에도 절개(節槪)를 버리지 않고 자기의 분수(分數)를 지킨다는 뜻.

안하무인
眼下無人

한자 풀이 ————

① **안 眼 11** - 눈 안[사람의 정상적인 눈을 뜻하는 目(눈 목)과 발음요소와 비정상적인 눈을 뜻하는 艮(어긋날 간)이 합해진 글자로 물체를 볼 수 있는 눈을 뜻함. 빛의 강약과 파장을 느끼어 뇌에 시각을 전달하는 감각기관]

② **하 下 3** - 아래 하[땅의 기준을 뜻하는 一(한 일·땅 일)과 그 아래로 그은 丨(수직선)에 임의의 지점을 뜻하는 -(짧은 가로획)을 표시한 글자로 위·아래의 구조나 수직선상에서 지구 중심인 아래쪽과 위치·계급·능력 등이 낮은 아래쪽을 나타냄]·낮을 하·임금거처 하·내릴 하·낮출 하·겸손할 하

③ **무 無 12** - 없을 무[舞(춤출 무)에서 舛(어그러질 천) 대신 4개의 발바닥 모양인 灬이 합해진 글자로 깃털 장식을 잡고 흔들며 춤추는 모습을 나타냄. 본뜻은 춤이며 '없다'는 뜻은 亡(없을 망)에서 가져온 것임]

④ **인 人 2** - 사람 인[벼슬아치가 증표인 홀(笏)을 잡은 두 손을 앞으로 내밀며 서 있는 옆모습을 본뜬 글자로 두 발로 똑바로 서서 걸으며 생각과 말을 할 줄 아는 만물의 우두머리를 뜻함]·인격 인·남(상대방) 인

* 홀(笏) : 벼슬아치가 임금을 만날 때에 예복에 갖추어 손에 쥐던 대나무로 만든 물건.

직역 눈 아래에 사람이 없다는 뜻.
의역 성질이 교만(驕慢)하여 다른 사람들을 업신여긴다는 뜻.

애걸복걸
哀乞伏乞

한자 풀이 ───────

① 애 哀 9 - 슬플 애[상복(喪服)을 뜻하는 衣(옷 의) 가운데에 곡소리를 뜻하는 口(입 구)가 더해진 글자로 사랑하는 사람이 죽었을 때 옷깃으로 입을 가리며 슬프게 운다는 뜻을 나타냄. 애처롭게 우는]·슬퍼할(큰 불행이나 상처를 당해 슬프게 여기는) 애·슬픔(슬픈 마음) 애·가엾이여길 애

② 걸 乞 3 - 빌 걸 또는 구걸할 걸[求乞(구걸). 열망한다는 뜻의 气(기운 기)가 생략된 𠂉와 발음요소인 乙(새 을)이 합해진 글자로 무엇을 얻고자 허리를 굽혀 사정하거나 하소연하는]·취할 걸·거지 걸

  * 애걸(哀乞) : 상대자의 동정심에 호소하여 부탁을 들어 달라고 사정하며 빈다는 뜻.

③ 복 伏 6 - 엎드릴 복[亻(人 : 사람 인)과 훈련이 되어 있거나 직접 기르는 개를 뜻하는 犬(개 견)이 합해진 글자로 개가 발 아래서 몸의 앞부분을 땅바닥에 엎드리고 명령을 기다리고 있는 모습을 나타냄]·숨을 복·감출 복·굴복(屈伏)할 복·항복(降伏)할 복·복종(服從)할 복·공경(恭敬)할 복

  * 복걸(伏乞) : 상대자에 무엇을 들어 달라고 엎드려서 사정하며 빈다는 뜻.

직역 부탁을 들어 달라고 애처롭게 구걸하고 엎드려 빈다는 뜻.

의역 어떤 사정(事情)을 해결하기 위하여 호소(呼訴)하며 간절히 빈다는 뜻.

애매모호
曖昧模糊

한자 풀이 ―――――――

① 애 **曖** 17 - 햇빛희미할 애[日(해 일)과 발음요소와 흐리다는 뜻의 愛(어렴풋할 애)가 합해진 글자로 해가 서쪽 산을 막 넘어가 빛이 약해지면서 어두워져 세상이 어렴풋이 보인다는 뜻]·흐릴 애

② 매 **昧** 9 - 어두울 매[日(해 일)과 발음요소와 '아직 ~하지 못하다'의 뜻인 未(아닐 미)가 합해진 글자로 아직 해가 떠오르지 않아 날이 어둑어둑하고 분명하게 볼 수 없다는 뜻을 나타냄]·새벽 매·몰입할 매

  * 애매(曖昧) : 사물의 이치가 희미하고 분명하지 못한.

③ 모 **模** 15 - 본뜰 모[木(나무 목)과 발음요소인 莫(꾀할 모)가 합해진 글자로 나무로 만든 틀을 이용해 같은 모양의 물건을 만드는. 모형을 만드는. 글씨나 그림을 찍어내는]·법 모·모범 모·거푸집 모·본보기 모·규모 모

④ 호 **糊** 15 - 풀 호[米(쌀 미)와 발음요소인 胡(오래살 호)가 합해진 글자로 쌀이나 밀가루를 물에 넣고 묽게 끓여서 만든 끈끈한 물질을 나타냄]·바를 호 또는 풀칠할(종이를 붙이기 위하여 풀을 바르는) 호·모호(模糊 : 말이나 태도가 애매하거나 진실됨이 없이 우물쭈물하는)할 호

직역 어둡고 흐려서 분명하지 않거나 분간하지 못한다는 뜻.
의역 말이나 태도 등이 무슨 뜻인지 분명하게 알 수 없다는 뜻.

애지중지
愛之重之

한자 풀이 ─────────

① **애 愛 13** - 사랑 애[손을 뜻하는 爫(爪 : 손톱 조)와 보이지 않게 가린다는 뜻의 冖(덮을 멱)과 心(마음 심)과 夂(천천히걸을 쇠)가 합해진 글자로 윗사람이 몸소 다가가서 아랫사람을 손으로 쓰다듬으며 드러나지 않게 주는 마음을 나타냄. 아끼며 정성과 힘을 다하는]·친할 애· 은혜 애·아낄 애·즐길 애

② **지 之 4** - 갈 지[두 발을 뜻하는 止(발 지)와 출발선을 뜻하는 一(가로획)을 그어 만든 글자로 한 발을 떼고 막 출발하려는 모습을 나타냄]·이를 지·이 지·어조사(~의, ~가, ~이, ~을) 지

 * 여기서 지(之)는 '그것·이것'과 같이 대명사로 사랑하고 소중하게 여기는 대상을 뜻함.

③ **중 重 9** - 무거울 중[양쪽 바퀴와 가운데 짐을 실은 모양인 車(수레 거)에 짐이 무거워서 다시 바퀴를 양쪽에 덧붙인 重가 변형된 글자로 무게가 많이 나가거나 움직이기가 힘든. 사건이 중대한]·중히여길(어떤 사람이나 사물을 매우 필요하고 귀하게 생각하는) 중·겹칠 중

직역 매우 사랑하고 귀중히 여긴다는 뜻.
의역 어떤 사람이나 대상을 매우 아낀다는 뜻.

약육강식
弱肉強食

한자 풀이 ————————

① **약 弱 10** - 약할 약[얇은 나무의 휘어진 모양을 본뜬 弓(활 궁) 두 개와 부드러운 깃털을 뜻하는 羽(깃 우)가 합해진 글자로 새의 부드러운 깃털로 장식한 약한 활을 나타냄]·나약할 (정신력과 체력이 약한) 약

② **육 肉 6** - 고기 육[칼로 크게 썬 짐승의 고깃덩어리의 단면을 뜻하는 冂(멀 경)과 仌의 무늬 결이 합해진 글자로 소·돼지 같은 짐승이나 새·물고기의 살을 나타냄]·살 육·몸 육

③ **강 強 11** - 강할 강[弓(활 궁)과 뱀의 머리 모양인 厶(마늘 모·마늘모 모)와 뱀이 몸을 웅크리고 있는 모습인 虫(뱀 훼)가 합해진 글자로 활을 쏘아 꾸불거리며 가는 살모사 머리에 화살을 꽂히게 했다는 데서 '강하다'의 뜻을 나타냄]·굳셀 강·힘쓸 강

④ **식 食 9** - 밥 식[본래 米(쌀 미)와 水(물 수)가 합해진 글자 또는 人(사람 인)과 良(좋을 량)이 합해진 글자로 쌀·보리 등을 끓여 익혀 숟가락으로 떠서 끼니로 즐겨 먹는 음식을 뜻함]·음식 식·먹을 식·양식 식·일식(日蝕) 식·월식(月蝕) 식·먹일 사·기를 사

직역 약한 자는 강한 자의 먹이라는 뜻.
의역 약자(弱者)는 강자(強者)에게 공격을 당해 끝내는 멸망한다는 뜻.

양수겸장
兩手兼將

한자 풀이 ────────

① **양 兩 8** - 두 양(냥·량)(무게를 재는 저울추 두 개가 저울대에 나란히 매달려 있는 모양을 본뜬 글자로 또는 수레를 끄는 두 마리의 말에 멍에를 씌운 모습을 본따서 만든 글자로 두 개의 사물이나 종류를 나타냄)·둘 양(냥·량)·쌍 양(냥·량)

② **수 手 4** - 손 수(손목과 주먹을 편 사람 손의 손바닥과 손가락의 모양을 본뜬 글자로 팔뚝에 달린 손을 나타냄. 어떤 기술이나 솜씨와 수단을 뜻함)·손수할 수·잡을 수 또는 쥘 수·재주 수·사람(가수·목수·기수) 수

  * 이 사자성어에서 수(手)는 바둑이나 장기에서 전략을 위해 바둑돌이나 장기말을 놓는 횟수를 뜻함.

③ **겸 兼 10** - 겸할 겸[손을 뜻하는 彐(又 : 손 우)와 벼나 볏단을 뜻하는 두 개의 禾(벼 화)가 합해진 글자로 벼를 베기 위하여 한 손에 두 줄기의 벼를 잡고 있는 모습을 나타냄]·모을 겸·쌓을 겸·아우를 겸

④ **장 將 11** - 장수 장[將帥(장수). 손을 뜻하는 寸(마디 촌)과 夕(肉 : 고기 육)과 발음요소와 음식을 만드는 도마나 조리대를 뜻하는 爿(나무조각널 장)이 합해진 글자로 옛날 신(神)에게 희생물로 바칠 고기를 자르거나 손질하는 일을 주관하는 사람인 통솔자 또는 장수를 나타냄. 군사의 높은 우두머리]·장차(將次) 장

  * 장군(將軍) : 장기(將棋)에서 상대편의 궁(宮)을 잡으려고 놓는 수(手).

직역 장기(將棋)에서 두 개의 말이 동시에 장군을 부른다는 뜻.

의역 하나의 표적(標的)에 대하여 두 방향에서 공격하는 전략을 뜻함.

양지지효
養志之孝

한자 풀이 ────────

① **양 養 15** - 기를 양[먹이나 젖을 준다는 뜻의 食(먹이 사)와 발음요소인 羊(羊 : 양 양)이 합해진 글자로 가축을 기르거나 사람에게 음식을 바치며 섬긴다는 뜻을 나타냄. 몸을 단련시키거나 지혜와 도덕을 닦는]·다스릴(사람이 바르게 성장하도록 다루는) 양·가르칠 양·봉양(奉養 : 부모를 받들어 모시는)할 양·부모자식관계맺을 양

② **지 志 7** - 뜻 지[心(마음 심)과 본래 之(갈 지)가 변한 士(선비 사)가 합해진 글자로 마음이 가는 곳이 곧 '뜻이다'를 나타냄. 실천하겠다고 굳게 마음먹고 있는 의지]·기록할 지

③ **지 之 4** - 갈 지[두 발을 뜻하는 止(발 지)와 출발선을 뜻하는 一(가로획)을 그어 만든 글자로 한 발을 떼고 막 출발하려는 모습을 나타냄]·이를 지·이 지·어조사(~의, ~가, ~이, ~을) 지

④ **효 孝 7** - 효도 효[孝道(효도). 耂(老 : 늙을 노)와 젊은 사람을 뜻하는 子(아들 자)가 합해진 글자로 자식이 늙은 부모를 또는 젊은 사람이 나이든 어른을 섬긴다는 뜻을 나타냄. 부모를 섬기는 자식의 도리(道理)와 성공하여 이름을 드날리는 두리를 뜻함]·상복(喪服)입을 효

직역 부모의 뜻을 받드는 것이 곧 효도라는 뜻.
의역 부모의 뜻을 쫓아 즐겁게 모신다는 뜻.

양호유환
養虎遺患

* 양호이환(養虎貽患)도 같은 뜻으로 씀(貽 : 끼칠 이·남길 이).

한자 풀이 ─────

① **양 養 15** - 기를 양[먹이나 젖을 준다는 뜻의 食(먹이 사)와 발음요소인 羊(羊 : 양 양)이 합해진 글자로 가축을 기르거나 사람에게 음식을 바치며 섬긴다는 뜻을 나타냄. 보살펴 잘 자라게 하는]

② **호 虎 8** - 범 호 또는 호랑이 호[범을 뜻하는 虍(호피무늬 호)와 범이 걸어간 발자국을 뜻하는 儿(길게걸을 인)이 합해진 글자로 몸의 털색깔이 황갈색 바탕에 검은 줄무늬가 있는 몹시 사나운 야생동물(野生動物)]

③ **유 遺 16** - 남길 유[계속 다른 곳으로 옮겨간다는 뜻의 辶(辵 : 쉬엄쉬엄갈 착)과 발음요소인 貴(귀할 귀)가 합해진 글자로 귀중한 것을 잃어버려 어딘가에 남아 있다는 뜻을 나타냄]·끼칠(화를 일으키는) 유

④ **환 患 11** - 근심 환[心(마음 심)과 발음요소와 지나치게 마음속 깊이 생각한다는 뜻의 串(꿸 관)이 합해진 글자로 조개나 구슬을 줄로 꿰듯 마음에 걱정거리가 가득 차 괴로워한다는 뜻을 나타냄]·병(病 : 신체 외부의 상처나 내장의 기관 등 생리적 작용이 비정상적인 상태) 환·괴로울 환

직역 호랑이(범)를 길렀다가 훗날 그 호랑이에 물린다는 뜻.

의역 은혜를 베풀었다가 도리어 화(禍)를 당한다는 뜻.

　* 화(禍) : 몸과 마음에나 또는 어떤 일에 뜻밖에 당하는 불행하는 손실.

어두육미
魚頭肉尾

*어두봉미(魚頭鳳尾)도 같은 뜻으로 씀(鳳 : 봉새 봉, 짐승고기로 풀이함).

한자 풀이 ────────

① 어 魚 11 - 물고기 어(물고기의 머리인 ⺈와 몸통과 비늘을 뜻하는 田와 지느러미와 꼬리를 뜻하는 灬가 합해진 글자로 물속에서 헤엄치며 살아가는 물고기를 나타냄)·잉어 어·생선(生鮮 : 잡은 그대로의 물고기) 어

② 두 頭 16 - 머리 두[頁(머리 혈)과 발음요소와 굽이 높고 큰 그릇인 豆(제기 두)가 합해진 글자로 몸통이 떠받치고 있는 머리를 나타냄. 사람의 두뇌]·두목 두·우두머리 두·마리 두·처음 두·앞 두

③ 육 肉 6 - 고기 육[칼로 크게 썬 짐승의 고깃덩어리의 단면을 뜻하는 冂(멀 경)과 仌의 무늬결이 합해진 글자로 소·돼지 같은 짐승이나 새·물고기의 살을 나타냄]·살 육·몸 육

* 몸 : 뼈와 살로 이루어지고 5장 6부를 포함한 몸 전체.

* 肉筆(육필) : 편지·원고를 본인이 직접 쓴 글씨.

④ 미 尾 7 - 꼬리 미[사람의 엉덩이 모양을 뜻하는 尸(주검 시)와 발음요소인 毛(털 모)가 합해진 글자로 옛날에 사람들이 짐승의 꼬리를 만들어 달고 흉내를 낸 데서 비롯되어 꼬리를 나타냄]·끝 미·흘레할[동물의 암컷과 수컷이 교미(交尾)하는] 미

직역 생선은 대가리 쪽이 짐승은 꼬리 쪽이 맛이 좋다는 뜻.

의역 생선을 먹으려면 대가리 부분을 먹고 고기를 먹으려면 꼬리 부분을 먹으라는 뜻.

어변성룡
魚變成龍

한자 풀이 ————

① **어 魚 11** – 물고기 어(물고기의 머리인 ⺈와 몸통과 비늘을 뜻하는 田와 지느러미와 꼬리를 뜻하는 灬가 합해진 글자로 물속에서 헤엄치며 살아가는 물고기를 나타냄)·잉어 어·생선(生鮮 : 잡은 그대로의 물고기) 어

② **변 變 23** – 변할 변[실처럼 이어진다는 뜻의 絲(실 사)와 言(말씀 언)과 끊는다는 뜻의 攵(攴 : 칠 복)이 합해진 글자로 실이 끊어지듯이 말의 주제나 내용이 갑자기 바뀐다는 뜻을 나타냄]·고칠 변·재앙 변

③ **성 成 7** – 이룰 성[戌(도끼 월) 또는 창을 뜻하는 戊(다섯째천간 무)와 발음요소인 丁(못 정)이 합해진 글자로 도끼나 창을 힘들여 갈아서 못이나 바늘을 만든다는 뜻을 나타냄. 뜻을 이루거나 목적에 도달하는]·완성될 성

④ **룡 龍 16** – 용 룡(용)[머리 위의 뾰족한 뿔과 벌리고 있는 입과 매의 발톱과 기다란 몸뚱이를 가진 상상의 동물을 형상화한 글자로 룡(용)을 나타냄]

　* 룡(용)은 중국 주(周)나라 때부터 비·바람의 신묘(神妙)한 조화를 부리는 상상의 동물로 여겨 왔음.

　* 룡(龍)→신통(神通) : 신묘하게 아는 것이 깊고 사물의 이치나 지식 등에 뛰어난.

직역 물고기가 변하여 용(龍)이 된다는 뜻.

의역 아무 보잘 것 없고 곤궁하던 사람이 부귀를 누리게 된다는 뜻. 또는 어릴 적에는 신통(神通)하지 못하던 사람이 자란 뒤에 훌륭한 인물이 된다는 뜻.

어불성설
語不成說

한자 풀이 ──────────

① **어 語 14** - 말씀 어[言(말씀 언)과 발음요소와 두 사람을 뜻하는 吾(우리오)가 합해진 글자로 두 사람이 말을 주고받는다는 뜻을 나타냄. 의견·학설·사물의 이치 등을 평하는]·말 어· 말할 어

② **불 不 4** - 아니 불 또는 아닐 불(식물의 꽃대와 꽃받침과 꽃의 암술로 된 씨방 모양을 본뜬 글자로 씨방이 자라서 열매를 맺을지 모른다는 뜻에서 '아니'라고 나타냄)·못할 불·없을 불·않을 불

   * '그렇지 아니하다'라는 부정(否定)이나 반대(反對)의 뜻을 나타냄. 동사로는 '~를 하지 마라'.

③ **성 成 7** - 이룰 성[戊(도끼 월) 또는 창을 뜻하는 戊(다섯째천간 무)와 발음요소인 丁(못 정)이 합해진 글자로 도끼나 창을 힘들여 갈아서 못이나 바늘을 만든다는 뜻을 나타냄. 뜻을 이 루거나 목적에 도달하는]·완성될 성

④ **설 說 14** - 말씀 설[言(말씀 언)과 발음요소와 입을 움직이며 계속 말한다는 뜻의 兌(기뻐할 열)이 합해진 글자로 잘 알아듣도록 큰 소리로 말한다는 뜻을 나타냄. 논리적으로 설명하 는]·언론 설·풀 설·달랠 세·기쁠 열

직역 말이 설명으로 이루어지지 않는다는 뜻.

의역 하는 말이 조금도 이치에 맞지 아니한다는 뜻. 즉, 전혀 말이 성립되지 않는다 는 뜻.

억강부약
抑强扶弱

한자 풀이 ————————

① **억 抑 7** - 누를 억[扌(手 : 손 수)와 무릎을 꿇고 있는 사람을 손으로 눌러 굴복시킨다는 뜻인 印(찍을 인)이 변형된 卬(우러를 앙)이 합해진 글자로 억누른다는 뜻을 나타냄. 수직으로 힘을 가하는]·억누를 억

② **강 强 11** - 강할 강[弓(활 궁)과 뱀의 머리 모양인 厶(마늘 모·마늘모 모)와 뱀이 몸을 웅크리고 있는 모습인 虫(뱀 훼)가 합해진 글자로 활을 쏘아 꾸불거리며 가는 살모사 머리에 화살을 꽂히게 했다는 데서 '강하다'의 뜻을 나타냄]·굳셀 강·힘쓸 강

③ **부 扶 7** - 도울 부[扌(手 : 손 수)와 발음요소와 건강하고 튼튼한 남자를 뜻하는 夫(지아비 부)가 합해진 글자로 손을 내밀어 상대방을 돕는다는 뜻을 나타냄. 늙은 부모나 어린 자식들을 돌보는]·붙들 부·부축할 부

④ **약 弱 10** - 약할 약[얇은 나무의 휘어진 모양을 본뜬 弓(활 궁) 두 개와 부드러운 깃털을 뜻하는 羽(깃 우)가 합해진 글자로 새의 부드러운 깃털로 장식한 약한 활을 나타냄]·나약(懦弱·愞弱 : 정신력과 체력이 굳세지 못한)할 약·어릴 약·나이젊을 약·날씬할 약

직역 강자(强者)는 누르고 약자(弱者)는 도와준다는 뜻.
의역 가해자나 피해자가 없이 서로 공존(共存)하는 가치를 강조한다는 뜻.

언감생심
焉敢生心

한자 풀이 ──────────

① **언 焉 11** - 어찌 언[본래 鳥(새 조)가 변형된 㶒와 正(바를 정)이 합해진 글자로 새의 이름을 나타냄. 어찌하여, 어떻게 하여, 어떤 이유로, 어찌 감히]·어조사(~ 때문에, ~한다면, ~이 있다면) 언

② **감 敢 12** - 용감할 감[勇敢(용감). 옛날 사냥도구의 모양인 旨와 攵(攴 : 칠 복)이 합해진 글자로 손에 창을 들고 멧돼지와 싸울 수 있는 용기를 나타냄]·감히 감·구태어 감·굳셀 감

③ **생 生 5** - 날 생[어린 싹인 떡잎을 뜻하는 屮(싹날 철)과 土(흙 토)가 합해진 글자로 초목의 새싹이 땅 위로 돋아나는 모습을 나타냄]·낳을 생·생길 생·살 생·자랄 생

④ **심 心 4** - 마음 심(사람의 심장 모양을 본뜬 글자로 본뜻은 심장이며 이후 '마음'의 뜻이 생긴 것임)·생각 심·심장 심 또는 염통 심·가슴 심·중심 심·별이름 심·근본 심

* 예로부터 사람들은 모든 생각은 심장이 주관하는 마음에서 나온다고 믿었음. 心琴(심금 : 미묘한 마음).

직역 감히 어찌 그런 마음을 품을 수 있겠는가라는 뜻.

의역 전혀 말도 안 되는 생각을 한다는 뜻. 즉, 엄두도 낼 수 없는 것이라는 말임.

* 엄두 : 어떤 일에 감히 손을 대어 무엇을 하려는 마음.

언비천리
言飛千里

한자 풀이 ————————

① **언 言 7** – 말씀 언[口(입 구)와 혀로 말할 때 말소리가 퍼져 나오는 현상을 그림 ≡이 합해진 글자로 위·아래의 입술과 혀를 움직이며 소리로 의견을 교환하고 내용을 전달하는 수단]·말할 언

② **비 飛 9** – 날 비[새가 머리를 쳐들고 날개를 치며 위로 날아오르거나 날개를 활짝 펴고 공중을 나는 모습의 글자로 공중에 높이 떠서 날아가는. 곤충·구름·연기 등이 날아오르는]·빠를 비·높을 비·떠돌 비·근거없을 비

③ **천 千 3** – 일천 천[많은 수(數)를 뜻하는 十(열 십)과 人(사람 인)이 생략된 ／(삐침 별)이 합해진 글자로 많은 사람이라는 데서 수효의 천(1,000)을 나타냄. 십진급수의 단위로 100의 10배를 뜻함]

④ **리 里 7** – 마을 리(이)[농사짓는 밭을 뜻하는 田(밭 전)과 사람들이 모여 사는 땅을 뜻하는 土(흙 토)가 합해진 글자로 농사를 짓는 밭을 중심으로 모여 사는 시골의 촌락을 나타냄]·이[지방행정의 말단 구역, 洞里(동리→동네)] 리(이)·이수(도로의 거리, 10里=4km) 리

직역 입에서 나온 말이 천 리나 멀리 날아간다는 뜻.
의역 발 없는 말이 곧 천 리를 가므로 말을 조심해야 한다는 뜻.

언어도단
言語道斷

* 언어동단(言語同斷)과 같은 뜻임(同 : 한가지 동·무리 동).

한자 풀이 ————————

① 언 言 7 - 말씀 언[口(입 구)와 혀로 말할 때 말소리가 퍼져 나오는 현상을 그림 䇂이 합해진 글자로 위·아래의 입술과 혀를 움직이며 소리로 의견을 교환하고 내용을 전달하는 수단]·말할 언

② 어 語 14 - 말씀 어[言(말씀 언)과 발음요소와 두 사람을 뜻하는 吾(우리 오)가 합해진 글자로 두 사람이 말을 주고받는다는 뜻을 나타냄. 의견·학설·사물의 이치 등을 평하는]·말 어·말할 어

③ 도 道 13 - 길 도[辶(길갈 착)과 사람의 머리를 형상화한 首(머리 수)가 합해진 글자로 걸어가는 길과 마음의 세계가 향하고 있는 안 보이는 길을 나타냄]·도리 도·이치 도·말씀 도·지역 도

④ 단 斷 18 - 끊을 단[칼을 뜻하는 斤(도끼 근)과 실이 섞여 있는 모양인 繼(이을 계)가 생략된 㡭(절)이 합해진 글자로 베틀로 천을 짤 때 섞여 있는 실을 칼로 자르는]·결단할 단·한결같을 단

직역 언어의 길이 끊어졌다는 뜻. 즉, 말이 안 되거나 말문이 막혔다는 뜻.

의역 너무 사리(事理)에 멀거나 기가 막혀서 말로 나타낼 수가 없다는 뜻.

언중유골
言中有骨

*언중유언(言中有言)과 비슷한 말임.

한자 풀이 ————————

① **언 言 7** - 말씀 언[口(입 구)와 혀로 말할 때 말소리가 퍼져 나오는 현상을 그림 ᆂ이 합해진 글자로 위·아래의 입술과 혀를 움직이며 소리로 의견을 교환하고 내용을 전달하는 수단]·말할 언

② **중 中 4** - 가운데 중(깃발을 가운데 꽂아 사람들을 모이게 하거나 부락·군부대·집단의 가운데에 깃발을 꽂은 모양의 글자로 사물이나 위치·나이·순서 등의 중심을 뜻함)·속(마음속·말속·뱃속을 뜻함) 중

③ **유 有 6** - 있을 유[月(肉 : 고기 육)과 발음요소인 ナ(又 : 손 우)가 합해진 글자로 사냥하여 잡은 짐승을 손에 잡고 여기 가지고 있다고 말한다는 뜻을 나타냄. 현재 지니고 있거나 존재하는]·가질 유·혹 유·또 유

④ **골 骨 10** - 뼈 골[옛날에 점칠 때 쓰던 소 어깨뼈 모양을 본뜬 冎(살발라낼 과)와 月(肉 : 살 육)이 합해진 글자로 본래는 살 또는 몸속의 알맹이인 쇠뼈를 나타내며 이후 사람과 동물의 뼈를 뜻함]·뼈대 골·요긴한 골

* 骨董品(골동품) : 오래되고 예술적 역사적으로 가치가 있으며 귀한 물품.

* 언중유골(言中有骨)에서 뼈의 상징은 마음속에 풀어지지 않고 가려져 있는 좋지 않은 감정을 뜻함.

직역 예사로운 말 속에 뼈가 있다는 뜻.

의역 말은 부드럽고 순한 듯하나 다른 속뜻이 담겨져 있다는 뜻.

여리박빙
如履薄氷

한자 풀이 ──────────

① **여** 如 6 - 같을 여[옛날 제사장(祭司長) 또는 무당을 뜻하는 女(여자 여)와 口(입 구)가 합해진 글자로 제사장의 말과 똑같다는 뜻을 나타냄. 여러 제사장이나 사람들이 똑같이 말을 하듯이 생각이 일치하는]

　　* 제사장(祭司長) : 종교상의 의식(儀式)·전례(典禮)를 맡아보는 사람으로 옛날에는 여자였음.

　　* 전례(典禮) : 왕실이나 나라에 축하를 할 일이나 사람이 죽었을 때 행하는 의식.

② **리** 履 15 - 밟을 리(이)[尸(주검 시)와 復(돌아올 복)이 합해진 글자로 신고 다니는 신을 나타내며 '밟다'는 다시 생긴 것임. 또는 사람을 뜻하는 尸(주검 시)와 걷는다는 뜻의 彳(자축거릴 척)과 夂(뒤져올 치)와 나무를 파서 만든 나막신 모양인 舟(배 주)가 합해진 글자로 해석하기도 함]·신발 리(이)

③ **박** 薄 17 - 엷을 박[艹(屮 : 풀 초)와 발음요소와 넓다는 뜻의 溥(펼 부)가 합해진 글자로 본래는 '얇다·적다'의 뜻을 나타냄. 세포막처럼 얇은]·얕을 박·메마를 박·야박할 박·싱거울 박

④ **빙** 氷 5 - 얼음 빙[水(물 수)와 발음요소와 물이 얼어붙은 고드름 모양을 뜻하는 冫(얼음 빙)이 합해진 冰이 氷으로 바뀐 글자로 얼음덩어리를 나타냄]·얼(액체 상태의 물이 0℃·1기압에서 고체 상태로 변하는) 빙

직역 마치 얇은 얼음 위를 밟고 걸어가는 것과 같다는 뜻.

의역 매우 위태로운 상황에 처해 있다는 뜻. 즉, 몹시 위험(危險)함을 가리키는 말임.

여민동락
與民同樂

* 여민해락(與民偕樂)과 같은 뜻임(偕 : 함께 해·같이 해).

한자 풀이 ─────────

① **여 與 14** – 더불 여[臼(깍지낄 국)과 두 사람이 양손을 엇갈리게 잡은 모양인 与와 八(廾 : 받들 공)이 합해진 글자로 함께 마주 든다는 뜻을 나타냄]·줄 여·같을 여·편들 여·참여할 여

② **민 民 5** – 백성 민[한쪽 눈을 송곳으로 찌른 目(눈 목)의 변형인 口와 부족(部族)을 뜻하는 氏(성 씨)가 합해진 글자로 포로의 한쪽 눈을 찔러 노예로 살도록 성씨를 준 조상이 없는 백 가지 성을 가진 사람들]

③ **동 同 6** – 같을 동[위로 거듭 포개 덮는다는 뜻인 冂(겹쳐덮을 모)에 밥·반찬 그릇을 뜻하는 口(입 구)가 가운데 더해진 글자로 크기와 모양이 똑같은 그릇이 여러 층으로 된 찬합(饌盒)을 나타냄]·한가지 동·함께 동

④ **락 樂 15** – 즐길 락(낙)[큰 북을 뜻하는 白(흰 백)과 작은 북을 뜻하는 幺(작을 요) 두 개와 받침대를 뜻하는 木(나무 목)이 합해진 글자로 큰 북을 중심으로 작은 북들이 원을 그리며 북과 춤과 노래를 행하면서 즐거움을 누리는]·즐거울 락(낙)·풍류(風流 : 속세를 떠나 멋지게 노는) 악·음악 악·좋아할 요

* 동고동락(同苦同樂) : 괴로움도 즐거움도 함께 더불어 하는.
* 덕(德) : 어질고 너그러우며 공정하고 포용성 있는 마음이나 품성.

직역 임금이 백성과 함께 어울려 즐긴다는 뜻.
의역 덕(德)과 어진 마음으로 백성을 다스린다는 뜻.

역지사지
易地思之

한자 풀이 ──────────

① **역 易 8** – 바꿀 역[日(해 일)과 빛 그림자가 어른거린다는 뜻의 勿(말 물)이 합해진 글자로 해가 이동하며 비치는 각도에 따라 그림자나 색깔이 쉽게 바뀐다는 뜻을 나타냄]·쉬울(어떤 일을 하는데 어려움이 없는) 이

② **지 地 6** – 땅 지 또는 따 지[土(흙 토)와 발음요소와 긴 뱀의 모양을 본뜬 也(잇기 야)가 합해진 글자로 흙이 사방으로 잇달아 깔려 있는 땅 또는 넓은 땅덩어리를 나타냄]·처지(處地 : 처해 있는 형편) 지

③ **사 思 9** – 생각할 사[뇌의 모양을 본뜬 囟(정수리 신)이 변형된 田(밭 전)과 心(마음 심)이 합해진 글자로 생각이 두뇌와 심장에서 나온다는 뜻을 나타냄]·생각(의견·기억·상상 등을 일으키는 정신작용) 사·그리워할 사

④ **지 之 4** – 갈 지[두 발을 뜻하는 止(발 지)와 출발선을 뜻하는 一(가로획)을 그어 만든 글자로 한 발을 떼고 막 출발하려는 모습을 나타냄]·이를 지·이 지·어조사(~의, ~가, ~이, ~을) 지

* 어떤 일을 분명히 결정하지 못하고 갈팡질팡하거나 길·형태 따위가 꼬불꼬불함을 뜻함.

* 이 사자성어에서 之(지)는 四字의 형식으로 쓰인 글자임.

직역 다른 사람과 처지를 바꾸어 생각하라는 뜻.
의역 상대방의 처지를 먼저 이해하고 말과 행동을 하라는 뜻.

연비어약
鳶飛魚躍

한자 풀이 ──────

① **연 鳶 14** - 솔개 연 또는 소리개 연[鳥(새 조)와 줄을 맨 화살로 사냥한다는 뜻의 弋(주살 익)이 합해진 글자로 맷과의 새로 공중에서 큰 날개를 편 채로 맴돌다 병아리 같은 먹이를 잡아먹는 새를 뜻함]

② **비 飛 9** - 날 비[새가 머리를 쳐들고 날개를 치며 위로 날아오르거나 날개를 활짝 펴고 공중을 나는 모습의 글자로 공중에 높이 떠서 날아가는. 곤충·구름·연기 등이 날아오르는]·빠를 비·높을 비·떠돌 비·근거없을 비

③ **어 魚 11** - 물고기 어(물고기의 머리인 ⺈와 몸통과 비늘을 뜻하는 田와 지느러미와 꼬리를 뜻하는 灬이 합해진 글자로 물속에서 헤엄치며 살아가는 물고기를 나타냄)·잉어 어·생선(生鮮 : 잡은 그대로의 물고기) 어

④ **약 躍 21** - 뛸 약[足(足 : 발 족)과 발음요소와 날개를 치며 힘차게 날아오른다는 뜻을 나타내는 翟(꿩 적)이 합해진 글자로 발의 힘으로 꿩처럼 생기 있고 활발하게 앞으로 달려간다는 뜻을 나타냄. 몸을 위로 솟게 하여 위로 높이 뛰어오르는. 능력·수준 등이 더 높은 단계로 발전하는]

> **직역** 솔개가 하늘을 날고 물고기가 연못 속에서 뛰고 있다는 뜻.
> **의역** 만물이 자연(自然)과 조화를 이루어 자유롭게 살아가는 모습을 나타낸 뜻.

영서연설
郢書燕說

한자 풀이 ────────

① **영 郢 10** - 땅이름 영 또는 초나라의서울 영[阝(邑 : 도읍 읍·나라 읍)과 발음요소인 呈(드릴 정)이 합해진 글자로 중국 초(楚)나라의 도읍지로 격이 낮은 음악이나 풍속을 가진 지역을 뜻함]·절기이름(중국의 기후) 영

② **서 書 10** - 글 서[손에 붓을 잡고 있는 모양인 聿(붓 율)과 먹물이 담긴 그릇을 뜻하는 曰(가로 왈)이 합해진 글자로 붓으로 먹물을 묻혀 남의 말이나 자기의 생각을 쓰는 기록을 뜻함]·책 서·문서 서·편지 서

③ **연 燕 16** - 제비 연[일명 현조(玄鳥). 머리 부분인 廿와 몸통부분인 口와 양쪽 날개를 편 모양인 北와 꼬리부분을 뜻하는 灬이 합해진 글자로 나는 제비의 모습을 나타냄]·잔치 연·나라이름 연

④ **설 說 14** - 말씀 설[言(말씀 언)과 발음요소와 입을 움직이며 계속 말한다는 뜻의 兌(기뻐할 열)이 합해진 글자로 잘 알아듣도록 큰 소리로 말한다는 뜻을 나타냄. 익숙하고 뛰어난 말솜씨로 자기의 주장을 설명하는 학문과 과학기술·종교와 사상 등을 논리적으로 설명하는]·언론 설·풀 설·달랠 세·기쁠 열·벗을 탈

> **직역** 영(郢) 땅에 사는 사람의 글을 연(燕)나라 사람이 설명한다는 뜻.
> **의역** 이치(理致)에 맞지 않는 말을 억지로 끌어대어 꿰맞춘다는 뜻.

오매불망
寤寐不忘

한자 풀이 ────────

① 오 寤 14 - 잠깰 오[宀(집 면)과 침상을 뜻하는 爿(조각널 장)과 발음요소와 멈춘다는 뜻의 吾(나 오)가 합해진 글자로 집에서 밤에 잠을 자고 새벽에 일어나기 위하여 잠에서 깬다는 뜻을 나타냄]·깨달을 오

  * 오매(寤寐) : 자나깨나 언제나.

② 매 寐 12 - 잠잘 매 또는 잘 매[宀(집 면)과 침상을 뜻하는 爿(조각널 장)과 발음요소인 未(아닐 미)가 합해진 글자로 이미 잠을 자고 있다는 뜻을 나타냄]·쉴(피로를 풀려고 누워서 몸을 편안히 두는) 매

③ 불 不 4 - 아니 불 또는 아닐 불(식물의 꽃대와 꽃받침과 꽃의 암술로 된 씨방 모양을 본뜬 글자로 씨방이 자라서 열매를 맺을지 모른다는 뜻에서 '아니'라고 나타냄)·못할 불·없을 불·않을 불

  * '그렇지 아니하다'라는 부정(否定)이나 반대(反對)의 뜻을 나타냄. 동사로는 '~를 하지 마라'.

④ 망 忘 7 - 잊을 망[心(마음 심)과 발음요소와 잃거나 없어진다는 뜻의 亡(없을 망)이 합해진 글자로 주의하는 마음이 없어서 기억하지 못한다는 뜻을 나타냄. 과거의 사실을 기억하지 못하는]·건망증(健忘症) 망

직역 그리움이나 근심 등을 깨어있을 때나 잠잘 때나 잊지 못한다는 뜻.

의역 항상 잊지 못하고 생각한다는 뜻. 즉, 잊을 수가 없다는 뜻.

오비삼척
吾鼻三尺

한자 풀이 ——————

① 오 吾 7 - 나 오[하늘과 땅이 교감(交感)한다는 뜻인 乂에서 교차점이 오로지 '나'를 가리킨다는 뜻의 五(다섯 오)와 口(입 구)가 합해진 글자로 '나·우리 또는 나 자신'을 가리킴]

② 비 鼻 14 - 코 비[코의 정면 모습을 그린 自(코 자)와 콧구멍으로 숨을 마시고 내쉬는 모양을 본뜬 畀(줄 비)가 합해진 글자로 얼굴 가운데 있는 감각기관인 코를 나타냄]·그릇손잡이(손으로 잡을 수 있도록 코 모양으로 덧붙여진 그릇) 비

③ 삼 三 3 - 석 삼[본래 세 줄의 가로획을 나란히 그은 글자로 숫자의 셋을 나타내며 또한 하늘과 땅을 뜻하는 二(두 이) 사이에 사람을 뜻하는 一(가로획)이 더해져 천(天)·지(地)·인(人)을 가리켜 1·2·3·4…에서 3을 뜻함]

④ 척 尺 4 - 자 척[본래 사람을 뜻하는 尸(주검 시)와 팔을 굽힌 모양인 乙(새 을)이 합해진 글자로 팔목에서 팔꿈치까지의 길이를 나타냄. 긴 나무막대에 눈금이 있는 길이를 재는 기구이며 1尺(척)은 10寸(촌)과 같고 '1자'라고 부르며 약 30.3cm에 해당됨]·길이 척·짧을 척·작을 척·편지 척·법(法) 척 또는 법도(法度) 척

직역 내 코가 석자라는 뜻.
의역 내 사정이 급하여 남의 사정을 돌볼 여유가 없다는 뜻.

오비이락
烏飛梨落

한자 풀이 ─────────

① **오 烏 10** - 까마귀 오[까마귀의 깃털이 새까매서 마치 눈알이 없는 것처럼 보인다는 뜻에서 鳥(새 조)에서 눈알에 해당하는 한 획을 뺀 글자로 주둥이까지 몸 전체가 검고 까치보다 큰 새를 뜻함]·검을 오·탄식할 오

② **비 飛 9** - 날 비[새가 머리를 쳐들고 날개를 치며 위로 날아오르거나 날개를 활짝 펴고 공중을 나는 모습의 글자로 공중에 높이 떠서 날아가는. 곤충·구름·연기 등이 날아오르는]·빠를 비·높을 비·떠돌 비·근거없을 비

③ **이 梨 11** - 배 이(리)[木(나무 목)과 발음요소인 利(이로울 이)가 합해진 글자로 사과보다 좀 큰 과일로 맛이 달고 물이 많은 누런 빛깔의 배나무 열매를 뜻함]·배나무(관목으로 봄에 흰 꽃이 피고 가을에 열매가 달리는 나무) 이(리)

④ **락 落 13** - 떨어질 락(나)[艹(艸 : 풀 초)와 발음요소인 洛(강이름 락)이 합해진 글자로 초목의 잎이 땅 위에 떨어진다는 뜻을 나타냄. 물체가 떨어지는. 시험에 떨어지는. 해와 달이 지는]·이룰 락(나)·몰락(沒落)할 락(나)·함락(陷落)할 락(나)·마을 락(나)·비로소 락(나)

직역 까마귀 날자 배 과일이 떨어진다는 뜻.
의역 아무 관계없이 한 일이 공교롭게 일치하여 남의 의심을 받는다는 뜻.

244

오상고절
傲霜孤節

한자 풀이

① **오 傲 13** - 거만할 오[倨慢(거만). 亻(人 : 사람 인)과 발음요소와 멋대로 즐긴다는 뜻의 敖(거만할 오)가 합해진 글자로 잘난 체하고 뽐내는 얼굴빛과 태도로 남을 함부로 대하는]·업신여길 오·놀 오·날뛸 오

② **상 霜 17** - 서리 상[하늘에서 내리는 비·눈을 뜻하는 雨(雨 : 비 우)와 발음요소인 相(모양 상)이 합해진 글자로 공기 중의 수증기가 차가운 땅이나 물체에 닿아서 엉기어 희게 보이는 작은 얼음 알갱이]·세월 상·해지낼 상

③ **고 孤 8** - 외로울 고[子(아이 자)와 발음요소와 홀로 남아 있다는 뜻의 瓜(오이 과)가 합해진 글자로 오이 가지에 잎은 다 시들어 없어지고 오이만 달랑 남아 있다는 뜻을 나타냄]·홀로 고·부모없을 고

④ **절 節[節] 15** - 마디 절[⺮(竹 : 대나무 죽)과 밥상 앞에 무릎을 꿇고 앉아 있는 모습인 卽(곧 즉)이 합해진 글자로 대나무의 마디같이 나무의 줄기에서 잎이나 가지가 나는 조금 도드라진 곳을 뜻함]·절개(節介 : 대나무같이 옳은 원칙과 신념을 굽히지 아니하고 끝까지 지키는) 절

직역 국화꽃같이 서릿발 속에서도 굴하지 않고 홀로 꿋꿋하게 절개(節槪)를 지킨다는 뜻.

의역 굳게 지키는 충성스러운 신하(臣下)의 신념과 신의를 뜻함.

옥의옥식
玉衣玉食

한자 풀이 ──────

① 옥 玉 5 - 구슬 옥[3개의 둥근 옥을 뜻하는 三(석 삼)에 동전처럼 끈으로 꿴다는 뜻의 丨(뚫을 곤)이 합해진 글자에 동그란 모양으로 다듬어 만든 옥돌을 뜻하는 丶(점 주)가 더해진 글자로 둥글게 만든 보석을 뜻함]·훌륭할 옥

② 의 衣 6 - 옷 의[人(사람 인)이 겹친 모양인 仏와 몸을 감싸 덮는다는 뜻의 亠(머리 두)가 합해진 글자로 목에 둘러대는 깃과 소매가 있는 위에 입는 옷을 나타냄. *저고리 : 한복(韓服)의 일종인 웃옷]

* 우리나라 고유의 의복에서 衣(옷의)는 위에 입는 옷을 나타냄, 裳(치마상)은 아래에 입는 옷.

③ 식 食 9 - 밥 식[본래 米(쌀 미)와 水(물 수)가 합해진 글자 또는 人(사람 인)과 良(좋을 량)이 합해진 글자로 쌀·보리 등을 끓여 익혀 순가락으로 떠서 끼니로 즐겨 먹는 음식을 뜻함]·음식 식·먹을 식·양식 식·일식(日蝕) 식·월식(月蝕) 식·먹일 사·기를 사

직역 옥구슬같이 우아한 옷과 맛있는 음식을 뜻함.
의역 잘 입고 잘 먹으며 풍요로운 삶을 누린다는 뜻.

와부뇌명
瓦釜雷鳴

한자 풀이 ──────

① **와 瓦 5** - 기와 와(본래 진흙으로 빚어 불가마에 구워 만든 암키와와 숫키와가 서로 엇갈리게 겹쳐 있는 모양의 글자로 진흙을 반죽하여 다듬고 불가마에 구워 만든 지붕을 이는데 쓰는 물건)·질그릇(진흙으로 만든 그릇) 와

② **부 釜 10** - 솥 부[철의 합금으로 된 무쇠를 뜻하는 金(쇠 금)과 발음요소인 父(아비 부)가 합해진 글자로 밥을 짓거나 음식을 끓이는데 쓰는 무쇠로 만든 다리가 없는 그릇]·가마 부 또는 가마솥(크고 둥글며 깊숙한 솥) 부

③ **뇌 雷 13** - 우레 뇌(뢰)[霝(雨 : 비 우)와 발음요소와 천둥소리가 거듭된다는 뜻의 畾(밭갈피 뢰)가 합해진 글자로 번뜩이는 번개라는 데서 우레의 뜻을 나타냄. 비올 때 대기 중의 방전현상으로 열에너지에 의해 공기가 팽창하면서 울리는 소리]·천둥 뇌(뢰)

④ **명 鳴 14** - 울 명[口(입 구)와 수탉의 형상을 본뜬 鳥(새 조)가 합해진 글자로 수탉의 울음소리를 나타냄. 새가 지저귀며 울거나 매미 같은 곤충이나 짐승 따위가 울면서 소리를 내는]·울릴(종·북 등이 진동하면서 나는 소리) 명

직역 진흙으로 만든 가마솥이 우레와 같은 큰 소리를 낸다는 뜻.

의역 배우지 못한 사람이 아는 척하고 허풍(虛風)을 떨며 자랑한다는 뜻.

　* 현자(賢者)가 때를 잃고 우자(愚者)가 중요한 자리에 임용된다는 뜻.
　* 허풍(虛風) : 실제보다 지나치게 불려서 믿음성이 없는 말이나 행동.

외유내강
外柔內剛

한자 풀이 ————————

① **외 外 5** - 밖 외 또는 바깥 외[의미요소와 발음요소를 뜻하는 夕(저녁 석)과 점(占)을 친다는 뜻의 卜(점 복)이 합해진 글자로 저녁에 밖으로 앞날의 운수나 길흉을 미리 판단해주는 점을 치러간다는 뜻에서 밖을 뜻함]

② **유 柔 9** - 부드러울 유[木(나무 목)과 발음요소와 창 모양으로 뾰족하게 돋아난 새순을 뜻하는 矛(창 모)가 합해진 글자로 나무에서 뾰족한 창끝 모양으로 막 돋아나온 새싹같이 약하고 연한]·순할 유·연약할 유

③ **내 內 4** - 안 내[본래 흙으로만 쌓은 토담에 지붕만 덮은 옛날 집을 본뜬 冂(멀 경)과 入(들입)이 합해진 글자로 문 안쪽으로 허리를 구부리고 들어간다는 뜻을 나타냄]·속(몸속·옷속·배속·마음속) 내·방 내·아내 내

④ **강 剛 10** - 굳셀 강[岡(산등성이 강)과 刂(刀 : 칼 도)가 합해진 글자로 산등성이에 드러난 날카로운 돌같이 강하거나 부러지지 않는 칼처럼 강하다는 뜻을 나타냄. 마음이 꿋꿋하고 의지가 강한. 몸이 튼튼한]·강할 강

* 剛(강할 강)은 주로 의지나 정신이, 強(강할 강)은 힘이나 몸이 강하다는 뜻임.

직역 겉으로는 부드럽지만 안으로는 강하다는 뜻.
의역 부드러우면서도 강직한 성품을 지닌 사람을 뜻함.

외화내빈
外華內貧

한자 풀이 ─────────

① **외 外 5** - 밖 외 또는 바깥 외[의미요소와 발음요소를 뜻하는 夕(저녁석)과 점(占)을 친다는 뜻의 卜(점 복)이 합해진 글자로 저녁에 밖으로 앞날의 운수나 길흉을 미리 판단해주는 점을 치러간다는 뜻에서 밖을 뜻함]·곁 외

② **화 華 12** - 빛날 화[卄(艸 : 풀 초)와 아래로 처져 늘어져 있다는 뜻의 垂(드리울 수)가 합해진 글자로 활짝 핀 아름다운 꽃같이 또는 나비의 날개무늬처럼 화려하다는 뜻을 나타냄]·꽃화 또는 꽃필 화·화려할 화

③ **내 內 4** - 안 내[본래 흙으로만 쌓은 토담에 지붕만 덮은 옛날 집을 본뜬 冂(멀 경)과 入(들입)이 합해진 글자로 문 안쪽으로 허리를 구부리고 들어간다는 뜻을 나타냄]·속(몸속·옷속·배속·마음속) 내·방 내·아내 내

④ **빈 貧 11** - 가난할 빈 또는 구차할 빈[苟且(구차). 돈과 재물을 뜻하는 貝(조개 패)와 발음요소인 分(나눌 분)이 합해진 글자로 재물을 나누고 쪼개서 적거나 거의 없다는 뜻을 나타냄. 살림살이가 쪼들리는]·모자랄 빈·빈곤할 빈

직역 겉으로 보기에는 화려하나 속으로는 빈곤하다는 뜻.
의역 실제로는 아무것도 없으면서 겉모습만 요란하다는 뜻.

요산요수
樂山樂水

* 본래 인자요산(仁者樂山) 지자요수(智者樂水)로 알려져 있음.

한자 풀이 ―――――――

① **요 樂 15** - 좋아할 요[風流(풍류)로 즐거움을 느끼므로 마음이 상쾌하고 산(山)이나 물 또는 어떤 사물에 대하여 좋은 느낌을 갖는]·즐길 락(낙)[큰 북을 뜻하는 白(흰 백)과 작은 북을 뜻하는 幺(작을 요) 두 개와 받침대를 뜻하는 木(나무 목)이 합해진 글자로 큰 북을 중심으로 작은 북들이 원을 그리며 춤과 노래로 즐거움을 누리는]

② **산 山 3** - 뫼 산 또는 메 산(우뚝 솟은 봉우리 3개가 ⛰의 그림과 같이 붙어 있는 산의 모습을 본뜬 글자로 둘레보다 우뚝하게 높이 솟아 있는 땅덩이를 나타냄)·무덤(시체나 유골을 묻은 묘) 산

* '메'는 산(山)을 예스럽게 이르는 말이며 山林(산림)은 산과 숲을 뜻함.

③ **수 水 4** - 물 수[본래 川(내 천)에서 비롯된 글자로 흐르는 물줄기가 합쳤다가 갈라지는 모습을 나타냄. 샘물·시냇물·강물·바닷물 등 자연에 존재하는 기본 물질을 뜻함]·별이름(水星 : 수성) 수

* 水星(수성)은 우주 만물을 이루는 5가지 원소 중 물을 뜻함 - 목성(나무)·화성(불)·토성(흙)·금성(쇠).

직역 산(山)을 좋아하고 물(水)을 좋아한다는 뜻. 곧 산수(山水)의 경치를 즐긴다는 뜻.

의역 어진 사람은 산(山)을 좋아하고 지혜로운 사람은 물(水)을 좋아한다는 뜻.

요지부동
搖之不動

한자 풀이 ────────

① **요 搖 13** - 흔들 요[扌(手 : 손 수)와 항아리를 뜻하는 䍃(질그릇 요)가 합해진 글자로 둥글고 가운데가 불룩한 항아리를 손으로 잡고 앞뒤 또는 좌우로 반복해서 흔들어 움직이게 한다는 뜻을 나타냄]·움직일 요

② **지 之 4** - 갈 지[두 발을 뜻하는 止(발 지)와 출발선을 뜻하는 一(가로획)을 그어 만든 글자로 한 발을 떼고 막 출발하려는 모습을 나타냄]·이를 지·이 지·어조사(~의, ~가, ~이, ~을, ~하여도) 지

③ **부 不 4** - 아니 불 또는 아닐 불(식물의 꽃대와 꽃받침과 꽃의 암술로 된 씨방 모양을 본뜬 글자로 씨방이 자라서 열매를 맺을지 모른다는 뜻에서 '아니'라고 나타냄)·못할 불·없을 불·않을 불

   * '그렇지 아니하다'라는 부정(否定)이나 반대(反對)의 뜻을 나타냄. 동사로는 '~를 하지 마라'.

④ **동 動 11** - 움직일 동[力(힘 력)과 발음요소와 한쪽 눈이 칼에 찔린 남자종이 힘든 일을 한다는 뜻의 重(무거울 중)이 합해진 글자로 본래는 노예들에게 힘든 노동을 강제로 시킨다는 뜻을 나타냄]·동물 동·어지러울 동·문득 동

직역 흔들어도 꿈쩍도 하지 않는다는 뜻.

의역 자신의 뜻을 굽히지 않고 고집이 세다는 뜻. 또는 어떤 유혹이나 설득에도 절대로 넘어가지 않는다는 뜻.

용호상박
龍虎相搏

한자 풀이 ━━━━━━━

① **용 龍 16** - 용 용(룡)[머리 위의 뾰족한 뿔과 벌리고 있는 입과 매의 발톱과 기다란 몸뚱이를 가진 상상의 동물을 형상화한 글자로 '용'을 나타냄. 중국 주(周)나라 때부터 온갖 신묘(神妙)한 조화를 부리는 동물로 여겨 왔음]

② **호 虎 8** - 범 호 또는 호랑이 호[범을 뜻하는 虍(호피무늬 호)와 범이 걸어간 발자국을 뜻하는 儿(길게걸을 인)이 합해진 글자로 범의 형상을 나타냄. 몸의 털색깔이 황갈색 바탕에 검은 줄무늬가 있는 사나운 야생동물]

③ **상 相 9** - 서로 상[본래 杖(지팡이 장)이 생략된 木(나무 목)과 살펴본다는 뜻의 目(눈 목)이 합해진 글자로 장님이 지팡이로 세상을 본다는 장님과 지팡이 관계에서 '서로'의 뜻을 나타냄]·볼 상·도울 상

④ **박 搏 13** - 칠 박[扌(手 : 손 수)와 발음요소와 釜(도끼 부)와 통하는 尃(펼 부)가 합해진 글자로 도끼로 찍는다는 뜻을 나타냄. 손바닥으로 세차게 때리는. 싸우는]·두드릴 박·잡을 박

직역 용(龍)과 범(虎)이 승부를 가리기 위해 서로 싸운다는 뜻.

의역 실력이 비슷한 두 영웅(英雄)을 아울러 이르는 말임. 즉, 우열을 가릴 수 없을 만큼 뛰어나다는 뜻.

우여곡절
迂餘曲折

한자 풀이 ────────

① **우 迂 7** - 우활할 우 또는 멀 우[迂闊(우활). 辶(辵 : 쉬엄쉬엄갈 착)과 발음요소와 활처럼 굽다
는 뜻의 于(굽을 우)가 합해진 글자로 곧바르지 않고 에돌아서 먼. 어떤 의견이나 내용·사정
등이 실제와 멀리 떨어져 있는]·굽을 우·에돌(멀리 피하여 빙 돌아가는) 우·비뚤 우

② **여 餘 16** - 남을 여[음식을 뜻하는 飠(食 : 밥 식)과 발음요소와 펼쳐놓은 모습의 余(남을 여)
가 합해진 글자로 밥이나 음식을 배불리 먹고도 남음이 있다는 뜻을 나타냄]·나머지 여·
풍요(豐饒) 여·다른 여

③ **곡 曲 6** - 굽을 곡[曰(가로왈)에 ‖와 같은 두 개의 막대를 세로로 꽂아 놓은 모양의 글자로 대나
무나 싸리를 굽혀서 만든 누에를 기르는 채반인 잠박을 나타냄]·굽이 곡·자세할 곡·곡조 곡

④ **절 折 7** - 꺾을 절[본래 초목을 본뜬 屮의 변형인 扌(手 : 손 수)와 자르거나 꺾는다는 뜻의 斤
(도끼 근)이 합해진 글자로 도끼로 나무를 찍어 넘어뜨린다는 뜻을 나타냄]·끊을 절·꺾일
절·굽힐 절·휠 절·타협(妥協 : 서로 좋도록 양보하고 협의하는)할 절·결단할 절

직역 이리저리로 많이 굽어 있고 꺾여 있는 상태라는 뜻.
의역 여러 가지로 뒤얽힌 복잡한 사정이나 삶을 뜻함.

우왕좌왕
右往左往

* 좌왕우왕(左往右往)이라고도 씀.

한자 풀이 ——————

① **우 右 5** - 오른쪽 우[ㅋ(又 : 오른손 우)의 변형의 ㄱ와 口(입 구)가 합해진 글자로 밥을 먹을 때 주로 사용하는 오른쪽의 손을 나타냄. 몸을 중심으로 왼쪽에 반대되는 우측을 가리키는]·숭상(崇尙 : 임금이나 덕망과 업적이 뛰어난 인물을 우러러 높이며 소중하게 생각하는)할 우·높일 우·도울(우측에서 임금을 돕는) 우·곁 우

② **왕 往 8** - 갈 왕[글자로는 彳(조금걸을 척)과 主(주인 주)가 합해진 것이지만 본래 걷는다는 뜻의 止(발 지)와 발음요소인 王(갈 왕)으로 이루어진 초기자형에 다시 길을 뜻하는 彳(조금걸을 척)이 합해진 글자로 어디로 향하여 걸어간다는 뜻을 나타냄. 버스 등이 일정한 곳을 향하여 운행하는]·향할 왕·옛(이미 지나간 세월이나 일을 뜻함) 왕·이따금 왕

③ **좌 左 5** - 왼 좌 또는 왼손 좌[屮(왼손 좌)가 변형된 ㄱ와 工(장인 공)이 합해진 글자로 오른손에 망치 같은 연장을 잡을 때 보조 역할을 하는 왼쪽의 손을 나타냄. 왼쪽 방향 또는 왼쪽에 있는 손을 가리킴]·왼쪽 좌·증거(證據 : 어떤 사실을 증명하는 자료) 좌·낮을 좌·내칠 좌·도울 좌

직역 우측으로 갔다 좌측으로 갔다 한다는 뜻.
의역 갈피를 잡지 못하고 이리저리 헤맨다는 뜻.

우유부단
優柔不斷

한자 풀이 ─────────

① **우 優 17** - 넉넉할 우[亻(人 : 사람 인)과 발음요소와 사람이 가면을 쓰고 춤추는 모양을 본뜬 憂(근심할 우)가 합해진 글자로 본뜻은 탈을 쓰고 춤추는 사람인 광대이며 이후 '넉넉하다·뛰어나다'의 뜻이 생겼음]·후할(마음이 착한) 우

  * 우유(優柔) : 마음이 매우 부드럽고 줏대가 약한.

② **유 柔 9** - 부드러울 유[木(나무 목)과 발음요소와 창 모양으로 뾰족하게 돋아난 새순을 뜻하는 矛(창 모)가 합해진 글자로 나무에서 뾰족한 창끝 모양으로 막 돋아나온 새싹같이 약하고 연한]·순할 유·연약할 유

③ **부 不 4** - 아니 부 또는 아닐 불(식물의 꽃대와 꽃받침과 꽃의 암술로 된 씨방 모양을 본뜬 글자로 식물의 씨방이 자라서 열매가 될지 안 될지 아직 모른다는 뜻에서 '아니'라고 나타냄)·뜻정하지아니할 부·않을 불·못할 불·없을 불

④ **단 斷 18** - 끊을 단[칼을 뜻하는 斤(도끼 근)과 실이 섞여 있는 모양인 繼(이을 계)가 생략된 𢇍(절)이 합해진 글자로 베틀로 천을 짤 때 섞여 있는 실을 칼로 자른다는 뜻을 나타냄]·결단 단 또는 결단(決斷 : 옳고 그름을 따져 결정적인 판단을 내리는)할 단

직역 착하고 연약해서 결단을 내리지 못한다는 뜻.

의역 어물어물하기만 하고 결단성이 없다는 뜻.

  * 어물어물하는 : 어떤 일이나 말 따위를 똑똑히 하지 못하고 우물쭈물하는.

우이독경
牛耳讀經

한자 풀이 ——————

① **우 牛 4** - 소 우(소의 머리와 어깨·몸의 정면 모습을 형상화한 ‡에다 뿔을 뜻하는 ╱이 더해져 牛가 된 글자로 소를 나타냄. 엉금엉금 걸으며 논밭을 갈거나 수레를 끄는 집에서 기르는 가축을 뜻함)·일 우·희생 우

② **이 耳 6** - 귀 이[目(눈 목)에 귀가 눈 아래에 위치하고 있다는 丨의 표시를 덧붙여 사람의 귀 모양을 본뜬 글자로 얼굴의 양쪽에 붙어 있어 귓바퀴와 고막의 울림으로 말이나 소리를 들을 수 있는 기관을 뜻함]·뿐 이

③ **독 讀 22** - 읽을 독[言(말씀 언)과 발음요소와 돌아다니며 소리를 내어 장사하는 賣(행상할 육)이 합해진 글자로 글을 소리를 내어 읽는다는 뜻을 나타냄]·귀절 두 또는 구절(대화나 문장에서 한 토막의 말·글이 되는) 두

④ **경 經 13** - 다스릴 경[糸(실 사)와 베틀의 날실을 뜻하는 巠(물줄기 경)이 합해진 글자로 날실이 씨실을 다스린다는 뜻을 나타냄. 나누고 합치며 실을 다루듯이 이치나 법(法)과 인륜(人倫)에 맞게 백성을 관리하거나 천하를 지배하는]·경서(經書) 경·책 경·경전(經典) 경·떳떳할 경·평상(보통 때) 경·지날 경

* 經(경)은 경서(經書)를 뜻하며 공자(孔子) 같은 성현(聖賢)들이 써 놓은 책을 말함.

직역 쇠귀에 경(經) 읽기라는 뜻.

    * 쇠는 '소의'가 줄어진 말임. <예> 쇠고기 = 소의 고기.

의역 아무리 가르쳐도 우둔(愚鈍)하여 알아듣지 못한다는 뜻.

우직지계
迂直之計

한자 풀이 ————————

① **우 迂 7** - 우활할 우 또는 멀 우[迂闊(우활). 辶(辵 : 쉬엄쉬엄갈 착)과 발음요소와 활처럼 굽다
　는 뜻의 于(굽을 우)가 합해진 글자로 곧바르지 않고 에돌아서 먼. 어떤 의견이나 내용·사
　정·실제와 멀리 떨어져 있는]·굽을 우·에돌(멀리 피하여 빙 돌아가는) 우

② **직 直 8** - 곧을 직[目(눈 목)과 좌우상하로 움직이며 측량한다는 뜻의 十(열 십)과 긴 막대기
　를 뜻하는 乚(丨 : 뚫을 곤)이 합해진 글자로 본뜻은 '똑바로 보다'이며 이후 '곧다·바르다'는
　새로 생긴 것임]·바를(올바른) 직

③ **지 之 4** - 갈 지[두 발을 뜻하는 止(발 지)와 출발선을 뜻하는 一(가로획)을 그어 만든 글자로
　한 발을 떼고 막 출발하려는 모습을 나타냄]·이를 지·이 지·어조사(~의, ~가, ~이, ~을) 지

④ **계 計 9** - 셀 계[言(말씀 언)과 수(數)를 뜻하는 十(十 : 열 십)이 합해진 글자로 입으로 말을 하
　면서 하나에서 열까지 수를 센다는 뜻을 나타냄. 수효를 낱낱이 헤아리는]·계산(計算) 계·
　셈할 계·계획(計劃·計畫) 계·꾀(일을 교묘하게 꾸미는 생각·수단) 계

직역 가까운 길을 곧게만 가는 것이 아니라 돌아갈 줄도 알아야 한다는 뜻.
의역 언뜻 보기에는 돌아가고 있는 듯이 보이지만 실제로는 지름길이라는 계책을
　　　뜻함. 즉, 병법(兵法)의 지혜(智慧)를 뜻함.

우후죽순
雨後竹筍

한자 풀이 ―――――

① **우 雨 8** - 비 우[하늘을 뜻하는 一(가로획)과 구름을 본뜬 冂(멀 경)과 물방울과 비를 본뜬 氺가 합해진 글자로 하늘에 떠 있는 검은 구름에서 빗방울이 땅으로 떨어진다는 뜻을 나타냄]·비올 우·내릴 우

② **후 後 9** - 뒤 후[종종걸음으로 걷는다는 뜻인 彳(조금걸을 척)과 끈을 뜻하는 糸(실 사)가 생략된 幺(작을 요)와 夊(뒤져올 치)가 합해진 글자로 끈에 발이 묶인 죄인이 걸을 때 뒤로 처져 늦게 온다는 뜻을 나타냄]·늦을 후

③ **죽 竹 6** - 대 죽 또는 대나무 죽(곧게 뻗은 줄기와 마디에 난 양쪽 잎이 아래로 드리워진 대나무 두 그루가 마주 서 있는 모습을 본뜬 글자로 옛부터 겨울의 풀이라고 부르는 대 또는 대나무를 나타냄)·편지 죽·문서 죽

④ **순 筍 12** - 죽순 순 또는 대싹 순[竹筍(죽순). 竹(竹 : 대나무 죽)과 발음요소인 旬(열흘 순)이 합해진 글자로 땅속줄기에서 껍질에 싸여 솟아나오는 어리고 연한 대나무의 싹을 뜻함]

직역 비 온 뒤에 대나무 순(筍)이 무리지어 돋아난다는 뜻.
의역 어떤 현상이나 일들이 일시에 많이 발생한다는 뜻.

원앙지계
鴛鴦之契

한자 풀이 ──────────

① **원 鴛 16** - 원앙새 원 또는 수원앙새 원[鴛鴦(원앙). 鳥(새 조)와 발음요소인 夗(누워딩굴 원)이 합해진 글자로 뒷머리에 긴 털이 더부룩하고 날개의 안깃은 부채같이 위로 펴져 있는 수컷 원앙새를 뜻함]

② **앙 鴦 16** - 원앙새 앙 또는 암원앙새 앙[鴛鴦(원앙). 鳥(새 조)와 발음요소와 아름다운 암컷을 뜻하는 央(가운데 앙)이 합해진 글자로 털이 금록색이며 오릿과의 물새로 암컷과 수컷이 매우 다정한 새]

③ **지 之 4** - 갈 지[두 발을 뜻하는 止(발 지)와 출발선을 뜻하는 一(가로획)을 그어 만든 글자로 한 발을 떼고 막 출발하려는 모습을 나타냄]·이를 지·이 지·어조사(~의, ~가, ~이, ~을) 지

④ **계 契 9** - 맺을 계[木(나무 목)의 변형인 大(큰 대)와 칼로 글이나 그림을 새긴다는 뜻의 㓞(글 계)가 합해진 글자로 중대한 약속을 나무에 글로 새긴다는 뜻을 나타냄]·계약 계·문서 계·나라이름 글·사람이름 설·애쓸 결

직역 원앙새의 수컷과 암컷이 서로 사랑을 맺는다는 뜻.

의역 금슬(琴瑟)이 좋은 한 쌍의 원앙새 같이 화락(和樂)한 부부라는 뜻.

 * **琴**(거문고 금)·**瑟**(비파 슬). * **화락**(和樂) : 마음이 기쁘고 평안하며 즐거운.

원형이정
元亨利貞

한자 풀이 ―――――――

① **원 元 4** - 으뜸 원[兀(우뚝솟을 올)에 그보다 더 앞선다는 뜻의 一(가로획)이 더해진 글자로 제일 위에 있다는 뜻을 나타냄. 우주에 존재하는 온갖 생명과 물질의 근원이 되는. 첫째나 우두머리가 되는 사람]

② **형 亨 7** - 형통할 통[亨通(형통). 조상신을 모시는 사당(祠堂)의 형태를 본뜬 글자로 조상에게 제사를 드려서 빌고 바라는 모든 일이 형통하게 된다는 뜻을 나타냄. 막힘이나 장애가 없이 평탄한]·통달할 형

③ **이 利 7** - 이로울 이(리) 또는 이롭게할 이(리)[벼나 곡식을 뜻하는 禾(벼 화)와 칼로 자른다는 뜻의 刂(刀 : 칼 도)가 합해진 글자로 벼를 베어 묶어 자기 몫을 챙긴다는 데서 '이롭다'의 뜻을 나타냄]·이익 이(리)·통할 이(리)

④ **정 貞 9** - 곧을 정[두 막대를 엇갈리게 친다는 뜻의 卜(점 복)과 鼎(솥 정)이 생략된 貝(조개 패)가 합해진 글자로 막대를 두드리며 주목시킨 뒤에 솥에 쓰여진 규칙을 바르게 전한다는 뜻을 나타냄. 사람 마음이 한결같거나 여자가 성적(性的)인 순결을 굳게 지키는. 도리(道理)를 굳게 지키는]

직역 만물이 처음 생겨나서 자라고 삶을 이루며 완성된다는 뜻.

의역 하늘이 갖추고 있는 원(仁 : 인)·형(禮 : 예)·이(義 : 의)·정(智 : 지)의 4덕(德) 또는 사물의 근본이 되는 도리(道理)를 뜻함.

원화소복
遠禍召福

한자 풀이 ————

① **원 遠 14** - 멀 원[辶_(辵 : 쉬엄쉬엄갈 착)과 땅에 닿을 정도로 길게 입은 옷의 모양을 뜻하는 袁(옷길 원)이 합해진 글자로 결혼식 등 좋은 일에 참석하기 위하여 정장 차림으로 가야할 만큼 길이 먼]·멀리할 원

② **화 禍[禍] 14** - 재앙 화[災殃(재앙). 신(神)을 뜻하는 示(귀신 기)와 발음요소와 벌(罰)을 뜻하는 咼(입비뚤어질 와)가 합해진 글자로 신(神)의 노여움을 받아 입이 비뚤어졌다는 데서 재앙을 나타냄. 홍수·화재·지진·병마 등의 불행한 일]

③ **소 召 5** - 부를 소[刀(칼 도)와 口(입 구)가 합해진 글자로 무당이 불을 피워놓고 칼을 든 두 손을 하늘을 향해 벌리며 신(神)을 부른다는 뜻을 나타냄. 임금이 신하를 소리쳐 부르거나 강제로 불러서 오라고 하는]·불러들일 소

④ **복 福 14** - 복 복[신(神)에게 제물을 올리는 제단의 모양인 示(제사 시)와 술이 가득 들어 있는 술항아리를 본뜬 畐(가득할 복)이 합해진 글자로 조상이나 신(神)에게 제사를 정성껏 지내어 그 덕(德)으로 자손이 누리는 운(運)이 좋고 걱정 없는 즐거운 삶을 뜻하는]·상서 복 또는 상서(祥瑞)로울 복

직역 화(禍 : 재앙)를 멀리하고 복(福 : 행복)을 불러들인다는 뜻.
의역 불행한 재앙을 물리치고 행복한 삶을 누리도록 노력해야 한다는 뜻.

위기일발
危機一髮

한자 풀이 ────────

① **위 危 6** - 위태 위 또는 위태할 위[⼎(人 : 사람 인)과 厂(바위 엄)과 밑에서 밀어버리려고 쭈그리고 있는 사람 모습의 巳(卩 : 병부 절)이 합해진 글자로 매우 위험한 상황에 처해 있는]·두려워할 위·높을 위

② **기 機 16** - 베틀 기[木(나무 목)과 피륙을 짜는 기계 장치를 뜻하는 幾(기틀 기)가 합해진 글자로 나무로 만든 베를 짜는 베틀을 나타냄]·기틀 기·틀 기·때 기·기계 기·기관 기·기미 기·덪 기

　* 위기(危機) : 위태하고 험악한 고비나 시기.

③ **일 一 1** - 한 일(한 획으로 가로선을 그어 만든 글자 또는 산가지 1개를 가로놓아 만든 글자로 1·2·3·4…로 된 아라비아 숫자에서 1을 가리킴)·하나 일·첫째 일·오로지 일·땅 일

④ **발 髮 15** - 터럭 발[髟(머리털드리워질 표)와 발음요소인 犮(달릴 발)이 합해진 글자로 사람이나 말·사자와 같은 길짐승의 몸에 난 길고 굵은 털을 뜻함]·머리카락(머리털의 하나하나의 낱개, 사정·상황 등이 매우 급한) 발

　* 일발(一髮) : 한 가닥의 머리털이라는 뜻으로 극히 약함을 이르는 말.

직역 한 가닥의 머리털로 끌어당길 때 끊어질 듯한 위험한 순간을 뜻함.
의역 조금도 여유가 없이 매우 절박한 순간을 뜻함. 즉, 아찔한 순간을 뜻함.

위리안치
圍籬安置

한자 풀이 ────────

① **위 圍 12** - 에울 위 또는 에워쌀 위[울타리를 뜻하는 口(에워쌀 위)와 발음요소와 둘레를 지키는 韋(에워쌀 위)가 합해진 글자로 병사들이 성(城)을 지키기 위하여 둘레를 번갈아 걸어서 돌듯이 사방을 에워싸는]·둘레 위

② **리 籬 25** - 울타리 리 또는 울 리(이)[竹(竹 : 대나무 죽)과 발음요소와 달아난다는 뜻의 離(떠날 리)가 합해진 글자로 달아나지 못하게 대나무로 울타리를 만들어 가두어 둔다는 뜻을 나타냄. 나무로 둘러막은 경계선]

③ **안 安 6** - 편안할 안[便安(편안). 宀(집 면)과 무릎을 꿇고 기도하는 제사장(祭司長)을 뜻하는 女(계집 녀)가 합해진 글자로 집 안에서 제사를 지내거나 기도를 하여 온 집안이 편하다는 뜻을 나타냄]·안존(安存 : 아무런 탈 없이 편안히 지내는)할 안

④ **치 置 13** - 둘 치[罒(网 : 그물 망)과 발음요소인 直(곧을 직)이 합해진 글자로 물고기나 짐승을 잡기 위해 그물을 수직으로 곧게 세워놓는다는 뜻을 나타냄. 기계·설비·물건 등을 어느 곳에 놓이게 하는. 공장을 세우거나 대학에 학과를 마련하는]·역마(驛馬) 치·안치할(安置) 치·버려둘 치·놓을 치·임명할 치·베풀 치

  * 안치(安置) : 일정한 장소에 소중히 모시거나 일정한곳에 거주하게 하는.

> **직역** 담장 주위를 가시나무로 두르고 유배자(流配者 : 귀양 보낸 죄인)를 가두어 둔다는 뜻.
> **의역** 죄인을 멀리 추방하여 가두어 두는 엄한 형벌을 뜻함.

유구무언
有口無言

한자 풀이 ——————

① **유 有 6** - 있을 유[月(肉 : 고기 육)과 발음요소인 𠂇(又 : 손 우)가 합해진 글자로 사냥하여 잡은 짐승을 손에 잡고 여기 가지고 있다고 말한다는 뜻을 나타냄. 현재 사물을 지니고 있거나 도시·제도 등이 존재하는]·가질 유·혹 유·또 유

② **구 口 3** - 입 구(혀를 움직여 말하는 입의 본래 모양인 ◡을 편하게 쓰도록 口와 같이 바뀐 글자로 소리를 내어 말하거나 음식을 먹는 기관을 뜻함)·말할 구·구멍 구·어귀 구·사람 구·인구 구

③ **무 無 12** - 없을 무[舞(춤출 무)에서 舛(어그러질 천) 대신 4개의 발바닥 모양인 灬이 합해진 글자로 깃털 장식을 잡고 흔들며 춤추는 모습을 나타냄. 본뜻은 춤이며 '없다'는 뜻은 亡(없을 망)에서 가져온 것임]·아닐(부정하는) 무·말(금지를 뜻하는) 무·빌(텅 비어 있는) 무

* **동사로는 '~하지 못하다'.**

④ **언 言 7** - 말씀 언[口(입 구)와 혀로 말할 때 말소리가 퍼져 나오는 현상을 그린 ≡이 합해진 글자로 위·아래의 입술과 혀를 움직이며 소리로 의견을 교환하고 내용을 전달하는 수단]·말할 언

직역 입은 열려있으나 할 말이 없다는 뜻.

의역 아무 말도 못하고 변명할 여지도 없다는 뜻. 즉, 분명히 잘못하여 입이 열 개라도 할 말이 없다는 뜻.

유명무실
有名無實

한자 풀이 ─────────

① **유 有 6** - 있을 유[月(肉 : 고기 육)과 발음요소인 又(又 : 손 우)가 합해진 글자로 사냥하여 잡은 짐승을 손에 잡고 여기 가지고 있다고 말한다는 뜻을 나타냄. 현재 사물을 지니고 있거나 도시·제도 등이 존재하는]·가질 유·혹 유·또 유

② **명 名 6** - 이름 명[달이 서쪽으로 지면서 반쯤 비치거나 초승달을 뜻하는 즉 月(달 월)이 변형된 夕(저녁 석)과 口(입 구)가 합해진 글자로 등불도 없던 옛날에는 어두워지면 상대방 이름으로 통했다는 뜻을 나타냄]

  * **유명(有名) : 이름이나 소문 따위가 세상에 널리 알려져 있는.**

③ **무 無 12** - 없을 무[舞(춤출 무)에서 舛(어그러질 천) 대신 4개의 발바닥 모양인 灬이 합해진 글자로 깃털 장식을 잡고 흔들며 춤추는 모습을 나타냄. 본뜻은 춤이며 '없다'는 뜻은 亡(없을 망)에서 가져온 것임]·아닐(부정하는) 무·말(금지를 뜻하는) 무·빌(텅 비어 있는) 무

  * **동사로는 '~하지 못하다'.**

④ **실 實 14** - 열매 실[宀(집 면)과 가운데 구멍이 뚫려 있는 옛날 동전 여러 개를 줄에 걸어 맨다는 뜻의 貫(꿸 관)이 합해진 글자로 본래는 집 안에 줄로 꿴 재물이 가득 차 있다는 뜻을 나타내며 '열매'는 새로 생긴 것임]

  * **무실(無實) : 사실이나 실상이 없는. 실속이 없는.**

직역 이름은 알려져 있으나 실상이나 결실은 없다는 뜻.

의역 보기에는 그럴 듯하지만 실제로는 아무 내용이 없다는 뜻.

유비무환
有備無患

한자 풀이 ───────

① **유 有 6** – 있을 유[月(肉 : 고기 육)과 발음요소인 ナ(又 : 손 우)가 합해진 글자로 사냥하여 잡은 짐승을 손에 잡고 여기 가지고 있다고 말한다는 뜻을 나타냄. 현재 사물을 지니고 있거나 도시·제도 등이 존재하는]·가질 유·혹 유·또 유

   * 유비(有備) : 적의 침입이나 피해를 막기 위하여 미리 지키고 대비하거나 필요한 것은 미리 마련하여 갖추는.

② **비 備 12** – 갖출 비 또는 준비할 비[亻(人 : 사람 인)과 발음요소와 여러 개의 화살을 통에 꽂아 둔 모습을 뜻하는 葡(갖출 비)가 합해진 글자로 전쟁이나 사냥할 때 화살통에 화살을 가득 담아 쏠 수 있도록 준비하는]

③ **무 無 12** – 없을 무[舞(춤출 무)에서 舛(어그러질 천) 대신 4개의 발바닥 모양인 灬이 합해진 글자로 깃털 장식을 잡고 흔들며 춤추는 모습을 나타냄. 본뜻은 춤이며 '없다'는 뜻은 亡(없을 망)에서 가져온 것임]·아닐(부정하는) 무·말(금지를 뜻하는) 무·빌(텅 비어 있는) 무

   * 동사로는 '~하지 못하다'.

④ **환 患 11** – 근심 환[心(마음 심)과 발음요소와 지나치게 마음속 깊이 생각한다는 뜻의 串(꿸 관)이 합해진 글자로 조개나 구슬을 줄로 꿰듯 마음에 걱정거리가 가득 차 괴로워한다는 뜻을 나타냄]·괴로울 환

직역 미리 준비가 되어 있으면 우환(근심·걱정)을 당하지 않는다는 뜻.
의역 준비(準備)나 방비(防備)를 하면 불행한 사고를 피할 수 있다는 뜻.

유아독존
唯我獨尊

한자 풀이 ────────

① **유 唯 11** - 오직 유[口(입 구)와 오직 '예'로만 대답한다는 새의 의성어를 뜻하는 隹(새 추)가 합해진 글자로 새가 언제나 똑같이 지저귀듯이 여럿 중에서 단 하나만을 의미하는. 오로지·다만]·뿐 유·대답할 유

② **아 我 7** - 나 아[手(手 : 손 수)와 날에 톱니가 달린 고기를 자르는 칼을 뜻하는 戈(창 과)가 합해진 글자로 본뜻은 일방적인 가르침이나 난폭한 행동을 나타냈으나 이후 '나'로 빌려 쓴 것임]·우리 아·고집쓸 아

③ **독 獨 16** - 홀로 독[犭(犬 : 개 견)과 발음요소인 蜀(나라이름 촉)이 합해진 글자로 개는 습관상 홀로 산다는 뜻을 나타냄. 혼자 외롭게 사는]·외로울 독·고독(孤獨)할 독·다만(비단·오로지) 독

④ **존 尊 12** - 높을 존[酉(술병 유)와 술 냄새를 뜻하는 八(八 : 여덟 팔)과 두 손을 뜻하는 廾(받들 공)이 변형된 寸(손 촌)이 합해진 글자로 술이 든 용기를 두 손으로 높여 들고 신(神)이나 윗사람에게 바치는 모습을 나타내는. 우러러 볼 정도로 품위가 높은]·어른 존·공경(恭敬)할 존·높일 존·술동이 준

직역 오직 나 혼자만이 높고 귀하다는 뜻.
의역 이 세상에서 내가 제일 높다고 잘난 체하는 태도(態度)를 뜻함.

유야무야
有耶無耶

한자 풀이 ——————

① 유 有 6 – 있을 유[月(肉 : 고기 육)과 발음요소인 𠂇(又 : 손 우)가 합해진 글자로 사냥하여 잡은 짐승을 손에 잡고 여기 가지고 있다고 말한다는 뜻을 나타냄. 어떤 사물을 현재 지니고 있거나 도시·제도 등이 존재하는]·가질(내 손에 가지고 있거나 소유하고 있는) 유·혹(혹시의 준말, ~만일에) 유·어떤 유·또 유

② 야 耶 9 – 그런가 야[邪(그런가 야)의 속자(俗子)이며 耳(귀 이)와 阝(邑 : 마을 읍)이 합해진 글자로 의문사(疑問詞)를 나타내. 마을에서 들려오는 이런저런 나쁜 말을 듣고 의심하는. 그렇다는 말인가?]

③ 무 無 12 – 없을 무[舞(춤출 무)에서 舛(어그러질 천) 대신 4개의 발바닥 모양인 灬이 합해진 글자로 깃털 장식을 잡고 흔들며 춤추는 모습을 나타냄. 본뜻은 춤이며 '없다'는 뜻은 亡(없을 망)에서 가져온 것임]·아닐(부정하는) 무·말(금지를 뜻하는) 무·빌(텅 비어 있는) 무

* 동사로는 '~하지 못하다'.

직역 무슨 일이 있는지 없는지 알기가 어렵다는 뜻.

의역 있는 듯 없는 듯 흐리멍덩하다는 뜻. 또는 흐지부지하거나 애매(曖昧)하다는 뜻.

유언비어
流言蜚語

* 부언낭설(浮言浪說)·부언유설(浮言流說)과 같은 뜻임.

한자 풀이 ——————

① **유 流 10** – 흐를 유(류)[氵(水 : 물 수)와 발음요소와 거꾸로 떠내려간다는 뜻의 㐬(류)가 합해진 글자로 죽은 아이를 물에 버려 거꾸로 떠내려가는 모습을 나타냄. 냇물이나 강물이 바다로 흘러가는]·떠돌아다닐 유

② **언 言 7** – 말씀 언[口(입 구)와 혀로 말할 때 말소리가 퍼져 나오는 현상을 그린 䇂이 합해진 글자로 위·아래의 입술과 혀를 움직이며 소리로 의견을 교환하고 내용을 전달하는 수단]·말할 언

  * 유언(流言) : 터무니없는 소문, 근거 없는 소문

③ **비 蜚 14** – 바퀴 비[虫(벌레 훼)와 양쪽으로 펼쳐진 날개를 뜻하는 非(아닐 비)가 합해진 글자로 갈색을 띠고 악취가 나며 몸이 납작한 곤충]·방아깨비 비·날 비·벌레 비·풍뎅이 비

④ **어 語 14** – 말씀 어[言(말씀 언)과 발음요소와 두 사람을 뜻하는 吾(우리 오)가 합해진 글자로 두 사람이 말을 주고받는다는 뜻을 나타냄. 의견·학설·사물의 이치 등에 대하여 평하는]·말(여러 개의 낱말을 문법에 맞게 어떤 내용을 음성으로 나타내는) 어·말할(상대방에게 알리는) 어

 * 비어(蜚語) : 아무 근거 없이 떠도는 말. 거짓 사실로써 남을 중상하거나 모략하여 퍼뜨리는 말.

직역 물처럼 흘러가는 말과 곤충처럼 날아다니는 말이라는 뜻.
의역 아무 근거 없이 널리 떠돌아다니는 헛소문을 뜻함.

유유상종
類類相從

한자 풀이 ──────

① 유 類 19 - 무리 유(류)[米(쌀 미)와 犬(개 견)과 생김새나 얼굴을 뜻하는 頁(머리 혈)이 합해진 글자로 생김새가 구분되는 쌀이나 개가 낱낱이 모여서 이룬 무리를 나타냄. 서로 닮은 생물체들이 이룬 집단]·동아리 유(류)·종류(種類) 유(류)·비슷할 유(류)·닮을 유(류)·나눌 유(류)·같을 유(류)

② 상 相 9 - 서로 상[본래 杖(지팡이 장)이 생략된 木(나무 목)과 살펴본다는 뜻의 目(눈 목)이 합해진 글자로 장님이 지팡이로 세상을 본다는 장님과 지팡이 관계에서 '서로'의 뜻을 나타냄]·볼 상·도울 상

* 相(상)은 작은 모임을 뜻하며 會(모일 회)는 큰 모임을 뜻함. 예 : 相議(상의), 會同(회동).

③ 종 從 11 - 따를 종 또는 좇을 종[걷는다는 뜻의 彳(조금걸을 척)과 두 개의 人(사람 인)이 겹쳐 뒷사람이 앞사람을 따라가는 모양을 뜻하는 从(종)과 足(발 족)이 합해진 글자로 발로 걸어서 따라가는 모습을 나타냄·일할 종·모실 종·친척(親戚) 종·다음갈 종·풀어놓을 종·부터 종

* 상종(相從) : 서로 따르며 친하게 지내는.

> **직역** 비슷한 무리끼리 서로 어울리며 교제한다는 뜻.
> **의역** 같은 처지에 있는 사람끼리만 서로 만나 지낸다는 뜻.

유유자적
悠悠自適

한자 풀이 ─────────

① 유 悠 11 - 멀 유[心(마음 심)과 발음요소와 근심한다는 뜻의 攸(멀 유)가 합해진 글자로 마음속으로는 생각이 먼 데까지 미친다는 뜻을 나타냄. 시간적으로 아득하거나 연대(年代)가 길고 한없이 먼]·한가(閑暇 : 특별히 할 일이 없어 마음 편하게 세월만 보내는)할 유·근심할 유·한가로이 유

② 자 自 6 - 스스로 자[目(눈 목)에 코를 내려다본다는 뜻의 ╱(삐침 별)이 합해진 글자로 코의 앞모습과 코로 숨을 쉬고 있는 자기 자신을 가리킴]·몸소 자·저절로 자·부터 자·코 자
   * 自(코 자)는 주로 코의 형태를 나타내며 鼻(코 비)는 코의 기능을 나타냄.

③ 적 適 15 - 맞을적[辶(길갈 착)과 발음요소와 서로 뜻이 맞는다는 뜻의 啇(화할 적)이 합해진 글자로 적당한 어느 상대방이나 알맞은 목표를 향해 나아간다는 뜻을 나타냄. 몸이나 도리에 어울리는]·즐길(어떤 걱정이나 일에 얽매이지 않고 자유롭고 편하게 사는, 즐거움을 느끼는) 적

직역 한가로이 자기 마음 내키는 대로 즐긴다는 뜻.

의역 속세(俗世)를 떠나서 자연에 묻혀 마음이 가는대로 세월을 보낸다는 뜻. 즉, 속박을 벗어나 아무 욕심 없이 살아간다는 뜻.

유일무이
唯一無二

한자 풀이 ─────

① **유 唯 11** - 오직 유[口(입 구)와 오직 '예'로만 대답한다는 새의 의성어를 뜻하는 隹(새 추)가 합해진 글자로 새가 언제나 똑같이 지저귀듯이 여럿 중에서 단 하나만을 의미하는. 오로지·다만]·뿐 유·대답할 유

② **일 一 1** - 한 일(한 획으로 가로선을 그어 만든 글자 또는 산가지 1개를 가로놓아 만든 글자로 1·2·3·4…로 된 아라비아 숫자에서 1을 가리킴)·하나 일·첫째 일·오로지 일·땅 일

③ **무 無 12** - 없을 무[舞(춤출 무)에서 舛(어그러질 천) 대신 4개의 발바닥 모양인 灬이 합해진 글자로 깃털 장식을 잡고 흔들며 춤추는 모습을 나타냄. 본뜻은 춤이며 '없다'는 뜻은 亡(없을 망)에서 가져온 것임]·아닐(부정하는) 무·말(금지를 뜻하는) 무·빌(텅 비어 있는) 무

 * 동사로는 '~하지 못하다'.

④ **이 二 2** - 두 이 또는 둘 이[본래 가벼운 기운은 위로 향한다는 하늘을 뜻하는 위의 ―(짧은 가로획)과 무거운 기운은 아래로 향한다는 땅을 뜻하는 아래의 一(긴 가로획)이 합해진 글자로 숫자의 둘을 나타냄]

직역 오직 하나만 있고 둘은 없다는 뜻.

의역 비교나 상대할 만한 것이 없이 오직 하나뿐이라는 뜻.

육참골단
肉斬骨斷

한자 풀이 ──────

① **육 肉 6** - 고기 육[칼로 크게 썬 짐승의 고깃덩어리의 단면을 뜻하는 冂(멀 경)과 仌의 무늬 결이 합해진 글자로 소·돼지 같은 짐승이나 새·물고기의 살을 나타냄]·살 육·몸 육

② **참 斬 11** - 벨 참 또는 베일 참[사람을 죽이려고 기둥에 아래 위를 묶어 놓은 모습의 車(수레 차)와 칼을 뜻하는 斤(도끼 근)이 합해진 글자로 형벌로 죄인의 목을 칼로 자른다는 뜻을 나타냄]·목벨 참·죽일 참

③ **골 骨 10** - 뼈 골[옛날에 점칠 때 쓰던 소 어깨뼈 모양을 본뜬 冎(살발라낼 과)와 月(肉 : 살 육)이 합해진 글자로 본래는 살 또는 몸속의 알맹이인 쇠뼈를 나타내며 이후 사람과 동물의 뼈를 뜻함]·뼈대 골·요긴한 골

④ **단 斷 18** - 끊을 단[칼을 뜻하는 斤(도끼 근)과 실이 섞여 있는 모양인 繼(이을 계)가 생략된 㡭(절)이 합해진 글자로 베틀로 천을 짤 때 섞여 있는 실을 칼로 자른다는 뜻을 나타냄]·결단 단 또는 결단(決斷 : 옳고 그름을 따져 결정적인 판단을 내리는)할 단

직역 자신의 살을 베어 주고 상대의 뼈를 자른다는 뜻.

의역 작은 손실은 양보하고 큰 승리를 거둔다는 전략(戰略)을 뜻함.

은거방언
隱居放言

한자 풀이 ————————

① 은 隱 17 - 숨을 은[阝(阜 : 언덕 부)와 발음요소와 깊숙한 언덕에 가려져서 보이지 않게 한다
는 뜻의 㥯(은)이 합해진 글자로 자취를 감춘다는 뜻을 나타냄]·몰래 은·숨길 은·불쌍할
은·측은할 은

   * 은거(隱居) : 사회적 활동을 피하고 숨어서 사는.

② 거 居 8 - 살 거[엉덩이를 바닥에 붙이고 있는 모습인 尸(주검 시)와 10(十代)에 걸친 오랜 세
월을 뜻하는 古(예 고)가 합해진 글자로 한곳을 차지하여 생활하며 오래 살고 지내는]·있을
거·머무를 거·무덤 거

③ 방 放 8 - 놓을 방[회초리를 잡은 모습인 攵(攴 : 칠 복)과 발음요소와 모서리 변방을 뜻하는
方(모 방)이 합해진 글자로 회초리를 들고 사람이나 짐승을 밖으로 내몰아 친다는 뜻에서
'놓다'로 나타냄]·방자(放恣)할 방·멋대로할 방

   * 방언(放言) : 무책임하게 또는 거리낌 없이 함부로 내놓는 말.

④ 언 言 7 - 말씀 언[口(입 구)와 혀로 말할 때 말소리가 퍼져 나오는 현상을 그린 䇂이 합해진
글자로 위·아래의 입술과 혀를 움직이며 소리로 의견을 교환하고 내용을 전달하는 수단]·
말할 언

   * 言(언)을 형벌 도구인 辛(매울 신)과 맹세한다는 뜻인 口(입 구)가 합해진 䇂의 변형으로도 풀이함.

> **직역** 혼자 숨어 살면서 거리낌 없이 자유롭게 말한다는 뜻.
>
> **의역** 세상을 등지고 살면서 마음속에 품고 있는 생각을 털어놓는다는 뜻.

음담패설
淫談悖說

한자 풀이 ─────────

① 음 淫 11 - 음란할 음[淫亂(음란). 氵(水 : 물 수)와 발음요소와 손으로 임신한 여자의 배를 어루만진다는 뜻의 뚀(가까이할 음)이 합해진 글자로 물에 적시듯이 여자한테 슬그머니 다가간다는 뜻을 나타냄]

② 담 談 15 - 말씀 담[言(말씀 언)과 발음요소와 마음이 밝고 깨끗하다는 뜻의 炎(아름다울 담)이 합해진 글자로 물처럼 맑고 건전한 말로 서로 주고받으며 의견을 나누거나 이야기를 하는]·이야기할 담

  * 음담(淫談) : 여자와의 정사(情事)에 관한 음탕한 이야기.

③ 패 悖 10 - 거스를 패[忄(心 : 마음 심)과 발음요소와 거스른다는 뜻의 孛(안색변할 발)이 합해진 글자로 남의 뜻을 따르지 않고 반대하거나 기본원칙에 어긋나는 짓을 함부로 한다는 뜻을 나타냄]·어그러질 패

④ 설 說 14 - 말씀 설[言(말씀 언)과 발음요소와 입을 움직이며 계속 말한다는 뜻의 兌(기뻐할 열)이 합해진 글자로 잘 알아듣도록 큰 소리로 말한다는 뜻을 나타냄. 학문과 과학기술·종교와 사상 등을 논리적으로 설명하는]·언론(言論) 설·풀 설·달랠(설득시키는) 세·기쁠 열·벗을 탈

  * 패설(悖說) : 사리(事理)에 어그러진 말.

직역 음탕(淫蕩)하고 덕의(德義)에 벗어나는 상스러운 말을 뜻함.
의역 술과 여자에 빠져 즐기는 말과 도덕과 인품에 벗어난 이야기라는 뜻.

음덕양보
陰德陽報

한자 풀이 ─────────

① **음 陰 11** - 그늘 음[본래 雲(구름 운)의 생략형인 云(이를 운)과 阝(阜 : 언덕 부)에 발음요소인 今(이제 금)이 합해진 글자로 구름에 가려 햇볕이 들지 않는 언덕을 나타냄. 햇빛에 가려 보이지 않은. 어두운]

② **덕 德 15** - 덕 덕[본래 直(곧을 직)과 心(마음 심)이 합해져 곧은 마음을 뜻하는 悳(큰 덕)에 행동한다는 뜻의 彳(자축거릴 척)이 더해진 글자로 깨달음의 경지를 나타냄]·은혜 덕·은덕 덕·복 덕

   * 음덕(陰德) : 남에게 알려지지 않은 덕행. 부인의 덕.

③ **양 陽 12** - 볕 양[阝(阜 : 언덕 부)와 발음요소인 昜(볕 양)이 합해진 글자로 높이 떠오른 해가 남쪽의 언덕에 내리쬐는 햇볕을 나타냄. 햇빛으로부터 받는 따뜻하고 밝은 기운]·해 양·양(+) 양·양지 양·따뜻할 양·드러낼 양

④ **보 報 12** - 갚을 보[차꼬를 본뜬 幸(다행 행)과 무릎을 꿇은 모습인 卩(巳 : 병부 절)과 又(손 우)가 합해진 글자로 본뜻은 죄인을 '재판하다'이며 형벌을 면했다는 데서 '갚다'를 나타냄. 은혜에 효성이나 돈으로 갚는]

   * 차꼬는 두 개의 토막나무 틈에 구멍을 파서 죄인의 두 발목을 넣고 자물쇠로 채우는 형벌기구.

직역 보이지 않는 덕행(德行)과 따뜻한 보답(報答)이라는 뜻.

의역 남이 모르게 덕(德)을 베풀면 훗날 반드시 보답을 받게 된다는 뜻.

음수사원
飮水思源

한자 풀이 ————

① **음 飮 13** – 마실 음[그릇에 담긴 음식을 뜻하는 飠(食 : 먹을 사)와 입을 벌린 모습의 欠(하품 흠)이 합해진 글자로 입을 크게 벌리고 물이나 술·음료·차를 목구멍으로 넘긴다는 뜻임]· 음료 음·마시게할 음

② **수 水 4** – 물 수[본래 川(내 천)에서 비롯된 글자로 흐르는 물줄기가 합쳤다가 갈라지는 모습을 나타냄. 샘물·시냇물·강물·바닷물 등 자연에 존재하는 기본 물질을 뜻함]·별이름(水星 : 수성) 수

③ **사 思 9** – 생각할 사[뇌의 모양을 본뜬 囟(정수리 신)이 변형된 田(밭 전)과 心(마음 심)이 합해진 글자로 생각이 두뇌와 심장에서 나온다는 뜻을 나타냄]·생각(의견·감정·기억·상상 등을 일으키는 정신작용) 사

④ **원 源 13** – 근원 원[根源(근원). 샘물이 나오는 곳을 뜻하는 原(근원 원)이 '원래·기원·평원'의 뜻으로 확대되자 氵(水 : 물 수)를 덧붙여 물의 근원을 별도로 나타냄. 모든 사물이나 물질·현상·병 따위가 생겨나기 시작한 근본이 되는 바탕]·수원(水源 : 샘물·냇물·강물이 흘러나오는 근원) 원·샘 원

직역 물을 마실 때 그 물이 흘러나온 근원을 생각한다는 뜻.
의역 어떤 사물을 대할 때는 먼저 근원이 있음을 생각해야 된다는 뜻.

의기소침
意氣銷沈

* 의기저상(意氣沮喪)과 같은 뜻으로 씀(沮喪 : 잃는·꺾이는·죽는).

한자 풀이 ————

① **의 意 13** - 뜻 의[심장이나 생각을 뜻하는 心(마음 심)과 音(소리 음)이 합해진 글자로 마음속에 깊이 품거나 생각하고 있는 것이 소리가 되어 밖으로 나타나는. 무엇을 하겠다고 욕망을 굳게 품은 마음]·생각 의

② **기 氣 10** - 기운 기[세 가닥의 얇은 구름 띠가 하늘에 퍼져 있는 모습인 气(기운 기)에 밥을 지을 때 나오는 증기를 뜻하는 米(쌀 미)가 합해진 글자로 살아 움직이는 힘과 에너지를 뜻함]·힘 기·기후 기·숨 기

   * 의기(意氣) : 어떤 일이 뜻대로 되어 기운과 용기가 생기는.

③ **소 銷 15** - 녹일 소 또는 쇠녹일 소[金(쇠 금)과 발음요소와 녹는다는 뜻의 肖(작을 초)가 합해진 글자로 벽·기둥 등에 칠하기 위하여 금속 덩어리를 액체가 되도록 녹인다는 뜻을 나타냄]·사라질 소

④ **침 沈 7** - 가라앉을 침[氵(水 : 물 수)와 발음요소와 가라앉아 안정한 상태를 뜻하는 冘(음)이 합해진 글자로 사람·물체·배 따위가 물속에 빠져 밑바닥까지 내려가는. 감정에 들뜨지 않고 차분한]·잠길(물에 완전히 덮히는) 침·빠질 침·머물 침·깊을 침·무거울 침·잠잠할 침·흐릴 침·으슥할 침

   * 소침(銷沈·消沈) : 기운이나 기세가 삭아 없어지는.

직역 의기나 활기가 사그라져 없다는 뜻.

의역 뜻대로 일이 되지 않아 기운이 없고 사기(士氣)가 가라앉았다는 뜻.

이구동성
異口同聲

* 여출일구(如出一口)와 같은 뜻임(한 입에서 나온 것같이 여러 사람의 말이 같다는 뜻).

한자 풀이 ─────

① **이 異 11** - 다를 이[畀(줄 비)와 두 손을 뜻하는 廾(받들 공)이 합해진 글자로 본래는 물건을 '나누어주다'이며 '다르다'는 뜻은 새로 생긴 것임. 또는 田(밭 전)과 共(함께 공)이 합해져 함께 농사를 지어도 수확량이 다르다는 뜻]

② **구 口 3** - 입 구(혀를 움직여 말하는 입의 본래 모양인 ◡을 편하게 쓰도록 口와 같이 바뀐 글자로 소리를 내어 말하거나 음식을 먹는 기관을 뜻함)·말할 구·구멍 구·어귀 구·사람 구·인구 구

③ **동 同 6** - 같을 동[위로 거듭 포개 덮는다는 뜻인 冂(겹쳐덮을 모)에 밥·반찬 그릇을 뜻하는 口(입 구)가 가운데 더해진 글자로 크기와 모양이 똑같은 그릇이 여러 층으로 된 찬합(饌盒)을 나타냄]·한가지 동·함께 동

④ **성 聲 17** - 소리 성[耳(귀 이)와 고대 중국의 악기로 높은 음이 나는 磬(경쇠 경)이 생략된 殸(소리 성)이 합해진 글자로 돌이나 옥(玉)을 매달아 뿔망치로 칠 때 울리면서 귀에 들리는 소리를 나타냄]·목소리 성·말(감정과 의견을 전달하는) 성·풍류(風流 : 속된 일을 떠나서 풍치가 있고 멋스럽게 노는 일) 성·노래 성·명예 성·밝힐 성

직역 입은 각자로 다르지만 말의 내용은 모두 한결같이 같다는 뜻.
의역 여러 사람들의 의견과 주장이 일치하여 다 같이 찬성의 소리를 낸다는 뜻.

이실직고
以實直告

* 이실고지(以實告之)와 같은 뜻임.

한자 풀이 ─────────

① **이 以 5** - 써 이[쟁기를 뜻하는 𠃌와 흙덩이를 뜻하는 丶와 人(사람 인)이 합해진 글자로 사람이 도구를 써서 밭을 간다는 뜻을 나타냄. 한문의 토씨로 '~로써, ~를 근거로'의 뜻으로 씀]·부터 이·함께 이·할 이·까닭 이·또 이·생각할 이·그칠 이·쓸 이

② **실 實 14** - 열매 실[宀(집 면)과 가운데 구멍이 뚫려 있는 옛날 동전 여러 개를 줄에 걸어 맨다는 뜻의 貫(꿸 관)이 합해진 글자로 본래는 집 안에 줄로 꿴 재물이 가득 차 있다는 뜻을 나타내며 '열매'는 새로 생긴 것임]·사실 실

③ **직 直 8** - 곧을 직[目(눈 목)과 좌우상하로 움직이며 측량한다는 뜻의 十(열 십)과 긴 막대기를 뜻하는 乚(丨 : 뚫을 곤)이 합해진 글자로 본뜻은 '똑바로 보다'이며 이후 '곧다·바르다'는 새로 생긴 것임]

④ **고 告 7** - 알릴 고 또는 고할 고[신(神)에 바칠 제물을 뜻하는 牛(소 우)와 말한다는 뜻의 口(입 구)가 합해진 글자로 희생물로 바칠 소를 끌고 왔다고 또는 큰 소리로 축문(祝文)을 읽거나 소원을 아뢴다는 뜻을 나타냄]·여쭐 고·하소연할 고·고소할 고·보고할 고

* 직고(直告) : 어떤 사실을 바른 대로 알리거나 고해바치는.

직역 사실대로 바르게 알린다는 뜻.
의역 숨겼던 사실을 털어놓고 말하거나 어떤 사실을 그대로 일러바친다는 뜻.

이열치열
以熱治熱

한자 풀이 ─────

① **이 以 5** – 써 이[쟁기를 뜻하는 丨와 흙덩이를 뜻하는 丶와 人(사람 인)이 합해진 글자로 사람이 도구를 써서 밭을 간다는 뜻을 나타냄. 한문의 토씨로 '~로써, ~를 근거로'의 뜻으로 씀]·부터 이·함께 이·할 이·까닭 이·또 이·생각할 이·그칠 이·쓸 이

② **열 熱 15** – 더울 열[灬(火 : 불 화)와 발음요소와 나무가 성장하거나 기력이 좋다는 뜻의 埶(심을 예)가 합해진 글자로 불로 태운다는 데서 '뜨겁다'라는 뜻을 나타냄. 뜨거운 햇볕과 가열된 난로로부터 열기를 느끼는]·뜨거울 열·쏟을(힘과 정신과 노력을 다 바치는) 열·정성(精誠) 열·바쁠 열

③ **치 治 8** – 다스릴 치[氵(水 : 물 수)와 발음요소인 台(기쁠 이)가 합해진 글자로 홍수를 막거나 강물이 넘치지 않도록 물길을 다스린다는 뜻을 나타냄. 물이 흐르듯이 순리와 원칙을 따라 국가나 집단을 관리하고 편안하게 하는. 생명과 재산에 피해가 없도록 산(山)과 강(江)을 포함한 국토나 자연을 관리하는]·병고칠 치

직역 뜨거운 열은 뜨거운 열로 다스린다는 뜻.

의역 상대방이 가해오면 물러서지 않고 같은 방법으로 맞대응한다는 뜻. 즉, 힘은 힘으로 물리친다는 뜻임.

이율배반
二律背反

한자 풀이 ————

① **이 二 2** - 두 이 또는 둘 이[본래 가벼운 기운은 위로 향한다는 하늘을 뜻하는 위의 一(짧은 가로획)과 무거운 기운은 아래로 향한다는 땅을 뜻하는 아래의 一(긴 가로획)이 합해진 글자로 숫자의 둘을 나타냄]·둘째 이

② **율 律 9** - 법 율(률)[法(법). 彳(조금걸을 척)과 발음요소와 손에 붓을 잡은 모양을 뜻하는 聿(붓 율)이 합해진 글자로 세금을 공정하게 걷기 위하여 붓으로 논밭의 구획을 그린다는 뜻을 나타냄. 사회생활을 유지하기 위한 지배적인 규범]·계율(戒律 : 지켜야 할 행동 규범) 율

③ **배 背 9** - 등 배[月(肉 : 몸 육)과 발음요소와 두 사람이 등을 맞대고 있는 모습인 北(달아날 배)가 합해진 글자로 사람이나 동물의 가슴과 배의 반대쪽이 되는 등골뼈 부분이나 방향을 뜻함]·뒤 배·배반할 배·위반할 배

④ **반 反 4** - 돌이킬 반[벼랑을 뜻하는 厂(굴바위 엄)과 又(손 우)가 합해진 글자로 벼랑 아래로 흘러내리는 흙을 손으로 다시 퍼 올린다는 뜻을 나타냄]·돌아갈 반·되풀이할 반

＊反(반)은 언덕을 내려왔다가 되돌아 기어 올라간다는 뜻을 나타내기도 하며 '반란을 일으키다'의 뜻으로도 씀.

직역 두 개의 같은 계율(戒律)이 해석과 상황에 따라 서로 반대된다는 뜻.

의역 동등한 타당성을 가지고 주장되는 두 명제(命題)가 모순(矛盾)이 된다는 뜻. 즉, 어떤 방패도 뚫는다는 창과 어떤 창도 막아낸다는 방패의 모순을 말함.

이이제이
以夷制夷

* 이이공이(以夷攻夷)와 같은 뜻임(攻 : 칠 공·무찌를 공).

한자 풀이

① **이 以 5** - 써 이[쟁기를 뜻하는 𠃊와 흙덩이를 뜻하는 丶와 人(사람 인)이 합해진 글자로 사람이 도구를 써서 밭을 간다는 뜻을 나타냄. 한문의 토씨로 '~로써, ~를 근거로'의 뜻으로 씀]·부터 이·함께 이·할 이·까닭 이·또 이·생각할 이·그칠 이·쓸 이

② **이 夷 6** - 동방종족 이[사람을 뜻하는 大(큰 대)와 궁둥이를 뒤로 약간 빼고 허리를 굽힌 모습의 弓(활 궁)이 합해진 글자로 예의를 갖추고 윗사람의 뒤를 따라가는 모습을 나타냄. 고대(古代)문명의 발상지였던 황하(黃河)유역의 중심으로부터 동쪽 변방족을 가리킴]·오랑캐(중국에서 변방족을 미개한 종족으로 오랑캐라고 함) 이

③ **제 制 8** - 마를 제[刂(刀 : 칼 도)와 나뭇가지가 겹쳐진 나무의 형상인 未(아닐 미)가 합해진 글자로 나무를 바로 잡기 위하여 칼로 나무 가지를 치며 다듬는다는 뜻을 나타냄. 옷감을 치수에 맞추어 자르는]·억제(抑制)할 제·누를 제 또는 제압(制壓 : 위력이나 위엄으로 상대방의 기세를 억누르는)할 제

직역 한 오랑캐를 이용하여 다른 오랑캐를 제압한다는 뜻.

의역 갑(甲)나라의 힘을 이용하여 주변의 을(乙)나라를 다스린다는 뜻.

이전투구
泥田鬪狗

한자 풀이 ─────

① **이 泥 8** - 진흙 이(니)[氵(水 : 물 수)와 발음요소인 尼(여승 니)가 합해진 글자로 물기가 많고 끈적끈적한 진흙을 나타냄. 갯벌처럼 끈기가 있는 차진 흙]·수렁(진흙탕같이 곤죽이 된 진흙과 개흙이 괴어 있는 곳) 이(니)

② **전 田 5** - 밭 전[사방으로 네모나게 경계선을 표시한 口(에워쌀 위)에 가운데 사방으로 통한다는 도랑이나 두렁길을 뜻하는 十(열 십)이 합해진 글자로 사방을 둑으로 경계를 지어 농사를 짓는 구획된 땅을 뜻함]

③ **투 鬪 20** - 싸울 투[鬥(싸울 투)와 손동작을 강조하는 寸(마디 촌)과 발음요소인 豆(콩 두)가 합해진 글자로 승패를 가리기 위하여 전쟁하듯 두 사람이 주먹으로 치고받으며 다툰다는 뜻을 나타냄]

④ **구 狗 8** - 개 구[길짐승을 뜻하는 犭(犬 : 개 견)과 발음요소와 몸을 오그리고 있는 모습의 句(글귀 구)가 합해진 글자로 작은 강아지를 나타냄. 귀가 밝고 냄새를 잘 맡아 집을 지키거나 사냥을 하는 영리한 동물]·강아지 구

> **직역** 진흙탕 밭에서 개들이 뒤엉켜 추잡하게 싸운다는 뜻.
> **의역** 어떤 이익을 위하여 볼썽사납게 헐뜯고 다툰다는 뜻.

이판사판
理判事判

한자 풀이 ━━━━━━━━

① **이 理 11** - 다스릴 이(리)[王(玉 : 구슬 옥)과 발음요소와 결이나 무늬의 모양을 뜻하는 里(마을 리)가 합해진 글자로 보석인 단단한 옥을 생긴 결에 따라 다듬거나 무늬를 새긴다는 뜻을 나타냄. 관리하고 처리하고 통제하는]·이치(理致 : 사물에 관한 올바르고 합리적인 분별과 생각 또는 도리에 맞는 방법) 이(리)

② **판 判[刔] 7** - 판단할 판[判斷(판단). 刂(刀 : 칼 도)와 발음요소와 나눈다는 뜻의 半(절반 반)이 합해진 글자로 본래 칼로 공정하게 '나누다'라는 뜻을 나타냈으나 이후 '판단하다'로 바뀐 글자임. 어떤 대상의 옳고 그릇됨·선과 악·아름다운 것과 추한 것을 결정하는]·판결할 판·나눌 판

  * **이판(理判)** : 속세와의 접촉을 끊고 절에서 도(道)를 닦는 일.

③ **사 事 8** - 일 사[깃발이나 팻말의 모양인 中와 ⺕(又 : 오른손 우)가 합해진 글자로 팻말 아래 사람들이 모여 작업이나 행사하는 모습을 나타냄]·섬길 사·벼슬 사·경영할 사

  * **事(사)**를 장식이 달린 붓을 손에 잡고 있는 모습으로 보아 기록하는 일을 맡은 관원으로 풀이하기도 함.

  * **사판(事判)** : 절의 모든 재물과 사무를 맡아 처리하는 일.

직역 중이 절에 가면 이판승(理判僧 : 불교 교리 연구) 아니면 사판승(事判僧 : 재물·사무 담당)이라는 뜻(僧 : 승려 승·중 승).

의역 어찌 할 수 없는 막다른 궁지에 몰려 될 대로 되라는 뜻. 즉, 묘안이 없다는 뜻.

인과응보
因果應報

한자 풀이 ─────────

① **인 因 6** - 인할 인[깔개를 뜻하는 囗(에워쌀 위)와 그 위에 누운 사람 모양인 大(큰 대)가 합해진 글자로 무엇을 의지한다는 데서 '원인'을 나타냄]·원인(原因 : 어떤 일들의 근본이 되는 까닭) 인

② **과 果 8** - 과실 과 또는 과일 과[果實(과실). 木(나무 목)과 열매의 모양인 ∵이 ⊕로 변했다가 다시 변한 田(밭 전)이 합해진 글자로 나뭇가지에 열매가 달려 있는 모습을 나타냄]·열매 과·결과 과·맺을 과·과연 과

③ **응 應 17** - 응할 응[心(마음 심)과 발음요소와 먹잇감에 반응을 보이는 사냥용 매인 鷹(매 응)이 생략된 雁이 합해진 글자로 어떤 작용과 자극에 대하여 반응을 일으킨다는 뜻을 나타냄]·응당(마땅히) 응

④ **보 報 12** - 갚을 보[차꼬를 본뜬 幸(다행 행)과 무릎을 꿇은 모습인 卩(㔾 : 병부 절)과 又(손 우)가 합해진 글자로 본뜻은 죄인을 '재판하다'이며 형벌을 면했다는 데서 '갚다'를 나타냄. 은혜에 효성이나 돈으로 갚는]

* 차꼬는 두 개의 토막나무 틈에 구멍을 파서 죄인의 두 발목을 넣고 자물쇠로 채우는 형벌기구.

직역 좋고 나쁜 일의 원인에는 반드시 상응하는 결과가 따른다는 뜻.
의역 스스로 저지른 일에는 반드시 대가가 있는 법이라는 뜻.

인사불성
人事不省

한자 풀이 ─────────

① **인 人 2** - 사람 인[벼슬아치가 증표인 홀(笏)을 잡은 두 손을 앞으로 내밀며 서 있는 옆모습을 본뜬 글자로 두 발로 똑바로 서서 걸으며 생각과 말을 할 줄 아는 만물의 우두머리를 뜻함]·인격 인·남(상대방) 인

  * 홀(笏) : 벼슬아치가 임금을 만날 때에 예복에 갖추어 손에 쥐던 대나무로 만든 물건.

② **사 事 8** - 일 사[깃발이나 팻말의 모양인 史와 크(又 : 오른손 우)가 합해진 글자로 팻말 아래 사람들이 모여 작업이나 행사하는 모습을 나타냄]·섬길 사·벼슬 사·경영할 사

③ **불 不 4** - 아니 불 또는 아닐 불(식물의 꽃대와 꽃받침과 꽃의 암술로 된 씨방 모양을 본뜬 글자로 씨방이 자라서 열매를 맺을지 모른다는 뜻에서 '아니'라고 나타냄)·못할 불·없을 불·않을 불

  * '그렇지 아니하다'라는 부정(否定)이나 반대(反對)의 뜻을 나타냄. 동사로는 '~를 하지 마라'.

④ **성 省 9** - 살필 성[본래는 생명체를 뜻하는 生(날 생)과 통하는 少(적을 소)와 눈으로 본다는 뜻의 目(눈 목)이 합해진 글자로 돋아나는 작은 싹을 자세히 살펴본다는 뜻을 나타냄. 돌보거나 되돌아보는]·볼 성·관청 성·깨달을 성·덜 생·절약할 생

직역 자기가 직접 저지른 일을 전혀 기억하지 못한다는 뜻.

의역 큰 병이나 술에 취해 의식을 잃고 정신을 차리지 못한다는 뜻.

  * '사람으로서의 지켜야 할 예절을 차릴 줄 모른다'는 뜻으로도 풀이함.

인산인해
人山人海

한자 풀이 ──────

① **인 人 2** - 사람 인[벼슬아치가 증표인 홀(笏)을 잡은 두 손을 앞으로 내밀며 서 있는 옆모습을 본뜬 글자로 두 발로 똑바로 서서 걸으며 생각과 말을 할 줄 아는 만물의 우두머리를 뜻함]·인격 인·남(상대방) 인

* 사람의 훌륭한 정도 : 善人(선인)→信人(신인)→美人(미인)→大人(대인)→聖人(성인).

* 여기서 미인(美人)은 재주와 덕(德)이 뛰어난 사람을 뜻함.

② **산 山 3** - 뫼 산 또는 메 산(우뚝 솟은 봉우리 3개가 ⛰의 그림과 같이 붙어 있는 산의 모습을 본뜬 글자로 둘레보다 우뚝하게 높이 솟아 있는 땅덩이를 나타냄)·무덤(시체나 유골을 묻은 묘) 산

* '메'는 산(山)을 예스럽게 이르는 말이며 山林(산림)은 산과 숲을 뜻함.

③ **해 海 10** - 바다 해[氵(水 : 물 수)와 발음요소와 언제나·항상의 뜻인 每(매양 매)가 합해진 글자로 온갖 물길을 받아들여 항상 물이 마르지 않고 괴어 있는 큰 구역이라는 데서 '바다'의 뜻을 나타냄. 바다 표면에서 양쪽에 육지를 끼고 있거나 육지에 가까이 붙어 있는 짠물이 괴어 있는 넓은 부분]

직역 사람들이 산(山)만큼 바다(海)만큼 모여 있다는 뜻.
의역 사람들이 헤아릴 수 없이 많다는 뜻.

인생무상
人生無常

한자 풀이 ──────

① 인 人 2 - 사람 인[벼슬아치가 증표인 홀(笏)을 잡은 두 손을 앞으로 내밀며 서 있는 옆모습을 본뜬 글자로 두 발로 똑바로 서서 걸으며 생각과 말을 할 줄 아는 만물의 우두머리를 뜻함]·인격 인·남(상대방) 인

* 홀(笏) : 벼슬아치가 임금을 만날 때에 예복에 갖추어 손에 쥐던 대나무로 만든 물건.

② 생 生 5 - 날 생[어린 싹인 떡잎을 뜻하는 屮(싹날 철)과 土(흙 토)가 합해진 글자로 초목의 새싹이 땅 위로 돋아나는 모습을 나타냄]·낳을 생·생길 생·살 생·자랄 생

* 인생(人生) : 태어나 목숨을 가진 사람이 이 세상 한평생 살아 나가는 일.

③ 무 無 12 - 없을 무[舞(춤출 무)에서 舛(어그러질 천) 대신 4개의 발바닥 모양인 灬이 합해진 글자로 깃털 장식을 잡고 흔들며 춤추는 모습을 나타냄. 본뜻은 춤이며 '없다'는 뜻은 亡(없을 망)에서 가져온 것임]·아닐(부정하는) 무·말(금지를 뜻하는) 무·빌(텅 비어 있는) 무

* 동사로는 '~하지 못하다'.

④ 상 常 11 - 항상 상 또는 늘 상[恒常(항상). 깃발을 뜻하는 巾(수건 건)과 발음요소와 기도하는 집을 뜻하는 尙(숭상할 상)이 합해진 글자로 기도와 제사로 신(神)을 섬기는 집에는 항상 높은 깃대에 깃발을 달아놓는다는 뜻을 나타냄]

* 무상(無常) : 항상 존재하거나 멈춰 있는 것은 하나도 없다는 뜻. 그러하듯이 세월이 너무 허무하게 빠르게 흐른다는 뜻.

직역 사람의 일생이 생각할 여지도 없이 빠르게 지나가 버린다는 뜻.
의역 사람은 꿈을 갖고 실천하며 부지런하게 살아야 한다는 뜻.

인자요산
仁者樂山

* 지자요수 인자요산(知者樂水 仁者樂山)으로 함께 씀.

한자 풀이 ――――――

① **인 仁 4** - 어질 인[亻(人 : 사람 인)과 二(두 이)가 합해져 엄마와 배 안에 있는 태아를 뜻하는 글자로 엄마와 태아 두 사람이 서로 헤아리는 마음이 같다는 뜻]·사랑할 인·열매의씨 인

   * 인자(仁者) : 마음이 너그럽고 인정이 두터우며 슬기롭고 착한 사람.

② **자 者 9** - 놈 자[본래 鼎(솥 정)의 생략형인 日와 叔(콩 숙)이 합해진 글자로 본뜻은 '콩을 삶다'이며 '놈 자'는 빌려 쓰게 된 것임]·사람[기술자·신문기자·독자(讀者)·학자(學者) 등 어떤 직업이나 분야에 종사하는 사람] 자

③ **요 樂 15** - 좋아할 요[風流(풍류)로 즐거움을 느끼므로 마음이 상쾌하고 산(山)이나 물 또는 어떤 사물에 대하여 좋은 느낌을 갖는]·즐길 락(낙)[큰 북을 뜻하는 白(흰 백)과 작은 북을 뜻하는 幺(작을 요)두 개와 받침대를 뜻하는 木(나무 목)이 합해진 글자로 북과 춤과 노래로 즐거움을 누리는]

④ **산 山 3** - 뫼 산 또는 메 산(우뚝 솟은 봉우리 3개가 ⛰의 그림과 같이 붙어 있는 산의 모습을 본뜬 글자로 둘레보다 우뚝하게 높이 솟아 있는 땅덩이를 나타냄)·무덤(시체나 유골을 묻은 묘) 산

   * '메'는 산(山)을 예스럽게 이르는 말이며 山林(산림)은 산과 숲을 뜻함.

직역 어진 사람은 산(山)을 좋아한다는 뜻.
의역 인자(仁者)는 의리(義理)에 만족하며 그 심덕(心德)이 산(山)같이 두텁다는 뜻.

인지상정
人之常情

한자 풀이 ─────────

① **인 人 2** - 사람 인[벼슬아치가 증표인 홀(笏)을 잡은 두 손을 앞으로 내밀며 서 있는 옆모습을 본뜬 글자로 두 발로 똑바로 서서 걸으며 생각과 말을 할 줄 아는 만물의 우두머리를 뜻함]·인격 인·남(상대방) 인

 * 홀(笏) : 벼슬아치가 임금을 만날 때에 예복에 갖추어 손에 쥐던 대나무로 만든 물건.

② **지 之 4** - 갈 지[두 발을 뜻하는 止(발 지)와 출발선을 뜻하는 一(가로획)을 그어 만든 글자로 한 발을 떼고 막 출발하려는 모습을 나타냄]·이를 지·이 지·어조사(~의, ~가, ~이, ~을) 지

③ **상 常 11** - 항상 상 또는 늘 상[恒常(항상). 깃발을 뜻하는 巾(수건 건)과 발음요소와 기도하는 집을 뜻하는 尚(숭상할 상)이 합해진 글자로 기도와 제사로 신(神)을 섬기는 집에는 항상 높은 깃대에 깃발을 달아놓는다는 뜻을 나타냄]

④ **정 情 11** - 뜻 정[忄(心 : 마음 심)과 땅을 뚫고 막 올라오는 푸른 풀을 뜻하는 靑(푸를 청)이 합해진 글자로 순수한 마음에서 솟아오르는 느낌이나 사랑을 뜻하는]·정(함께 지내면서 자기도 모르게 느끼어 일어나는 관심이나 따뜻한 사랑) 정·마음(사람의 의식·감정·생각 등 정신작용의 총체 또는 근원이 되는 것) 정

 직역 사람이라면 보통 가질 수 있는 정서(情緒)나 감정(感情)이라는 뜻.
 의역 인간은 누구나 고통 받는 사람을 보면 저절로 돕고 싶은 마음이 생긴다는 뜻.

일맥상통
一脈相通

한자 풀이 ─────────

① **일 一 1** - 한 일(한 획으로 가로선을 그어 만든 글자 또는 산가지 1개를 가로놓아 만든 글자로 1·2·3·4…로 된 아라비아 숫자에서 1을 가리킴)·하나 일·첫째 일·오로지 일·땅 일

② **맥 脈 10** - 맥 맥[月(月 : 몸 육)과 派(물갈래 파)가 생략된 辰이 합해진 글자로 몸 안에 흐르는 핏줄인 맥을 나타냄. 체계적으로 쭉 이어진 상태]·줄기 맥·혈관 맥

③ **상 相 9** - 서로 상[본래 杖(지팡이 장)이 생략된 木(나무 목)과 살펴본다는 뜻의 目(눈 목)이 합해진 글자로 장님이 지팡이로 세상을 본다는 장님과 지팡이 관계에서 '서로'라는 뜻을 나타냄]·도울 상

④ **통 通 11** - 통할 통[무거운 종을 옮긴다는 뜻의 辶(길갈 착)과 꼭지가 달린 종 모양인 甬(쇠북꼭지 용)이 합해진 글자로 종(鐘)은 장소를 옮겨가도 같은 소리를 낸다는 데서 '통하다'의 뜻을 나타냄. 문장이나 책의 내용을 완전 이해하는]·뚫릴 통·다닐 통·알릴 통·형통할(亨通) 통·통 통

직역 처지나 생각 등 어느 한 맥락(脈絡)이 서로 통하는 데가 있다는 뜻.
의역 어딘가 비슷하거나 같은 데가 있다는 뜻.

일모도원
日暮途遠

한자 풀이 ————————

① **일 日 4** - 날 일[해를 뜻하는 둥근 모양인 ○이 바뀐 □와 그 안에 乙(새 을)이 변한 -이 합해진 글자로 지구의 자전으로 밤과 낮이 이어지는 24시간인 하루를 나타냄]·해 일·낮 일·날짜 일

② **모 暮 15** - 저물 모[풀숲 사이로 해가 지는 모습인 莫(저물 모)와 日(해 일)이 합해진 글자로 해가 서쪽으로 완전히 넘어갔다는 뜻을 나타냄. 세월이 흘러 한 해가 거의 다 지나가는]·늦을 모·더딜 모·늙은 모

③ **도 途 11** - 길 도[辶_(길갈 착)과 발음요소와 풀을 뽑는 농기구 모양인 余(나 여)가 합해진 글자로 농기구가 지나간 길을 따라 사람이 지나간다는 뜻을 나타냄. 사람이 지나가는 좁은 길. 진행되는 과정]

④ **원 遠 14** - 멀 원[辶_(辵 : 쉬엄쉬엄갈 착)과 땅에 닿을 정도로 길게 입은 옷의 모양을 뜻하는 袁(옷길 원)이 합해진 글자로 결혼식 등 좋은 일에 참석하기 위하여 정장 차림으로 가야할 만큼 길이 먼. 가야할 거리가 까마득한]·멀리할(멀리 떨어져 있게 하는) 원·깊을 원 또는 심오(深奧)할 원

직역 해는 저물고 갈 길은 아직 멀다는 뜻.

의역 할 일은 많은데 시간이 없다는 뜻. 또는 목적을 이루지 못한 채 늙어감을 한탄(恨歎)하는 뜻으로도 풀이함.

일벌백계
一罰百戒

한자 풀이 ―――――――――

① 일 一 1 - 한 일(한 획으로 가로선을 그어 만든 글자 또는 산가지 1개를 가로놓아 만든 글자로 1·2·3·4…로 된 아라비아 숫자에서 1을 가리킴)·하나 일·첫째 일·오로지 일·땅 일

② 벌 罰 14 - 벌할 벌 또는 벌줄 벌[잡아들인다는 뜻의 罒(网 : 그물 망)과 言(호령할 언)과 刂(刀 : 칼 도)가 합해진 글자로 죄인을 큰 소리로 꾸짖거나 목을 베는 벌을 준다는 뜻을 나타냄]·죄 벌·벌 벌·꾸짖을 벌

③ 백 百 6 - 일백 백[하나의 뜻인 一(한 일)과 발음요소인 白(흰 백)이 합해진 글자로 수효(數爻)의 일백이나 많다는 뜻을 나타냄. 아라비아 숫자에서 100을 가리킨]·백번 백·많을 백

④ 계 戒 7 - 경계할 계[警戒(경계). 좌우 두 손을 맞잡는다는 뜻의 廾(받들 공)과 戈(창 과)가 합해진 글자로 병사가 전후좌우를 경계한다는 뜻을 나타냄]·징계(懲戒)할 계·재계(齋戒)할 계

  * 경계(警戒) : 뜻밖의 사고나 나쁜 일이 생기지 않도록 미리 마음을 가다듬어 단속하는.

  * 경각심(警覺心) : 정신을 가다듬어 조심하는 마음. 정신을 차리고 주의 깊게 살피어 경계하는 마음.

직역 한 사람에게 벌(罰)을 주어 백 사람을 경계(警戒)한다는 뜻.

의역 단체의 경각심(警覺心)을 위해서 본보기로 벌(罰)을 준다는 뜻.

일부종사
一夫從事

한자 풀이 ──────────

① **일 一 1** - 한 일(한 획으로 가로선을 그어 만든 글자 또는 산가지 1개를 가로놓아 만든 글자로 1·2·3·4…로 된 아라비아 숫자에서 1을 가리킴)·하나 일·첫째 일·오로지 일·땅 일

② **부 夫 4** - 사내 부[사람의 정면 모습인 大(큰 대)에 동곳을 뜻하는 一(가로획)이 합해진 글자로 결혼한 성인(成人)이 된 남자를 나타냄]·남편 부·일하는남자 부·지아비 부

　　* 동곳 : 옛날 성인이 상투를 짠 뒤에 풀어지지 아니하도록 머리에 꽂는 긴 물건.

③ **종 從 11** - 따를 종 또는 좇을 종[걷는다는 뜻의 彳(조금걸을 척)과 두 개의 人(사람 인)이 겹쳐 뒷사람이 앞사람을 따라가는 모양을 뜻하는 从(종)과 足(발 족)이 합해진 글자로 발로 걸어서 따라가는 모습을 나타냄]·모실(섬기는) 종

④ **사 事 8** - 일 사[깃발이나 팻말의 모양인 屮와 ⺕(又 : 오른손 우)가 합해진 글자로 팻말 아래 사람들이 모여 작업이나 행사하는 모습을 나타냄]·섬길 사·벼슬 사·경영할 사

　　* 事(사)를 장식이 달린 붓을 손에 잡고 있는 모습으로 보아 기록하는 일을 맡은 관원으로 풀이하기도 함.

직역 결혼하면 평생 한 남편을 섬기고 산다는 뜻.
의역 변치 아니하는 마음으로 남편을 대하는 자세를 뜻함.

일사불란
一絲不亂

한자 풀이 ────────

① **일 一 1** - 한 일(한 획으로 가로선을 그어 만든 글자 또는 산가지 1개를 가로놓아 만든 글
자로 1·2·3·4…로 된 아라비아 숫자에서 1을 가리킴)·하나 일·첫째 일·오로지 일·땅 일

② **사 絲 12** - 실 사[糸(가는실 멱)이 두 개가 합해져 비단을 짜는 가는 실 10가닥으로 된 실을
뜻하는 글자로 바느질이나 옷감을 짜는 데 쓰는 가늘고 길게 뽑은 실을 뜻함]·명주 사·지
을 사·작을 사·거문고 사

③ **불 不 4** - 아니 불 또는 아닐 불(식물의 꽃대와 꽃받침과 꽃의 암술로 된 씨방 모양을 본뜬
글자로 씨방이 자라서 열매를 맺을지 모른다는 뜻에서 '아니'라고 나타냄)·못할 불·없을
불·않을 불

* '그렇지 아니하다'라는 부정(否定)이나 반대(反對)의 뜻을 나타냄. 동사로는 '~를 하지 마라'.

④ **란 亂 13** - 어지러울 란(난)[새장에 손을 넣고 새를 잡으려고 할 때 새들이 퍼덕이는 모습의
䰂(란)과 움직이지 않고 가만히 있는 모습인 乚(숨을 은)이 합해진 글자로 마구 날뛰어 정신
이 혼란하고 어수선한]

직역 한 오라기의 실같이 어지럽지 아니하다는 뜻.
의역 조금도 흐트러짐이 없이 질서(秩序)나 체계(體系)가 바로 잡혀 있다는 뜻.

일사천리
一瀉千里

한자 풀이 ──────────

① **일 一 1** - 한 일(한 획으로 가로선을 그어 만든 글자 또는 산가지 1개를 가로놓아 만든 글자로 1·2·3·4…로 된 아라비아 숫자에서 1을 가리킴)·하나 일·첫째 일·오로지 일·땅 일

② **사 瀉 18** - 쏟을 사[氵(水 : 물 수)와 발음요소와 차근차근하게 전체를 넓게 깔다를 뜻하는 寫(베낄 사)가 합해진 글자로 까치가 설사하듯이 물이나 액체를 한꺼번에 붓는]·쏟아질 사·토할 사·설사 사

③ **천 千 3** - 일천 천[많은 수(數)를 뜻하는 十(열 십)과 人(사람 인)이 생략된 丿(삐침 별)이 합해진 글자로 많은 사람이라는 데서 수효의 천(1,000)을 나타냄. 십진급수의 단위로 100의 10배가 되는 1,000을 뜻함]

④ **리 里 7** - 마을 리(이)[농사짓는 밭을 뜻하는 田(밭 전)과 사람들이 모여 사는 땅을 뜻하는 土(흙 토)가 합해진 글자로 농사를 짓는 밭을 중심으로 모여 사는 시골의 촌락을 나타냄]·이[동리(洞里→동네] 리(이)·이수 리 또는 잇수[도로의 거리나 물줄기의 길이를 세는 단위, 10리(里)=4km] 리(이)

> **직역** 한번 쏟아진 물이 천리를 간다는 뜻.
> **의역** 어떤 일이 조금도 거침없이 빠르게 진행된다는 뜻.

일색소박
一色疎薄

한자 풀이 ─────────

① 일 一 1 - 한 일(한 획으로 가로선을 그어 만든 글자 또는 산가지 1개를 가로놓아 만든 글자로 1·2·3·4…로 된 아라비아 숫자에서 1을 가리킴)·하나 일·첫째 일·오로지 일·땅 일

② 색 色 6 - 빛 색(⺈(人 : 사람 인)과 무릎을 꿇고 엎드린 사람의 모습인 卩(㔾 : 병부 절)이 변형된 巴(뱀 파)가 합해진 글자로 남녀 두 사람이 어우르며 사랑하는 모습을 나타냄)·색 색·얼굴빛 색·색정 색·여 색

 * 일색(一色) : 빼어나게 아름다운 여자.

③ 소 疏 12 - 트일 소[아이가 물에서 거꾸로 떠내려가는 물길을 뜻하는 㐬와 발음요소인 疋(발 소)가 합해진 글자로 '통하다'의 뜻을 나타냄. 통할 수 있도록 활짝 열린]·성길 소·드물소·뚫릴 소·소통할 소·거칠 소·멀어질 소

④ 박 薄 17 - 엷을 박[⺾(艸 : 풀 초)와 발음요소와 넓다는 뜻의 溥(펼 부)가 합해진 글자로 본래는 '얇다·적다'의 뜻을 나타냄. 비눗방울 막이나 동식물의 세포를 싸고 있는 막을 뜻함]·얇을 박·적을 박·메마를 박·야박(野薄 : 불친절하고 냉정한)할 박·핍박(逼迫)할 박

 * 소박(疎薄) : 여인이나 아내를 미워하거나 푸대접하는.

직역 아름다운 여인일수록 박대(푸대접) 받기 쉽다는 뜻.

의역 미모가 뛰어난 여자는 소박을 당해도 못생긴 여자는 그렇지 않다라는 뜻.

일어탁수

一魚濁水

한자 풀이 ──────

① 일 一 1 - 한 일(한 획으로 가로선을 그어 만든 글자 또는 산가지 1개를 가로놓아 만든 글
자로 1·2·3·4…로 된 아라비아 숫자에서 1을 가리킴)·하나 일·첫째 일·오로지 일·땅 일

② 어 魚 11 - 물고기 어(물고기의 머리인 ⺈와 몸통과 비늘을 뜻하는 田와 지느러미와 꼬리
를 뜻하는 灬가 합해진 글자로 물속에서 헤엄치며 살아가는 물고기를 나타냄)·잉어 어·생
선(生鮮 : 잡은 그대로의 물고기) 어

③ 탁 濁 16 - 흐릴 탁[氵(水 : 물 수)와 발음요소와 흙탕물을 상징적으로 뜻하는 蜀(나비의애벌레
촉)이 합해진 글자로 물이 애벌레가 들어 있어 흙탕물처럼 흐리고 막걸리처럼 뿌옇다는 뜻
을 나타냄]·어지러울 탁·더러울 탁

④ 수 水 4 - 물 수[본래 川(내 천)에서 비롯된 글자로 흐르는 물줄기가 합쳤다가 갈라지는 모
습을 나타냄. 샘물·시냇물·강물·바닷물 등 자연에 존재하는 기본 물질을 뜻함]·별이름(水
星 : 수성) 수

직역 물고기 한 마리가 큰 물을 흐리게 한다는 뜻.
의역 한 사람의 악행(惡行)으로 여러 사람이 그 피해를 입게 된다는 뜻.

일엽편주
一葉片舟

한자 풀이 ————

① **일 一 1** - 한 일(한 획으로 가로선을 그어 만든 글자 또는 산가지 1개를 가로놓아 만든 글자로 1·2·3·4…로 된 아라비아 숫자에서 1를 가리킴)·하나 일·첫째 일·오로지 일·땅 일

② **엽 葉 13** - 잎 엽[艹(艸 : 풀 초)와 枼(나뭇잎 엽)이 합해진 글자로 넓은 의미에서 나뭇잎을 나타냄]·대[代 : 여러 세대(世代)를 거쳐 이어 내려오는 한 집안의 계통] 엽·장(종이·잎을 세는 단위) 엽

③ **편 片 4** - 조각 편(가지와 뿌리가 있는 나무의 줄기를 세로로 한가운데를 가른 오른쪽 조각의 모양을 나타낸 글자로 통나무를 세로로 쪼갰을 때 온전한 조각과 반대쪽이 되는 오른쪽 자투리 조각을 가리킴)·꽃잎 편

④ **주 舟 6** - 배 주(통나무의 안을 깊게 파서 만든 배를 사람이 노를 저으며 앞으로 나가는 모습을 나타낸 글자로 굵고 긴 통나무를 세로로 자르고 가운데를 깊게 파서 물 위에서 사람이 탈 수 있게 만든 쪽배나 여러 조각의 나무판자를 붙이어 유선형 모양으로 작게 만든 배를 뜻함)·배댈(배를 육지에 닿게 하는) 주

* 편주(片舟) : 작은 배, 쪽배.

직역 하나의 나뭇잎 같은 작은 조각배라는 뜻. 또는 한 척의 쪽배.

의역 넓고 넓은 큰 바다를 항해하는 것 같은 외로운 인생살이를 뜻함.

일장춘몽
一場春夢

한자 풀이 ──────────

① 일 一 1 - 한 일(한 획으로 가로선을 그어 만든 글자 또는 산가지 1개를 가로놓아 만든 글자로 1·2·3·4…로 된 아라비아 숫자에서 1를 가리킴)·하나 일·첫째 일·오로지 일·땅 일
   * 일장(一場) : 한 장소, 한바탕.

② 장 場 11 - 마당 장[土(흙 토)와 발음요소와 태양이 떠오르며 밝게 비친다는 뜻의 昜(볕 양)이 합해진 글자로 본래는 햇빛이 잘 비치는 신(神)에게 제사를 지내는 곳이며 이후에 '마당'의 뜻으로 쓰이게 된 것임]

③ 춘 春 9 - 봄 춘[본래 艸(풀 초)와 새싹이 흙을 뚫고 나오는 모습인 屯(머무를 둔)과 기운을 뜻하는 日(해 일)이 합해진 글자로 땅이 따스한 봄볕을 받아 새싹들이 돋아나는 계절을 나타냄]·화할 춘·젊을 춘

④ 몽 夢 14 - 꿈 몽[눈썹을 뜻하는 卝(艸 : 풀 초)와 罒(目 : 눈 목)과 人(사람 인)의 변형인 冖(덮을 멱)과 어두움을 뜻하는 夕(저녁 석)이 합해진 글자로 잠잘 때 꾸는 꿈을 나타냄. 실현시키려는 희망이나 이상]·꿈꿀 몽·희미(稀微 : 기억이 분명치 못하는, 물체나 소리가 잘 안보이거나 들리지 않는)할 몽

직역 어느 한 마당에서 낮에 잠깐 꾼 봄의 꿈이라는 뜻.
의역 한바탕 멋있게 꾸었다가 사라진 봄의 꿈처럼 인생의 헛된 영화(榮華)를 뜻함.

일촉즉발
一觸卽發

한자 풀이 ————

① 일 一 1 - 한 일(한 획으로 가로선을 그어 만든 글자 또는 산가지 1개를 가로놓아 만든 글자로 1·2·3·4…로 된 아라비아 숫자에서 1를 가리킴)·하나 일·첫째 일·오로지 일·땅 일

② 촉 觸 20 - 닿을 촉[角(뿔 각)과 머리 부분이 크게 돌출된 애벌레를 뜻하는 蜀(벌레 촉)이 합해진 글자로 뿔처럼 생긴 촉수(觸手 : 촉각을 맡는 기관)를 나타냄]·밝을 촉·느낄 촉·찌를 촉·범할 촉

③ 즉 卽[卽] 8 - 곧 즉[밥을 먹으려고 숟가락을 들고 있는 모습의 皀(고소할 급)과 무릎을 꿇은 모습의 卩(卩 : 병부 절)이 합해진 글자로 어떤 상황이나 현상이 일어나는 '바로 그때'를 가리킴. 즉시·당장]·이제 즉·만일 즉

④ 발 發 12 - 필 발[쌍떡잎처럼 둘로 갈라진다는 뜻의 癶(필 발)과 弓(활 궁)과 殳(창 수)가 합해진 글자로 전쟁터에서 싸울 때 창 부대는 앞에서 활 부대는 뒤에 배치된다는 뜻을 나타냄. '피다'의 뜻은 새로 생긴 것임]·일으킬 발·나아갈 발·펼 발·쏠 발·드러날 발·일어날 발·밝힐 발

직역 조금만 닿아도 곧 터질 것같이 아슬아슬하다는 뜻.
의역 어떤 불행이나 위기가 곧 닥칠 것 같은 지경(地境)에 처해 있다는 뜻.

일취월장
日就月將

한자 풀이 ─────────

① **일 日 4** - 날일[해를 뜻하는 둥근 모양인 ○이 바뀐 □와 그 안에 乙(새 을)이 변한 -이 합해진 글자로 지구의 자전으로 밤과 낮이 이어지는 24시간인 하루를 나타냄]·해 일·낮 일·날짜 일

② **취 就 12** - 나아갈 취[언덕 위에 높게 지은 큰 집을 뜻하는 京(서울 경)과 犬(개 견)에서 뒷다리를 구부리고 앉아있는 모습인 尤(더욱 우)가 합해진 글자로 개가 집 문 앞에서 뛰어나갈 수 있도록 지키고 있는 모습을 나타냄]·좇을 취

③ **월 月 4** - 달월[초승달에서 둥근 보름달까지 변화하는 달의 모양을 형상화한 글자로 지구의 둘레를 약 1달에 1번 돌고 있는 위성(衛星)]·한달 월·세월 월

④ **장 將 11** - 장수 장[將帥(장수). 손을 뜻하는 寸(마디 촌)과 夕(肉 : 고기 육)과 발음요소와 음식을 만드는 도마나 조리대를 뜻하는 爿(나무조각널 장)이 합해진 글자로 옛날 신(神)에게 희생물로 바칠 고기를 자르거나 손질하는 일을 주관하는 사람인 통솔자 또는 장수를 나타냄]·나아갈(성장하고 발전해 나가는) 장

직역 나날이 앞으로 나아가고 다달이 발전한다는 뜻.
의역 학문이나 사업 등이 계속 향상(向上)되고 성장(成長)한다는 뜻.

일파만파
一波萬波

한자 풀이 ——————

① **일 一 1** - 한 일(한 획으로 가로선을 그어 만든 글자 또는 산가지 1개를 가로놓아 만든 글자로 1·2·3·4…로 된 아라비아 숫자에서 1를 가리킴)·하나 일·첫째 일·오로지 일·땅 일

  * 一(한 일)은 우주(宇宙)와 천지(天地)가 생기는 맨 처음인 태초(太初)의 존재를 나타냄.

② **파 波 8** - 물결 파 또는 잔물결 파[氵(水 : 물 수)와 발음요소와 짐승의 털을 뜻하는 皮(가죽 피)가 합해진 글자로 바람에 움직이는 짐승 가죽의 털처럼 물이 파동을 일으킨다는 뜻을 나타냄. 물의 표면의 바람이나 달의 인력에 의해 파동을 그리며 올라갔다 내려왔다 하는 운동]·눈의영채 파·진동하는결 파

  * 파도(波濤) : 작은 물결과 큰 물결, 거센 큰 물결.

③ **만 萬 13** - 일만 만[절지동물의 일종인 전갈이 알을 많이 낳아 품고 있는 모습을 나타낸 글자로 본래는 전갈을 뜻하였으나 이후 수(數)를 나타내는 만(万)으로 쓰이게 되었음]·많을 만·만약 만

  * 전갈(全蠍) : 몸은 가재와 비슷하고 꼬리 끝에 독침이 있고 사막지대에 많으며 작은 벌레를 잡아먹음.

> **직역** 한 번 치는 파도가 만 개의 파도를 일으킨다는 뜻. 즉, 잇따라 번져 나가는.
>
> **의역** 작은 일이나 영향이 원인이 되어 후에 큰 결과를 가져온다는 뜻.

일편단심
一片丹心

한자 풀이 ————————

① **일 一 1** - 한 일(한 획으로 가로선을 그어 만든 글자 또는 산가지 1개를 가로놓아 만든 글자로 1·2·3·4…로 된 아라비아 숫자에서 1를 가리킴)·하나 일·첫째 일·오로지 일·땅 일

② **편 片 4** - 조각 편(가지와 뿌리가 있는 나무의 줄기를 세로로 한가운데를 가른 오른쪽 조각의 모양을 나타낸 글자로 통나무를 세로로 쪼갰을 때 온전한 조각과 반대쪽이 되는 오른쪽 자투리 조각을 가리킴)·꽃잎 편

③ **단 丹 4** - 붉을 단[본래 깊게 패인 굴을 뜻하는 井(우물 정)과 캐낸 붉은 광석을 뜻하는 丶(불똥 주)가 합해진 글자로 본뜻은 '색깔이 있는 돌'이며 이후 '붉다'의 뜻으로 바뀐 것임]·마음 단·성심 단·모란(牡丹 : 낙엽 활엽의 떨기나무) 난(란)

④ **심 心 4** - 마음 심(사람의 심장 모양을 본뜬 글자로 본뜻은 심장이며 이후 '마음'의 뜻이 생긴 것임)·생각 심·심장 심 또는 염통 심·가슴 심·중심 심·별이름 심·근본 심

　* 예로부터 사람들은 모든 생각은 심장이 주관하는 마음에서 나온다고 믿었음. 心琴(심금 : 미묘한 마음).

　* 단심(丹心) : 진정에서 우러나오는 정성어린 마음.

직역 한 조각의 정성어린 마음이라는 뜻.
의역 어느 인물이나 님에 대한 변함없는 지극(至極)한 마음을 뜻함.

일확천금
一攫千金

한자 풀이 ─────────

① 일 一 1 - 한 일[한 획으로 가로선을 그어 만든 글자 또는 산가지 1개를 가로놓아 만든 글자로 1·2·3·4…로 된 아라비아 숫자에서 1를 가리킴]·하나 일·첫째 일·오로지 일·땅 일

② 확 攫 23 - 움킬 확 또는 움켜쥘 학[扌(手 : 손 수)와 발음요소와 놀란 모습을 뜻하는 矍(두리번거릴 확)이 합해진 글자로 잡은 새가 놀랄 정도로 손으로 갑자기 움켜쥔다는 뜻을 나타냄]·잡을 확·후리칠 확

③ 천 千 3 - 일천 천[많은 수(數)를 뜻하는 十(열 십)과 人(사람 인)이 생략된 丿(삐침 별)이 합해진 글자로 많은 사람이라는 데서 수효의 천(1,000)을 나타냄. 십진급수의 단위로 100의 10배가 되는 1,000을 뜻함]

④ 금 金 8 - 쇠 금[본래 土(흙 토)와 광물을 뜻하는 丷이 합해진 圭와 발음요소인 今(머금을 함)이 생략된 今(이제 금)이 합해진 글자로 땅속에 박혀 있는 광물을 나타냄 또는 쇳물이 뚝뚝 떨어지는 거푸집 모양을 나타냄]·금 금·돈 금 또는 화폐 금·징(놋쇠로 만든 국악 타악기) 금·누른빛 금·성(姓氏 : 성씨) 김

직역 한번에 천금이나 되는 거액(巨額)을 움켜쥔다는 뜻.
의역 힘 안들이고 쉽게 많은 재물(財物)을 노린다는 뜻.

일희일비
一喜一悲

*일비일희(一悲一喜)라고도 씀.

한자 풀이 ───────

① 일 一 - 1 - 한 일(한 획으로 가로선을 그어 만든 글자 또는 산가지 1개를 가로놓아 만든 글자로 1·2·3·4…로 된 아라비아 숫자에서 1를 가리킴)·하나 일·첫째 일·오로지 일·땅 일

　* 一(한 일)은 우주(宇宙)와 천지(天地)가 생기는 맨 처음인 태초(太初)의 존재를 나타냄.

② 희 喜 12 - 기쁠 희 또는 기뻐할 희[북을 뜻하는 壴(악기이름 주)와 口(입 구)가 합해진 글자로 북을 치면서 신(神)에게 빌거나 신(神)을 기쁘게 한다는 뜻을 나타냄. 북치고 노래하며 재미있게 놀아 마음이 즐거운]·좋을 희 또는 좋아할 희·즐거울 희 또는 즐거워할 희·밝을(분위기나 표정이 밝은) 희

③ 비 悲 12 -슬플 비[心(마음 심)과 발음요소와 두 방향이 서로 어긋난다는 뜻의 非(아닐 비)가 합해진 글자로 그릇된 일로 마음이 아픈 것을 나타내어 '슬프다'의 뜻을 나타냄. 안타깝고 불쌍하여 마음이 아픈]·슬퍼할 비·불쌍히여길 비·한심(寒心 : 형편이 가엾고 딱한)할 비·자비로울 비

직역 한편으로는 기쁘고 한편으로는 슬프다는 뜻.
의역 기쁨과 슬픔이 번갈아 일어나는 것이 곧 세상의 이치(理致)라는 뜻.

임기응변
臨機應變

한자 풀이 ————

① **임 臨 17** - 임할 임(림)[엎드려 눈으로 내려봄을 뜻하는 臥(누울 와)와 品(온갖 품)이 합해진 글자로 높은 곳에서 많은 것들을 굽어본다는 뜻을 나타냄. 사람을 직접 대하거나 전쟁 등에 직접 참여하는]

② **기 機 16** - 베틀 기[木(나무 목)과 피륙을 짜는 기계 장치를 뜻하는 幾(기틀 기)가 합해진 글자로 나무로 만든 베를 짜는 베틀을 나타냄]·기틀 기·틀 기·때 기·기계 기·기관 기·기미 기·덫 기

  * 임기(臨機) : 어떤 기회나 고비에 임하는.

③ **응 應 17** - 응할 응[心(마음 심)과 발음요소와 먹잇감에 반응을 보이는 사냥용 매인 鷹(매 응)이 생략된 雁이 합해진 글자로 어떤 작용과 자극에 대하여 반응을 일으키는]·대답할 응·응당(당연한 것을 강조하는, 마땅히) 응

④ **변 變 23** - 변할 변[실처럼 이어진다는 뜻의 絲(실 사)와 言(말씀 언)과 끊는다는 뜻의 攵 (攴 : 칠 복)이 합해진 글자로 실이 끊어지듯이 말의 주제나 내용이 갑자기 바뀐다는 뜻을 나타냄]·고칠 변·재앙(災殃 : 화재·홍수로 입는 불행한 사고) 변·변고(變故 : 재앙이나 사고) 변

  * 응변(應變) : 상황에 따라 적절하게 반응하고 융통성 있게 잘 처리하는.

> **직역** 어디에 임할 때나 기회에 따라 응하는 방법이 수시로 변한다는 뜻.
>
> **의역** 그때 그때의 사정과 형편에 따라 적절히 처리한다는 뜻.

임전무퇴
臨戰無退

한자 풀이 ─────────

① **임 臨 17** - 임할 임(림)[엎드려 눈으로 내려봄을 뜻하는 臥(누울 와)와 品(온갖 품)이 합해진 글자로 높은 곳에서 많은 것들을 굽어본다는 뜻을 나타냄. 사람을 직접 대하거나 전쟁 등에 직접 참여하는]

  * 임전(臨戰) : 전쟁에 나아가는. 싸움터에 다다르는.

② **전 戰 16** - 싸울 전[원시적인 무기를 뜻하는 單(홑 단)과 무력에 의한 투쟁을 뜻하는 戈(창과)가 합해진 글자로 창 같은 무기를 들고 적과 싸운다는 뜻임. 어려움을 부딪쳐 극복하는]·싸움 전·두려워할 전·떨 전

③ **무 無 12** - 없을 무[舞(춤출 무)에서 舛(어그러질 천) 대신 4개의 발바닥 모양인 灬이 합해진 글자로 깃털 장식을 잡고 흔들며 춤추는 모습을 나타냄. 본뜻은 춤이며 '없다'는 뜻은 亡(없을 망)에서 가져온 것임]·아닐(부정하는) 무·말(금지를 뜻하는) 무·빌(텅 비어 있는) 무

  * 동사로는 '~하지 못하다'.

④ **퇴 退 10** - 물러날 퇴[辶_(辵 : 쉬엄쉬엄갈 착)과 罒(目 : 눈 목)에서 눈동자가 한쪽으로 돌아간 모양일 日(날 일)과 夂(뒤져올 치)가 변형된 두 발이 엇갈린 모양의 八이 합해진 글자로 사람이 뒤돌아보며 천천히 뒷걸음친다는 뜻을 나타냄]·쇠할 퇴

직역 전쟁에 임할 때는 절대로 물러서지 않는다는 뜻.

의역 전쟁할 때는 후퇴(後退)하지 않는다는 강한 정신을 뜻함.

입신양명
立身揚名

한자 풀이 ────────

① **입 立 5** - 설 입(립)[사람을 뜻하는 大(큰 대)와 땅바닥을 뜻하는 一(땅 일)이 합해진 글자로 사람이 두 다리를 바닥 위에 딛고 양팔을 벌리며 서 있는 모습을 나타냄]·세울(바로 세우는, 회사를 설립하는) 입(립)·이룰 입(립)

② **신 身 7** - 몸 신(여자가 아이를 가져 배가 부른 모습을 본뜬 글자로 본뜻은 '배'이며 이후에 사람의 '몸'의 뜻으로 쓰이게 된 것임. 머리·목·몸통·팔다리가 있는 온전한 사람의 육체)· 몸소 신·아이밸 신 또는 애밸 신

   * 입신(立身) : 사회에 나아가서 일정한 자리를 차지하고 자기의 지위를 확고하게 세워 출세한다는 뜻.

③ **양 揚 11** - 날릴 양(량)[扌(手 : 손 수)와 발음요소와 위로 높이 오르거나 바람에 날린다는 뜻의 昜(볕 양)이 합해진 글자로 깃발이 바람에 펄럭이는. 출세하여 이름을 세상에 떨치는]· 드날릴(세상에 드러나게 떨치는) 양(량)

④ **명 名 6** - 이름 명[달이 서쪽으로 지면서 반쯤 비치거나 초승달을 뜻하는 月(달 월)이 변형된 夕(저녁 석)과 口(입 구)가 합해진 글자로 등불도 없었던 옛날에는 어두워지면 말로 자기 이름을 알리거나 상대방 이름을 불러 서로 통했다는 저녁을 나타냄]·이름지을 명·이름날 명·사람 명·부를 명

   직역 자신의 몸을 세상에 바로 세우고 이름을 드날린다는 뜻.
   의역 사회적으로 성공(成功)하여 세상에 자기의 이름을 떨친다는 뜻.

자가당착
自家撞着

한자 풀이 ────────

① **자 自 6** - 스스로 자[目(눈 목)에 코를 내려다본다는 뜻의 丿(삐침 별)이 합해진 글자로 코의 앞모습과 코로 숨을 쉬고 있는 자기 자신을 가리킴]·몸소 자·저절로 자·부터 자·코 자

② **가 家 10** - 집 가[宀(집 면)과 본래 발음요소인 豭(수퇘지 가)가 변형된 豕(돼지 시)가 합해진 글자로 방 밑에다 돼지를 기르고 농사를 짓는 옛날 집의 구조를 나타냄]·집안 가·전문 가

  * 자가(自家) : 저, 자기(自己), 자기 스스로.

③ **당 撞 15** - 칠 당[扌(手 : 손 수)와 발음요소와 칠 때 나는 '동동' 소리의 의성어인 童(아이 동)이 합해진 글자로 종을 치거나 공을 때리는]·두드릴 당·부딪칠 당·놀(오락기구를 두드리며 재미있게 즐기는) 당

④ **착 着 12** - 붙을 착[羊(羊 : 양 양)과 끈을 뜻하는 丿(삐침 별)과 目(눈 목)이 합해진 글자로 제물로 쓸 양(羊)을 끈으로 매어 계속 쳐다보며 끌고 가서 보인다는 뜻을 나타냄. 풀밭에 있는 양떼들이 사이좋게 서로 마주보며 붙어 있는. 물체가 달라붙어 있거나 한곳에 계속 머물러 있는]·붙일 착

  * 당착(撞着) : 서로 맞부딪치는. 말과 행동이 앞뒤가 서로 맞지 아니한. 서로 모순되는.

> **직역** 자기 스스로가 난처(難處)한 일에 부딪치게 한다는 뜻.
> **의역** 자기의 말과 행동이 모순(矛盾)되어 문제를 스스로 일으킨다는 뜻.

자격지심
自激之心

*자곡지심(自曲之心)과 비슷한 뜻임(曲 : 굽을 곡).

한자 풀이 ──────────

① **자 自 6** - 스스로 자[目(눈 목)에 코를 내려다본다는 뜻의 ╱(삐침 별)이 합해진 글자로 코의 앞모습과 코로 숨을 쉬고 있는 자기 자신을 가리킴]·몸소 자·저절로 자·부터 자·코 자

② **격 激 16** - 격할 격[氵(水 : 물 수)와 발음요소와 갑자기 뻗는다는 뜻의 敫(칠약)과 합해진 글자로 계곡물이 바위에 부딪쳐 탁 튀어 오르듯이 감정이 북받쳐 오르는]·과격(過激 : 정도가 지나치게 세차고 사나운)할 격·부딪칠 격·심할 격·분발할 격

③ **지 之 4** - 갈 지[두 발을 뜻하는 止(발 지)와 출발선을 뜻하는 一(가로획)을 그어 만든 글자로 한 발을 떼고 막 출발하려는 모습을 나타냄]·이를 지·이 지·어조사(~의, ~가, ~ 이, ~을) 지

④ **심 心 4** - 마음 심(사람의 심장 모양을 본뜬 글자로 본뜻은 심장이며 이후 '마음'의 뜻이 생긴 것임)·생각 심·심장 심 또는 염통 심·가슴 심·중심 심·별이름 심·근본 심

* 예로부터 사람들은 모든 생각은 심장이 주관하는 마음에서 나온다고 믿었음. 心琴(심금 : 미묘한 마음).

직역 자기가 해놓은 일에 대하여 제스스로 미흡(未洽)하게 여기는 마음을 뜻함.
의역 이미 행한 일에 대하여 자신을 지나치게 괴롭힌다는 뜻.

자수성가
自手成家

한자 풀이 ──────────

① **자 自 6** – 스스로 자[目(눈 목)에 코를 내려다본다는 뜻의 ノ(삐침 별)이 합해진 글자로 코의 앞모습과 코로 숨을 쉬고 있는 자기 자신을 가리킴]·몸소 자·저절로 자·부터 자·코 자

② **수 手 4** – 손 수(손목과 주먹을 편 사람 손의 손바닥과 손가락의 모양을 본뜬 글자로 팔뚝에 달린 손을 나타냄. 솜씨와 수단을 뜻함)·손으로할 수·손수할 수·잡을 수·재주 수·사람[가수·목수·기수(騎手)] 수

  * 자수(自手) : 자기의 손이나 힘, 자기 혼자의 노력이나 힘.

③ **성 成 7** – 이룰 성[戊(도끼 월) 또는 창을 뜻하는 戊(다섯째천간 무)와 발음요소인 丁(못 정)이 합해진 글자로 도끼나 창을 힘들여 갈아서 못이나 바늘을 만든다는 뜻을 나타냄. 뜻을 이루거나 목적에 도달하는]·마칠 성

④ **가 家 10** – 집 가[宀(집 면)과 본래 발음요소인 豭(수돼지 가)가 변형된 豕(돼지 시)가 합해진 글자로 방 밑에다 돼지를 기르고 농사를 짓는 옛날 집의 구조를 나타냄]·집안 가·전문 가

  * 성가(成家) : 따로 하나의 가정을 이루는. 학문이나 기술을 닦아 독자적으로 성공하는.

  * 家族(가족)·家門(가문)에는 家(집 가)를 쓰고, 金哥(김가)·李哥(이가)에는 哥(성씨 가)를 씀.

직역 자기의 손으로 자기의 집안을 일으킨다는 뜻.
의역 물려받은 재산이 없는 사람이 자기 혼자의 노력과 개척(開拓)으로 성공한다는 뜻.

자승자박
自繩自縛

한자 풀이 ─────────

① **자 自 6** - 스스로 자[目(눈 목)에 코를 내려다본다는 뜻의 丿(삐침 별)이 합해진 글자로 코의 앞모습과 코로 숨을 쉬고 있는 자기 자신을 가리킴]·몸소 자·저절로 자·부터 자·코 자
  * 自(코 자)는 주로 코의 형태를 나타내며 鼻(코 비)는 코의 기능을 나타냄.

② **승 繩 19** - 노 승 또는 노끈 승[糸(絲 : 실 사)와 여러 가닥의 실로 꼰 모양의 黽(맹꽁이 맹)이 합해진 글자로 실이나 삼(마의 껍질) 등을 두 가닥 또는 세 가닥으로 비비꼬아 맹꽁이의 배 모양이 되게 굵고 튼튼하게 만든 끈을 뜻함]·줄(새끼줄이나 노끈) 승·먹끈 승 또는 먹줄(먹물을 묻혀 직선을 긋는 줄) 승

③ **박 縛 16** - 묶을 박[끈을 뜻하는 糸(실 사)와 발음요소인 尃(펼 부)가 합해진 글자로 손을 펴서 볏단을 움켜쥐고 묶는다는 뜻을 나타냄. 사람이나 짐승을 얽어매는. 어떤 사람이나 조직에 얽매어 신체적 자유를 제한받는]·얽을(끈으로 단단히 동여매는) 박·감을(실이나 끈 또는 붕대로 여러 번 빙 두르는) 박

직역 자기의 끈으로 자기의 몸을 옭아 묶는다는 뜻.

의역 자기의 언행으로 말미암아 자신의 행동을 구속한다는 뜻. 즉, 스스로 번뇌(煩惱 : 시달림과 욕망·노여움에 의한 괴로움)를 일으켜서 괴로워한다는 뜻을 말함.

자업자득
自業自得

한자 풀이 ————————

① **자 自 6** - 스스로 자[目(눈 목)에 코를 내려다본다는 뜻의 丿(삐침 별)이 합해진 글자로 코의 앞모습과 코로 숨을 쉬고 있는 자기 자신을 가리킴]·몸소 자·저절로 자·부터 자·코 자

　　* 自(코 자)는 주로 코의 형태를 나타내며 鼻(코 비)는 코의 기능을 나타냄.

② **업 業 13** - 업 업[북이나 종 같은 옛날 악기를 걸던 여러 개의 갈고리가 달린 나무로 만든 틀의 모양을 본뜬 글자로 본뜻은 널빤지이며 이후 전문성을 뜻하는 '업'이 생겼음. 농업·공업·상업 등의 일하는 직업과 생활수단·학문 연구 즉, 먹고 사는 일을 뜻함]·일 업·직업(職業) 업·선악의소행 업

③ **득 得 11** - 얻을 득[본래 行(다닐 행)의 생략형인 彳(자축거릴 척)과 발음요소인 㝵(취할 득)이 합해진 글자로 걸어가다가 땅에 떨어진 돈을 손으로 줍는다는 뜻을 나타냄. 노력으로 지식과 기술을 배워 익히거나 어떤 이치를 깨닫는]·취할 득·깨달을 득·만족할 득·득볼 득·감사(感謝)할 득

> **직역** 자기가 저지른 일의 결과를 자신이 돌려받는다는 뜻.
> **의역** 해가 되지 않도록 선악(善惡)을 가려서 말과 행동을 해야 한다는 뜻.

자연도태
自然淘汰

한자 풀이 ——————

① **자 自 6** - 스스로 자[目(눈 목)에 코를 내려다본다는 뜻의 丿(삐침 별)이 합해진 글자로 코의 앞모습과 코로 숨을 쉬고 있는 자기 자신을 가리킴]·몸소 자·저절로 자·부터 자·코 자

　* 自(코 자)는 주로 코의 형태를 나타내며 鼻(코 비)는 코의 기능을 나타냄.

② **연 然 12** - 그럴 연[犬(개 견)과 月(肉 : 고기 육)과 灬(火 : 불 화)가 합해진 글자로 본뜻은 개를 제물로 불에 산 채로 굽는다는 뜻을 나타내며 '그러하다·당연하다'는 이후에 생긴 것임]· 그러할 연·불사를 연

③ **도 淘 11** - 일 도[氵(水 : 물 수)와 발음요소와 匋(질그릇 도)가 합해진 글자로 질그릇에 쌀을 넣고 물을 부어 잡물을 제거하는 '일다'의 뜻을 나타냄. 쓸 것과 못 쓸 것을 가려내는]·쌀일 (조리로 쌀에서 불순물을 제거하는) 도

④ **태 汰 7** - 일 태[氵(水 : 물 수)와 발음요소와 걸러낸다는 뜻의 太(통할 태)가 합해진 글자로 가려낸다는 뜻을 나타냄. 돌조각이 섞인 쌀을 물속에 넣고 흔들면서 조리로 돌을 가려내는]· 추릴 태·씻을 태

　* 도태(淘汰) : 필요 없는 것을 가려 버리는, 환경에 적응하는 것만 살아남는.

직역 모든 생물체는 자연계에 적응하지 못하면 퇴화(退化)되어 없어진다는 뜻.

의역 환경에 적응하는 생물은 생존하고 그렇지 못하는 생물은 저절로 사라져 가는 자연 현상을 뜻함.

자중지란
自中之亂

* '자중지난'이라고도 씀.

한자 풀이 ─────────

① **자 自 6** - 스스로 자[目(눈 목)에 코를 내려다본다는 뜻의 ╱(삐침 별)이 합해진 글자로 코의 앞모습과 코로 숨을 쉬고 있는 자기 자신을 가리킴]·몸소 자·저절로 자·부터 자·코 자

② **중 中 4** - 가운데 중(깃발을 가운데 꽂아 사람들을 모이게 하거나 부락·군부대·집단의 가운데에 깃발을 꽂은 모양의 글자로 사물이나 공간·위치·순서 등의 중심을 뜻함)·사이(한곳에서 다른 곳까지의 중간 범위) 중

③ **지 之 4** - 갈 지[두 발을 뜻하는 止(발 지)와 출발선을 뜻하는 一(가로획)을 그어 만든 글자로 한 발을 떼고 막 출발하려는 모습을 나타냄]·이를 지·이 지·어조사(~의, ~가, ~이, ~을) 지

④ **란 亂 13** - 어지러울 란(난)[새장에 손을 넣고 새를 잡으려고 할 때 새들이 퍼덕이는 모습의 𤔔(란)과 움직이지 않고 가만히 있는 모습인 乚(숨을 은)이 합해진 글자로 어수선하여 정신이 없는 또는 정신이 혼란한]·난리(亂離 : 전쟁·재앙·사고 등으로 세상이 어지러운) 란(난)·얽힐 란(난)

> **직역** 자기네 편 사이에서 일어나는 난리(亂離)나 다툼이라는 뜻.
> **의역** 조직과 단체에서 자체 내부의 갈등(葛藤)으로 문제를 일으킨다는 뜻.

자화자찬
自畵自讚

한자 풀이 ────────

① **자 自 6** - 스스로 자[目(눈 목)에 코를 내려다본다는 뜻의 丿(삐침 별)이 합해진 글자로 코의
앞모습과 코로 숨을 쉬고 있는 자기 자신을 가리킴]·몸소 자·저절로 자·부터 자·코 자

   * 自(코 자)는 주로 코의 형태를 나타내며 鼻(코 비)는 코의 기능을 나타냄.

② **화 畵[畫] 12** - 그림 화[聿(붓 율)과 田(밭 전)과 경계를 뜻하는 一(땅 일)이 합해진 글자로 본
뜻은 붓으로 그어 가른다는 뜻으로 밭의 경계선이나 그림을 그린다는 뜻을 나타냄. 사람이
나 물체 또는 자연의 모습이나 상상을 형상으로 표현하고자 그린 예술작품]·그릴 화·그을
획·나눌 획

③ **찬 讚 26** - 기릴 찬 또는 칭찬할 찬[稱讚(칭찬). 言(말씀 언)과 발음요소인 贊(기릴 찬)이 합
해진 글자로 좋은 말로 사람을 치켜올려 권한다는 뜻을 나타냄. 남의 훌륭한 일이나 좋은
점·아름다운 덕(德)을 자랑하거나 높이어 말하는]·도울(말로 북돋아주는) 찬·밝을(표정이 환
한) 찬

> **직역** 자기가 그린 그림을 자기 스스로 칭찬한다는 뜻.
> **의역** 겸손하게 사양(辭讓)하는 덕(德)이 부족하다는 뜻.

작심삼일
作心三日

한자 풀이 ────────

① **작 作 7** – 지을 작[亻(人 : 사람 인)과 낫과 같은 연장으로 자른 벼를 묶기 전에 논바닥에 잠깐 깔아놓은 모습을 뜻하는 乍(잠깐 사)가 합해진 글자로 곡식과 채소를 가꾸는]·만들 작·일할 작·행할 작

② **심 心 4** – 마음 심(사람의 심장 모양을 본뜬 글자로 본뜻은 심장이며 이후 '마음'의 뜻이 생긴 것임)·생각 심·심장 심 또는 염통 심·가슴 심·중심 심·별이름 심·근본 심

  * 작심(作心) : 무엇을 하겠다고 마음을 굳게 먹는.

③ **삼 三 3** – 석 삼[본래 세 줄의 가로획을 나란히 그은 글자로 숫자의 셋을 나타내며 또한 하늘과 땅을 뜻하는 二(두 이) 사이에 사람을 뜻하는 一(가로획)이 더해져 천(天)·지(地)·인(人)의 셋을 뜻하기도 함]

④ **일 日 4** – 날 일[해를 뜻하는 둥근 모양인 ○이 바뀐 □와 그 안에 乙(새 을)이 변한 -이 합해진 글자로 지구의 자전으로 밤과 낮이 이어지는 24시간인 하루를 나타냄]·해 일·낮 일·날짜 일

  * 太陽(태양)은 수소(H_2)로 핵융합반응을 일으켜 높은 열과 전자기파에너지를 생성함.

직역 한번 결심한 것이 3일을 가지 못한다는 뜻.

의역 결심(決心)이 강하지 못하고 쉽게 포기(抛棄)한다는 뜻.

장생불사
長生不死

한자 풀이 ────────

① **장 長 8** - 길 장 또는 긴 장[긴 머리털을 뜻하는 毛(털 모)의 변형인 트와 人(사람 인)과 丈(지팡이 장)으로 이루어진 ⺗이 합해진 글자로 긴 머리를 풀어헤치고 지팡이 짚고 걸어가는 노인을 뜻함]·오랠(시간이 긴) 장

② **생 生 5** - 날 생[어린 싹인 떡잎을 뜻하는 ㄐ(싹날 철)과 土(흙 토)가 합해진 글자로 초목의 새싹이 땅 위로 돋아나는 모습을 나타냄]·낳을 생·생길 생·살 생·자랄 생

③ **불 不 4** - 아니 불 또는 아닐 불(식물의 꽃대와 꽃받침과 꽃의 암술로 된 씨방 모양을 본뜬 글자로 씨방이 자라서 열매를 맺을지 모른다는 뜻에서 '아니'라고 나타냄)·못할 불·없을 불·않을 불

  * '그렇지 아니하다'라는 부정(否定)이나 반대(反對)의 뜻을 나타냄. 동사로는 '~를 하지 마라'.

④ **사 死 6** - 죽을 사[흐트러진 뼈를 뜻하는 歹(뼈앙상할 알)과 죽은 사람을 뜻하는 匕(비수 비)가 합해진 글자로 질병·사고 등으로 생명을 잃은 상태를 뜻함]·다할 사·죽일 사·생기없을 사

직역 오래도록 살아 죽지 아니한다는 뜻.
의역 불노초(不老草) 같은 약을 먹고 영원히 오래 산다는 뜻.

적반하장
賊反荷杖

한자 풀이 ────────

① **적 賊 13** – 도둑 적[본래 鼎(솥 정)이 생략된 貝(조개 패)와 刂(刀 : 칼 도)로 이루어진 則(법칙 칙)과 흉기를 뜻하는 戈(창 과)가 합해진 글자로 솥에 새겨진 법칙과 서약을 어긴다는 뜻임. 흉기를 들고 돈이나 재물을 빼앗는 사람]

② **반 反 4** – 돌이킬 반[벼랑을 뜻하는 厂(굴바위 엄)과 又(손 우)가 합해진 글자로 벼랑 아래로 흘러내리는 흙을 손으로 다시 퍼 올린다는 뜻을 나타냄]·돌아갈 반·되풀이할 반

  * 反(반)은 언덕을 내려왔다가 되돌아 기어 올라간다는 뜻을 나타내기도 하며 '반란을 일으키다'의 뜻으로 도 씀.

③ **하 荷 11** – 멜 하[연잎을 뜻하는 艹(艸 : 풀 초)와 짐을 메고 있는 사람의 모습을 뜻하는 何(어찌 하)가 합해진 글자로 물건을 넓은 연잎에 올려놓고 멘다는 뜻을 나타냄]·연(蓮) 하·연꽃 하·질 하·짐 하·꾸짖을 하

④ **장 杖 7** – 지팡이 장[木(나무 목)과 발음요소와 긴 나무막대를 손에 쥔 모양을 뜻하는 丈(어른 장)이 합해진 글자로 어른이 길을 걸을 때 짚는 지팡이를 뜻함]·몽둥이(사람과 짐승 등을 때리는데 쓰는 굵고 긴 막대기) 장

직역 도둑이 도리어 몽둥이를 든다는 뜻. 또는 도둑이 매를 든다는 뜻.
의역 잘못한 사람이 도리어 큰소리를 치며 성을 낸다는 뜻.

적수공권
赤手空拳

한자 풀이 ─────────

① **적 赤** 7 − 붉을 적[사람을 뜻하는 大(큰 대)가 변형된 土(흙 토)와 붉은 빛을 뜻하는 火(불 화)가 변형된 灬이 합해진 글자로 갓 태어난 벌거벗은 핏덩이를 나타냄]·아무것도없을 적·빌(텅 비어있는) 적

② **수 手** 4 − 손 수(손목과 주먹을 편 사람 손의 손바닥과 손가락의 모양을 본뜬 글자로 팔뚝에 달린 손을 가리킴. 다루는 솜씨와 수단을 뜻함)·손으로할 수·손수할 수·잡을 수 또는 쥘 수·재주 수·사람(가수·목수·기수) 수

* 적수(赤手) = 공수(空手) : 빈손, 맨손.

③ **공 空** 8 − 빌 공[穴(穴 : 구멍 혈)과 발음요소와 작업이나 제작한다는 뜻의 工(장인 공)이 합해진 글자로 땅을 파서 만든 구멍이나 아무것도 없는 텅 빈 공간을 나타냄]·구멍 공·하늘 공·궁할 공·공중 공·헛될 공·없을 공

④ **권 拳** 10 − 주먹 권[手(손 수)와 발음요소와 주먹을 뜻하는 𢍍(움켜질 권)이 합해진 글자로 다섯 손가락을 모두 오므리고 힘을 주며 단단하게 꼭 쥔 손을 뜻함. 어떤 일처리를 대강하는]·주먹질할 권·힘 권·정성스러울 권·마음에품을(사람·그리움·원한 등을 가슴 속에 가지고 있는) 권

* 공권(空拳) : 빈주먹, 맨주먹.

직역 빈손과 맨주먹이라는 뜻.
의역 돈이나 재물·권력이나 명예(名譽) 등 아무것도 가진 것이 하나도 없다는 뜻.

적자생존
適者生存

한자 풀이 ——————

① **적 適 15** - 맞을 적[辶_(길갈 착)과 발음요소와 서로 뜻이 맞는다는 뜻인 啇(화할 적)이 합해진 글자로 적당한 어느 상대방이나 알맞은 목표를 향해 나아간다는 뜻을 나타냄. 잘 어울리거나 조건에 충분한]·알맞을 적

② **자 者 9** - 놈 자[본래 鼎(솥 정)의 생략형인 日와 叔(콩 숙)이 합해진 글자로 본뜻은 콩을 삶는다는 뜻이며 '놈 자'는 빌려 쓰게 된 것임]·것(이것·저것 등 사물이나 동물을 가리킴) 자·사람 자

　* 적자(適者) : 적당한 자, 적응하는 자.

③ **생 生 5** - 날 생[어린 싹인 떡잎을 뜻하는 屮(싹날 철)과 土(흙 토)가 합해진 글자로 초목의 새싹이 땅 위로 돋아나는 모습을 나타냄]·낳을 생·생길 생·살 생·자랄 생

④ **존 存 6** - 있을 존[보존한다는 뜻인 孫(자손 손)이 생략된 子(아이 자)와 보살핀다는 뜻인 亻(才 : 재주 재)가 합해진 글자로 생명체로 살아남아 있거나 만물이 형태를 갖추고 자리를 차지하고 있는]·보존(保存 : 잘 보호하고 관리하여 계속 남아 있게 하는)할 존·물을 존 또는 존문(存問 : 안부를 묻거나 관할하고 있는 백성을 방문하는)할 존

직역 자연환경에 적응하는 생명체만이 살아남는다는 뜻.

의역 자연계에서 살아남기 위한 생명체의 생존경쟁을 뜻함. 즉, 생존자는 번영하고 도태자(淘汰者)는 멸망하면서 생명체는 진화(進化)한다는 뜻.

적재적소
適材適所

* 적재적처(適材適處)도 같은 뜻임.

한자 풀이 ————————

① **적 適 15** – 맞을 적[辶_(길갈 착)과 발음요소와 서로 뜻이 맞는다는 뜻인 啇(화할 적)이 합해진 글자로 적당한 어느 상대방이나 알맞은 목표를 향해 나아간다는 뜻을 나타냄. 잘 어울리거나 딱 들어맞는. 아주 적당한]·마땅할 적·주장할 적·알맞을 적·마침 적·허물할(흉을 폭로하는) 적·즐길 적

② **재 材 7** – 재목 재[材木(재목). 木(나무 목)과 발음요소와 자르고 다듬는 솜씨를 뜻하는 才(재주 재)가 합해진 글자로 나무로 도구를 만들거나 건축을 짓는다는 뜻을 나타냄. 일할 만한 능력과 전망이 있는 사람을 뜻함]·재주 재·재료(材料 : 바탕이나 요소로 쓰이는 것) 재

③ **소 所 8** – 바 소[戶(지게문 호)와 斤(도끼 근)이 합해진 글자로 전쟁할 때 바로 공격할 수 있도록 초소에서 병사가 도끼 같은 무기를 머리 앞에 두고 있다는 뜻을 나타냄]·것(정하지 아니하고 추상적으로 나타내는 – 이것·저것·내 것·새것) 소·장소 소·처 소·곳 소·연고(緣故 : 까닭 또는 맺어진 관계나 인연) 소·쯤 소

직역 적당한 인재를 적당한 자리에 쓴다는 뜻.

의역 인재들의 능력을 활용하여 일의 효율을 높인다는 뜻. 즉, 균형과 효율을 위한 인력(人力)배치에 대한 원칙을 강조함을 뜻함.

전광석화
電光石火

한자 풀이 ──────────

① **전 電 13** - 번개 전[霝(雨 : 비 우)와 발음요소와 번개를 뜻하는 电(申 : 펼 신)이 합해진 글자로 음(- : 陰)과 양(+ : 陽)이 부딪쳐 하늘에서 땅 위로 빛을 번쩍이며 내리치는 번개를 나타냄]

② **광 光 6** - 빛 광[환한 불꽃을 뜻하는 ⺍(火 : 불 화)와 사람이 걷거나 무릎을 꿇은 모습인 儿(길게걸을 인)이 합해진 글자로 밤에 횃불을 들고 걸어가거나 등잔불을 머리에 이고 꿇어앉은 모습을 나타냄]·빛날 광·영화로울 광

   * 전광(電光) : 번갯불, 양전기와 음전기가 부딪쳐 생기는 불빛.

③ **석 石 5** - 돌 석[바위를 뜻하는 厂(언덕 엄)과 작은 돌덩어리를 뜻하는 口(입구)가 합해진 글자로 언덕 아래로 굴러 떨어진 작은 돌을 나타냄. 크고 작은 단단한 바위 조각]·저울 석·군을 석·섬(가마니에 담은 곡식의 용량) 석

④ **화 火 4** - 불 화[장작을 엇갈리게 세운 모습인 人와 불꽃을 뜻하는 두 개의 丶(점 주)가 합해진 글자로 장작이 탈 때 불꽃이 튀거나 위로 치솟아 피어오르는 모양을 나타냄]·불사를 화·급할 화

   * 불은 나무나 석유 등을 이루는 탄소(C)와 공기 중의 산소(O_2)가 화합하면서 열과 빛을 내는 현상.

   * 석화(石火) : 돌(부싯돌)이 맞부딪칠 때 일어나는 불빛. 몹시 빠름을 비유하는 말.

   * 부싯돌 : 부시(쇠조각)로 쳐서 불을 일으키는 데 쓰는 아주 단단한 석영(石英) 조각.

> **직역** 정전기(靜電氣)에 의한 번갯불과 부싯돌을 마찰시킬 때 번쩍이는 불빛을 뜻함.
> **의역** 매우 짧은 순간이나 재빠른 동작을 뜻함.

전대미문
前代未聞

한자 풀이 ────────

① **전 前 9** - 앞 전[본래는 歬으로 배가 나갈 때 갈라지는 물결을 뜻하는 八와 月(舟 : 배 주)와 나무를 깎아 파내는 도구인 丂(솜씨 교)가 합해진 글자로 배가 앞으로 나아가는 모습을 나타냄]·일찍 전·옛 전

   * 전대(前代) : 앞 시대, 지나간 시대.

② **대 代 5** - 대신 대 또는 대신할 대[代身(대신). 亻(人 : 사람 인)과 줄 달린 화살이나 표적의 말뚝을 뜻하는 弋(주살 익·말뚝 익)이 합해진 글자로 말뚝을 박아 분명히 하는]·일생 대·시대(역사·문화·유행 등 특징 있었던 세월) 대

③ **미 未 5** - 아닐 미[木(나무 목)에 아직 다 자라지 못한 나뭇가지를 뜻하는 -(짧은 가로획)이 더해진 글자로 '아직 ~아니다'라는 부정의 뜻을 나타냄]·양(羊) 미·못할(못하거나 완전히 끝나지 않은) 미

④ **문 聞 14** - 들을 문[耳(귀 이)와 발음요소와 양쪽으로 여닫는 문인 門(문 문)이 합해진 글자로 대문의 틈 사이에 귀를 갖다 대고 엿듣는다는 뜻을 나타냄]·들릴(문틈으로 들려오는 소문이나 자연의 소리) 문·알려질 문·냄새맡을(코로 냄새 맡듯이 돌아가는 분위기나 상황을 눈치채는) 문·소문(所聞) 문·이름날 문

직역 지난 시대(時代) 또는 지금까지 들어본 적이 없다는 뜻.
의역 평생에 처음 듣는 매우 놀랍거나 전혀 새로운 일이라는 뜻.

전력투구
全力投球

한자 풀이 ————————

① **전 全 6** - 온전할 전[穩全(온전). 외부의 침입으로부터 물건을 보호하는 집을 뜻하는 入(들입)과 王(玉 : 구슬 옥)이 합해진 글자로 귀하게 여기는 옥 같은 보물을 집에 두어 온전하다는 뜻을 나타냄]·전부(모두) 전

② **력 力 2** - 힘 력(역)(강한 힘으로 논밭을 갈아엎는 데 쓰는 끝부분이 삽 같은 쇠붙이가 붙어 있는 농기구인 옛날 쟁기의 모양을 본뜬 글자로 물체를 움직이거나 운동하게 하는 작용이나 원동력)·힘쓸 력(역)·노력 력(역)

③ **투 投 7** - 던질 투[扌(手 : 손 수)와 발음요소와 치거나 던진다는 뜻의 殳(몽둥이 수·창 수)가 합해진 글자로 손으로 몽둥이나 창·공·돌·수류탄·그물 등을 멀리 힘껏 던진다는 뜻을 나타냄]·투여할 투·줄 투·버릴 투

④ **구 球 11** - 옥 구 또는 구슬 구[王(玉 : 구슬 옥)과 발음요소와 갖기를 원한다는 뜻인 求(구할 구)가 합해진 글자로 옥 또는 옥돌을 갈고 닦아 공처럼 둥글게 만든다는 뜻을 나타냄]·공 구·둥글 구·아름다울 구

직역 온 힘을 다해 공을 던진다는 뜻.
의역 어떤 일에 맡겨진 책임완수(責任完遂)를 위해 최선을 다한다는 뜻.

전전긍긍
戰戰兢兢

한자 풀이 ————

① **전 戰 16** – 싸울 전[원시적인 무기를 뜻하는 單(홑 단)과 무력에 의한 투쟁을 뜻하는 戈(창 과)가 합해진 글자로 창 같은 무기를 들고 적과 싸운다는 뜻을 나타냄. 영토나 종교 등의 문제로 서로 싸우는]·두려워할(전쟁이나 폭력이나 남의 비난 등에 대하여 불안하고 무서워하는 마음을 가지는) 전·떨(위험한 일이 닥쳐올까 봐 두려워하여 벌벌 떨며 어찌할 바를 모르는) 전

② **긍 兢 14** – 떨릴 긍[조심하거나 참고 견디어 낸다는 뜻의 克(이길 극) 두 개가 겹쳐진 글자로 어떤 문제로 긴장이 되거나 추워서 몸과 손발이 흔들리는]·삼갈 긍·조심할 긍·두려워할 긍

* 전전(戰戰)은 겁을 먹고 계속 떨고 있다는 뜻이고, 긍긍(兢兢)은 조심하며 몸을 움츠리거나 어떤 위기감에서 떠는 심정(心情)을 비유한 말임.

직역 매우 두려워 몸을 벌벌 떨며 조심한다는 뜻.
의역 어떤 위기의 상황에 직면하여 겁내거나 한탄(恨歎)한다는 뜻.

전초제근
剪草除根

한자 풀이 ──────────

① **전 剪 11** - 자를 전 또는 벨 전[자른다는 뜻의 刀(칼 도)와 발음요소인 前(가위 전)이 합해진 글자로 가위나 칼로 천을 자르거나 풀을 베어 없애버린다는 뜻을 나타냄]·가위(자르는 데 쓰는 쇠붙이로 만든 기구) 전

② **초 草 10** - 풀 초[艹(艸 : 풀 초)와 발음요소와 해가 떠오르는 모습의 早(이를 조)가 합해진 글자로 태양의 따뜻한 기운을 받아 땅에서 싹들이 돋아나는 풀을 나타냄]·잡초 초·시작할 초·대강 초

③ **제 除 10** - 섬돌 제[阝(阜 : 언덕 부)와 발음요소인 余(나 여)가 합해진 글자로 본뜻은 섬돌이며 이후 '덜다·제외하다'의 뜻은 새로 생긴 것임]·없앨(있던 것을 다른 곳으로 치우거나 지워버리거나 베어버리는) 제 * **섬돌 : 집채의 앞뒤에 오르내리기 위하여 만든 돌층계.**

④ **근 根 10** - 뿌리 근[木(나무 목)과 나무줄기의 반대쪽을 가리키는 뜻의 艮(어긋날 간)이 합해진 글자로 영양분을 흡수하며 지탱하는 나무의 뿌리를 나타냄]·근본 근·밑동 근·밑 근

직역 풀을 베고 뿌리를 캐낸다는 뜻.

의역 어떤 잘못된 폐단(弊端)을 근본적으로 제거한다는 뜻.

　　* **폐단(弊端) : 어떤 일이나 행동에서 드러나는 부정적이거나 옳지 않은 현상.**

절대가인
絕代佳人

* 절세가인(絕世佳人)과 같은 뜻임.

한자 풀이 ─────────

① 절 絕[絶] 12 - 끊을 절[실이나 밧줄을 뜻하는 糸(실 사)와 본래 刀(칼 도)와 무릎을 꿇은 모습
   의 㔾(卩 : 병부 절)이 변형된 巴(뱀 파)가 합해진 글자로 무릎을 꿇고 앉아 칼로 매듭이나 긴
   물체를 자르는]·뛰어날 절

   * 절대(絕代) = 절세(絕世) : 이 세상에 견줄 만한 것이 없을 만큼 훌륭하게 빼어난.

② 대 代 5 - 대신 대 또는 대신할 대[代身(대신). 亻(人 : 사람 인)과 줄 달린 화살이나 표적의 말
   뚝을 뜻하는 弋(주살 익·말뚝 익)이 합해진 글자로 말뚝을 박아 분명히 하는]·일생 대·시대
   (역사·문화·유행 등 특징이 있었던 세월) 대

③ 가 佳 8 - 아름다울 가[亻(人 : 사람 인)과 圭(홀 규)가 합해진 글자로 임금을 만날 때 손에 쥐는
   증표인 홀(笏)을 들고 있는 사람이 아름답게 보인다는 뜻을 나타냄. 생김새가 맑고 고우며
   경치가 볼만한]·착할 가·좋을 가·훌륭할(덕망이 높은) 가

④ 인 人 2 - 사람 인[벼슬아치가 증표인 홀(笏)을 잡은 두 손을 앞으로 내밀며 서 있는 옆모습
   을 본뜬 글자로 두 발로 똑바로 서서 걸으며 생각과 말을 할 줄 아는 만물의 우두머리를 뜻
   함]·인격 인·남(상대방) 인

   * 사람의 훌륭한 정도 : 善人(선인)→信人(신인)→美人(미인)→大人(대인)→聖人(성인).

   * 여기서 미인(美人)은 재주와 덕행(德行)이 뛰어난 사람을 뜻함.

> **직역** 누구와도 견줄 사람이 없을 정도로 뛰어나게 어여쁜 여자라는 뜻.
>
> **의역** 이 세상에서 가장 아름다운 여자를 뜻함. 즉, 미녀(美女) 중 미인(美人)을 뜻함.

절체절명
絶體絶命

한자 풀이 ──────────

① 절 絶[絶] 12 - 끊을 절[실이나 밧줄을 뜻하는 糸(실 사)와 본래 刀(칼 도)와 무릎을 꿇은 모습
의 巳(卩 : 병부 절)이 변형된 巴(뱀 파)가 합해진 글자로 무릎을 꿇고 앉아 칼로 매듭이나 긴
물체를 자르는]·끊어질절·막을(겸손하게 받지 아니하는) 절·막힐 절·으뜸 절·뛰어날 절·극진
할 절·절귀 절

② 체 體[体] 23 - 몸 체[骨(뼈 골)과 신(神)에게 바치는 여러 가지 음식을 뜻하는 豊(풍성할 풍)이
합해진 글자로 골격을 중심으로 여러 가지 기능을 갖춘 건강한 몸을 나타냄. 어떤 목적으
로 모인 사람들의 조직과 집단]·몸소 체·체행(體行 : 몸소 체험하여 아는 것을 실행하다)할 체·
형상(形狀) 체·근본(根本) 체·체득(體得)할 체·격식(格式) 체

③ 명 命 8 - 목숨 명[여럿이 모일 수 있는 천막 같은 주인의 집을 뜻하는 亼(모일 집)과 말한다
는 뜻의 口(입 구)와 무릎을 꿇은 사람 모습인 卩(병부 절)이 합해진 글자로 본뜻은 명령이며
이후 '목숨'의 뜻이 새로 생겼음. 죽음과 삶을 가르는 생명]·수명 명·운수 명·명령할 명·훈
계(訓戒)할 명·이름 명·이름지을 명·가르칠 명·표적(標的) 명

직역 몸이 잘리고 목숨이 끊어진다는 뜻.

의역 몹시 위태롭고 절박한 지경에 처해 있다는 뜻. 즉, 어쩔 수 없는 궁박(窮迫)한 경
우를 뜻함. * 궁박(窮迫)한 : 몹시 곤궁함이 절박한.

조문석사
朝聞夕死

한자 풀이 ─────────

① 조 朝 12 - 아침 조[艹(艸 : 풀 초)와 日(해 일)과 月(달 월)이 합해진 글자로 풀밭 사이로 해가
떠오르며 반대쪽에는 달이 걸려 있는 이른 아침을 나타냄]·조정(朝廷 : 임금이 신하들과 조회
를 하는 곳) 조

② 문 聞 14 - 들을 문[耳(귀 이)와 발음요소와 양쪽으로 여닫는 문인 門(문 문)이 합해진 글자
로 대문의 틈 사이에 귀를 갖다 대고 엿듣는다는 뜻을 나타냄]·들릴 문·널리알려질 문·냄
새맡을 문·소문 문·이름날 문·깨우칠[진리(眞理)나 도(道)에 대한 깨달음] 문

③ 석 夕 3 - 저녁 석[둥근달을 뜻하는 月(달 월)에서 달의 모양이 바뀐다는 뜻으로 한 획(-)을
빼어 夕(석)이 된 글자로 달이 서쪽으로 반쯤 지거나 초승달로 보이는 저녁을 나타냄]·저
물 석·밤 석·새벽 석

④ 사 死 6 - 죽을 사[흐트러진 뼈를 뜻하는 歹(뼈앙상할 알)과 죽은 사람을 뜻하는 匕(비수 비)가
합해진 글자로 질병·사고 등으로 생명을 잃은 상태를 뜻함]·다할 사·죽일 사·생기없을 사
    * 옛날 중국에서는 사람이 죽으면 살이 다 썩어 없어진 뒤에 뼈만 모아 장례를 치렀음.

> **직역** 아침에 도(道)를 깨달았으면 그날 저녁에 죽어도 한이 없다는 뜻.
>
> **의역** 사람은 반드시 도(道)를 깨달아 알아야 한다는 인생의 가치를 뜻함.
>
>   * 여기서 도(道)는 참된 도리(道理)나 진리(眞理)를 뜻함.

조변석개
朝變夕改

* 조개모변(朝改暮變)과 같은 뜻임(暮 : 저물 모·밤 모).

한자 풀이 ────────

① **조 朝 12** - 아침 조[艹(屮 : 풀 초)와 日(해 일)과 月(달 월)이 합해진 글자로 풀밭 사이로 해가 떠오르며 반대쪽에는 달이 걸려 있는 이른 아침을 나타냄]·조정(朝廷 : 임금이 신하들과 조회를 하는 곳) 조

② **변 變 23** - 변할 변[실처럼 이어진다는 뜻의 絲(실 사)와 言(말씀 언)과 끊는다는 뜻의 攵(攴 : 칠 복)이 합해진 글자로 실이 끊어지듯이 말의 주제나 내용이 갑자기 바뀐다는 뜻을 나타냄]·고칠 변·재앙(災殃 : 홍수·화재·질병 등 뜻하지 아니하게 생긴 불행한 사고)변

③ **석 夕 3** - 저녁 석[둥근달을 뜻하는 月(달 월)에서 달의 모양이 바뀐다는 뜻으로 한 획(-)을 빼어 夕(석)이 된 글자로 달이 서쪽으로 반쯤 지거나 초승달로 보이는 저녁을 나타냄]·저물 석·밤 석·새벽 석

④ **개 改 7** - 고칠 개 또는 바로잡을 개[어린 아이의 형상인 巳(뱀 사)가 변형된 己(몸 기)와 손에 회초리를 들고 있는 모습인 攵(攴 : 칠 복)이 합해진 글자로 나쁜 버릇이나 잘못된 것을 바르게 고친다는 뜻을 나타냄]·고쳐질 개

직역 아침에 바꾸고 그날 저녁에 다시 고친다는 뜻.
의역 계획이나 결정 따위를 너무 자주 바꾸어 혼란스럽다는 뜻.

조운모우
朝雲暮雨

한자 풀이 ────────

① 조 朝 12 - 아침 조[艹(艸 : 풀 초)와 日(해 일)과 月(달 월)이 합해진 글자로 풀밭 사이로 해가 떠오르며 반대쪽에는 달이 걸려 있는 이른 아침을 나타냄]·조정(朝廷 : 임금이 신하들과 조회를 하는 곳) 조

② 운 雲 12 - 구름 운[하늘에서 내리는 비·눈을 뜻하는 䨑(雨 : 비 우)와 발음요소와 구름이 하늘로 피어오르는 모습인 云(이를 운)이 합해진 글자로 하늘에 떠 있는 아주 작은 물방울이나 얼음알갱이로 된 큰 덩어리를 뜻함]

③ 모 暮 15 - 저물 모[풀숲 사이로 해가 지는 모습인 莫(저물 모)와 日(해 일)이 합해진 글자로 해가 서쪽으로 완전히 넘어갔다는 뜻을 나타냄. 세월이 흘러 한 해가 거의 다 지나가는]·늦을 모·더딜 모·늙은 모

④ 우 雨 8 - 비 우[하늘을 뜻하는 一(가로획)과 구름을 본뜬 冂(멀 경)과 물방울과 비를 본뜬 ⺀가 합해진 글자로 하늘에 떠 있는 검은 구름에서 빗방울이 땅으로 떨어진다는 뜻을 나타냄. 공기 중의 수증기가 하늘로 올라가면서 냉각 응결되어 구름방울이나 얼음알갱이가 되었다가 뭉쳐 땅으로 떨어지는 물방울]

직역 아침에는 구름이 되었다가 저녁에는 비가 된다는 뜻.
의역 남녀(男女) 간의 애정이 깊음을 비유하여 이르는 말을 뜻함.

좌불안석
坐不安席

한자 풀이 ——————

① **좌 坐 7** - 앉을 좌[봉당(封堂)을 뜻하는 土(흙 토)와 마주 앉은 사람을 뜻하는 人(사람 인) 두 개가 합쳐진 从이 합해진 글자로 제단을 사이에 두고 마주 앉아 있는 모습을 나타냄]·자리 좌·무릎꿇을 좌

 * 봉당(封堂) : 옛날 시골집에서 안방과 건너방 사이의 마루를 놓을 자리에 흙바닥을 그대로 둔 곳.

② **불 不 4** - 아니 불 또는 아닐 불(식물의 꽃대와 꽃받침과 꽃의 암술로 된 씨방 모양을 본뜬 글자로 씨방이 자라서 열매를 맺을지 모른다는 뜻에서 '아니'라고 나타냄)·못할 불·없을 불·않을 불

 * '그렇지 아니하다'라는 부정(否定)이나 반대(反對)의 뜻을 나타냄. 동사로는 '~를 하지 마라'.

③ **안 安 6** - 편안할 안[便安(편안). 宀(집 면)과 무릎을 꿇고 기도하는 제사장(祭司長)을 뜻하는 女(계집 녀)가 합해진 글자로 집 안에서 제사를 지내거나 기도를 하여 온 집안이 편하다는 뜻. 몸과 마음이 편하고 좋은]

④ **석 席 10** - 자리 석[헝겊이나 베를 뜻하는 巾(수건 건)과 발음요소인 庶(여러 서)가 생략된 广가 합해진 글자로 바닥에 깔고 사람들이 앉아 있는 베로 만든 돗자리나 멍석을 나타냄]·돗자리 석·깔 석·앉은자리 석

직역 한 자리에 오래 편안하게 앉아 있지 못한다는 뜻.
의역 어떻게 해야 할지 모를 정도로 마음이 몹시 불안하다는 뜻.

좌지우지

左之右之

한자 풀이 ─────────

① **좌 左 5** - 왼 좌 또는 왼손 좌[屮(왼손 좌)가 변형된 ナ와 工(장인 공)이 합해진 글자로 오른손에 망치 같은 연장을 잡을 때 보조 역할을 하는 왼쪽의 손을 나타낸다는 뜻임]·왼쪽(몸을 중심으로 좌측 또는 왼쪽 편) 좌·증거(證據) 좌·낮을 좌·내칠 좌·옳지못할 좌·도울 좌

② **지 之 4** - 갈 지[두 발을 뜻하는 止(발 지)와 출발선을 뜻하는 一(가로획)을 그어 만든 글자로 한 발을 떼고 막 출발하려는 모습을 나타냄]·이를 지·이 지·어조사(~의, ~가, ~이, ~을) 지

* 어떤 일을 분명히 결정하지 못하고 갈팡질팡하거나 길·형태 따위가 꼬불꼬불함을 뜻함.

③ **우 右 5** - 오른쪽 우[又 : 오른손 우)의 변형의 ナ와 口(입 구)가 합해진 글자로 밥을 먹을 때 주로 사용하는 오른쪽의 손을 나타냄. 몸을 중심으로 왼쪽에 반대되는 우측을 가리키는]·숭상(崇尙 : 임금이나 덕망과 업적이 뛰어난 인물을 우러러 높이며 소중하게 생각하는)할 우

직역 좌(左)로 하라고 했다가 우(右)로 하라고 한다는 뜻.

의역 남에게 이래라저래라 하며 제 마음대로 다룬다는 뜻. 즉, 자유롭게 휘두른다는 뜻.

주객전도
主客顚倒

한자 풀이 ————————

① **주 主 5** - 주인 주[主人(주인). 촛대나 등잔의 심지에서 불이 타고 있는 모양을 본뜬 글자로 본래는 불꽃의 뜻을 나타내며 다시 옛날에는 불을 귀하게 생각하여 불의 관리는 주인만 한다는 데서 '주인'으로 바뀐 것임]·임금 주·주될 주

② **객 客 9** - 손 객 또는 손님 객[宀(집 면)과 발음요소와 혼자 각자를 뜻하는 各(각각 각)이 합해진 글자로 나그네처럼 지나가다가 남의 집에 잠시 머무는 사람을 뜻함]·과거(지나간 때) 객·나그네 객·의탁할 객

③ **전 顚 19** - 이마 전[사람의 이마·눈·코가 있는 머리의 형태를 뜻하는 頁(머리 혈)과 발음요소와 정면을 뜻하는 眞(참 진)이 합해진 글자로 사람의 이마를 나타냄]·뒤집어질(위·아래가 바뀌거나 거꾸로 엎어지는) 전

④ **도 倒 10** - 넘어질 도 또는 쓰러질 도[亻(人 : 사람 인)과 어디에 닿는다는 뜻의 到(이를 도)가 합해진 글자로 넘어진다는 뜻을 나타냄. 몸이 쓰러지는. 건물이 허물어지는. 사업이 망하는. 바닥에 눕게 되는]·넘어뜨릴 도·나빠질 도·거꾸로 도·쏟을 도·뒤집어질 도

＊ 전도(顚倒) : 엎어져 넘어짐. 위치나 차례를 뒤바꾸어 거꾸로 함.

직역 주인과 손님의 입장이 거꾸로 뒤바뀌었다는 뜻.
의역 어떤 일에 있어서 앞뒤의 차례가 잘못 바뀌었다는 뜻.

주경야독
晝耕夜讀

한자 풀이 ─────

① **주 晝 11** - 낮 주[본래 태양이 떠오르는 모습인 旦(아침 단)과 한 발자국을 내디딘 보폭(步幅)을 뜻하는 尺(자 척)이 합해진 昼의 글자로 해가 떠서 질 때까지의 낮시간을 나타냄]

② **경 耕 10** - 밭갈 경[농기구인 耒(쟁기 뢰)와 幵(평평할 견)이 변형된 井(우물 정)이 합해진 글자로 곡식을 심을 수 있도록 쟁기로 논밭을 가지런하게 간다는 뜻을 나타냄]·농사지을 경

③ **야 夜 8** - 밤 야[누워 있는 사람의 겨드랑이 모습인 亦(겨드랑이 액·또 역)과 月(달 월)이 합해진 글자로 옆구리에 달이 놓인 모양으로 해질녘에서 새벽까지의 밤을 나타냄]·캄캄할 야·침실(寢室) 야

④ **독 讀 22** - 읽을 독[言(말씀 언)과 발음요소와 돌아다니며 소리 내어 장사하는 賣(행상할 육)이 합해진 글자로 글을 소리 내어 읽는다는 뜻을 나타냄. 어떤 내용을 들려주거나 공부하기 위하여 책을 소리 내어 읽는]·귀절 또는 구절[句節(귀절 또는 구절) : 대화나 문장에서 한 토막의 말이나 글] 두

직역 낮에는 농사일을 하고 밤에는 글을 읽는다는 뜻.

의역 바쁜 틈을 타서 책을 읽으며 어렵게 공부한다는 뜻.

주마가편
走馬加鞭

한자 풀이 ─────────

① **주 走 7** – 달릴 주[두 팔을 앞뒤로 휘젓는 사람의 모습인 大(큰 대)가 변형된 土(흙 토)와 발이나 발자국을 뜻하는 止(발 지)가 변형된 龰이 합해진 글자로 사람이 도망치듯이 빠른 속도로 뛰어가는]·달아날 주

② **마 馬 10** – 말 마(말의 머리·긴 목과 갈기·몸통·꼬리의 모양인 馬와 4개의 말굽을 뜻하는 灬이 합해진 글자로 달리는 말의 옆모습을 나타냄)·산가지 마·벼슬이름 마·아지랑이 마

③ **가 加 5** – 더할 가[쟁기모양을 본뜬 力(힘 력)과 口(입 구)가 합해진 글자로 쟁기로 일하는 사람에게 칭찬의 말을 해 힘을 더한다는 뜻을 나타냄. 숫자나 수량을 더 보태는]·가담할 가 또는 들 가·가입할 가·입을 가

④ **편 鞭 18** – 채찍 편[革(가죽 혁)과 발음요소인 便(편할 편)이 합해진 글자로 소(牛)나 말(馬) 같은 짐승을 부릴 때 편하도록 가느다란 막대기 끝에 가죽끈이나 노끈을 매어 때리는 물건을 뜻함]·채찍질할(채찍으로 때리거나 더욱 잘 하라고 격려하는) 편·볼기칠 편 또는 태장(笞杖 : 대나무나 버드나무로 만든 넓적한 몽둥이로 죄인의 엉덩이를 때리는) 편

직역 달리는 말(馬)에 채찍을 가한다는 뜻.

의역 힘껏 잘하고 있는 사람에게 더 잘하라고 독려(督勵)한다는 뜻.

  * 독려(督勵) : 감독과 독촉하며 격려하는.

주마간산
走馬看山

한자 풀이 ————

① **주 走 7** - 달릴 주[두 팔을 앞뒤로 휘젓는 사람의 모습인 大(큰 대)가 변형된 土(흙 토)와 발이나 발자국을 뜻하는 止(발 지)가 변형된 ㄴ이 합해진 글자로 사람이 도망치듯이 빠른 속도로 뛰어가는]·달아날 주

② **마 馬 10** - 말 마(말의 머리·긴 목과 갈기·몸통·꼬리의 모양인 馬와 4개의 말굽을 뜻하는 灬이 합해진 글자로 달리는 말의 옆모습을 나타냄)·산가지 마·벼슬이름 마·아지랑이 마

③ **간 看 9** - 볼 간[手(手 : 손 수)와 目(눈 목)이 합해진 글자로 손을 눈 위쪽에 얹고 햇빛을 가리며 무엇을 확인하려고 멀리 또는 이곳저곳을 자세히 보는 모습을 나타냄]·지킬 간 또는 지켜볼(아이·노인·환자를 돌보는) 간

④ **산 山 3** - 뫼 산 또는 메 산(우뚝 솟은 봉우리 3개가 ㅆ의 그림과 같이 붙어 있는 산의 모습을 본뜬 글자로 둘레보다 우뚝하게 높이 솟아 있는 땅덩이를 나타냄)·무덤(시체나 유골을 묻은 묘) 산

* '메'는 산(山)을 예스럽게 이르는 말이며 山林(산림)은 산과 숲을 뜻함.

> **직역** 말을 타고 달리면서 산천(山川)을 돌아본다는 뜻.
> **의역** 바빠서 자세히 살피지 못하고 대충 보면서 지나친다는 뜻.

주야장천
晝夜長川

* '주구장창'은 주야장천이 변한 말임.

한자 풀이 ————————

① **주 晝 11** - 낮 주[본래 태양이 떠오르는 모습인 旦(아침 단)과 한 발자국을 내디던 보폭(步幅)을 뜻하는 尺(자 척)이 합해진 晝의 글자로 해가 떠서 질 때까지의 낮시간을 나타냄]·대낮(낮시간대) 주

② **야 夜 8** - 밤 야[누워 있는 사람의 겨드랑이 모습인 亦(겨드랑이 액·또 역)과 月(달 월)이 합해진 글자로 옆구리에 달이 놓인 모양으로 해질녘에서 새벽까지의 밤을 나타냄]·캄캄할 야·침실(寢室) 야

③ **장 長 8** - 길 장 또는 긴 장[긴 머리털을 뜻하는 毛(털 모)의 변형인 镸와 人(사람 인)과 丈(지팡이 장)으로 이루어진 镸이 합해진 글자로 본래는 긴 머리를 풀어헤치고 지팡이를 짚고 걸어가는 노인을 나타냄]·오랠 장·어른 장

④ **천 川 3** - 내 천 또는 시냇물 천[가운데 큰 물줄기와 양쪽에 작은 물줄기가 굴곡을 이루며 흐르는 모습의 글자로 '내·시냇물'을 나타냄. 비가 내려 골짜기나 평지(平地)의 줄기를 따라 굽이굽이 흐르는 냇물]·굴(물의 흐름으로 인하여 땅바닥이 움푹 패이거나 산 절벽 속으로 패인 구멍) 천

> **직역** 밤낮을 멈추지 않고 끊임없이 흐르는 시냇물을 뜻함.
> **의역** 어떤 일을 한결같이 꾸준히 한다는 뜻.

주화입마
走火入魔

한자 풀이 ──────────

① **주 走 7** - 달릴 주[두 팔을 앞뒤로 휘젓는 사람의 모습인 大(큰 대)가 변형된 土(흙 토)와 발이나 발자국을 뜻하는 止(발 지)가 변형된 龰이 합해진 글자로 사람이 도망치듯이 빠른 속도로 뛰어가는]·달아날 주

② **화 火 4** - 불 화[장작을 엇갈리게 세운 모습인 人와 불꽃을 뜻하는 두 개의 丶(점 주)가 합해진 글자로 장작이 탈 때 불꽃이 튀거나 위로 치솟아 피어오르는 모양을 나타냄]·불사를 화·급할 화

③ **입 入 2** - 들 입(사람이 드나드는 옛날 움집의 입구 모양을 또는 초목의 뿌리가 땅속으로 뻗어 들어가는 모양을 본뜬 글자로 사람이나 물건을 문 안으로 들어오게 하는)·들어올(사람이 방 안으로 물체가 공간으로 들어오는) 입

④ **마 魔 21** - 마귀 마[魔鬼(마귀). 鬼(귀신 귀)와 발음요소와 정신을 흐리게 한다는 뜻의 麻(삼 마)가 합해진 글자로 교묘한 술법으로 사람을 해치는 마귀 또는 악마를 나타냄. 헤아릴 수 없을 만큼 이상야릇한]·마 마 또는 귀신(鬼神 : 괴롭히고 귀찮게 하여 훼방을 놓는 귀신) 마·마술(魔術 : 초자연적인 능력을 발휘하는 요술 또는 마귀의 기이한 행적) 마.

직역 불이 달리고 악마가 들어온다는 뜻.

　　* 악마(惡魔) : 사람을 해치거나 재앙을 내리는 존재나 영혼.

의역 어떤 일로 몸속의 기(氣)가 뒤틀려 힘든 상황에 빠지게 된다는 뜻. 즉, 잘못된 호흡운동 기법으로 나타나는 신체적 마비상태를 예로 느낄 수 있음.

중언부언
重言復言

한자 풀이 ─────────

① **중 重 9** – 무거울 중[양쪽 바퀴와 가운데 짐을 실은 모양인 車(수레 거)에 짐이 무거워서 다시 바퀴를 양쪽에 하나씩 덧붙인 重가 변형된 글자로 짐이나 물체의 무게가 많이 나가서 등에 지거나 움직이기가 힘든]·거듭 중 또는 거듭할(말이나 행동·역할이나 실수 따위가 여러 번 반복되거나 겹치는, 되풀이하는) 중

② **언 言 7** – 말씀 언[口(입 구)와 혀로 말할 때 말소리가 퍼져 나오는 현상을 그림 ☱이 합해진 글자로 위·아래의 입술과 혀를 움직이며 소리로 의견을 교환하고 내용을 전달하는 수단]·말할 언

　* 言(언)을 형벌 도구인 辛(매울 신)과 맹세한다는 뜻인 口(입 구)가 합해진 䇂의 변형으로도 풀이함.

③ **부 復 12** – 다시 부(가던 길을 다시 되돌려 오듯이 죽었다가 다시 살아나거나 무너진 건물을 다시 세우는)·돌아올 복[걸어가다의 뜻인 彳(조금걸을 척)과 발음요소인 复(돌아올 복)이 합해진 글자로 가던 길을 되돌려 다시 온다는 뜻을 나타냄]·되풀이할 복 또는 거듭 복·반복할(같은 말이나 행동·실수·운동을 여러 번 하는) 복

직역 같은 말을 중복해서 자꾸 되풀이한다는 뜻.
의역 이미 한 말을 되풀이할 뿐 의미(意味)를 이해할 수 없다는 뜻.

지란지교
芝蘭之交

한자 풀이 ─────────

① **지 芝 8** - 지초 지[芝草(지초). ⁺⁺(艸 : 풀 초)와 발음요소인 之(갈 지)가 합해진 글자로 일종의 지치로 잎이 두껍고 버들잎 모양의 줄기와 함께 거센 털이 많이 난 산과 들에서 널리 자라는 풀]·버섯 지

② **란 蘭 21** - 난초 란(난)[蘭草(난초). ⁺⁺(艸 : 풀 초)와 발음요소인 闌(가로막을 란)이 합해진 글자로 꽃의 향기가 진하고 잎이 가늘고 길며 꽃이 석장씩 피는 관상용 화초를 뜻함. 문장의 내용이 훌륭한]

③ **지 之 4** - 갈 지[두 발을 뜻하는 止(발 지)와 출발선을 뜻하는 一(가로획)을 그어 만든 글자로 한 발을 떼고 막 출발하려는 모습을 나타냄]·이를 지·이 지·어조사(~의, ~가, ~이, ~을) 지

④ **교 交 6** - 사귈 교[사람을 뜻하는 ⼇(돼지머리 두)와 발음요소와 아랫다리인 정강이가 교차해 있는 모양을 본뜬 乂(사귈 효)가 합해진 글자로 여럿이 팔을 벌려 손을 잡고 둥근 원을 그리며 걷는 모습을 나타냄. 서로 얼굴을 익히고 정을 나누는]·벗 교·바뀔 교·어울릴 교·오고갈 교·주고받을 교·섞일 교

직역 버섯류의 지초(芝草)와 향기 좋은 난초(蘭草)와의 벗이라는 뜻.
의역 신분의 고하(高下)를 떠나 감화·감동을 주고받는 맑고 아름다운 사귐이라는 뜻.

지리멸렬
支離滅裂

한자 풀이 ────────

① **지 支 4** – 지탱할 지[支撑(지탱). 又(손 우)와 앞으로 향하여 나아간다는 뜻의 十(열 십)이 합해진 글자로 손을 앞으로 뻗치거나 물건을 손으로 잡고 떠받친다는 뜻을 나타냄]·흩어질 지·갈려질(갈라져 나오는) 지

② **리 離 19** – 떠날 리(이)[隹(새 추)와 발음요소와 산짐승이 올가미에 빠졌거나 그물에 갇힌 모양인 离(떠날 리)가 합해진 글자로 새가 올가미나 그물에서 빠져나와 멀리 날아간다는 뜻을 나타냄]·떼놓을 리(이)

③ **멸 滅 13** – 멸할 멸[氵(水 : 물 수)와 발음요소와 없애버린다는 뜻의 威(멸할 멸)이 합해진 글자로 물과 불과 도끼로 쳐서 존재를 없애버린다는 뜻을 나타냄]·멸망시킬 멸·불꺼질 멸·없어질 멸·죽을 멸

④ **렬 裂 12** – 찢을 렬(열)[衣(옷 의)와 발음요소와 분리한다는 뜻의 列(벌릴 열)이 합해진 글자로 베 같은 단단한 피륙을 뼈와 살을 갈라내듯 칼로 잘라낸다는 뜻을 나타냄. 입은 옷을 잡아당겨서 갈라지게 하는]·찢어질(옷·조직·단체를 갈라지게 하는) 렬(열)·터질 렬(열)

직역 이리저리 흩어지고 갈가리 찢기어 갈피를 잡지 못한다는 뜻.
의역 체계가 없이 마구 흩어지고 산란(散亂)하여 어떻게 해야 할지 모른다는 뜻.

지성감천
至誠感天

한자 풀이 ─────────

① **지 至 6** - 이를 지[땅바닥을 뜻하는 土(흙 토)와 화살촉을 뜻하는 厶(마늘 모·마늘모 모)와 어느 지점에 이른다는 一(가로획)이 합해진 글자로 쏜 화살이 어느 지점에 꽂힌다는 뜻임]·지극할(마음과 힘을 다하는) 지

② **성 誠 14** - 정성 성[精誠(정성). 言(말씀 언)과 발음요소인 成(정성 성)이 합해진 글자로 정성을 다해 거짓 없는 진실한 말을 한다는 뜻을 나타냄]·진실(眞實) 성·미쁠(믿음직하고 진실한) 성

③ **감 感 13** - 느낄 감[心(마음 심)과 발음요소와 어떤 영향이나 작용이 두루 미친다는 뜻의 咸(다 함)이 합해진 글자로 깨닫거나 보고 느낀 감동이나 자극 등이 마음을 움직인다는 뜻을 나타냄]·감동할 감·깨달을 감·고맙게여길 감

④ **천 天 4** - 하늘 천[서있는 사람을 뜻하는 大(큰 대)와 정수리에 닿는 머리끝 위를 뜻하는 一(가로획)이 합해진 글자로 멀고 넓은 무한대의 공간을 나타냄]·하느님 천·자연 천·임금 천·조물주 천·날씨 천

직역 정성이 지극(至極)하면 하늘도 감동하게 된다는 뜻.
의역 정성껏 하면 하늘이 도와 좋은 결과를 얻는다는 뜻.

지자불혹
知者不惑

한자 풀이 ──────────

① 지 知 8 - 알 지[矢(화살 시)와 큰 소리로 말한다는 뜻의 口(입 구)가 합해진 글자로 과녁을 향해 쏜 화살이 어디에 꽂혔는지를 관측자가 흰 깃발로 신호를 보내거나 말로 알려주어 알게 된다는 뜻. 어떤 대상을 인식하는 지식]·알릴 지·드러낼 지·지혜(智慧) 지

② 자 者 9 - 놈 자[본래 鼎(솥 정)의 생략형인 日에 叔(콩 숙)이 합해진 글자로 본뜻은 '콩을 삶다'이며 '놈 자'는 빌려 쓰게 된 것임]·사람(기술자·신문기자 등과 같이 어떤 직업이나 분야에 종사하는 사람) 자·것 자

  * 지자(知者) : 지식(知識)이 많고 사물의 이치(理致)에 밝은 사람.

③ 불 不 4 - 아닐 부 또는 아닐 불(식물의 꽃대와 꽃받침과 꽃의 암술로 된 씨방 모양을 본뜬 글자로 씨방이 자라서 열매를 맺을지 모른다는 뜻에서 '아니'라고 나타냄)·못할 불·없을 불·않을 불

  * '그렇지 아니하다'라는 부정(否定)이나 반대(反對)의 뜻을 나타냄. 동사로는 '~를 하지 마라'.

④ 혹 惑 12 - 미혹할 혹 또는 유혹할 혹[迷惑(미혹)·誘惑(유혹). 心(마음 심)과 발음요소와 부족 간에 영토를 뺏고 밀리는 뜻의 或(혹시 혹)이 합해진 글자로 영토의 경계선이 수시로 바뀌듯이 마음이 왔다갔다 흔들린다는 뜻을 나타냄. 호기심에 빠지거나 남의 홀림에 넘어가 당황하는]

  * '불혹(不惑) : 무엇에 홀려 세상일에 정신이 헷갈리지 아니하는.

직역 지식이 있는 사람은 어떤 유혹(誘惑)에 쉽게 빠지지 않는다는 뜻.

의역 사물의 이치나 도리를 분명히 알면 세상을 지혜(智慧)롭게 산다는 뜻.

지자요수
知者樂水

* 지자요수 인자요산(知者樂水 仁者樂山)으로 함께 씀.

한자 풀이 ─────

① **지 知 8** - 알 지[矢(화살 시)와 큰 소리로 말한다는 뜻의 口(입 구)가 합해진 글자로 과녁을 향해 쏜 화살이 어디에 꽂혔는지를 관측자가 흰 깃발로 신호를 보내거나 말로 알려주어 알게 된다는 뜻. 어떤 대상을 인식하는 지식]·알릴 지·드러낼 지·지혜(智慧) 지

② **자 者 9** - 놈 자[본래 鼎(솥 정)의 생략형인 日에 叔(콩 숙)이 합해진 글자로 본뜻은 '콩을 삶다'이며 '놈 자'는 빌려 쓰게 된 것임]·사람(기술자·신문기자 등과 같이 어떤 직업이나 분야에 종사하는 사람) 자·것 자

③ **요 樂 15** - 좋아할 요[풍류(風流)로 즐거움을 느끼므로 마음이 상쾌하고 산(山)이나 물 또는 어떤 사물에 대하여 좋은 느낌을 갖는]·즐길 락(낙)[큰 북을 뜻하는 白(흰 백)과 작은 북을 뜻하는 幺(작을 요) 두 개와 받침대를 뜻하는 木(나무 목)이 합해진 글자로 북과 춤과 노래로 즐거움을 누리는]

④ **수 水 4** - 물 수[본래 川(내 천)에서 비롯된 글자로 흐르는 물줄기가 합쳤다가 갈라지는 모습을 나타냄. 샘물·시냇물·강물·바닷물 등 자연에 존재하는 기본 물질을 뜻함]·별이름(水星 : 수성) 수

* 水星(수성)은 우주 만물을 이루는 5가지 원소 중 물을 뜻함 - 목성(나무)·화성(불)·토성(흙)·금성(쇠).

직역 지혜로운 자는 물을 좋아한다는 뜻.
의역 사리에 밝은 사람은 흐르는 물같이 순리(順理)에 따른다는 뜻.

지호지간
指呼之間

한자 풀이 ━━━━━━━━

① **지 指 9** - 가리킬 지[扌(手 : 손 수)와 발음요소인 旨(맛 지)가 합해진 글자로 본뜻은 음식 맛을 보는 손가락이며 이후 '손가락·가리키다'의 뜻이 생겨났음. 손가락으로 사물·장소·길 따위의 방향을 나타냄]·손가락 지

② **호 呼 8** - 부를 호[口(입 구)와 발음요소인 乎(아!외칠 호)가 합해진 글자로 입이나 코로 숨을 내쉰다는 뜻을 나타냄. 숨을 크게 내쉬며 이름을 소리쳐 말하는]·부르짖을 호·숨내쉴 호·탄식할 호 또는 탄식하는소리 호

  * 지호(指呼) : 손을 놀려 상대방을 부르는.

③ **지 之 4** - 갈 지[두 발을 뜻하는 止(발 지)와 출발선을 뜻하는 一(가로획)을 그어 만든 글자로 한 발을 떼고 막 출발하려는 모습을 나타냄]·이를 지·이 지·어조사(~의, ~가, ~이, ~을) 지

④ **간 間 12** - 사이 간[두 개의 문짝으로 된 門(문 문)과 본래 月(달 월)이 바뀐 日(해 일)이 합해진 글자로 본뜻은 밤에 문틈 사이로 비쳐드는 달빛을 나타냄. 처음과 끝나는 시간이나 인간과 인간의 관계를 뜻함]·틈 간·뜸할 간·낄 간·때 간·동안 간·요마적(요사이) 간·흠잡을 간·간(방의 면적) 간·엿볼 간 **여기서는 짧은 거리를 뜻함.**

직역 손짓하며 부르면 곧 대답할 수 있는 거리라는 뜻.
의역 아주 가까운 거리를 뜻함.

진수성찬
珍羞盛饌

한자 풀이 ━━━━━━━

① **진 珍 9** - 보배 진[寶貝(보패→보배). 王(玉 : 구슬 옥)과 발음요소인 㐱(머리털늘어질 진)이 합해
진 글자로 좀처럼 보기 드문 귀중한 옥이라는 데서 '보배'라는 뜻을 나타냄]·진귀(珍貴 : 보
배롭고 귀중한)할 진

② **수 羞 11** - 부끄러울 수[제사 지낼 때 바치는 희생물인 㐱(羊 : 양 양)과 끈을 뜻하는 丿(삐침
별)과 가축에 맨 끈을 손에 둘둘 감은 모습인 丑(소 축)이 합해진 글자로 수줍어하는]·음식
(양고기나 소고기로 만든 음식) 수·음식을드릴 수·음식을올릴 수

③ **성 盛 12** - 성할 성[皿(그릇 명)과 발음요소와 넘친다는 뜻의 成(무성할 성)이 합해진 글자
로 제사를 올리기 위하여 신(神)에 바칠 음식을 그릇에 가득 담는다는 뜻을 나타냄]·무
성할 성

④ **찬 饌 21** - 반찬 찬[飯饌(반찬). 飠(食 : 밥 식)과 撰(가릴 선)이 생략된 巽(부드러울 손)이 합해진
글자로 먹을 수 있도록 음식을 잘 차려 놓는다는 뜻을 나타냄. 밥에 곁들이어 먹는 고기·
생선·야채 따위를 양념해서 만든 음식]·음식(飲食 : 먹고 마시는 것) 찬·밥 찬·차려낼 찬

> **직역** 진귀(珍貴)한 음식과 성대(盛大)한 상차림이라는 뜻.
> **의역** 진귀하고 맛좋은 음식으로 푸짐하게 잘 차렸다는 뜻.

진퇴양난
進退兩難

한자 풀이 ——————

① **진 進 12** - 나아갈 진[辶(辵 : 쉬엄쉬엄갈 착)과 발음요소와 꽁지가 짧은 새를 뜻하는 隹(새 추) 가 합해진 글자로 둥지에서 나온 새나 묶였다가 풀려난 새가 앞으로 날아간다는 뜻을 나타냄. 발전해 나가거나 높아지는]

② **퇴 退 10** - 물러날 퇴[辶(辵 : 쉬엄쉬엄갈 착)과 罒(目 : 눈 목)에서 눈동자가 한쪽으로 돌아간 모양인 日(날 일)과 夊(뒤져올 치)가 변형된 두 발이 엇갈린 모양의 ㅘ이 합해진 글자로 뒤돌아보며 천천히 뒷걸음치는]

③ **양 兩 8** - 두 양(냥·량)(무게를 재는 저울추 두 개가 저울대에 나란히 매달려 있는 모양을 본뜬 글자로 또는 수레를 끄는 두 마리의 말에 멍에를 씌운 모습을 본떠서 만든 글자로 둘 또는 양쪽을 나타냄)·짝 양(냥·량)

④ **난 難 19** - 어려운 난(란)[작은 새를 뜻하는 隹(새 추)와 堇(菫 : 진흙 근)이 합해진 글자로 진흙에 빠져 날개에 진흙이 묻은 새가 날지 못하고 어려움을 겪고 있다는 뜻을 나타냄]·어려워할 난(란)·난리(亂離) 난(란)·재앙(災殃) 난(란)·꾸짖을 난(란)

직역 앞으로 나아가기도 뒤로 물러서기도 어렵다는 뜻.

의역 이러지도 저러지도 못하는 매우 곤란(困難)한 입장이나 상태를 뜻함.

질박천진
質朴天眞

*질박천진(質樸天眞)이라고도 씀(樸 : 순박할 박).

한자 풀이 ────────

① 질 質 15 - 바탕 질[도끼로 나무를 패거나 물건의 밑을 괴는 나무토막인 所(모탕 은)과 모탕을 받치는 바닥이나 받침을 뜻하는 貝(조개 패)가 합해진 글자로 바탕을 나타냄. 성품과 사물·의(義)의 근본이 되는]

② 박 朴 6 - 나무껍질 박[木(나무 목)과 발음요소와 두꺼운 나무껍질을 뜻하는 卜(점 복)이 합해진 글자로 거북의 껍질처럼 생긴 켜를 나타냄]·순박(淳朴 : 성질이나 말과 행동이 꾸밈없이 순수한)할 박

  * 질박(質朴) : 별스럽게 꾸민 데가 없이 수수하고 사치스럽지 아니한.

③ 천 天 4 - 하늘 천[서있는 사람을 뜻하는 大(큰 대)와 정수리에 닿는 머리끝 위를 뜻하는 一(가로획)이 합해진 글자로 멀고 넓은 무한대의 공간을 나타냄]·하느님 천·자연 천·임금 천·조물주 천·날씨 천

④ 진 眞 10 - 참 진[음식을 떠 넣는 기구인 匕(숟가락 비)와 鼎(솥 정)이 생략된 𨤁와 불을 때는 모습인 八(八 : 여덟 팔)이 합해진 글자로 제사에 바칠 음식을 정성껏 만들어 진지하게 맛을 본다는 뜻을 나타냄]·거짓말아닐 진·바를(생각이나 행동이 도리에 맞고 참된 또는 모두가 옳다고 인정하는 이치와 지식) 진·사진 진

  * 천진(天眞) : 꾸밈이나 거짓이 없이 자연 그대로의 순진함. 참된 마음.

직역 순박(淳朴·淳樸)하고 자연 그대로 조금도 꾸밈이 없다는 뜻.

의역 꾸미거나 거짓이 없이 마음이 깨끗하고 순수(純粹)하다는 뜻.

차일피일
此日彼日

한자 풀이 ―――――――

① **차 此 6** - 이 차[발이 가다가 멈춘다는 뜻의 止(그칠 지)와 사람이 옆으로 돌아서서 있는 匕 (비수 비·숟가락 비)가 합해진 글자로 가까이에 있는 대상을 가리킴. 자기의 발자국을 가리키 듯이 '이것'을 가리키는 지시형용사]·이에(이리하여·그래서·이리하여서 곧·이것으로 인하여·이렇 게 하든) 차·그칠(멈추는) 차

② **일 日 4** - 날 일[해를 뜻하는 둥근 모양인 ○이 바뀐 □와 그 안에 乙(새 을)이 변한 ―이 합 해진 글자로 지구의 자전으로 밤과 낮이 이어지는 24시간인 하루를 나타냄]·해 일·낮 일· 날짜 일

   * 太陽(태양)은 수소(H_2)로 핵융합반응을 일으켜 높은 열과 전자기파에너지를 생성함.

③ **피 彼 8** - 저 피[천천히 걷는다는 뜻의 彳(조금걸을 척)과 발음요소와 원줄기에서 갈라진다 는 뜻의 皮(껍질 피)가 합해진 글자로 속과 겉이 반대되듯이 이것의 반대인 저것을 가리키 는. 나로부터 떨어져 있는 사람이나 대상을 가리키는 지시형용사]·저이(나로부터 떨어져 있 는 사람을 가리키는) 피·저쪽 피

직역 이날 저 날하고 자꾸 날짜를 미룬다는 뜻.
의역 어떤 일을 오늘 내일 핑계만 대며 날짜만 끈다는 뜻.

창해상전
滄海桑田

* 상전벽해(桑田碧海), 창상지변(滄桑之變)이라고도 씀.

한자 풀이 ————————

① **창 滄 13** - 푸를 창[氵(水 : 물 수)와 발음요소와 蒼(푸를 창)과 같이 쓰이는 倉(창)이 합해진 글자로 바다처럼 물이 깊고 많아서 물빛이 높은 하늘처럼 푸르게 보인다는 뜻을 나타냄]·큰 바다 창·찰(차거운) 창

② **해 海 10** - 바다 해[氵(水 : 물 수)와 발음요소와 언제나·항상의 뜻인 每(매양 매)가 합해진 글자로 온갖 물길을 받아들여 항상 물이 마르지 않고 괴여 있는 큰 구역인 바다를 뜻함]·넓을 해·세계 해

③ **상 桑 10** - 뽕나무 상[木(나무 목)과 누에나방의 애벌레를 뜻하는 又(또 우) 세 개가 합해진 글자로 잎이 넓고 연하며 누에의 먹이가 되는 뽕나무를 나타냄]·뽕나무심을(오디 열매를 얻기 위하여 심는) 상

④ **전 田 5** - 밭 전[사방으로 네모나게 경계선을 표시한 囗(에워쌀 위)에 가운데 사방으로 통한다는 도랑이나 두렁길을 뜻하는 十(열 십)이 합해진 글자로 사방을 둑으로 경계 지어 농사를 짓는 구획된 땅을 뜻함]·사냥 전 또는 사냥할(밭이나 낮은 산에 그물을 쳐놓고 토끼나 노루 등을 몰아서 잡는) 전

> **직역** 넓고 큰 푸른 바다가 뽕나무 밭으로 바뀌었다는 뜻.
>
> **의역** 덧없는 세상의 변천을 뜻함. 즉, 세월이 흘러 몰라볼 정도로 세상이 달라졌음을 나타내는 말임.

천군만마
千軍萬馬

한자 풀이 ———————

① **천 千 3** - 일천 천[많은 수(數)를 뜻하는 十(열 십)과 人(사람 인)이 생략된 丿(삐침 별)이 합해진 글자로 많은 사람이라는 데서 수효의 천(1,000)을 나타냄. 십진급수의 단위로 100의 10배가 되는 1,000을 뜻함]

② **군 軍 9** - 군사 군[軍士(군사). 사람들이 둘러싸고 있는 모양인 冖(덮을 멱)과 화력을 갖춘 車(수레 거)가 합해진 글자로 수레를 탄 왕이나 장군을 호위하는 병졸 또는 총을 들고 적과 싸우는 군인을 뜻함]·군사(軍事) 군·진칠 군

③ **만 萬 13** - 일만 만[절지동물의 일종인 전갈이 알을 많이 낳아 품고 있는 모습을 나타낸 글자로 본래는 전갈을 뜻하였으나 이후 수(數)를 나타내는 만(万)으로 쓰이게 되었음]·많을 만·만약 만

   * 전갈(全蠍) : 몸은 가재와 비슷하고 꼬리 끝에 독침이 있고 사막지대에 많으며 작은 벌레를 잡아먹음.

④ **마 馬 10** - 말 마(말의 머리·긴 목과 갈기·몸통·꼬리의 모양인 馬와 4 개의 말굽을 뜻하는 灬이 합해진 글자로 달리는 말의 옆모습을 나타냄)·산가지 마·벼슬이름 마·아지랑이 마

직역 천 명의 군사와 만 마리의 말(馬)이라는 뜻.
의역 대단히 강력한 군사력을 뜻함.

천방지축
天方地軸

* 천방지방(天方地方)과 같은 뜻임.

한자 풀이 ————————

① **천 天 4** - 하늘 천[서있는 사람을 뜻하는 大(큰 대)와 정수리에 닿는 머리끝 위를 뜻하는 一 (가로획)이 합해진 글자로 멀고 넓은 무한대의 공간을 나타냄]·하느님 천·자연 천·임금 천· 조물주 천·날씨 천

② **방 方 4** - 모 방[땅을 파는 원시적인 쟁기의 옆모습과 쟁기의 끝이 모가 난 모양을 본뜬 글 자로 본뜻은 '쟁기'이며 '모'는 빌려 쓴 것임. 양쪽 면이 만나는 물체의 모서리]·방향(方向) 방·방위 방·곳 방

③ **지 地 6** - 땅 지 또는 따 지[土(흙 토)와 발음요소와 긴 뱀의 모양을 본뜬 也(잇기 야)가 합해 진 글자로 흙이 사방으로 잇달아 깔려 있는 땅 또는 넓은 땅덩어리를 나타냄. 육지와 바다 를 포함한 지구나 지구표면]

④ **축 軸 12** - 굴대 축[車(수레 거)에 수레의 기능을 가능하게 한다는 뜻의 由(말미암을 유)가 합 해진 글자로 수레바퀴의 한가운데에 뚫린 구멍에 끼우는 긴 쇠나 나무막대를 나타냄. 바퀴 가 굴러갈 수 있도록 회전의 중심이 되는 회전축. 어떤 대상이나 물체·집단·문장·조직·세 력의 중심이 되는 부분]

> **직역** 하늘로 뛰어오르다가 지구의 회전축을 따라 왔다 갔다 한다는 뜻.
>
> **의역** 몹시 급하여 방향을 분별하지 못하고 허둥지둥 날뛴다는 뜻.
>
> 또는 정한 주된 의견이 없이 어리석게 덤벙이는 상태를 이르는 말임.

천생배필
天生配匹

* 천정배필(天定配匹)과 같은 뜻임뜻임(定 : 정할 정·약속할 정).

한자 풀이 ─────────

① **천 天 4** - 하늘 천[서있는 사람을 뜻하는 大(큰 대)와 정수리에 닿는 머리끝 위를 뜻하는 一 (가로획)이 합해진 글자로 멀고 넓은 무한대의 공간을 나타냄]·하느님 천·자연 천·임금 천· 조물주 천·날씨 천

② **생 生 5** - 날 생[어린 싹인 떡잎을 뜻하는 屮(싹날 철)과 土(흙 토)가 합해진 글자로 초목의 새 싹이 땅 위로 돋아나는 모습을 나타냄]·낳을 생·생길 생·살 생·자랄 생

   * 천생(天生) : 하늘로부터 타고난, 하늘이 마련한.

③ **배 配 10** - 짝 배[酉(술 유)와 사람이나 자기 자신을 뜻하는 己(몸 기)가 합해진 글자로 내 몸 같이 귀한 술을 주고받을 수 있는 가까운 사람인 짝을 뜻함]·짝할 배·나눌 배·도울 배·귀 양보낼 배·아내 배

④ **필 匹 4** - 짝 필[匸(감출 혜)와 나란히 있는 남녀 두 사람을 뜻하는 儿(八 : 여덟 팔)이 합해진 글자로 보이지 않게 가려진 곳에 남녀가 들어가 잘 어울리는 한 쌍을 나타냄. 남편과 아내 가 한 쌍을 이루는]·필(소나 말 같은 가축의 머릿수를 세는 단위) 필·마리 필·변변치못할 필·상 대 필

직역 하늘로부터 태어난 남편과 아내인 부부로서의 짝을 뜻함.

의역 특별한 인연으로 맺어진 영원한 부부(夫婦)라는 뜻.

천양지차
天壤之差

한자 풀이 ────────

① **천 天 4** - 하늘 천[서있는 사람을 뜻하는 大(큰 대)와 정수리에 닿는 머리끝 위를 뜻하는 一(가로획)이 합해진 글자로 멀고 넓은 무한대의 공간을 나타냄]·하느님 천·자연 천·임금 천·조물주 천·날씨 천

② **양 壤 20** - 흙 양 또는 흙덩이 양[土(흙 토)와 발음요소인 襄(도울 양)이 합해진 글자로 곡식이나 식물을 재배할 수 있는 비옥한 땅을 나타냄]·땅(흙으로 된 바닥이나 논밭·나라의 영토를 뜻함) 양·땅 양

③ **지 之 4** - 갈 지[두 발을 뜻하는 止(발 지)와 출발선을 뜻하는 一(가로획)을 그어 만든 글자로 한 발을 떼고 막 출발하려는 모습을 나타냄]·이를 지·이 지·어조사(~의, ~가, ~이, ~을) 지

④ **차 差 10** - 다를 차[본래 禾(벼 화)의 변형인 羊(羊 : 양 양)과 ナ(왼손 좌)와 工(장인 공)이 합해진 글자로 벼를 손에 잡고 이삭의 길이를 자로 재어보니 각각 다르다는 뜻을 나타냄. 생각이나 방법·모양·인종·등급·돈의 액수·높이·크기 따위가 같지 않고 차이가 나는]·어기어질 차·가릴 차(채)·어긋날 차(치)

직역 하늘과 땅 사이 만큼의 큰 차이라는 뜻.
의역 두 지점이나 어떤 조건이나 정도의 차이(差異)가 대단히 크다는 뜻.

천인공노
天人共怒

한자 풀이 ──────────

① **천 天 4** - 하늘 천[서있는 사람을 뜻하는 大(큰 대)와 정수리에 닿는 머리끝 위를 뜻하는 一(가로획)이 합해진 글자로 멀고 넓은 무한대의 공간을 나타냄]·하느님 천·자연 천·임금 천·조물주 천·날씨 천

② **인 人 2** - 사람 인[벼슬아치가 증표인 홀(笏)을 잡은 두 손을 앞으로 내밀며 서있는 옆모습을 본뜬 글자로 두 발로 똑바로 서서 걸으며 생각과 말을 할 줄 아는 만물의 우두머리를 뜻함]·인격 인·남(상대방) 인

　* 홀(笏) : 벼슬아치가 임금을 만날 때에 예복에 갖추어 손에 쥐던 대나무로 만든 물건.

③ **공 共 6** - 함께 공[여러 사람을 뜻하는 卄(스물 입)과 두 손으로 받든다는 뜻의 廾(받들 공)이 합해진 글자로 모두가 서로 손을 맞잡고 함께 바친다는 뜻을 나타냄]·무리 공·한가지 공·공경할 공·공손 공·모을 공

④ **노 怒 9** - 성낼 노(로)[心(마음 심)과 발음요소와 일만 하는 노예를 뜻하는 奴(종 노)가 합해진 글자로 화가 치밀어 오른다는 뜻을 나타냄. 노예나 종이 학대를 받아 눈을 사납게 뜨고 화를 내는]·뽐낼(자랑하거나 분수에 넘치게 의기가 양양한) 노(로)·세찰(기세나 형세가 강한) 노(로)

> **직역** 하늘과 사람이 함께 분노(憤怒)한다는 뜻.
> **의역** 하늘의 뜻과 인간의 도리상 도저히 용납(容納)할 수 없는 일이라는 뜻.

천정부지
天井不知

한자 풀이 ───────

① **천 天 4** - 하늘 천[서있는 사람을 뜻하는 大(큰 대)와 정수리에 닿는 머리끝 위를 뜻하는 一 (가로획)이 합해진 글자로 멀고 넓은 무한대의 공간을 나타냄]·하느님 천·자연 천·임금 천· 조물주 천·날씨 천

② **정 井 4** - 우물 정(정사각형의 난간 모양으로 만든 우물의 틀을 본뜬 글자로 4각 모양으 로 나무막대를 설치하여 물이 괴게 만든 시설·샘을 뜻함)·밭이랑(밭의 두둑과 고랑을 이르는) 정·정자꼴(물체와 건물의 井모양) 정

　＊ 천정(天井) : 천장(天障)과 같은 뜻으로 지붕의 안쪽이나 방의 위쪽을 가리킴.

③ **부 不 4** - 아니 불 또는 아닐 불(식물의 꽃대와 꽃받침과 꽃의 암술로 된 씨방 모양을 본뜬 글자로 씨방이 자라서 열매를 맺을지 모른다는 뜻에서 '아니'라고 나타냄)·못할 불·없을 불·않을 불

　＊ '그렇지 아니하다'라는 부정(否定)이나 반대(反對)의 뜻을 나타냄. 동사로는 '~를 하지 마라'.

④ **지 知 8** - 알 지[矢(화살 시)와 큰 소리로 말한다는 뜻의 口(입 구)가 합해진 글자로 과녁을 향 해 쏜 화살이 어디에 꽂혔는지를 관측자가 흰 깃발로 신호를 보내거나 말로 알려주어 알 게 된다는 뜻. 어떤 대상을 인식하는 지식]·알릴 지·드러낼 지·지혜(知慧) 지

직역 방바닥에서 바라볼 때 천정(천장)이 어디인지 알지 못한다는 뜻.

의역 물건 값 등이 끝없이 계속 오르기만 한다는 뜻. 즉, 끝이 어디인지 알 수 없 다는 뜻.

천진난만
天眞爛漫

한자 풀이 ──────────

① **천 天 4** - 하늘 천[서있는 사람을 뜻하는 大(큰 대)와 정수리에 닿는 머리끝 위를 뜻하는 一
(가로획)이 합해진 글자로 멀고 넓은 무한대의 공간을 나타냄]·하느님 천·자연 천·임금 천·
조물주 천·날씨 천

② **진 眞 10** - 참 진[음식을 떠 넣는 기구인 匕(숟가락 비)와 鼎(솥 정)이 생략된 且와 불을 때는
모습인 八(八 : 여덟 팔)이 합해진 글자로 제사에 바칠 음식을 정성껏 만들어 진지하게 맛을
본다는 뜻을 나타냄]·거짓말아닐 진

  * 천진(天眞) : 꾸밈이나 거짓이 없이 자연 그대로의 순진함.

③ **난 爛 21** - 찬란할 난 또는 빛날 날(란)[燦爛(찬란). 火(불 화)와 발음요소인 闌(가로막을 난)이
합해진 글자로 불꽃이나 번쩍거리는 화려한 광채를 나타냄]·촛불빛 난(란)·밝을 난(란)·델
난(란)·무르익을 난(란)

④ **만 漫 14** - 물질펀할 만[氵(水 : 물 수)와 발음요소와 널리 퍼진다는 뜻인 曼(길게끌 만)이 합
해진 글자로 물이 사방으로 또는 열린 평평한 땅으로 넓고 길게 느리게 흐르는]·아득(끝
없이 넓고 먼) 만·부질없을 만·방종(放縱 : 거리낌 없어 제멋대로 행동하는)할 만·두루할 만·흩
어질 만

  * 난만(爛漫) : 꽃이 만발하여 한창 볼만하게 탐스러운. 미흡한 데가 없이 충분한.

직역 하늘에서 타고난 그대로 화려(華麗)하게 활짝 핀 꽃이라는 뜻.
의역 말과 행동이 아무런 꾸밈없이 순수하다는 뜻. 즉, 더 이상의 순진함이 없다는 뜻.

천차만별
千差萬別

한자 풀이 ─────

① **천 千 3** - 일천 천[많은 수(數)를 뜻하는 十(열 십)과 人(사람 인)이 생략된 丿(삐침 별)이 합해진 글자로 많은 사람이라는 데서 수효의 천(1,000)을 나타냄. 십진급수의 단위로 100의 10배가 되는 1,000을 뜻함]

② **차 差 10** - 다를 차[본래 禾(벼 화)의 변형인 ⺷(羊 : 양 양)과 𠂇(왼손 좌)와 工(장인 공)이 합해진 글자로 벼를 손에 잡고 이삭의 길이를 자로 재어보니 각각 다르다는 뜻을 나타냄]·어기어질 차·가릴 차(채)·어긋날 차(치)

③ **만 萬 13** - 일만 만[절지동물의 일종인 전갈이 알을 많이 낳아 품고 있는 모습을 나타낸 글자로 본래는 전갈을 뜻하였으나 이후 수(數)를 나타내는 만(万)으로 쓰이게 되었음]·많을 만·만약 만

④ **별 別 7** - 나눌 별[刂(刀 : 칼 도)와 본래 冎(뼈발라낼 과)인 另(과)가 합해진 글자로 칼로 뼈와 살을 갈라놓는다는 뜻을 나타냄. 한 물체를 몇 개의 부분으로 가르거나 구분하는]·분별할 별·구별할 별·다를(생김새·맛·방법·생각·목적·세상 등이 각각 구별되는) 별·헤어질 별

직역 천 배가 차이가 나고 만 가지가 구별(區別)된다는 뜻.
의역 여러 가지 사물이 제각기 서로 크게 다르다는 뜻.

천편일률
千篇一律

한자 풀이 ──────────

① **천 千 3** - 일천 천[많은 수(數)를 뜻하는 十(열 십)과 人(사람 인)이 생략된 ノ(삐침 별)이 합해진 글자로 많은 사람이라는 데서 수효의 천(1,000)을 나타냄. 십진급수의 단위로 100의 10배가 되는 1,000을 뜻함]

② **편 篇 15** - 책 편[竹(竹 : 대나무 죽)과 발음요소인 扁(편편할 편)이 합해진 글자로 납작한 대나무 조각인 죽간(竹簡)에다 글을 쓴 책을 나타냄. 종이가 없었던 옛날에는 여러 개의 대나무 조각에 글을 쓰고 끈으로 엮어 기록으로 남겼음]·시문[詩文 : 시나 문장 또는 시가(詩歌)와 산문(散文)을 아울러 이르는 말] 편

③ **일 一 1** - 한 일(한 획으로 가로선을 그어 만든 글자 또는 산가지 1개를 가로놓아 만든 글자로 1·2·3·4…로 된 아라비아 숫자에서 1를 가리킴)·하나 일·첫째 일·오로지 일·땅 일

　*一(한 일)은 우주(宇宙)와 천지(天地)가 생기는 맨 처음인 태초(太初)의 존재를 나타냄.

④ **률 律 9** - 법 률(율)[法(법). 彳(조금걸을 척)과 발음요소와 손에 붓을 잡은 모습을 뜻하는 聿(붓 율)이 합해진 글자로 세금을 공정하게 걷기 위하여 붓으로 논밭의 구획을 그린다는 뜻을 나타냄]·법칙 률(율)·절제할 률(율)·음률 률(율)·가락 률(율)

직역 천 편이나 되는 시(詩)나 문장의 형식과 어울림이 거의 비슷하다는 뜻.
의역 모든 사물이 구별이 되는 특성이 거의 없다는 뜻.

철두철미
徹頭徹尾

* 철상철하(徹上徹下)와 같은 뜻임.

한자 풀이 —————

① **철 徹 15** - 통할 철[뻥 뚫린 4거리를 뜻하는 彳(조금걸을 척)과 育(기를 육)과 회초리를 뜻하는 攵(攴 : 칠 복)이 합해진 글자로 매질을 하며 자녀를 가르쳐 무엇이든지 훤하게 알 수 있게 한다는 뜻에서 '꿰뚫다'로 나타냄]·뚫을 철 또는 관통(貫通)할 철·사무칠(한이 되는 생각이 뼈속까지 깊이 스며들어 잊을 수가 없는) 철

② **두 頭 16** - 머리 두[頁(머리 혈)과 발음요소와 굽이 높고 큰 그릇인 豆(제기 두)가 합해진 글자로 몸통이 떠받치고 있는 머리를 나타냄. 사물을 인식하고 이치를 판단하는 기능을 가진 두뇌]·두목(頭目) 두·우두머리 두·마리(소 같은 가축을 세는 단위) 두·처음 두·앞 두·가 두

③ **미 尾 7** - 꼬리 미[사람의 엉덩이 모양을 뜻하는 尸(주검 시)와 발음요소인 毛(털 모)가 합해진 글자로 옛날에 사람들이 짐승의 꼬리를 만들어 달고 흉내를 낸 데서 비롯되어 꼬리를 나타냄. 뒷부분]·끝(책·계약서·문서 등의 끝부분을 가리키는) 미·흘레할(짐승의 암컷과 수컷이 교접하는) 미

직역 머리에서 꼬리까지 꿰뚫어 통한다는 뜻.
의역 처음부터 끝까지 하나도 빠짐없이 철저하게 임한다는 뜻.

초가삼간
草家三間

한자 풀이 ───────

① **초 草 10** – 풀 초[艹(艸 : 풀 초)와 발음요소와 해가 떠오르는 모습의 早(이를 조)가 합해진 글자로 태양의 따뜻한 기운을 받아 땅에서 싹들이 돋아나는 풀을 나타냄]·잡초 초·시작할 초·대강 초

② **가 家 10** – 집 가[宀(집 면)과 본래 발음요소인 豭(수퇘지 가)가 변형된 豕(돼지 시)가 합해진 글자로 방 밑에다 돼지를 기르고 농사를 짓는 옛날 집의 구조를 나타냄]·집안 가·전문 가

　* 초가(草家) : 초가집, 지붕을 볏짚이나 갈대로 인 집.

③ **삼 三 3** – 석 삼[본래 세 줄의 가로획을 나란히 그은 글자로 숫자의 셋을 나타내며 또한 하늘과 땅을 뜻하는 二(두 이) 사이에 사람을 뜻하는 一(가로획)이 더해져 천(天)·지(地)·인(人)의 3을 나타내기도 함]

④ **간 間 12** – 사이 간[두 개의 문짝으로 된 門(문 문)과 본래 月(달 월)이 바뀐 日(해 일)이 합해진 글자로 본뜻은 밤에 문틈 사이로 비쳐드는 달빛을 나타냄. 처음과 끝나는 시간이나 인간과 인간의 관계를 뜻함]·틈 간·뜸할 간·낄 간·때 간·동안 간·요마적(요사이) 간·흠잡을 간·간(방의 면적) 간·엿볼 간

　* 삼간(三間) : 세 칸, 방 세 칸 크기의 넓이.

> **직역** 볏짚으로 지붕을 이은 세 칸짜리 작은 초가집이라는 뜻.
> **의역** 작고 낡은 보잘 것이 없는 초가집을 뜻함. 즉, 가난하고 어려운 삶을 표현한 말임.

초로인생
草露人生

*조로인생(朝露人生)과 같은 뜻임.

한자 풀이 ────────

① **초 草 10** – 풀 초[艹(屮 : 풀 초)와 발음요소와 해가 떠오르는 모습의 早(이를 조)가 합해진 글자로 태양의 따뜻한 기운을 받아 땅에서 싹들이 돋아나는 풀을 나타냄]·잡초 초·시작할 초·대강 초

② **로 露 21** – 이슬 로(노)[雨(雨 : 비 우)와 발음요소와 각자가 밟고 걸어간다는 뜻의 路(길 로)가 합해진 글자로 길가의 풀잎에 맺혀 적시는 작은 물방울을 나타냄]·드러날 로(노)·드러낼(털어놓고 말하는) 로(노)

③ **인 人 2** – 사람 인[벼슬아치가 증표인 홀(笏)을 잡은 두 손을 앞으로 내밀며 서 있는 옆모습을 본뜬 글자로 두 발로 똑바로 서서 걸으며 생각과 말을 할 줄 아는 만물의 우두머리를 뜻함]·인격 인·남(상대방) 인

   * 홀(笏) : 벼슬아치가 임금을 만날 때에 예복에 갖추어 손에 쥐던 대나무로 만든 물건.

④ **생 生 5** – 날 생[어린 싹인 떡잎을 뜻하는 屮(싹날 철)과 土(흙 토)가 합해진 글자로 초목의 새 싹이 땅 위로 돋아나는 모습을 나타냄]·낳을 생·생길 생·살 생·자랄 생

   * 生(생)은 다른 한자의 끝에 붙어 학생이나 학문을 하는 사람을 나타냄. 下宿生(하숙생), 先生(선생).

   * 인생(人生) : 태어나 목숨을 가진 사람이 이 세상에서 한평생 살아 나가는 일.

> **직역** 풀잎에 맺힌 이슬 같은 인생(人生)이라는 뜻.
> **의역** 속절없는 세월 속에 짧게 살아가는 인간의 존재(存在)라는 뜻.

초지일관
初志一貫

한자 풀이 ————

① **초 初 7** - 처음 초[衤(衣 : 옷 의)와 옷감을 자르는 도구를 뜻하는 刀(칼 도)가 합해진 글자로 옷을 만들 때 칼로 재단(裁斷 : 옷감을 치수에 맞추어 자르는)하는 일이 처음이나 첫 번째라는 뜻을 나타냄]·비롯 초

② **지 志 7** - 뜻 지[心(마음 심)과 본래 之(갈 지)가 변한 士(선비 사)가 합해진 글자로 '마음이 가는 곳이 곧 뜻이다'를 나타냄. 실천하겠다는 생각이나 깊은 의지]·뜻할 지·기록할 지

   * 초지(初志) : 처음에 품은 뜻이나 의지. 맨 처음의 희망.

③ **일 一 1** - 한 일(한 획으로 가로선을 그어 만든 글자 또는 산가지 1개를 가로놓아 만든 글자로 1·2·3·4…로 된 아라비아 숫자에서 1를 가리킴)·하나 일·첫째 일·오로지 일·땅 일

④ **관 貫 11** - 꿸 관[옛날 화폐를 뜻하는 貝(조개 패)와 발음요소인 毌(꿰뚫을 관)이 합해진 글자로 구멍을 뚫어 꿴 긴 돈꾸러미를 나타냄]·꿰뚫을 관·호적 관·익힐 관·돈꾸러미 관

   * 일관(一貫) : 한 가지 방법이나 태도로써 한결같이 꿰뚫음.

직역 처음에 세운 뜻을 끝까지 밀고 간다는 뜻.
의역 한 번 품은 뜻은 반드시 결실(結實)을 본다는 뜻.

추풍낙엽
秋風落葉

한자 풀이 ─────────

① **추 秋 9** - 가을 추[낱알이 익어 가을에 거두어들이는 곡식인 禾(벼 화)와 벼에 붙어 있는 메뚜기를 태워서 잡는다는 뜻의 火(불 화)가 합해진 글자로 논밭의 곡식이 햇볕에 무르익어 거두어들이는 계절을 나타냄]·추수(秋收) 추

② **풍 風 9** - 바람 풍[배의 돛 모양을 본뜬 帆(돛 범)이 생략된 凡(무릇 범)과 虫(뱀 훼)가 합해진 글자로 돛이 바람에 의해 뱀이 움직이는 모양처럼 흔들린다는 뜻을 나타냄]·모양 풍·풍속 풍·경치 풍

③ **낙 落 13** - 떨어질 낙(락)[艹(艸 : 풀 초)와 발음요소인 洛(강이름 낙)이 합해진 글자로 초목의 잎이 땅 위에 떨어진다는 뜻을 나타냄. 물체가 떨어지는. 시험에 떨어지는. 해와 달이 지는]·몰락할 낙(락)·마을 낙(락)

④ **엽 葉 13** - 잎 엽[艹(艸 : 풀 초)와 枼(나뭇잎 엽)이 합해진 글자로 넓은 의미에서 나뭇잎을 나타냄]·대[代 : 여러 세대(世代)를 거쳐 이어 내려오는 한 집안이나 생물체의 계통] 엽·세대(世代 : 한 생명이 생겨나서 생존을 끝마칠 때까지의 사이) 엽·장(한 장 두 장을 세는 단위) 엽

> **직역** 가을바람에 흩어져 떨어지는 낙엽(落葉)이라는 뜻.
> **의역** 세력이나 형세가 갑자기 기울어지거나 쇠퇴(衰退)해버린다는 뜻.

춘풍추상
春風秋霜

* 대인춘풍 지기추상(待人春風 持己秋霜)의 준말임(人은 남을 뜻하며, 己는 자신을 뜻함).

한자 풀이

① 춘 春 9 - 봄 춘[본래 艸(풀 초)와 새싹이 흙을 뚫고 나오는 모습인 屯(머무를 둔)과 기운을 뜻하는 日(해 일)이 합해진 글자로 땅이 따스한 봄볕을 받아 새싹들이 돋아나는 계절을 나타냄]·화할 춘·젊을 춘

② 풍 風 9 - 바람 풍[배의 돛 모양을 본뜬 帆(돛 범)이 생략된 凡(무릇 범)과 虫(뱀 훼)가 합해진 글자로 돛이 바람에 의해 뱀이 움직이는 모양처럼 흔들린다는 뜻을 나타냄]·모양 풍·풍속 풍·경치 풍

③ 추 秋 9 - 가을 추[가을 곡식을 뜻하는 禾(벼 화)와 벼에 붙어 있는 메뚜기를 태운다는 뜻의 火(불 화)가 합해진 글자로 논밭의 곡식이 햇볕에 무르익어 거두어들이는 계절인 가을을 나타냄]·거둘 추·세월 추·해(年) 추

④ 상 霜 17 - 서리 상[하늘에서 내리는 비·눈을 뜻하는 雨(雨 : 비 우)와 발음요소인 相(모양 상)이 합해진 글자로 공기 중의 수증기가 차가운 땅이나 물체에 닿아서 엉기어 희게 보이는 작은 얼음 알갱이를 뜻함]·세월(歲月 : 밤낮과 계절이 바뀌면서 물흐르듯 흘러가는 시간) 상·해지낼(일년이 다 가는) 상

직역 봄철에 부는 바람과 가을에 내리는 서리라는 뜻.
의역 남에게는 봄바람같이 따뜻하게 자신에게 찬 서리같이 엄격하게 대한다는 뜻.

출가외인
出嫁外人

한자 풀이 ───────────

① 출 出 5 - 날 출[화분 같은 그릇을 뜻하는 凵(입벌릴 감)과 안쪽 가운데에 屮(싹날 철)이 합해
진 글자로 땅이나 화분에서 새싹이 돋아나거나 태양이 솟아오르거나 어딘가에 숨었다가
모습을 드러내는]·낳을 출·나아갈 출·시집갈 출

② 가 嫁 13 - 시집갈 가[女(여자 여)와 남편의 집인 시댁(媤宅)을 뜻하는 家(집 가)가 합해진 글
자로 여자가 결혼하는. 부모가 자기의 딸을 결혼시켜 남편의 집안으로 들어가게 하는]·떠
넘길 가·갈 가

③ 외 外 5 - 밖 외 또는 바깥 외[의미요소와 발음요소를 뜻하는 夕(저녁 석)과 점(占)을 친다는
뜻의 卜(점 복)이 합해진 글자로 저녁에 밖으로 앞날의 운수나 길흉을 미리 판단해주는 점
을 치러간다는 뜻에서 '밖'을 나타냄]

④ 인 人 2 - 사람 인[벼슬아치가 증표인 홀(笏)을 잡은 두 손을 앞으로 내밀며 서 있는 옆모습
을 본뜬 글자로 두 발로 똑바로 서서 걸으며 생각과 말을 할 줄 아는 만물의 우두머리를 뜻
함]·인격 인·남(상대방) 인

 * 사람의 훌륭한 정도 : 善人(선인)→信人(신인)→美人(미인)→大人(대인)→聖人(성인).

 * 여기서 미인(美人)은 재주와 덕행(德行)이 뛰어난 사람을 뜻함.

> **직역** 시집간 여자는 친정 식구가 아니고 남이나 마찬가지라는 뜻.
> **의역** 여자는 결혼하면 친정(親庭)집보다 시댁(媤宅)에 더 가까이 지내야 한다는 뜻.

취사선택
取捨選擇

한자 풀이 ─────────

① **취 取** 8 - 가질 취[耳(귀 이)와 又(손 우)가 합해진 글자로 옛날에 전쟁에서 적군을 죽이면 그 왼쪽 귀를 증표로 잘라 가지고 왔다는 뜻을 나타냄. 어떤 사물을 자기의 손에 쥐거나 제것으로 만드는]·취할 취·거둘 취

② **사 捨** 11 - 버릴 사[扌(手 : 손 수)와 발음요소와 포기한다는 뜻의 舍(버릴 사)가 합해진 글자로 여럿 가운데서 못쓸 것을 골라 버린다는 뜻을 나타냄. 어떤 뜻이나 계획을 포기하는]·놓을 (놓아버리는, 석방시키는) 사·베풀 사

③ **선 選** 16 - 가릴 선 또는 선별할 선[選別(선별). 辶(辵 : 쉬엄쉬엄갈 착)과 발음요소와 두 사람이 한쪽을 향해 공손히 무릎을 꿇고 앉아 있는 모양인 巽(공손할 손)이 합해진 글자로 고르거나 가려내는]

④ **택 擇** 16 - 가릴 택[扌(手 : 손 수)와 罒(目 : 눈 목)과 차꼬 모양을 본뜬 幸(다행 행)이 합해진 글자로 족쇄로 채워져 있는 죄수나 잡혀온 노예들을 보며 손으로 가려 뽑는다는 뜻을 나타냄. * 차꼬 : 죄인의 두 발목을 두 조각의 나무로 만든 구멍에 넣고 자물쇠로 채우는 옛날 형구]·뽑을 택

직역 쓸 것은 취하고 버릴 것은 선별(選別)하여 버린다는 뜻.

의역 여럿 가운데서 취할 것과 버릴 것을 가리어 구분(區分)한다는 뜻.

침소봉대
針小棒大

한자 풀이 ─────

① **침 針 10** – 바늘 침[쇠붙이를 뜻하는 金(쇠 금)과 귀가 있는 뾰족한 침 모양을 본뜬 十(열 십) 이 합해진 글자로 천으로 옷을 짓거나 찢어진 옷을 꿰맬 때 쓰는 가늘고 끝이 뾰족한 쇠로 만든 도구를 뜻함]·침(鍼 : 병을 다스리는데 쓰는 바늘) 침

② **소 小 3** – 작을 소[八(八 : 나눌 팔)의 한 가운데 물체의 덩어리를 뜻하는 丨(갈고리 궐)이 합해 진 글자로 작은 물체를 다시 반으로 나눈 아주 작은 조각을 나타냄]·적을 소·잘(눈에 안 보 일 정도로 아주 작은) 소·어릴 소

③ **봉 棒 12** – 막대기 봉[木(나무 목)과 발음요소인 奉(받들 봉)이 합해진 글자로 손으로 잡을 수 있는 가늘고 긴 나무나 대나무의 토막을 뜻함]·몽둥이(사람이나 짐승을 때리는 도구로 사용하는 나무 방망이) 봉·칠 봉

④ **대 大 3** – 큰 대(양쪽 두 팔과 두 다리를 벌리고 서 있는 사람의 정면 모습을 본뜬 글자로 키가 큰 어른이라는 데서 '크다'의 뜻을 나타냄)·어른 대·위대 대·대강 대·심할 대·클 태

  * 신체적 정신적으로 이미 성장한 성인(成人)을 뜻하며 나라·땅·바다·마음 등이 넓고 큰.

직역 작은 바늘을 큰 몽둥이라고 과장(誇張)해서 말한다는 뜻.
의역 조그마한 일을 의도적으로 크게 부풀리어서 말한다는 뜻.

탁상공론
卓上空論

한자 풀이 ————

① **탁 卓 8** - 높을 탁[卜(점 복)과 早(아침 조)가 합해진 글자로 본뜻은 아침에 치는 점(占)이 아주 잘 들어맞는다는 뜻에서 '뛰어나다·높다'의 뜻이 생긴 것임. 사람을 우러러보는]·책상

(冊床 : 받치고 사용하는 상) 탁

② **상 上 3** - 위 상 또는 윗 상[먼저 기준이 되는 一(가로획)을 긋고 다시 위로 그은 ㅣ(수직선)에 임의의 지점을 뜻하는 -(짧은 가로획)을 표시한 글자로 위·아래의 구조나 수직선상에서 지구 중심의 위쪽과 위치·계급·능력 등이 높은 위쪽을 나타냄]·윗사람 상·첫째 상

* 동사로 쓰일 때는 '~로 올라가다'.

③ **공 空 8** - 빌 공[穴(穴 : 구멍 혈)과 발음요소와 작업이나 제작한다는 뜻의 工(장인 공)이 합해진 글자로 땅을 파서 만든 구멍이나 아무것도 없는 텅 빈 공간을 나타냄]·구멍 공·하늘 공·궁할 공·공중 공·헛될 공

④ **론 論 15** - 논할 론(논)[言(말씀 언)과 책이 순서대로 잘 정돈된 모습을 뜻하는 侖(책뭉치 륜)이 합해진 글자로 본래는 성인(聖人)이나 학자(學者)들의 말씀을 정리한 책을 뜻함. 이치에 맞게 체계적으로 말하는]·말할 론(논)·의논할 론(논)·평할 론(논)

* 공론(空論) : 실제와는 거리가 멀고 실속 없는 빈 논의를 하는.

직역 책상에 앉아서 쓸모없는 토론(討論)만 한다는 뜻.

의역 현실과 멀거나 실현성이 없는 헛된 논의(論議)라는 뜻. 즉, 터무니없는 망령(妄靈)된 생각을 말함.

탐관오리
貪官汚吏

한자 풀이 ──────────

① **탐 貪 11** – 탐할 탐 또는 탐낼 탐[돈과 재물을 뜻하는 貝(조개 패)와 머금다는 뜻인 含(함)의 생략형인 今(이제 금)이 합해진 글자로 돈이나 물품 또는 어떤 대상을 차지하려고 욕심을 내는]·욕심낼(慾心) 탐

② **관 官 8** – 관리 관 또는 관청 관[官廳(관청). 宀(집 면)과 많은 사람들이 모여 있다는 뜻의 㠯(작은언덕 퇴)가 합해진 글자로 많은 관리(官吏)가 사무를 보는 집을 나타냄]·벼슬 관·마을(관원들이 근무하는 옛날 관청) 관·기관 관

③ **오 汚 6** – 깨끗하지못할 오[氵(水 : 물 수)와 于(어조사 우)가 변형된 亐가 합해져 움푹 파인 곳에 고여 있는 물이 썩었다는 뜻]·더러울 오·더럽힐 오·구부릴 우·팔 와

④ **리 吏 6** – 관리 리(옛날에 나랏일을 맡아보는 관리의 상징인 깃대를 손에 든 모양을 본뜬 글자로 관청에서 일하는 벼슬아치를 뜻함)·벼슬아치 리·아전 리·벼슬할 리

직역 탐욕스럽고 깨끗하지 못한 관리(官吏)라는 뜻.
의역 행실이 깨끗하지 못하고 돈과 재물에 탐욕이 많은 관리(官吏)라는 뜻.

토각귀모
兎角龜毛

한자 풀이 ─────────

① 토 兎[兔] 7 - 토끼 토(한쪽 귀가 꺾인 토끼의 귀 모양을 본뜬 ㄲ와 몸통과 발과 꼬리의 모
  양인 兒이 합해진 글자로 귀가 크고 뒷다리가 발달하였으며 꼬리가 짧은 작은 짐승으로 집
  토끼와 산토끼를 뜻함)·달(둥근달) 토

② 각 角 7 - 뿔 각(짐승의 몸과 뿔의 결 무늬 모양인 ㄉ와 모가 나게 뾰족한 뿔의 끝 모양인 ╱╱
  이 합해진 글자로 짐승의 머리에 난 뿔을 나타냄)·찌를 각·쌍상투 각·모서리 각·모날 각·
  다툴 각·별이름 각·견줄 각

③ 귀 龜 16 - 거북 귀(구)(머리와 발과 갈라진 등딱지가 있는 거북이의 모양을 본뜬 글자로
  몸은 납작하고 등과 배에 단단한 딱지가 있으며 네 발이 달린 동물)·본뜰 귀·땅이름 구·
  터질 균

④ 모 毛 4 - 터럭 모(사람의 긴 머리털이나 길짐승의 몸에 난 길고 굵은 털의 모양을 뜻하는
  글자로 옛날에 노인들이 늘어뜨린 긴 머리털이나 말·사자 등과 같은 길짐승의 목덜미에
  난 길고 굵은 털을 뜻함)·털 모·풀 모·풀자랄 모·가늘 모·작을 모·가벼울 모·짐승 모

직역 토끼의 뿔과 거북의 털이라는 뜻.
의역 세상에 존재할 수 없는 허황(虛荒)된 일을 뜻함.

파란만장
波瀾萬丈

한자 풀이 ────────

① **파 波 8** - 물결 파 또는 잔물결 파[氵(水 : 물 수)와 발음요소와 짐승의 털을 뜻하는 皮(가죽 피)가 합해진 글자로 바람에 움직이는 짐승 가죽의 털처럼 물이 파동을 일으킨다는 뜻을 나타냄. 물의 표면의 바람이나 달의 인력에 의해 파동을 그리며 올라갔다 내려왔다 하는 운동]·눈의영채(햇빛이 잔물결의 반사로 눈에 비치는 고운 빛깔) 파

② **란 瀾 20** - 물결 란 또는 큰물결 란[氵(水 : 물 수)와 발음요소인 闌(가로막을 란)이 합해진 글자로 바다에서 일어나는 높고 큰 파도]·눈물흘린 란·여울(물살이 빠르고 소용돌이와 물결을 치는) 란

 * **파란(波瀾) : 작은 물결과 큰 물결, 기복이 심한 어려움과 변화.**

③ **만 萬 13** - 일만 만[절지동물의 일종인 전갈이 알을 많이 낳아 품고 있는 모습을 나타낸 글자로 본래는 전갈을 뜻하였으나 이후 수(數)를 나타내는 만(万)으로 쓰이게 되었음]·많을 만·만약 만

④ **장 丈 3** - 어른 장[사람이 손으로 긴 지팡이를 짚고 있는 모양을 나타낸 글자로 본뜻은 '지팡이'이며 이후 '어른·길이'의 뜻이 생겨났음. 윗사람에 대한 존칭으로 씀 →노인장·주인장·춘부장]·길 장 또는 열자[깊이나 높이나 거리의 길을 나타내는 옛날 단위의 한 가지로 1장=10척(尺)] 장

 * **만장(萬丈) : 한없이 높은.**

> **직역** 작은 물결과 큰 물결의 차가 만 길이나 된다는 뜻.
>
> **의역** 어떤 일이나 운명의 곡절(曲折)과 삶의 난관(難關)이 몹시 심하다는 뜻.

파안대소
破顔大笑

* 파안일소(破顔一笑)와 같은 뜻임.

한자 풀이 ──────

① **파 破 10** - 깨뜨릴 파[石(돌 석)과 발음요소와 물체의 일부를 떼어낸다는 뜻의 皮(가죽 피)가 합해진 글자로 돌을 깨거나 깨뜨린다는 뜻을 나타냄]·깨질(물체가 여러 조각으로 갈라지는) 파·쪼갤 파

② **안 顔[顔] 18** - 얼굴 안[頁(머리 혈)과 발음요소와 얼굴과 머리를 아름답게 꾸민 모습을 뜻하는 彦(선비 언)이 합해진 글자로 예쁘게 화장한 사람 머리의 앞쪽 면을 나타냄]·빛(얼굴의 색과 표정) 안·색채 안

③ **대 大 3** - 큰 대(양쪽 두 팔과 두 다리를 벌리고 서 있는 사람의 정면 모습을 본뜬 글자로 키가 큰 어른이라는 데서 '크다'는 뜻을 나타냄)·어른 대·위대 대·대강 대·심할 대·클 태

④ **소 笑 10** - 웃을 소 또는 웃음 소[⺮(竹 : 대나무 죽)과 목이 꺾인 사람의 모습을 뜻하는 夭(일찍죽을 요)가 합해진 글자로 대나무가 바람에 구부러지듯 사람이 몸의 윗부분을 뒤로 젖히고 웃는다는 뜻을 나타냄. 기쁜 일로 얼굴에 즐거운 표정과 소리를 내며 웃는. 상대방을 업신여기는 태도로 웃는]

직역 얼굴이 이그러질 정도로 크게 웃는다는 뜻.
의역 매우 즐거운 표정(表情)을 지며 한바탕 크게 웃는다는 뜻.

패가망신
敗家亡身

한자 풀이 ───────

① 패 敗 11 - 질 패 또는 패할 패[본래 금속으로 만든 세 발 달린 솥을 뜻하는 鼎(솥 정)이 생략된 貝(조개 패)와 攵(攴 : 칠 복)이 합해진 글자로 솥인 쇠붙이를 쳐서 도망가라고 알리는 신호를 나타냄. 시합·재판·싸움 등에서 상대편에 꺾이는]·깨어질 패·무너질 패·헐 패·썩을(음식이 썩거나 도덕심이 무너지는) 패

② 가 家 10 - 집 가[宀(집 면)과 본래 발음요소인 豭(수돼지 가)가 변형된 豕(돼지 시)가 합해진 글자로 방 밑에다 돼지를 기르고 농사를 짓는 옛날 집의 구조를 나타냄]·집안 가·전문 가

  * 초가(草家) : 초가집, 지붕을 볏짚이나 갈대로 인 집.

③ 망 亡 3 - 망할 망[본래 사람을 뜻하는 亠(人 : 사람 인 또는 大 : 큰 대)와 무엇으로 가리거나 시체를 넣는 관(棺)을 뜻하는 乚이 합해진 글자로 죽은 사람을 나타냄]·달아날 망·도망 망·죽을 망·잃을 망·죽일 망

④ 신 身 7 - 몸 신(여자가 아이를 가져 배가 부른 모습을 본뜬 글자로 본뜻은 '배'이며 이후에 사람의 '몸'의 뜻으로 쓰이게 된 것임. 머리·목·몸통·팔다리가 있고 각 기관이 온전한 사람의 육체를 뜻함)·몸소(제 몸으로 어떤 일을 직접 행하는) 신·아이밸 신 또는 애밸 신

직역 집안을 무너뜨리고 몸을 망친다는 뜻.
의역 집안의 재산을 다 써 없애고 신세(身世)를 망친다는 뜻.

포의지교
布衣之交

한자 풀이 ─────────

① **포 布** 5 - 펼 포[十(열 십)이 변형된 ナ와 옷감을 뜻하는 巾(수건 건)이 합해진 글자로 굵은 실로 짠 베를 넓게 펼친다는 뜻을 나타냄. 어떤 사실을 널리 알리는]·베풀 포·벌일 포·피륙 포·베(섬유질이 많은 삼 껍질에서 뽑아낸 삼실로 짠 피륙) 포

② **의 衣** 6 - 옷 의[人(사람 인)이 겹친 모양인 仏와 몸을 감싸 덮는다는 뜻의 亠(머리 두)가 합해진 글자로 목에 둘러대는 깃과 소매가 있는 위에 입는 옷을 나타냄. * 저고리 : 한복(韓服)의 일종 인 웃옷]

　* 포의(布衣) : 베로 지은 옷, 벼슬이 없는 선비.　* 선비 : 벼슬은 하지 않고 학문만을 닦는 사람.

③ **지 之** 4 - 갈 지[두 발을 뜻하는 止(발 지)와 출발선을 뜻하는 一(가로획)을 그어 만든 글자로 한 발을 떼고 막 출발하려는 모습을 나타냄]·이를 지·이 지·어조사(~의, ~가, ~이, ~을) 지

④ **교 交** 6 - 사귈 교[사람을 뜻하는 亠(돼지머리 두)와 발음요소와 아랫다리인 정강이가 교차 해 있는 모양을 본뜬 爻(사귈 효)가 합해진 글자로. 여럿이 팔을 벌려 손을 잡고 두 발이 꼬 이면서 둥근 원을 그리며 걷는 모습을 나타냄]·벗 교·벗할 교·어울릴 교·섞일 교·오고갈 교·서로주고받을 교·바꿀 교

직역 구차(苟且 : 몹시 가난한)하고 보잘것없는 선비 시절에 사귄 벗이라는 뜻.

의역 학벌(學閥)이나 벼슬을 떠나 순수한 인간으로서 사귄다는 뜻.

표리부동
表裏不同

한자 풀이 ─────────

① **표 表 8** - 겉 표[본래 衣(옷 의)와 毛(털 모)가 합해진 글자로 짐승의 털이 겉으로 드러나게 만든 겉에 입는 털가죽 웃옷을 나타냄. 밖으로 드러난 쪽이나 면 또는 외면(外面)]·거죽 표·바깥 표·밝힐 표·나타날 표

② **리 裏 13** - 속 리(이)[衣(옷 의)의 가운데 발음요소와 물건이나 어떤 공간의 안쪽을 뜻하는 里(속 리)가 합해진 글자로 옷의 안쪽인 속이나 가슴속·마음의 속을 나타냄]·안(가장자리에서 가운데로 향한 쪽) 리(이)

③ **부 不 4** - 아니 불 또는 아닐 불(식물의 꽃대와 꽃받침과 꽃의 암술로 된 씨방 모양을 본뜬 글자로 씨방이 자라서 열매를 맺을지 모른다는 뜻에서 '아니'라고 나타냄)·못할 불·없을 불·않을 불

  * '그렇지 아니하다'라는 부정(否定)이나 반대(反對)의 뜻을 나타냄. 동사로는 '~를 하지 마라'.

④ **동 同 6** - 같을 동[위로 거듭 포개 덮는다는 뜻인 冂(겹쳐덮을 모)에 밥·반찬 그릇을 뜻하는 口(입 구)가 가운데 더해진 글자로 크기와 모양이 똑같은 그릇이 여러 층으로 된 찬합(饌盒)을 나타냄]·한가지 동·화할 동·함께 동·빌(텅 빈) 동

직역 겉과 속이 같지 않다는 뜻.
의역 겉으로 짓는 표정(表情)과 속에 품고 있는 마음이 다르다는 뜻.

풍비박산
風飛雹散

한자 풀이 —————————

① **풍 風 9** - 바람 풍[배의 돛 모양을 본뜬 帆(돛 범)이 생략된 凡(무릇 범)과 虫(뱀 훼)가 합해진 글자로 돛이 바람에 의해 뱀이 움직이는 모양처럼 흔들린다는 뜻을 나타냄]·모양 풍·풍속 풍·경치 풍

② **비 飛 9** - 날 비[새가 머리를 쳐들고 날개를 치며 위로 날아오르거나 날개를 활짝 펴고 공중을 나는 모습의 글자로 새가 날아가는. 연기가 날아오르는. 불똥이 튀면서 멀리 날아가는]·빠를 비·높을 비·떠돌 비·근거없을 비

③ **박 雹 13** - 우박 박[雨雹(우박). 霝(雨 : 비 우)와 발음요소와 덩어리를 뜻하는 包(쌀 포)가 합해진 글자로 빗방울이 갑자기 찬기운을 만나 얼어서 흩어지듯이 떨어지는 백색 덩어리를 뜻함]

④ **산 散 12** - 흩을 산[月(肉 : 고기 육)과 고기를 쌓아 놓은 모양인 井(우물 정)과 攴(攴 : 칠 복)이 합해진 글자로 쌓아 놓은 고기를 몽둥이로 내려쳐 살조각이 사방으로 흩어지는 모습을 나타내는. 강제로 떨어지게 하는]·흩어질(종이 조각이 바람에 날리듯이 사방으로 퍼지는) 산·한가로울 산·가루약 산·산문(散文 : 글자의 수나 운율 같은 형식에 제한 없이 자유롭게 쓰는 문장) 산

직역 바람을 타고 날아 우박처럼 사방으로 흩어진다는 뜻.
의역 모였다가 흩어지듯이 산산조각이 되어 사방으로 날아 흩어진다는 뜻.

풍찬노숙
風餐露宿

한자 풀이 ─────

① **풍 風 9** - 바람 풍[배의 돛 모양을 본뜬 帆(돛 범)이 생략된 凡(무릇 범)과 虫(뱀 훼)가 합해진 글자로 돛이 바람에 의해 뱀이 움직이는 모양처럼 흔들린다는 뜻을 나타냄]·모양 풍·풍속 풍·경치 풍

② **찬 餐 16** - 밥 찬[食(밥 식)과 발음요소와 벼를 찧는 흰쌀을 뜻하는 粲(정미 찬)이 생략된 歺 이 합해진 글자로 끼니로 먹는 밥을 뜻함]·먹을(상에다 음식을 차려놓고 씹어 삼키는) 찬(손)·반 찬 찬

③ **노 露 21** - 이슬 노(로)[霝(雨 : 비 우)와 발음요소와 각자가 밟고 걸어간다는 뜻의 路(길 로) 가 합해진 글자로 길가의 풀잎에 맺혀 적시는 작은 물방울을 나타냄]·드러날 노(로)·드러 낼(털어놓고 말하거나 보이는) 노(로)

④ **숙 宿 11** - 잘 숙[宀(집 면)과 亻(人 : 사람 인)과 이부자리를 펴놓은 모습인 囨이 변형된 百(일 백 백)이 합해진 글자로 밤이 되어 이불을 깔고 누워 잔다는 뜻을 나타냄]·묵을 숙·머무를 숙·지킬(밤시간에 직장에서 잠을 자면서 근무처를 경비하듯 보살펴 보호하는) 숙·본디 숙·오랠 숙· 미리 숙·별 수

직역 바람에 시달리면서 밥을 먹고 이슬을 맞으면서 잠을 잔다는 뜻.
의역 일정한 주거지가 없이 떠돌아다니며 모진 고생(苦生)을 한다는 뜻.

피골상접
皮骨相接

* 피골상련(皮骨相連)과 같은 뜻임(連 : 잇닿을 연).

한자 풀이 ──────

① **피 皮 5** - 가죽 피(짐승의 털가죽을 뜻하는 厂와 손에 칼을 잡은 모습의 又가 합해진 글자로 칼로 털가죽을 벗기는 모습을 나타냄. 개나 호랑이 같은 짐승인 척추동물의 몸을 싸고 있는 털이 그대로 붙어 있는 날가죽)·껍질 피·거죽 피

② **골 骨 10** - 뼈 골[옛날에 점칠 때 쓰던 소 어깨뼈 모양을 본뜬 冎(살발라낼 과)와 月(肉 : 살 육)이 합해진 글자로 본래는 살 또는 몸속의 알맹이인 쇠뼈를 나타내며 이후 사람과 동물의 뼈를 뜻함]·뼈대 골·요긴한 골

③ **상 相 9** - 서로 상[본래 杖(지팡이 장)이 생략된 木(나무 목)과 살펴본다는 뜻의 目(눈 목)이 합해진 글자로 장님이 지팡이로 세상을 본다는 장님과 지팡이 관계에서 '서로'의 뜻을 나타냄]·볼 상·도울 상

④ **접 接 11** - 접할 접 또는 댈 접[扌(手 : 손 수)와 옆에서 시중을 드는 본처 이외의 여자를 뜻하는 妾(첩 첩)이 합해진 글자로 사람이나 사물 등 어떤 대상과 맞부딪치게 된다는 뜻임]·닿을 접 또는 잇닿을(물체와 물체·사람과 사람이 서로 맞닿는) 접·이을 접·맞을 접·대접할 접

직역 살가죽과 뼈가 서로 맞붙어 있다는 뜻.
의역 살과 뼈를 구분하기 어려울 정도로 몸이 여위었다는 뜻.

피해망상
被害妄想

한자 풀이 ────────

① **피 被 10** - 입을 피[衤(衣 : 옷 의)와 발음요소와 겉을 가린다는 뜻의 皮(겉 피)가 합해진 글자로 옷을 몸에 걸친다는 뜻을 나타냄. 재산·돈·명예·사업 따위에 손해를 보는]·덮힐(가리거나 감추는) 피

② **해 害 10** - 해칠 해[宀(집 면)과 '말하다'의 뜻인 口(입 구)와 발음요소인 丰(해칠 개)가 합해진 글자로 본뜻은 집에서 기도하는 것을 방해한다는 뜻을 나타냄. 남에게 손해를 입히는]·해할 해·죽일 해·방해할 해

③ **망 妄 6** - 망령될 망[妄靈(망령). 女(여자 여)와 발음요소인 亡(망할 망)이 합해진 글자로 도리나 예법에 어둡고 이치에 거슬리게 행동한다는 뜻을 나타냄]·요망(妖妄)할 망·실없을 망·거짓 망·허망(虛妄)할 망

④ **상 想 13** - 생각 상 또는 생각할 상[생각한다는 뜻의 心(마음 심)과 발음요소와 살펴본다는 뜻의 相(서로 상)이 합해진 글자로 마음속으로 자세히 살펴보며 생각한다는 뜻을 나타냄]·사모(思慕 : 애틋하게 생각하며 그리워하는)할 상·희망 상 또는 희망(希望 : 꿈·목적·소원이 이루어지기를 기대하는)할 상

* 망상(妄想) : 이치에 어긋나는 잘못된 생각.

* 박해(迫害) : 못살게 굴어 해를 입히는.

직역 본인이 피해(被害)를 입고 있다고 비정상적인 생각을 한다는 뜻.
의역 자신이 남으로부터 부당하게 박해(迫害)를 받고 있다는 뜻.

하석상대
下石上臺

*상석하대(上石下臺)와 같은 뜻임.

한자 풀이 ——————

① **하 下 3** - 아래 하[땅의 기준을 뜻하는 一(한 일·땅 일)과 그 아래로 그은 丨(수직선)에 임의의 지점을 뜻하는 -(짧은 가로획)을 표시한 글자로 위·아래의 구조나 수직선상에서 지구 중심인 아래쪽과 위치·계급·능력 등이 낮은 아래쪽을 나타냄]·낮을 하·임금거처 하·내릴 하·낮출 하·겸손할 하

 * 下(하)는 높은 지위나 존칭으로 씀. <예> 殿下(전하)·陛下(폐하)·貴下(귀하).

② **석 石 5** - 돌 석[바위를 뜻하는 厂(언덕 엄)과 작은 돌덩어리를 뜻하는 口(입 구)가 합해진 글자로 언덕 아래로 굴러 떨어진 작은 돌을 나타냄]·저울 석·굳을 석·섬(가마니에 담은 곡식의 용량) 석

③ **상 上 3** - 위 상 또는 윗 상[땅의 기준을 뜻하는 一(한 일·땅 일)과 그 아래로 위로 그은 丨(수직선)에 임의의 지점을 뜻하는 -(짧은 가로획)을 표시한 글자로 위·아래의 구조나 수직선상에서 지구 중심의 위쪽과 위치·계급·능력 등이 높은 위쪽을 나타냄]·윗사람 상·첫째 상

 * 上(상)이 동사로 쓰일 때는 '~로 올라가다'.

④ **대 臺 14** - 돈대 대[墩臺(돈대). 본래 高(높을 고)와 발음요소인 之(갈 지)가 변화된 至(이를 지)가 합해진 글자로 본래는 사방을 볼 수 있는 '높은 곳으로 가다' 또는 '높은 건축물'을 나타냄. 높직하게 두드러진 땅]·누각 대·받침 대

직역 아랫돌을 빼서 윗돌 괴고 윗돌을 빼서 아랫돌 괸다는 뜻.
의역 임시변통(臨時變通)으로 이리저리 둘러맞춘다는 뜻.

하지하책
下之下策

한자 풀이 ────────

① **하 下 3** – 아래 하[땅의 기준을 뜻하는 一(한 일·땅 일)과 그 아래로 그은 丨(수직선)에 임의의 지점을 뜻하는 -(짧은 가로획)을 표시한 글자로 위·아래의 구조나 수직선상에서 지구 중심인 아래쪽과 위치·계급·능력 등이 낮은 아래쪽을 나타냄]·낮을 하·임금거처 하·내릴 하·낮출 하·겸손할 하

* 하지하(下之下) : 품질이나 수준 등이 하등(下等) 가운데 하등을 뜻함.

② **지 之 4** – 갈 지[두 발을 뜻하는 止(발 지)와 출발선을 뜻하는 一(가로획)을 그어 만든 글자로 한 발을 떼고 막 출발하려는 모습을 나타냄]·이를 지·이 지·어조사(~의, ~가, ~이, ~을) 지

* 어떤 일을 분명히 결정하지 못하고 갈팡질팡하거나 길·형태 따위가 꼬불꼬불함을 뜻함.

③ **책 策 12** – 꾀 책[卝(竹 : 대나무 죽)과 발음요소인 朿(가시 자)가 합해진 글자로 본뜻은 '채찍'이며 이후 '꾀·대쪽'의 뜻이 생겨났음. 어떤 일을 교묘하게 잘 꾸미는 생각이나 수단]·계책 책 또는 계략[計策(계책)·計略(계략) : 어떤 일을 실현하기 위하여 교묘하게 짜낸 꾀나 수단방법] 책·책 책·죽간(竹簡) 책·문서 책

직역 낮은 것 중의 낮은 수준의 계책(計策)이라는 뜻.
의역 아주 보잘것없고 쓸모없는 꾀나 방책(方策)이라는 뜻.

학수고대
鶴首苦待

한자 풀이 ─────────

① **학 鶴 21** – 학 학 또는 두루미 학[鳥(새 조)와 발음요소와 높이 나는 새를 뜻하는 崔(고상할 각)이 합해진 글자로 몸이 크고 온몸의 털이 희며 목·다리·주둥이가 매우 긴 겨울새를 뜻함. * 천연기념물로서 특별히 보호하는 새임]

② **수 首 9** – 머리 수[눈·이마·머리의 모양을 본뜬 百에 머리털을 뜻하는 巛(川 : 내 천)이 생략된 丶丶이 윗부분에 더해진 글자로 사람의 머리를 나타냄]·우두머리 수·첫째 수·첫머리 수·처음 수·자백할 수·임금 수

* 학수(鶴首) : 학(두루미)의 목

③ **고 苦 9** – 쓸 고[艹(艸 : 풀 초)와 시간이 오래 지났다는 뜻의 古(예 고)가 합해진 글자로 싹이 자라 오래 되면 쓴맛을 낸다는 뜻에서 '괴롭다'를 나타냄]·괴로울 고·모질 고·간절할 고·아플 고

④ **대 待 9** – 기다릴 대[여러 사람을 뜻하는 彳(조금걸을 척)과 어떤 일을 처리한다는 뜻의 寺(관청 시)가 합해진 글자로 순서를 기다린다는 뜻을 나타냄. 사람이나 자동차가 오기를. 명령이나 소식이 있기를 바라고 있는]·대접할 대

직역 학(두루미)이 목을 길게 늘이고 고통스럽게 기다린다는 뜻.
의역 어떤 일이나 사람 등을 애타게 기다린다는 뜻. 즉, 몹시 간절하게 기다리는.

학이불염
學而不厭

*주로 회인불권(誨人不倦)과 함께 풀이함(誨 : 가르칠 회, 倦 : 게으를 권).

한자 풀이 ————————

① **학 學 16** – 배울 학[회초리를 뜻하는 爻(爻 : 점괘 효)와 두 손으로 책을 잡은 臼(깍지낄 각·국)과 几(책상 궤)가 변형된 冖(덮을 멱)과 子(아이 자)가 합해진 글자로 아이가 책상에서 공부하는 모습을 나타냄]·공부할 학·학문 학·학자 학

   * 여기서 학문(學文)은 주역·서경·시경·춘추·예·악을 뜻함.

② **이 而 6** – 말이을 이[콧수염과 턱수염의 모습을 나타낸 글자로 그 사이에 있는 위·아래 입술을 움직여 말이 나온다는 뜻을 나타냄]·또(그리고·그 뿐만 아니라·그래도) 이·이에(이리하여 곧·그래서) 이

③ **불 不 4** – 아니 불 또는 아닐 불(식물의 꽃대와 꽃받침과 꽃의 암술로 된 씨방 모양을 본뜬 글자로 씨방이 자라서 열매를 맺을지 모른다는 뜻에서 '아니'라고 나타냄)·못할 불·없을 불·않을 불

   * '그렇지 아니하다'라는 부정(否定)이나 반대(反對)의 뜻을 나타냄. 동사로는 '~를 하지 마라'.

④ **염 厭 14** – 싫어할 염[厂(언덕 엄)과 발음요소와 싫증이 난다는 뜻의 猒(물릴 염)이 합해진 글자로 바위 아래나 언덕에서 개를 잡아 다시 대하기가 싫을 정도로 많이 먹었다는 뜻을 나타냄]·미워할 염·물릴 염·만족할 염·덮을 엄·괴로울 엽

   * 학이불염 회인불권(學而不厭 誨人不倦) : 배우기를 싫어하지 않으며 남을 가르치기를 게을리 하지 않는다.

『논어(論語)』

> **직역** 배우기를 싫어하지 아니한다는 뜻.
> **의역** 학문이나 교육에도 열심히 노력한다는 뜻.

학철부어
涸轍鮒魚

* '확철부어'라고도 읽음.

한자 풀이 ―――――

① **학 涸 11** - 잦을 학(후·확)[氵(水 : 물 수)와 발음요소와 물이 점점 줄어든다는 뜻의 固(굳을 고)가 합해진 글자로 그릇의 물이 오래 끓어 졸아들면서 바닥에 겨우 깔리거나 거의 없게 되는]·마를(연못 등의 물이 말라버리는) 학

② **철 轍 19** - 수레바퀴자국 철[車(수레 거)와 발음요소인 徹(통할 철)이 생략된 散이 합해진 글자로 수레가 지나간 바퀴의 자국을 나타냄]·수레바퀴 철·행적(行跡·行績 : 남은 실적이나 자취) 철

   * 학철(涸轍)은 확철의 원말이며 수레바퀴 자국에 괸 물이 말라 버린다는 뜻.

③ **부 鮒 16** - 붕어 부(붕)[魚(물고기 어)와 발음요소인 付(줄 부)가 합해진 글자로 몸은 폭이 넓고 머리는 둔하게 뾰족하며 주둥이 끝은 둥글고 수염이 없는 잉어류의 민물고기를 뜻함]

④ **어 魚 11** - 물고기 어(물고기의 머리인 ⺈와 몸통과 비늘을 뜻하는 田와 지느러미와 꼬리를 뜻하는 ⺹가 합해진 글자로 물속에서 헤엄치며 살아가는 물고기를 나타냄)·잉어 어·생선(生鮮 : 잡은 그대로의 물고기) 어

   * 부어(鮒魚) : 붕어.

   * 魚夫(어부) : 고기잡이를 직업으로 하는 사람, 魚父(어부) : 그냥 고기를 잡고 있는 어른.

직역 햇볕에 말라 가는 수레바퀴 자국의 고인 물에 있는 붕어라는 뜻.

의역 몹시 곤궁하거나 매우 위급(危急)한 처지에 놓여 있다는 뜻.

허무맹랑
虛無孟浪

한자 풀이 ————

① **허 虛 12** - 빌 허[虍(범 호)와 큰 언덕을 뜻하는 业(丘 : 언덕 구)가 합해진 글자로 산 너머에는 허공만 보일뿐 텅 비어 있다는 뜻을 나타냄. 호랑이가 있는 언덕에는 아무도 살지 않고 텅 비어 있다는 뜻]·헛될 허·터 허·약할 허

② **무 無 12** - 없을 무[舞(춤출 무)에서 舛(어그러질 천) 대신 4개의 발바닥 모양인 灬이 합해진 글자로 깃털 장식을 잡고 흔들며 춤추는 모습을 나타냄. 본뜻은 춤이며 '없다'는 뜻은 亡(없을 망)에서 가져온 것임]·아닐(부정하는) 무·말(금지를 뜻하는) 무·빌(텅 비어 있는) 무

＊ 동사로는 '~하지 못하다'.

③ **맹 孟 8** - 맏 맹[子(아이 자)와 발음요소와 처음 돋아난 초목의 어린 싹을 뜻하는 萌(움 맹)과 통하는 皿(그릇 명)이 합해진 글자로 형제 중 맏이가 임금자리에 오를 경우 둘째가 맏이노릇을 하는]·맹랑(孟浪 : 이치에 맞지 아니하고 허망한)할 망

④ **랑 浪 10** - 물결 랑(낭)[氵(水 : 물 수)와 발음요소와 볼록하게 솟구친다는 뜻의 良(잠시 량)이 합해진 글자로 물의 표면이 위·아래로 움직이는 파동을 뜻함]·허망(虛妄 : 어이가 없는)할 랑(낭)

직역 아무것도 없이 텅 비고 허망(虛妄)하다는 뜻.
의역 터무니없이 헛되고 황당(荒唐)하며 아무 실속이 없다는 뜻.

허심탄회
虛心坦懷

한자 풀이 ──────

① **허 虛 12** - 빌 허[虍(범 호)와 큰 언덕을 뜻하는 皿(丘 : 언덕 구)가 합해진 글자로 산 너머에는 허공만 보일뿐 텅 비어 있다는 뜻을 나타냄. 호랑이가 있는 언덕에는 아무도 살지 않고 텅 비어 있다는 뜻]·헛될 허·터 허·약할 허

② **심 心 4** - 마음 심(사람의 심장 모양을 본뜬 글자로 본뜻은 심장이며 이후 '마음'의 뜻이 생긴 것임)·생각 심·심장 심 또는 염통 심·가슴 심·중심 심·별이름 심·근본 심

  * 허심(虛心) : 마음속에 딴 생각이나 거리낌이 없는.

③ **탄 坦 8** - 평탄할 탄[平坦(평탄). 土(흙 토)와 발음요소와 지평선 위로 태양이 떠오르는 모습을 본뜬 旦(아침 단)이 합해진 글자로 땅이 넓게 평평하다는 뜻을 나타냄]·편(便 : 마음이 평안하고 고요한)할 탄

④ **회 懷 19** - 품을 회[忄(心 : 마음 심)과 衣(옷 의) 가운데에 눈물을 흘리는 모습을 뜻하는 罒가 합해진 글자로 옷소매로 눈물을 닦을 정도로 어떤 생각을 잊지 않고 마음에 두고 있다는 뜻을 나타냄]·품(부모의 따뜻한 가슴) 회·생각할 회·그리워할 회·돌아갈 회·위로(慰勞)할 회·달랠 회

  * 탄회(坦懷) : 거리낌이 없는 마음.

직역 마음에 아무런 생각이나 거리낌이 없다는 뜻.
의역 마음속에 아무런 거리낌 없이 솔직한 태도로 품은 생각을 터놓고 말한다는 뜻.

현모양처
賢母良妻

한자 풀이 ———————

① **현 賢 15** - 어질 현[돈과 재물을 뜻하는 貝(조개 패)와 빈민이나 이재민(罹災民)에게 금품을
주어 구제한다는 뜻의 臤(어질 현)이 합해진 글자로 성품이 인자하고 덕(德)이 높으며 판단
력이 뛰어난]·지혜로울 현

② **모 母 5** - 어머니 모[여자가 두 팔로 애기를 안은 모습인 毋와 젖을 뜻하는 두 개의 丶(점
주)가 합해진 글자로 자기를 낳아 길러 주시는 쪽진 머리에 비녀를 꽂은 여자를 나타냄]·
모체 모·근본 모·암컷 모

③ **양 良 7** - 좋을 양(량)[키로 곡식을 까불러 쭉정이나 티끌을 골라내는 모습의 艮(어긋날 간)
과 곡식의 낱알을 뜻하는 丶(점 주)가 합해진 글자로 쓸만한 것만 골라낸다는 뜻을 나타
냄]·착할 양(량)

④ **처 妻 8** - 아내 처[본래 비녀를 뜻하는 屮(싹날 철)과 又(손 우)와 女(여자 여)가 합해진 글자로
결혼한 여인이 손으로 매만진 머리에 비녀를 꽂는 모습을 나타냄. 혼례를 치르고 남자의
짝이 된 여자를 그 남자가 높이어 이르는 말. * 비녀 : 여자의 쪽진 머리가 풀어지지 아니
하도록 가로질러 꽂는 장신구]

직역 어진 어머니이면서 또한 착한 아내라는 뜻.

의역 자녀와 남편과 가정을 위하여 지덕(智德)을 갖춘 훌륭한 아내라는 뜻.

혈혈단신
孑孑單身

한자 풀이 ──────

① **혈 孑 3** - 외로울 혈[양쪽 팔을 좌우로 벌린 모습인 子(아이 자)에서 한쪽 팔이 없는 모양을 본뜬 글자로 허허벌판에 홀로 우뚝 솟아 있듯이 부모형제나 혈육이 아무도 없고 혼자 쓸쓸하게 있다는 뜻을 나타냄. 의지할 곳이 없어 고독한]·특출(特出 : 특별히 높이 우뚝 솟아 있거나 인품·재능 등이 특별히 뛰어난)할 혈

　＊ 혈혈(孑孑) : 우뚝하게 외로이 서 있는, 의지할 곳 없어 외로운.

② **단 單 12** - 홀 단[줄의 끝에 돌구슬을 매달고 던져 짐승을 옭아맨다는 뜻의 吅와 손잡이가 달린 그물을 뜻하는 甲이 합해진 글자로 본뜻은 옛날 사냥도구이며 '홀'은 빌려 쓴 것임. 낱개·한 겹으로 된]·홀로 단·외로울 단·단일(單一) 단·다할 단·오랑캐임금(만주지방 여진족의 임금) 선

③ **신 身 7** - 몸 신(여자가 아이를 가져 배가 부른 모습을 본뜬 글자로 본뜻은 '배'이며 이후에 사람의 '몸'의 뜻으로 쓰이게 된 것임. 머리·목·몸통·팔다리가 있고 각 기관이 온전한 사람의 육체를 뜻함)·몸소(제 몸으로 어떤 일을 직접 행하는) 신·아이밸 신 또는 애밸 신

　＊ 단신(單身) : 단 하나의 몸. 홀몸.

직역 외롭고 쓸쓸한 혼자의 몸이라는 뜻.
의역 아무도 의지(依支)할 곳 없는 외로운 홀몸이라는 뜻.

호구지책
糊口之策

* 호구지계(糊口之計)라고도 함.

한자 풀이 ————

① 호 糊 15 - 풀 호[米(쌀 미)와 발음요소인 胡(오래살 호)가 합해진 글자로 쌀이나 밀가루를 물에 넣고 묽게 끓여서 만든 끈끈한 물질을 뜻함]·바를 호 또는 풀칠할 호·모호(模糊 : 애매하거나 이치가 분명치 않는)할 호

* 호구(糊口) : 입에 풀칠이나 한다는 뜻으로 겨우 끼니를 이어가는 일을 이르는 말.

② 口 3 - 입 구(혀를 움직여 말하는 입의 본래 모양인 ◡을 편하게 쓰도록 口와 같이 바뀐 글자로 소리를 내어 말하거나 음식을 먹는 기관을 뜻함)·말할 구·주먹 구·어귀 구·사람 구·인구 구

③ 지 之 4 - 갈 지[두 발을 뜻하는 止(발 지)와 출발선을 뜻하는 一(가로획)을 그어 만든 글자로 한 발을 떼고 막 출발하려는 모습을 나타냄]·이를 지·이 지·어조사(~의, ~가, ~이, ~을) 지

* 어떤 일을 분명히 결정하지 못하고 갈팡질팡하거나 길·형태 따위가 꼬불꼬불함을 뜻함.

④ 책 策 12 - 꾀 책[竹(竹 : 대나무 죽)과 발음요소인 束(가시 자)가 합해진 글자로 본뜻은 '채찍'이며 이후 '꾀·대쪽'의 뜻이 생겨났음. 말(馬)과 소(牛)를 부리기 위하여 대나무로 만든 채찍. 일을 교묘하게 잘 꾸미는 생각이나 수단 또는 방책(方策)]·계책 책 또는 계략[計略(계책)·計略(계략) : 교묘하게 짜낸 꾀나 수단과 방법] 책

직역 입에 풀칠이나 하며 겨우 끼니를 이어가는 방책(方策)에 불과하다는 뜻.

의역 어떠한 수단과 방법으로도 먹고 살아가기가 너무 힘들다는 뜻.

호사다마
好事多魔

한자 풀이 ────────

① **호 好 6** - 좋을 호[母(어미 모)를 뜻하는 女(여자 여)와 子(아들 자)가 합해진 글자로 자식이 무릎을 꿇고 엄마의 죽음을 슬퍼하며 자식이 부모에 대한 효도를 다해 기쁘다는 뜻을 나타냄. 어떤 대상에 대하여 좋은 느낌을 갖는]·좋아할 호·사이좋을 호·아낄(애틋하게 보호하거나 소중하게 여기는) 호·아름다울(인물·마음이 예쁜) 호

② **사 事 8** - 일 사[깃발이나 팻말의 모양인 史와 크(又 : 오른손 우)가 합해진 글자로 팻말 아래 사람들이 모여 작업이나 행사하는 모습을 나타냄]·섬길 사·벼슬 사·경영할 사

③ **다 多 6** - 많을 다[月(肉 : 고기 육)의 변형된 夕(저녁 석) 두 개가 위로 겹쳐 있는 모습의 글자로 사냥으로 잡은 짐승고기를 한곳에 겹겹으로 포개어 쌓아 놓은 모습을 나타냄. 수량이 많은]·뛰어날 다

④ **마 魔 21** - 마귀 마[鬼(귀신 귀)와 발음요소와 정신을 흐리게 한다는 뜻의 麻(삼 마)가 합해진 글자로 교묘한 술법으로 사람을 해치는 마귀를 나타냄. 요사스럽고 못된 짓을 하는 귀신 또는 악마]·마 마 또는 귀신(鬼神 : 억지로 괴롭히고 귀찮게 하며 훼방을 놓는 귀신) 마·마술 마

직역 좋은 일에는 방해하는 마귀(魔鬼)가 많이 모여든다는 뜻.
의역 좋은 일에는 언제나 탈이 있기 마련이므로 방심(放心)하지 말고 경계하라는 뜻.

호시탐탐
虎視耽耽

한자 풀이 ————

① **호 虎 8** - 범 호 또는 호랑이 호[범을 뜻하는 虍(호피무늬 호)와 범이 걸어간 발자국을 뜻하는 儿(길게걸을 인)이 합해진 글자로 범의 형상을 나타냄. 몸의 털색깔이 황갈색 바탕에 검은 줄무늬가 있고 사슴 등의 짐승을 잡아 먹는 몹시 사납고 무서운 야생동물(野生動物). 호랑이처럼 사나운 기세로 잘난 체하는]

② **시 視 12** - 볼 시[걸어가서 시선을 집중하여 본다는 뜻의 見(볼 견)과 발음요소인 示(보일 시)가 합해진 글자로 '보다'의 뜻을 나타냄. 사물을 통찰하거나 어느 부분을 의도적으로 바라보는]·견줄(비교하기 위하여 마주 대어보는) 시·살필(어떤 현상·상황을 관찰하기 위하여 자세히 보는) 시

* 호시(虎視) : 범과 같이 날카로운 눈초리로 사방을 둘러보는.

③ **탐 耽 10** - 즐길 탐[耳(귀 이)와 尤(늘어질 유)가 합해져 귓바퀴의 아래쪽으로 늘어진 살을 뜻하는 글자로 좋아함과 즐김을 나타냄. 하고 싶은 욕망이나 욕구를 마음껏 충족시키면서 흥미와 기쁨을 누리는]·즐거울 탐·기쁨을누릴 탐·빠질 탐·귀축처질(귀가 커서 아래로 많이 늘어지는) 탐

* 탐탐(耽耽) : 마음에 들어 즐기고 좋아하는.

직역 범(호랑이)이 눈을 부릅뜨고 먹이를 노려본다는 뜻.
의역 강자(強者)가 이권·재물 등에 야심을 품고 형세를 살피니 경계하라는 뜻.

호의호식
好衣好食

한자 풀이 ─────────

① **호 好 6** - 좋을 호[母(어미 모)를 뜻하는 女(여자 여)와 子(아들 자)가 합해진 글자로 자식이 무릎을 꿇고 엄마의 죽음을 슬퍼하며 자식이 부모에 대한 효도를 다해 기쁘다는 뜻을 나타냄. 어떤 대상에 대하여 좋은 느낌을 갖는]·좋아할 호·사이좋을 호·아낄(애틋하게 보호하거나 소중하게 여기는) 호·아름다울(인물·마음이 예쁜) 호

② **의 衣 6** - 옷 의[人(사람 인)이 겹친 모양인 𠂇와 몸을 감싸 덮는다는 뜻의 亠(머리 두)가 합해진 글자로 목에 둘러대는 깃과 소매가 있는 위에 입는 옷을 나타냄. *저고리 : 한복(韓服)의 일종인 웃옷]

③ **식 食 9** - 밥 식[본래 米(쌀 미)와 水(물 수)가 합해진 또는 人(사람 인)과 良(좋을 량)이 합해진 글자로 쌀·보리 등을 끓여 익혀 숟가락으로 떠서 끼니로 즐겨 먹는 음식을 뜻함]·음식 식·먹을 식·양식 식·일식(日蝕) 식·월식(月蝕) 식·먹일 사·기를 사

직역 좋은 옷을 입고 좋은 음식을 먹는다는 뜻.
의역 물질적으로 풍요(豐饒)로운 생활을 누린다는 뜻.

호형호제
呼兄呼弟

* 왈형왈제(曰兄曰弟)라고도 씀(曰 : 이를 왈·말할 왈).

한자 풀이 ─────

① **호 呼 8** - 부를 호[口(입 구)와 발음요소인 乎(아!외칠 호)가 합해진 글자로 입이나 코로 숨을 내쉬면서 이름을 소리쳐 말한다는 뜻을 나타냄. 어떤 대상을 향하여 팔로 오라고 하는]·부르짖을(큰소리로 외치거나 무엇을 호소하기 위하여 열열하게 말하는) 호·숨내쉴 호·탄식(歎息 : 감탄하며 한숨을 쉬는 소리)할 호

② **형 兄 5** - 맏 형[입으로 말을 한다는 뜻의 口(입 구)와 무릎을 꿇은 모습을 나타내는 儿(어진 사람 인)이 합해진 글자로 제사를 지낼 때 입을 벌리며 신(神)에게 비는 글귀인 주문(呪文)을 외는 한 형제의 우두머리를 나타냄. 형제 간의 서열에서 가장 먼저 태어난 사람을 가리키는]·형 형 또는 언니 형

③ **제 弟 7** - 아우 제[땅에 세운 창이 달린 막대와 받쳐 놓은 지지대를 뜻하는 丿와 짐승을 잡아 무두질한 가죽을 막대에 감아 놓은 모습인 弓(활 궁)이 합해진 글자로 감은 가죽을 아래 끝에서부터 풀어쓴다는 데서 '아우'가 비롯되었으며 손아랫사람을 가리킴]·제자(弟子) 제·공경(恭敬)할 제

> **직역** 서로 형이라고 부르고 아우라고 부른다는 뜻.
> **의역** 형이니 아우니 할 정도로 매우 가까운 사이를 뜻함.

호화찬란
豪華燦爛

한자 풀이 ────────

① **호 豪 14** – 호걸 호[豪傑(호걸). 豕(돼지 시)와 발음요소인 高(높을 고)가 합해진 글자로 본래는 몸이 길고 가시털이 많으며 밤에 굴에서 나와 활동하는 호저(豪豬) 동물을 나타냄]·뛰어날 호·빼어날 호

② **화 華[華] 12** – 빛날 화[艹(艸 : 풀 초)와 아래로 처져 늘어져 있다는 뜻의 垂(드리울 수)가 합해진 글자로 본래는 초목의 가지에 무성하게 활짝 핀 꽃들이 아래로 드리우고 있는 모양을 나타냄]·꽃 화 또는 꽃필 화

③ **찬 燦 17** – 빛날 찬[火(불 화)와 발음요소인 粲(찬란할 찬)이 합해진 글자로 불꽃처럼 번쩍인다는 뜻을 나타냄. 눈부시게 빛이 나거나 생각·재능·업적 따위가 훌륭한]·찬란(燦爛 : 눈부시게 아름다운)할 찬

④ **란 爛 21** – 찬란할 란 또는 빛날 란(난)[燦爛(찬란). 火(불 화)와 발음요소인 闌(가로막을 란)이 합해진 글자로 불꽃이나 화려한 광채를 나타냄. 불빛이 번쩍번쩍하며 눈부시게 비치는. 문장의 표현이 아름다운]·촛불빛 란(난)·밝을 란(난)·델 란(난)·지나치게익을 란(난)·문드러질 란(난)·터질 란(난)

직역 호화스럽고 찬란하게 빛난다는 뜻.
의역 매우 화려(華麗)하고 눈부시게 아름답다는 뜻.

혹세무민
惑世誣民

한자 풀이 ────────

① **혹 惑 12** - 미혹할 혹[迷惑(미혹). 心(마음 심)과 발음요소와 부족 간에 영토를 빼앗고 밀리는 뜻의 或(혹시 혹)이 합해진 글자로 영토의 경계선이 수시로 바뀌듯이 마음이 왔다갔다 흔들린다는 뜻을 나타냄. 무엇에 홀려 정신을 차리지 못하고 갈팡질팡 헤매는. 남의 홀림에 넘어가는]

② **세 世 5** - 세대 세[본래는 十(열 십)이 3개로 된 卅(서른 삽)이며 30년을 한 세대(世代)로 이루면서 세상이 돌아간다는 뜻의 글자로 같은 시대에 사는 사람들을 뜻함]·시대 세·세상 세·인간 세

  * 혹세(惑世) : 어지러운 세상, 세상을 어지럽고 문란하게 하는.

③ **무 誣 14** - 속일 무[言(말씀 언)과 발음요소와 굿을 하며 점을 치는 여자를 뜻하는 巫(무당 무)가 합해진 글자로 귀신같은 거짓말이나 꾀로 넘어가게 하여 마음을 흔드는]·꾸밀 무·무고(誣告 : 없는 사실을 거짓으로 꾸며 경찰서에 고발·고소하는)할 무

④ **민 民 5** - 백성 민[한쪽 눈을 송곳으로 찌른 目(눈 목)의 변형인 口와 부족(部族)을 뜻하는 氏(성 씨)가 합해진 글자로 활을 쏠 수 없도록 포로의 한쪽 눈을 찔러 노예로 살도록 성씨를 준 조상이 없는 사람을 가리킴. 백 가지 성(姓)을 가진 사람들]·평민 민·낮을 민

> **직역** 세상 사람을 미혹(迷惑)시키고 백성을 속인다는 뜻.
> **의역** 세상을 어지럽히고 백성을 거짓으로 다스린다는 뜻.

혼비백산
魂飛魄散

* 혼불부신(魂不附身)과 같은 뜻임(附 : 붙을 부·부착할 부).

한자 풀이 ―――――――

① **혼 魂 14** - 넋 혼 또는 영혼 혼[靈魂(영혼). 鬼(귀신 귀)와 하늘에 오른다는 뜻의 云(이를 운)이 합해진 글자로 인간이 섬겨야 할 천신(天神)으로 정신을 관할하는 존재인 넋을 말함]·혼(얼·정신·넋) 혼

② **비 飛 9** - 날 비[새가 머리를 쳐들고 날개를 치며 위로 날아오르거나 날개를 활짝 펴고 공중을 나는 모습의 글자로 빠른 속도로 날아가는. 연기가 날아오르는]·빠를 비·높을 비·떠돌 비·근거없을 비

③ **백 魄 15** - 넋 백[영혼을 뜻하는 鬼(귀신 귀)와 발음요소와 눈에 보이지 않는다는 뜻인 白(흰백)이 합해진 글자로 인간(人間)이 섬겨야 할 지신(地神)으로 육체를 관찰하는 존재인 넋을 나타냄]·혼 백

④ **산 散 12** - 흩을 산[月(肉 : 고기 육)과 고기를 쌓아 놓은 모양인 并(우물 정)과 攵(攴 : 칠 복)이 합해진 글자로 쌓아 놓은 고기를 몽둥이로 내려쳐 살조각이 사방으로 흩어지는 모습을 나타내는. 강제로 떨어지게 하는]·흩어질(종이 조각이 바람에 날리듯이 사방으로 퍼지는) 산·한가로울 산·가루약 산·산문(散文) 산

* 혼불부신(魂不附身) : 혼백(魂魄)이 어지러이 흩어진다는 뜻. 즉, 몹시 놀라 넋을 잃는 것.

> **직역** 정신인 혼(魂)은 하늘로 날고 육체인 백(魄)은 땅으로 흩어진다는 뜻.
> **의역** 몹시 놀라서 넋을 잃고 어쩔 줄을 모른다는 뜻.

혼연일치
渾然一致

한자 풀이 ─────────

① **혼 渾 12** - 흐릴 혼 또는 혼탁할 혼[渾濁·混濁(혼탁). 氵(水 : 물 수)와 물이 빙빙 돌며 세차게 흐른다는 뜻의 軍(군사 군)이 합해진 글자로 맑은 물이 더러운 물질이나 흙이 섞이어 뿌옇게 되는]·온통 혼 또는 모두(빠짐없이 전부) 혼·온전(穩全)할 혼·순수(純粹)할 혼

② **연 然 12** - 그럴 연[犬(개 견)과 月(肉 : 고기 육)과 灬(火 : 불 화)가 합해진 글자로 본뜻은 개를 제물로 불에 산 채로 굽는다는 뜻을 나타내며 '그러하다·당연하다'는 이후에 생긴 것임]· 그러할 연·불사를 연

* 혼연(渾然) : 딴 것이 조금도 섞이지 않거나 결점이 없이 원만한.

③ **일 一 1** - 한 일(한 획으로 가로선을 그어 만든 글자 또는 산가지 1개를 가로놓아 만든 글자로 1·2·3·4…로 된 아라비아 숫자에서 1를 가리킴)·하나 일·첫째 일·오로지 일·땅 일

④ **치 致[致] 10** - 이를 치[화살이 날아와 꽂힌다는 至(이를 지)와 발음요소와 걷는다는 뜻의 夊(뒤져올 치)가 합해진 글자로 발로 걸어서 먼 곳까지 이른다는 뜻을 나타냄. 어떤 장소나 목적지에 도착하는]·이르게할 치 또는 오게할(어떤 장소나 상황에 도달하거나 모아지는) 치·다할 치·지극할 치·바칠 치·부를(어떤 결과를 가져오는) 치·경치치 또는 풍치 치

직역 각자로 나누어짐이 없이 하나로 뜻이 모아진다는 뜻.

의역 의견이나 주장이 차별이나 균열(龜裂) 없이 모두 한 가지로 합치된다는 뜻.

홍익인간
弘益人間

한자 풀이 ─────────

① 홍 弘 5 - 클 홍[弓(활 궁)과 발음요소인 宏(클 굉)이 생략된 厶(사사 사)가 합해진 글자로 본뜻은 큰 화살이며 화살이 멀리 날아간다는 데서 '넓다·높다'의 뜻을 나타냄]·넓을 홍·넓힐(널리 펼치거나 베푸는) 홍

② 익 益[益] 10 - 더할 익[본래 盜의 한자로 水(물 수)가 변형된 물이 튀거나 넘친다는 뜻의 氺와 皿(그릇 명)이 합해진 글자로 물이 있는 그릇에 물을 더하여 넘친다는 뜻을 나타냄]·더욱 익·넘칠 익·이익 익·이로울 익

③ 인 人 2 - 사람 인[벼슬아치가 증표인 홀(笏)을 잡은 두 손을 앞으로 내밀며 서 있는 옆모습을 본뜬 글자로 두 발로 똑바로 서서 걸으며 생각과 말을 할 줄 아는 만물의 우두머리를 뜻함]·인격 인·남(상대방) 인

＊ 홀(笏) : 벼슬아치가 임금을 만날 때에 예복에 갖추어 손에 쥐던 대나무로 만든 물건.

④ 간 間 12 - 사이 간[두 개의 문짝으로 된 門(문 문)과 본래 月(달 월)이 바뀐 日(해 일)이 합해진 글자로 본뜻은 밤에 문틈 사이로 비쳐드는 달빛을 나타냄. 처음과 끝나는 시간이나 인간과 인간의 관계를 뜻함]·틈 간·뜸할 간·낄 간·때 간·동안 간·요마적(요사이) 간·흠잡을 간·간(방의 면적) 간·엿볼 간

＊ 인간(人間) : 문화와 지능을 갖고 사회 활동을 하며 사는 동물.

직역 널리 인간세계(人間世界)를 이롭게 한다는 뜻.
의역 모든 인간이 공평(公平)하게 이익을 누리는 세상이라는 뜻.

화기애애
和氣靄靄

한자 풀이 ───────

① 화 和 8 - 화할 화[禾(벼 화)와 벼의 대롱으로 만든 여러 개의 피리를 묶어 부는 모습인 龠 (피리 약)이 생략된 口(입 구)가 합해진 글자로 여러 가지 높고 낮은 소리가 서로 잘 어울린 다는 뜻을 나타냄. 평화롭고 온화한]·화목(和睦 : 여러 사람이 마음으로 서로 뭉쳐 화합을 이루는) 할 화·평화 화

② 기 氣 10 - 기운 기[세 가닥의 얇은 구름 띠가 하늘에 퍼져 있는 모습인 气(기운 기)에 밥 지 을 때 나오는 증기를 뜻하는 米(쌀 미)가 합해진 글자로 힘이나 몸과 마음의 왕성한 정력· 전기나 빛·열 등을 일으키는 에너지를 뜻함]·힘 기·숨(사람이나 동물의 호흡) 기·기후 기·기 체 기·법도 기·자연현상 기

* 화기(和氣) : 화창한 일기, 온화한 기색, 화목한 분위기.

③ 애 靄 24 - 구름피어오를 애[雫(雨 : 비 우)와 발음요소와 가로막고 호소한다는 뜻의 謁(아 뢸 알)이 합해진 글자로 꽃이나 잎이 피어 벌어지듯이 구름이 높게 솟아오르거나 넓게 퍼지 는. 분위기나 얼굴에 온화한 기운이나 기색이 차서 넘쳐흐르는]·이내(해질 무렵 멀리 보이는 푸르스름하고 흐릿한 기운) 내

* 애애(靄靄) : 안개나 구름이 아지랑이 같은 것이 많이 끼어 있는. 분위기가 부드럽고 포근하며 평화로운.

직역 온화한 기운과 평화로운 분위기(雰圍氣)라는 뜻.

의역 여럿이 모인 자리에 따스하고 부드러운 기운이 넘쳐흐른다는 뜻. 즉, 매우 즐겁 고 정감(情感)이 넘치는 모임이라는 뜻.

화사첨족
畫蛇添足

한자 풀이 ─────────

① **화 畫 12** - 그림 화[聿(붓 율)과 田(밭 전)과 경계를 뜻하는 一(땅 일)이 합해진 글자로 본뜻은 붓으로 그어 가른다는 뜻으로 밭의 경계선이나 그림을 그린다는 뜻을 나타냄. 사람이나 물체·자연의 모습이나 상상을 그리는 예술작품]

② **사 蛇 11** - 뱀 사[뱀이 웅크리고 있는 모습을 본뜬 虫(뱀 훼)와 몸통을 꼿꼿이 세우고 물려고 하는 뱀의 모습을 뜻하는 它(뱀 사)가 합해진 글자로 몸은 가늘고 길며 배의 비늘로 움직이는 파충류 동물을 뜻함]

③ **첨 添 11** - 더할 첨[氵(水 : 물 수)와 발음요소인 忝(욕될 첨)이 합해진 글자로 물이 점점 증가한다는 뜻을 나타냄. 점점 증가시키거나 더 보태는]·덧붙일(기존에 다른 것을 추가로 더 붙이는) 첨·보탤(더하여 채우는) 첨

④ **족 足 7** - 발 족[두 발이 멈추어 있는 모양인 止(발 지)에서 걸으려고 한쪽 발을 들어올린 모습으로 바뀐 ⺀와 무릎을 뜻하는 口(입 구)가 합해진 글자로 멈추어 있다가 한 발을 떼고 걸으려고 하는 모습을 나타냄. 사람이나 동물의 다리가 가장 아래인 신발을 신는 부분]·흡족할 족

직역 뱀의 그림에 없는 발을 그려 넣는다는 뜻.
의역 쓸데없는 것을 덧붙여 도리어 망치거나 실패(失敗)한다는 뜻.

화이부동
和而不同

한자 풀이 ——————

① 화 和 8 - 화할 화[禾(벼 화)와 벼의 대롱으로 만든 여러 개의 피리를 묶어 부는 모습인 龠(피리 약)이 생략된 口(입 구)가 합해진 글자로 여러 가지 높고 낮은 소리가 서로 잘 어울린다는 뜻을 나타냄]·화목(和睦)할 화

② 이 而 6 - 말이을 이[콧수염과 턱수염의 모습을 나타낸 글자로 그 사이에 있는 위·아래 입술을 움직여 말이 나온다는 뜻을 나타냄]·또(그리고·그 뿐만 아니라·그래도) 이·이에(이리하여 곧·그래서) 이

③ 부 不 4 - 아니 불 또는 아닐 불(식물의 꽃대와 꽃받침과 꽃의 암술로 된 씨방 모양을 본뜬 글자로 씨방이 자라서 열매를 맺을지 모른다는 뜻에서 '아니'라고 나타냄)·못할 불·없을 불·않을 불

* '그렇지 아니하다'라는 부정(否定)이나 반대(反對)의 뜻을 나타냄. 동사로는 '~를 하지 마라'.

④ 동 同 6 - 같을 동[위로 거듭 포개 덮는다는 뜻인 冂(겹쳐덮을 모)에 밥·반찬 그릇을 뜻하는 口(입 구)가 가운데 더해진 글자로 크기와 모양이 똑같은 그릇이 여러 층으로 된 찬합(饌盒)을 나타냄]·한가지 동·화할 동·함께 동

* 부동(不同) : 서로 같지 않은. 不(불)의 뒤에 'ㄷ·ㅈ'의 자음이 올 때는 '부'로 발음함.

직역 남과 화목(和睦)하게 지내지만 무턱대고 함께 어울리지는 않는다는 뜻.
의역 남과 사이좋게 지내되 자기의 중심과 원칙(原則)은 잃지 않는다는 뜻.

화중지병
畫中之餅

한자 풀이 ————————

① **화 畫 12** - 그림 화[聿(붓 율)과 田(밭 전)과 경계를 뜻하는 一(땅 일)이 합해진 글자로 본뜻은 붓으로 그어 가른다는 뜻으로 밭의 경계선이나 그림을 그린다는 뜻을 나타냄]·그릴 화·그을 획·나눌 획·구획할 획

② **중 中 4** - 가운데 중(깃발을 가운데 꽂아 사람들을 모이게 하거나 부락·군부대·집단의 가운데에 깃발을 꽂은 모양의 글자로 사물의 한가운데를 위아래로 통하는 중심을 뜻함)·바를 중·진행 중·안쪽 중·속 중·사이 중·범위 중

③ **지 之 4** - 갈 지[두 발을 뜻하는 止(발 지)와 출발선을 뜻하는 一(가로획)을 그어 만든 글자로 한 발을 떼고 막 출발하려는 모습을 나타냄]·이를 지·이 지·어조사(~의, ~가, ~이, ~을) 지

④ **병 餠 17** - 밀가루떡 병[음식을 뜻하는 𩙿(食 : 밥 식)과 발음요소와 두 조각을 합친다는 뜻의 幷(합할 병)이 합해진 글자로 밀가루나 곡식가루를 반죽하여 솥뚜껑처럼 생긴 데다 놓고 넓고 둥글게 지진 떡]·떡 병·떡모양(떡을 빚을 때 둥근 모양·사다리꼴 모양·꽃 모양 등등)병·먹을 병

> **직역** 그림으로 그린 그림 속의 떡이라는 뜻.
> **의역** 보기에는 근사(近似)하나 실제로 나에게는 아무 도움이 안 된다는 뜻.

환골탈태
換骨奪胎

한자 풀이 ─────────

① **환 換 12** - 바꿀 환[扌(手 : 손 수)와 발음요소와 여자가 아이를 낳는 모습을 뜻하는 奐(빛날 환)이 합해진 글자로 손으로 아이를 받을 때마다 여자·남자 아이가 바뀐다는 뜻을 나타냄. 물건을 바꾸거나 제도·습관을 고치는]

② **골 骨 10** - 뼈 골[옛날에 점칠 때 쓰던 소 어깨뼈 모양을 본뜬 冎(살발라낼 과)와 月(肉 : 살 육)이 합해진 글자로 본래는 살 또는 몸속의 알맹이인 쇠뼈를 나타내며 이후 사람과 동물의 뼈를 뜻함]·뼈대 골·요긴한 골

③ **탈 奪 14** - 빼앗을 탈[衣(옷 의)가 생략된 大(大 : 큰 대)와 隹(새 추)와 손을 뜻하는 寸(마디 촌)이 합해진 글자로 남의 옷 속에 품고 있는 새를 강제로 빼앗는다는 뜻을 나타냄]

④ **태 胎 9** - 아이밸 태[月(肉 : 몸 육)과 어린 생명체를 뜻하는 台(별 태)가 합해진 글자로 여자의 난자가 남자의 정자를 받아 수정이 되어 여자의 배 속에 아이를 가지게 되는]·새끼밸 태·태(胎 : 태아를 싸고 있는 조직 즉, 태반과 탯줄을 말함) 태·처음(생명체가 탄생하거나 일의 시작의 최초 단계) 태·시초 태·태아(胎兒) 태·근원 태

직역 뼈대를 바꾸고 태를 벗긴다는 뜻.
의역 모습·형태·시문(詩文) 따위가 몰라볼 정도로 새롭게 바뀌었다는 뜻.

황당무계
荒唐無稽

* 황탄무계(荒誕無稽)와 같은 뜻임(誕 : 허황할 탄).

한자 풀이 ─────────

① **황 荒 10** - 거칠 황[艹(艸 : 풀 초)와 발음요소와 아무것도 없이 삭막하다는 뜻의 巟(망할 황)이 합해진 글자로 땅이 황폐하다는 뜻을 나타냄. 풀 한포기도 없이 돌만 흩어져 있는 들판]·황폐할 황

② **당 唐 10** - 당나라 당[口(입 구)와 발음요소와 크다는 뜻의 庚(일곱째천간 경)이 합해진 글자로 본뜻은 '큰소리'이며 '당(唐)나라'는 빌려 쓴 것임]·황당할(터무니가 없는) 당·공허할(텅 비어 있는) 당·갑자기 당

  * 황당(荒唐) : 주장하는 뚜렷한 의견이 없이 허황한.

③ **무 無 12** - 없을 무[舞(춤출 무)에서 舛(어그러질 천) 대신 4개의 발바닥 모양인 灬이 합해진 글자로 깃털 장식을 잡고 흔들며 춤추는 모습을 나타냄. 본뜻은 춤이며 '없다'는 뜻은 亡(없을 망)에서 가져온 것임]·아닐(부정하는) 무·말(금지를 뜻하는) 무·빌(텅 비어 있는) 무

  * 동사로는 '~하지 못하다'.

④ **계 稽 15** - 헤아릴 계[禾(벼 화)와 손상을 입은 뜻의 尤(더욱 우)와 旨(뜻 지)가 합해진 글자로 손상을 입어 성장을 멈춘 벼의 원인을 따져본다는 뜻을 나타냄]·생각할 계·조아릴 계·의논할 계

  * 무계(無稽) : 터무니가 없는, 근거가 없는.

> **직역** 언행이 거칠고 거짓이 많으며 터무니가 없다는 뜻.
> **의역** 말하는 내용에 근거가 없고 헛되게 보여 믿을 수가 없다는 뜻.

회자인구
膾炙人口

* 인구회자(人口膾炙)라고도 씀.

한자 풀이 ————

① **회 膾 17** - 회 회 또는 어회 회[月(肉 : 고기 육)과 발음요소인 會(모을 회)가 합해진 글자로 생선을 얇게 썰어서 날로 식초간장이나 고추장에 찍어 먹는 음식]·회칠(물고기나 소고기를 날로 잘게 써는) 회

② **자 炙 8** - 구울 자 또는 고기구울 자(적)[月(肉 : 고기 육)과 火(불 화)가 합해진 글자로 생고기를 불에 굽는 모습을 나타냄]·불고기 자(적)·김쏘일(고기를 가열한 뜨거운 수증기를 직접 받게 하는) 자(적)

  * 회자(膾炙) : 회와 구운 고기라는 뜻으로 칭찬을 받으며 사람들의 입으로 퍼져 전해짐을 이르는 말.

③ **인 人 2** - 사람 인[벼슬아치가 증표인 홀(笏)을 잡은 두 손을 앞으로 내밀며 서 있는 옆모습을 본뜬 글자로 두 발로 똑바로 서서 걸으며 생각과 말을 할 줄 아는 만물의 우두머리를 뜻함]·인격 인·남(상대방) 인

  * 홀(笏) : 벼슬아치가 임금을 만날 때에 예복에 갖추어 손에 쥐던 대나무로 만든 물건.

④ **구 口 3** - 입 구(혀를 움직여 말하는 입의 본래의 모양인 ◡을 편하게 쓰도록 口와 같이 바뀐 글자로 소리를 내어 말하거나 음식을 먹는 기관을 뜻함)·말할 구·구멍 구·어귀 구·사람 구·인구 구

  * 어귀는 사람들이 동네나 항구 등을 드나드는 입구 또는 통로의 좁은 부분인 목의 첫머리를 말함.

직역 사람의 입맛에 맞는 생선회와 구운 고기라는 뜻.
의역 널리 세상 사람들의 입에 자주 오르내리는 이야깃거리라는 뜻.

회자정리
會者定離

한자 풀이 ────────

① **회 會 13** - 모일 회[쌀이나 떡을 찌는 구멍이 여러 개 뚫려 있는 시루인 曾(겹칠 증)과 김이 통하는 뚜껑을 본뜬 모양인 ㅅ(八 : 여덟 팔)이 합해진 글자로 신(神)에게 제사를 지내기 위하여 모인다는 뜻을 나타냄]·만날 회

② **자 者 9** - 놈 자[본래 鼎(솥 정)의 생략형인 日(날 일)에 叔(콩 숙)이 합해진 글자로 본뜻은 '삶다'이며 '놈 자'는 빌려 쓰게 된 것임]·사람(기술자·신문기자 등 어느 분야에 종사하는 사람) 자·것 자

③ **정 定 8** - 정할 정[宀(집 면)과 一(한 일)과 龰(止 : 그칠 지)가 합해진 글자로 집안에 들어가 편안하고 안정한 어느 장소에 멈추고 머무르고 있다는 뜻을 나타냄]·정해질 정·고요할 정·그칠 정·반드시 정

④ **리 離 19** - 떠날 리(이)[隹(새 추)와 발음요소와 산짐승이 올가미에 빠졌거나 그물에 갇힌 모양인 离(떠날 리)가 합해진 글자로 새가 빠져나와 멀리 날아간다는 뜻을 나타냄. 서로 헤어져 멀리 떠나는]·떼놓을 리(이)·흩어질 리(이)·이별할 리(이)·떨어질 리(이)·베풀 리(이)·자리뜰 리(이)

직역 만나면 반드시 이별(離別)이 있다는 뜻.

의역 만나면 언젠가 헤어지는 인생의 무상함을 뜻함. 즉, 불교에서 말하는 만유무상
(萬有無常 : 세상에 존재하는 모든 것은 늘 변한다는 뜻)을 말함.

횡설수설
橫說竪說

한자 풀이 ──────

① **횡 橫 16** - 가로 횡[본래 화살을 뜻하는 木(나무 목)과 화살촉에 불을 붙여 쏠 때의 불빛을 뜻하는 黃(누를 황)이 합해진 글자로 세워놓은 화살을 쏘려고 가로로 장전하는 모습을 나타냄. 빗장처럼 옆으로 된 방향]·가로지를 횡·거스를 횡·갑자기 횡·비낄 횡·빗자할 횡·제멋대로 횡·옆 횡

② **설 說 14** - 말씀 설[言(말씀 언)과 발음요소와 입을 움직이며 계속 말한다는 뜻의 兌(기뻐할 열)이 합해진 글자로 잘 알아듣도록 큰소리로 말한다는 뜻을 나타냄. 뛰어난 말솜씨로 자기의 의견을 설명하는]·언론(정치·경제·사회·문화·교육 등을 비판과 함께 자기의 생각을 발표하는)설·달랠 세·기쁠 열·벗을 탈

③ **수 竪 13** - 세울 수[臤(굳을 견)과 발음요소와 굽이 달린 豆(제기 두)가 변형된 立(설 립)이 합해진 글자로 놀랄 때 머리털이 뻗치듯이 물체를 땅에 수직으로 꼿꼿하게 세운다는 뜻을 나타냄]·세로(가로의 반대 의미) 수·설(똑바로 서 있는, 우뚝 세워지는) 수·내시 수·더벅머리 수

직역 가로로 말했다가 세로로 말했다가 즉, 이랬다저랬다 한다는 뜻.
의역 이치(理致)에 맞지 않는 말을 되는 대로 지껄인다는 뜻.

후안무치
厚顔無恥

한자 풀이 ─────

① **후 厚 9** – 두터울 후[石(돌 석)이 변형된 厂(굴바위 엄)과 高(높을 고)를 거꾸로 쓴 旲(㫗)가 합해진 글자로 망을 보는 구멍이 나 있고 통로가 있는 성(城)의 안팎벽의 두께가 두텁다는 뜻임]·두꺼울 후

② **안 顔 18** – 얼굴 안[頁(머리 혈)과 발음요소와 얼굴과 머리를 아름답게 꾸민 모습을 뜻하는 彦(선비 언)이 합해진 글자로 예쁘게 화장한 사람 머리의 앞쪽 면을 나타냄]·빛(얼굴의 색과 표정) 안·색채(여러 가지 색깔) 안·낯 안

③ **무 無 12** – 없을 무[舞(춤출 무)에서 舛(어그러질 천) 대신 4개의 발바닥 모양인 灬이 합해진 글자로 깃털 장식을 잡고 흔들며 춤추는 모습을 나타냄. 본뜻은 춤이며 '없다'는 뜻은 亡(없을 망)에서 가져온 것임]·아닐(부정하는) 무·말(금지를 뜻하는) 무·빌(텅 비어 있는) 무
 * 동사로는 '~하지 못하다'.

④ **치 恥 10** – 부끄러울 치[耳(귀 이)와 심장의 모양을 본뜬 心(마음 심)이 합해진 글자로 부끄러움을 느껴 귀가 심장 색깔처럼 빨개진다는 뜻을 나타냄]·부끄러워할 치·욕될 치

직역 얼굴 낯이 두껍고 부끄러워할 줄 모른다는 뜻.
의역 뻔뻔스러울 정도로 예의가 없고 겸손(謙遜)하지 못하다는 뜻.

흥망성쇠
興亡盛衰

한자 풀이 ————

① 흥 興 16 - 일으킬 흥[두 사람이 무거운 짐을 마주 드는 모습인 舁(마주들 여)와 '합하다'는 뜻의 同(함께 동)이 합해진 글자로 '일으키다·일어나다·느끼다·흥하다'의 뜻을 나타냄]·일 흥·성할 흥·흥겨울 흥

　* 흥하다 : 기운·세력·사업 등이 한창 성하게 잘 되어 가다.

② 망 亡 3 - 망할 망[본래 사람을 뜻하는 ㅗ(人 : 사람 인 또는 大 : 큰 대)와 무엇으로 가리거나 시체를 넣는 관(棺)을 뜻하는 乚이 합해진 글자로 죽은 사람을 나타냄]·달아날 망·도망 망· 죽을 망·잃을 망·죽일 망

　* 망하다 : 집안·회사·나라 등이 제구실을 하지 못하고 끝장이 나다.

③ 성 盛 12 - 성할 성[皿(그릇 명)과 발음요소와 넘친다는 뜻의 成(무성할 성)이 합해진 글자로 제 사를 올리기 위하여 신(神)에 바칠 음식을 그릇에 가득 담는다는 뜻을 나타냄]·무성할 성

　* 성하다 : 기운·세력·사업 등이 한창 완성하게 일어나다.

④ 쇠 衰 11 - 쇠할 쇠[衣(옷 의) 가운데에 볏짚으로 얼기설기 짠 모양인 ⊟이 합해진 글자로 본래는 어깨에 걸치는 옛날 상복을 나타냄. 힘·세력·집안형편 등이 점점 약해지는]·쇠약 (衰弱)할 쇠·쇠잔(衰殘)할 쇠·도롱이 사·상복 최

　* 쇠하다 : 기운·세력·형편 따위가 차차 줄어져 약해지다.

직역 나라나 집안 등이 흥했다 망하고 융성(隆盛)했다가 쇠퇴(衰退)한다는 뜻.
의역 흥망과 성쇠가 끊임없이 순환(循環)하는 세상의 이치를 뜻함.

흥진비래
興盡悲來

한자 풀이 ────────

① **흥 興 16** – 일으킬 흥[두 사람이 무거운 짐을 마주 드는 모습인 舁(마주들 여)와 '합하다'는 뜻의 同(함께 동)이 합해진 글자로 '일으키다·일어나다·느끼다·흥하다'의 뜻을 나타냄]·일흥·성할 흥·흥겨울 흥

② **진 盡 14** – 다할 진[화로를 뜻하는 皿(그릇 명)과 숯불을 뜻하는 灬(火 : 불 화)와 막대를 손으로 잡고 휘젓는 모양을 뜻하는 聿(⺻)이 합해진 글자로 휘저어서 다 꺼진 불을 뜻함. 힘·에너지 등을 다 써버린]

③ **비 悲 12** – 슬플 비[心(마음 심)과 발음요소와 두 방향이 서로 어긋난다는 뜻의 非(아닐 비)가 합해진 글자로 그릇된 일로 마음이 아픈 것을 나타내어 '슬프다'의 뜻을 나타냄]·슬퍼할 비·불쌍히여길 비·자비로울 비

④ **래 來 8** – 올 래(내)[줄기와 꼿꼿한 이삭을 뜻하는 木(나무 목)과 양쪽으로 꺾이어 있는 잎의 모양인 从가 합해져 보리를 형상화한 글자로 겨울에 얼어서 들뜬 보리를 밟아주고 집으로 돌아온다는 뜻을 나타냄]·앞으로 래(내)·다가올 래(내)·돌아올 래(내)·부를 래(내)·보리 래(내)

직역 즐거운 일이 끝나면 슬픈 일이 닥쳐온다는 뜻.
의역 세상만사(世上萬事)가 돌고 돌아 좋은 일도 있고 나쁜 일도 있다는 뜻.

희로애락
喜怒哀樂

* '희노애락'이라고도 읽음.

한자 풀이 ──────────

① **희 喜 12** - 기쁠 희 또는 기뻐할 희[북을 뜻하는 壴(악기이름 주)와 口(입 구)가 합쳐진 글자로 신(神)에게 빌거나 신(神)을 기쁘게 한다는 뜻을 나타냄. 북치고 노래하며 재미있게 노는]

② **로 怒 9** - 성낼 로(노)[心(마음 심)과 발음요소와 일만 하는 노예를 뜻하는 奴(종 노)가 합쳐진 글자로 너무 고달퍼 울컥 치밀어 오른다는 뜻을 나타냄. 노예가 학대를 받아 화를 내는]·뽐낼 로(노)

③ **애 哀 9** - 슬플 애[상복(喪服)을 뜻하는 衣(옷 의) 가운데에 곡소리를 뜻하는 口(입 구)가 더해진 글자로 사랑하는 사람이 죽었을 때 옷깃으로 입을 가리며 슬프게 운다는 뜻을 나타냄]·슬퍼할 애·슬픔 애

④ **락 樂 15** - 즐길 락(낙)[큰 북을 뜻하는 白(흰 백)과 작은 북을 뜻하는 幺(작을 요) 두 개와 받침대를 뜻하는 木(나무 목)이 합쳐진 글자로 큰 북을 중심으로 원을 그리며 북과 춤과 노래를 직접 행하면서 즐거움을 누리는]·즐거울 락(낙)·풍류(속된 일을 떠나서 멋지게 노는 일) 악·음악 악·좋아할 요

직역 기쁨과 노여움과 슬픔과 즐거움을 뜻함.
의역 인간이 살아가면서 느끼는 네 가지 감정(感情)을 뜻함.

육십갑자(六十甲子)

天干(천간) 10가지와 地支(지지) 12가지가 결합하여 만든 60가지의 간지(干支)를 뜻함.

天干(천간) : 육십갑자의 위 단위를 이루는 요소.

①甲 갑	②乙 을	③丙 병	④丁 정	⑤戊 무	⑥己 기	⑦庚 경	⑧辛 신	⑨壬 임	⑩癸 계
첫째 천간 갑	둘째 천간 을	셋째 천간 병	넷째 천간 정	다섯째 천간 무	여섯째 천간 기	일곱째 천간 경	여덟째 천간 신	아홉째 천간 임	열째 천간 계
갑옷 갑	새 을	남녘 병	고무래 정	무성할 무	몸 기	별 경	매울 신	북방 임	북방 계

地支(지지) : 육십갑자의 아래 단위를 이루는 요소

①子 자	②丑 축	③寅 인	④卯 묘	⑤辰 진	⑥巳 사
첫째지지 자	둘째지지 축	셋째지지 인	넷째지지 묘	다섯째지지 진	여섯째지지 사
쥐띠·자식 자	소띠·소 축	범띠·범 인	토끼띠·토끼 묘	용띠·별 진	뱀띠·뱀 사

⑦午 오	⑧未 미	⑨申 신	⑩酉 유	⑪戌 술	⑫亥 해
일곱째지지 오	여덟째지지 미	아홉째지지 신	열째지지 유	열한째지지 술	열두째지지 해
말띠·낮 오	양띠·아닐 미	원숭이띠·거듭 신	닭띠·닭 유	개띠·개 술	돼지띠·돼지 해

六十甲子(육십갑자)

甲子 갑자	乙丑 을축	丙寅 병인	丁卯 정묘	戊辰 무진	己巳 기사	庚午 경오	辛未 신미	壬申 임신	癸酉 계유
甲戌 갑술	乙亥 을해	丙子 병자	丁丑 정축	戊寅 무인	己卯 기묘	庚辰 경진	辛巳 신사	壬午 임오	癸未 계미
甲申 갑신	乙酉 을유	丙戌 병술	丁亥 정해	戊子 무자	己丑 기축	庚寅 경인	辛卯 신묘	壬辰 임진	癸巳 계사
甲午 갑오	乙未 을미	丙申 병신	丁酉 정유	戊戌 무술	己亥 기해	庚子 경자	辛丑 신축	壬寅 임인	癸卯 계묘
甲辰 갑진	乙巳 을사	丙午 병오	丁未 정미	戊申 무신	己酉 기유	庚戌 경술	辛亥 신해	壬子 임자	癸丑 계축
甲寅 갑인	乙卯 을묘	丙辰 병진	丁巳 정사	戊午 무오	己未 기미	庚申 경신	辛酉 신유	壬戌 임술	癸亥 계해

附錄
(부록)

四字小學(사자소학)

공자(孔子)의 유교(儒教)를 바탕으로 하는 예의범절·충성과 신의·부모에 대한 효성과 교훈이 되는 격언을 4개의 한자(漢字)로 구성한 기본 학습서.

1. 孝行(효행) **2. 夫婦**(부부) / **兄弟**(형제) **3. 師弟**(사제) **4. 朋友**(붕우) **5. 賓客**(빈객) **6. 修身**(수신)

1. 孝行(효행)

父生我身(부생아신)	아버지는 내 몸을 낳으시고	我 나 아·우리 아·나의 아·굶주릴 아
母鞠吾身(모국오신)	어머니는 내 몸을 기르셨네.	鞠 기를 국·사랑할 국·가죽공 국
腹以懷我(복이회아)	배로써 나를 품어 주시고	懷 품을 회·임신할 회·생각할 회
乳以哺我(유이포아)	젖으로써 나를 먹여 주시며	哺 먹을 포·먹여기를 포·씹어먹을 포
以衣溫我(이의온아)	옷으로써 나를 따뜻하게 하시고	溫 따뜻할 온·따뜻하게할 온·온화할 온
以食飽我(이식포아)	밥으로써 나를 배부르게 하시니	飽 배부를 포·속이꽉찰 포·충실할 포
恩高如天(은고여천)	은혜는 높기가 하늘과 같고	恩 은혜 은·혜택 은·감사히여길 은
德厚似地(덕후사지)	덕은 두텁기가 땅과 같구나.	德 큰 덕·베풀 덕·고맙게생각할 덕
爲人子者(위인자자)	사람의 자식된 자가	子 자식 자·아들 자·사람 자·스승 자
曷不爲孝(갈불위효)	어찌 효도를 하지 않을 수 있겠는가!	曷 어찌 갈·어찌~하지아니할 갈
欲報其德(욕보기덕)	그 은덕을 갚고자 하나	欲 하고자할 욕·장차로~하려할 욕·바랄 욕
昊天罔極(호천망극)	넓은 하늘과 같아 다할 수가 없구나!	昊 하늘 호·허공 호, 昊天 : 넓고 큰 여름 하늘
父母呼我(부모호아)	부모님께서 나를 부르시면	呼 부를 호·숨을내쉴 호·부르짖을 호
唯而趨進(유이추진)	빨리 대답하고 달려나가며	趨 달아날 추·달려갈 추·뒤쫓을 추
父母使我(부모사아)	부모님께서 나를 부리려고 하시거든	使 부릴 사·시킬 사·하여금 사·만일 사
勿逆勿怠(물역물태)	거스르지 말고 게을리하지 말라.	勿 말 (~하지 말아라) 물·아니 물
父母有命(부모유명)	부모님께서 명하는 것이 있으시거든	命 명령 명·분부 명·목숨 명·생명 명
俯首敬聽(부수경청)	머리를 숙이고 공경히 들어라.	俯 숙일 부·구부릴 부·숨을 부·누울 부
坐命坐聽(좌명좌청)	앉아서 명하시면 앉아서 듣고	坐 앉을 좌·무릎꿇을 좌·대질할 자
立命立聽(입명입청)	서서 명하시면 서서 들어라.	聽 들을 청·들어줄 청·판결할 청
父母出入(부모출입)	부모께서 나가고 들어오시거든	出 날 출·나갈 출·떠날 출·나타낼 출
每必起立(매필기립)	매번 반드시 일어나 서라.	起 일어날 기·시작할 기·비롯할 기
父母衣服(부모의복)	부모님의 의복을	服 옷 복·의복 복·복종할 복·물러날 복
勿踰勿踐(물유물천)	넘어다니지 말고 밟지 말라.	踐 밟을 천·디딜 천·짓밟을 천
父母有疾(부모유질)	부모께서 병을 앓으시거든	疾 병 질·질병 질·괴로울 질·흠 질
憂而謀瘳(우이모추)	근심하고 병 낫게 하기를 꾀하라.	瘳 나을(병이 낫는) 추·좋을 추·떨칠 추

對案不食(대안불식)	밥상을 대하시고서 잡수시지 않으시거든	案 책상 안·밥상 안·생각 안·안건 안
思得良饌(사득량찬)	좋은 음식을 장만할 것을 생각하라.	饌 반찬 찬·음식 찬·음식차릴 찬
晨必先起(신필선기)	새벽에는 반드시 먼저 일어나	晨 새벽 신·때 신·새벽을알릴 신
必盥必漱(필관필수)	반드시 세수하고 반드시 양치질하며	盥 대야(둥글넓적한 그릇) 관·세수할 관
昏定晨省(혼정신성)	저녁엔 잠자리를 정하고 새벽에는 문안을 살피고	昏 어두울 혼·날이저물(저녁) 혼
冬溫夏淸(동온하청)	겨울엔 따뜻하고 여름엔 시원하게 해 드려라.	淸 서늘할 정·시원할 정·차가울 정

出必告之(출필고지)	밖에 나갈 때에는 반드시 아뢰고	告 고할 고·알릴 고·아뢸 고·여쭐 고
反必面之(반필면지)	돌아오면 반드시 뵈어라.	面 낯 면·얼굴 면·만날 면·향할 면
愼勿遠遊(신물원유)	부디 먼 곳에 가서 놀지 말며	愼 삼갈 신·부디 신·제발 신
遊必有方(유필유방)	놀더라도 반드시 일정한 곳이 있게 하라.	遊 놀 유·즐길 유·떠돌 유·여행할 유
出入門戶(출입문호)	집을 드나드는 문을 출입할 때에는	戶 집 호·지게 호·출입구 호·방 호
開閉必恭(개폐필공)	문을 여닫기를 반드시 공손하게 하라.	恭 공손할 공·예의바를 공·삼갈 공

勿立門中(물립문중)	문 한가운데 서지 말고	門 문 문·집안 문·문벌 문·전문 문
勿坐房中(물좌방중)	방 한가운데 앉지 말라.	房 방 방·곁방 방·침실 방·거실 방
行勿慢步(행물만보)	걸어갈 때에 걸음을 거만하게 걷지 말고	慢 거만할 만·오만할 만·게으를 만
坐勿倚身(좌물의신)	앉을 때에 몸을 기대지 말라.	倚 의지할 의·기댈 의·기울 기·맡길 기
須勿大唾(수물대타)	모름지기 크게 침 뱉지 말고	唾 침 타·침뱉을 타·토할 타·게울 타
亦勿大言(역물대언)	또한 크게 말을 하지 말라.	亦 또 역·또한 역·만약 역·단지 역

口勿雜談(구물잡담)	입으로는 잡담을 하지 말고	雜 섞일 잡·뒤섞일 잡·어수선할 잡
手勿雜戲(수물잡희)	손으로는 장난을 하지 말라.	戲 희롱할 희·장난할 희·놀이할 희
膝前勿坐(슬전물좌)	부모님 무릎 앞에 앉지 말고	膝 무릎(다리가 꺾이는 부분) 슬
親面勿仰(친면물앙)	부모님의 얼굴을 똑바로 쳐다보지 말라.	親 어버이 친·친척 친·부모 친
須勿放笑(수물방소)	모름지기 큰소리로 웃지 말고	笑 웃음 소·웃을 소·비웃을 소
亦勿高聲(역물고성)	또한 큰소리로 말하지 말라.	聲 소리 성·소리낼 성·노래 성·풍류 성

侍坐父母(시좌부모)	부모님을 모시고 앉아 있거든	侍 모실 시·받들 시·시중들 시·기를 시
勿怒責人(물노책인)	성내어 다른 사람을 꾸짖지 말라.	怒 성낼 노(로)·화낼 노(로)
侍坐親前(시좌친전)	어버이를 앞에 모시고 앉을 때는	前 앞 전·앞설 전·먼저 전·미리 전
勿踞勿臥(물거물와)	걸터앉지 말며 눕지 말라.	臥 누울 와·엎드릴 와·누워잘 와
獻物父母(헌물부모)	부모님께 물건을 바치려거든	獻 바칠 헌·드릴 헌·올릴 헌·보일 헌
跪而進之(궤이진지)	무릎을 꿇고 앞으로 가서 올려라.	跪 꿇어앉을 궤·무릎꿇고절할 궤

與我飮食(여아음식)	나에게 음식을 주시거든	與 줄 여·베풀어줄 여·더불 여·및 여
跪而受之(궤이수지)	꿇어 앉아서 받아라.	受 받을 수·받아들일 수·거두어들일 수
器有飮食(기유음식)	그릇에 음식이 있어도	器 그릇 기·접시 기·도구 기·기관 기
不與勿食(불여물식)	주지 않으면 먹지 말라.	不 아닐 불·아니할 불·말 불·못할 불
若得美味(약득미미)	만약 맛있는 음식을 얻으면	若 만약 약·이에 약·같을 약·이와같은 약
歸獻父母(귀헌부모)	돌아가 부모님께 드려라.	歸 돌아갈 귀·돌아올 귀·따를 귀

飮食親前(음식친전)	부모님 앞에서 음식을 먹으려면	飮 마실 음·먹일 음·음식 음·음식물 음
勿出器聲(물출기성)	그릇 소리를 내지 말라.	出 태어날 출·드러낼 출·떠날 출
衣服雖惡(의복수악)	의복이 비록 나쁘더라도	惡 악할 악·나쁠 악·미워할 오
與之必着(여지필착)	주시면 반드시 입어라.	着 붙을 착·(옷을)입을 착·(신발)신을 착
飮食雖厭(음식수염)	음식이 비록 먹기 싫더라도	厭 싫어할 염·물릴 염·누를 엽·빠질 암
與之必食(여지필식)	주시면 반드시 먹어라.	必 반드시 필·틀림없이 필·꼭 필

父母無衣(부모무의)	부모님이 입으실 옷이 없으시면	無 없을 무·아닐 무·말 무·금지할 무
勿思我衣(물사아의)	내가 입을 옷을 생각하지 말며	思 생각 사·마음 사·심정 사·사상 사
父母無食(부모무식)	부모님이 드실 음식이 없으시거든	食 밥 식·음식 식·먹을 식·먹일 사
勿思我食(물사아식)	내가 먹을 음식을 생각하지 말라.	勿 말 물·말아라 물·아닐 물·없을 물
身體髮膚(신체발부)	신체와 머리털과 피부를	髮 터럭(길고 굵은털) 발·머리털 발
勿毀勿傷(물훼물상)	훼손하지 말며 상하게 하지 말라.	毀 헐 훼·부술 훼·철거할 훼·무너질 훼

衣服帶靴(의복대화)	의복과 허리띠와 신발을	帶 띠(둘러매는 끈) 대·띠두를 대
勿失勿裂(물실물렬)	잃어버리지 말며 찢지 말라.	裂 찢을 렬(열)·찢어질 렬(열)
父母愛之(부모애지)	부모님께서 사랑해 주시거든	愛 사랑 애·자애 애·사랑할 애
喜而勿忘(희이물망)	기뻐하며 잊지 말라.	忘 잊을 망·기억하지못할 망·버릴 망
父母責之(부모책지)	부모님께서 꾸짖으시거든	責 꾸짖을 책·나무랄 책·책임지울 책
反省勿怨(반성물원)	반성하고 원망하지 말라.	怨 원망할 원·미워할 원·책망할 원

勿登高樹(물등고수)	높은 나무에 올라가지 말라.	樹 나무 수·나무심을 수·세울 수·막을 수
父母憂之(부모우지)	부모님께서 근심하시느니라.	憂 근심 우·걱정 우·질병 우·괴로울 우
勿泳深淵(물영심연)	깊은 연못에서 헤엄치지 말라.	淵 못(넓고 오목하게 팬 땅에 물이 괸 곳) 연
父母念之(부모념지)	부모님께서 염려하시느니라.	念 생각 념(염)·염려할 념(염)
勿與人鬪(물여인투)	남과 더불어 다투지 말라.	鬪 싸울 투·다툴 투·승패를겨룰 투
父母不安(부모불안)	부모님께서 불안해하시느니라.	安 편안 안·편안할 안·편안하게할 안

室堂有塵(실당유진)	방과 거실에 먼지가 있거든	塵 티끌 진·먼지 진·더럽힐 진
常必灑掃(상필쇄소)	항상 반드시 물 뿌리고 청소하라.	灑 물뿌릴 쇄·깨끗할 쇄·소제할 쇄
若告西遊(약고서유)	만일 서쪽에서 논다 여쭙고는	遊 놀 유·즐길 유·떠돌 유·여행할 유
不復東征(불부동정)	다시 동쪽으로 가지 말라.	征 칠 정·때릴 정·먼길갈 정·취할 정
親履勿履(친리물리)	부모님 신을 밟지 말고	履 밟을 리·(신을)신을 리·행할 리
親席勿座(친석물좌)	부모님 자리에 앉지 말라.	席 자리 석·앉을자리 석·돗자리 석
事必稟行(사필품행)	일은 반드시 여쭈어 행하고	稟 여쭐 품·아뢸 품·보고할 품
無敢自專(무감자전)	감히 자기 멋대로 하지 말라.	專 오로지 전·마음대로 전·홀로 전

一欺父母(일기부모)	한 번이라도 부모님을 속이면	欺 속일 기·거짓말할 기·업신여길 기
其罪如山(기죄여산)	그 죄가 산과 같다.	罪 허물 죄·잘못 죄·죄인 죄·재앙 죄
雪裏求筍(설리구순)	눈 속에서 죽순을 구한 것은	裏 속 리·내부 리·안쪽 리·가운데 리
孟宗之孝(맹종지효)	맹종의 효도이고	孟宗은 효성이 지극한 중국 오나라 사람
剖氷得鯉(부빙득리)	얼음을 깨고서 잉어를 잡는 것은	剖 쪼갤 부·가를 부·깨뜨릴 부
王祥之孝(왕상지효)	왕상의 효도이다.	王祥은 효성이 지극한 중국 진나라 사람

我身能賢(아신능현)	내 몸이 능히 어질면	賢 어질 현·현명할 현·선량할 현
譽及父母(예급부모)	명예가 부모님께 미치느니라.	譽 기릴 예·칭찬할 예·명예 예
我身不賢(아신불현)	내 몸이 어질지 못하면	身 몸 신·신체 신·자기 신·줄기 신
辱及父母(욕급부모)	욕이 부모님께 미치느니라.	辱 욕될 욕·수치스러울 욕·더럽힐 욕
追遠報本(추원보본)	먼 조상을 추모하고 근본에 보답하여	遠 멀 원·(세월이)오래될 원·멀리할 원
祭祀必誠(제사필성)	제사는 반드시 정성스럽게 지내라.	祭 제사 제·제사지낼 제·보답할 제

非有先祖(비유선조)	선조가 계시지 않았으면	祖 할아버지 조·조상 조·처음 조·근본 조
我身曷生(아신갈생)	내 몸이 어디서 생겨났겠는가?	曷 어찌 갈·어찌하여 갈·언제어디서 갈
事親如此(사친여차)	부모를 섬기는 것이 이와 같으면	事 일 사·직업 사·섬길 사·벼슬 사
可謂孝矣(가위효의)	효도한다고 이를 수 있다.	謂 이를 위·일컫을 위·말할 위
不能如此(불능여차)	능히 이와 같이 하지 못하면	此 이 차·이에 차(如此 : 이와 같이)
禽獸無異(금수무이)	날짐승이나 길짐승과 다름이 없느니라.	禽 새 금·날짐승 금·사로잡을 금
學優則仕(학우즉사)	학문이 넉넉하면 벼슬을 해서	優 넉넉할 우·후할 우·뛰어날 우
爲國盡忠(위국진충)	나라를 위해 충성을 다하라.	盡 다할 진·완수할 진·최고에달할 진

敬信節用(경신절용)	조심해서 미덥게 일하며 재물을 아껴 써서	敬 공경할 경·조심할 경·훈계할 경
愛民如子(애민여자)	백성을 사랑함은 자식과 같게 하라.	愛 사랑 애·자애 애·사랑할 애
人倫之中(인륜지중)	사람으로서 마땅히 지켜야할 도리 가운데에	倫 인륜 륜·윤리 윤·도리(마땅히 할 일) 윤
忠孝爲本(충효위본)	충과 효가 근본이 되니	爲 할 위·위할 위·~될 위·삼을 위
孝當竭力(효당갈력)	효도는 마땅히 힘을 다해야 하고	竭 다할 갈·없어질 갈·모두 갈
忠則盡命(충즉진명)	충성은 목숨을 다해야 한다.	則 곧 즉·만일~이라면 즉·법칙 칙

2. 夫婦(부부) / 兄弟(형제)

夫婦之倫(부부지륜)	남편과 아내가 지켜야 할 도리는	婦 며느리 부·지어미 부·아내 부
二姓之合(이성지합)	두 성씨가 합한 것이니	合 합할 합·모을 합·만날 합·짝 합
內外有別(내외유별)	아내와 남편은 분별이 있어서	別 나눌 별·가를 별·분별할 별
相敬如賓(상경여빈)	서로 공경하기를 손님처럼 하라.	賓 손 빈 또는 손님(오셔서 대접하는) 빈
夫道和義(부도화의)	남편의 도리는 온화하고 의로운 것이요	和 화할 화·화목할 화·온화할 화
婦德柔順(부덕유순)	부인의 덕은 유순한 것이니라.	柔 부드러울 유·여릴 유·연약할 유
夫唱婦隨(부창부수)	남편이 먼저 노래하고 부인이 이에 따르면	隨 따를 수·좇을 수·곧바로 수
家道成矣(가도성의)	집안의 도리가 이루어질 것이다.	道 길 도·가르칠 도·도리(道理) 도

兄弟姉妹(형제자매)	남자형제와 여자자매는	姉 윗누이 자·맏누이 자·어머니 자
同氣而生(동기이생)	한 기운을 받고 태어났으니	氣 기운(눈에 보이지않으나 감각으로 느껴지는 현상) 기
兄友弟恭(형우제공)	형은 우애하고 아우는 공손하여	恭 공손할 공·예의바를 공·삼갈 공
不敢怨怒(불감원노)	감히 원망하거나 성내지 말아야 한다.	怨 원망할 원·책망할 원·미워할 원
兄生我前(형생아전)	형은 내 앞에 낳았고	生 날 생·낳을 생·살 생·기를 생
弟生我後(제생아후)	아우는 내 뒤에 낳았다.	後 뒤 후·뒤질 후·늦을 후·아랫사람 후

骨肉雖分(골육수분)	뼈와 살은 비록 나누어졌으나	雖 비록(비록~하더라도) 수·그러나 수
本生一氣(본생일기)	본래 한 기운에서 태어났으며	本 근본 본·본래 본·원래 본·뿌리 본
形體雖異(형체수이)	형체는 비록 각각 다르나	異 다를 이(리)·달리할 이(리)
素受一血(소수일혈)	본래 한 핏줄을 받았느니라.	素 본디(본래) 소·바탕 소·흴 소
比之於木(비지어목)	나무에 비유하면	於 어조사(~에·~에서) 어
同根異枝(동근이지)	뿌리는 같고 가지는 다른 것과 같고	根 뿌리 근·근본 근·밑동 근·근거할 근
比之於水(비지어수)	물에 비유하면	比 견줄 비·비교할 비·비유할 비
同源異流(동원이류)	근원은 같고 흐름은 다른 것과 같다.	源 근원 원·기원 원·발원지 원

爲兄爲弟(위형위제)	형이 되고 아우가 된 자가	爲 할 위·위할 위·될 위·삼을 위
何忍不和(하인불화)	어찌 차마 서로 사이가 좋지 못하리오?	忍 참을 인·차마못할 인·잔인할 인
兄弟怡怡(형제이이)	형제는 서로 화합하여	怡 기쁠 이·즐거워할 이·온화할 이
行則雁行(행즉안행)	길을 갈 때는 기러기 떼처럼 나란히 가라.	雁 기러기(철새) 안·정처없이떠돌 안
寢則連衾(침즉연금)	잠잘 때 이불을 나란히 덮고 자고	寢 잘 침·잠잘 침·쉴 침·병상에누울 침
分毋求多(분무구다)	나눌 때에 많기를 구하지(원하지) 말며	毋 말(금지를 뜻하는) 무·없을 무·아닐 무
有無相通(유무상통)	있고 없는 것을 서로 가리지 말라.	相 서로 상·바탕 상·모양 상·형상 상

私其衣食(사기의식)	형제간에 그 의복과 음식을 내것 네것 가리면	私 사사(개인의 사사로운 일) 사
禽獸夷狄(금수이적)	날짐승과 길짐승이나 오랑캐와 같다.	夷 동방오랑캐 이, 狄 북방오랑캐 적

兄無衣服(형무의복)	형이 의복이 없거든	服 옷 복·의복 복·일 복·직책 복
弟必獻之(제필헌지)	아우가 반드시 드리고	獻 드릴 헌·바칠 헌·올릴 헌
弟無飮食(제무음식)	아우가 음식이 없거든	食 마실 음·음식 음·먹일 음
兄必與之(형필여지)	형이 반드시 주어라.	之 갈 지·어조사(~의·~와·~과) 지
一杯之水(일배지수)	한 잔의 물이라도	杯 잔 배·술잔 배·대접 배
必分而飮(필분이음)	반드시 나누어 마시고	而 말이을 이·그리고 이·같을 이
一粒之食(일립지식)	한 알의 음식이라도	粒 낟알 립(입)·쌀알 립(입)
必分而食(필분이식)	반드시 나누어 먹어라.	分 나눌 분·나누어줄 분·구별할 분

兄雖責我(형수책아)	형이 비록 나를 꾸짖더라도	責 꾸짖을 책·나무랄 책·헐뜯을 책
莫敢抗怒(막감항노)	감히 항거하고 성내지 말고	莫 없을 막·말(~하지 말라) 막
弟雖有過(제수유과)	아우가 비록 잘못이 있더라도	過 지날 과·지나칠 과·허물 과·잘못 과
須勿聲責(수물성책)	모름지기 큰소리로 꾸짖지 말라.	須 모름지기(틀림없이) 수·반드시 수
兄弟有善(형제유선)	형제간에 잘한 일이 있으면	善 착할 선·잘할 선·좋을 선
必譽于外(필예우외)	반드시 칭찬하고 대외적으로 기려야 하고	譽 칭찬할 예, 于 행할 우·어조사 우
兄弟有失(형제유실)	형제간에 잘못이 있으면	失 잃을 실·잘못할 실·그르칠 실
隱而勿揚(은이물양)	숨겨주고 드러내지 말라.	隱 숨을 은·숨겨줄 은·근심할 은
悶而思救(민이사구)	근심하고 구원해 주기를 생각하라.	悶 답답할 민·깨닫지못할 민·근심할 민

我打我弟(아타아제)	내가 내 아우를 때리면	打 칠 타·때릴 타·말할 타
猶打父母(유타부모)	부모님을 때림과 같을 것이오.	猶 오히려 유·가히 유·그대로 유
我欺兄弟(아기형제)	내가 형제를 속이면	欺 속일 기·거짓 기·업신여길 기
如欺父母(여기부모)	부모님을 속인 것과 같을지니라.	如 같을 여·같게할 여·말이을 이
我及兄弟(아급형제)	나와 형제는	及 미칠 급·닿을 급·함께 급·더불어 급
同受親血(동수친혈)	같은 어버이 피를 받았으니	血 피 혈·근친 혈·눈물 혈
兄有過失(형유과실)	형에게 잘못이 있으면	過 지날 과·지나칠 과·허물 과·잘못 과
和氣以諫(화기이간)	화목한 기운으로 말하고	諫 간할(어른에게 잘못된 일을 말하는) 간
弟有過失(제유과실)	동생에게 잘못이 있다면	有 있을 유·존재할 유·가질 유
怡聲以訓(이성이훈)	기꺼운 소리로써 가르쳐라.	怡 기쁠 이·즐거워할 이·기꺼워할 이

我出晩來(아출만래)	내가 나갔다가 늦게 돌아오면	晩 늦을 만·해저물 만·저녁 만
倚門俟之(의문사지)	문에 기대어 기다리고	倚 의지할 의, 俟 기다릴 사
弟出不還(제출불환)	아우가 나갔다가 돌아오지 않으면	還 돌아올 환·돌아볼 환·돌려보낼 환
登高望之(등고망지)	높은 데 올라 바라볼지니라.	望 바랄 망·돌아볼 망·기다릴 망
兄能如此(형능여차)	형이 능히 이와 같이 하면	能 능할 능·능히할 능·재능있을 능
弟亦效之(제역효지)	아우도 또한 본받으리라.	效 본받을 효·배울 효·드러낼 효

我有歡樂(아유환락)	나에게 기쁨과 즐거움이 있으면	歡 기쁠 환·기쁨 환·좋아할 환
兄弟亦樂(형제역락)	형제들도 즐거워하고	樂 즐길 락(나)·즐거워할 락(나)
我有憂患(아유우환)	나에게 근심과 걱정이 있으면	患 근심 환·걱정 환·질병 환·염려할 환
兄弟亦憂(형제역우)	형제들도 근심하느니라.	亦 또 역·또한 역·역시 역·만약 역
雖有良朋(수유량붕)	비록 어진 벗이 있을지라도	朋 벗 붕·친구 붕·무리 붕·짝 붕
不及如此(불급여차)	이 같음에 미치지 못할지니라.	此 이 차·이에 차, 如此 : 이 같음

敬我兄後(경아형후)	내 형을 공경한 뒤에	後 뒤 후·곁 후·아랫사람 후·임금 후
敬人之兄(경인지형)	다른 사람의 형을 공경하고	敬 공경 경·공경할 경·삼가할 경
愛我弟後(애아제후)	내 아우를 사랑한 뒤에	愛 사랑 애·사랑할 애·사모할 애
愛人之弟(애인지제)	다른 사람의 아우를 사랑하라.	人 사람 인·인간 인·타인(他人) 인
雖有他親(수유타친)	비록 다른 친척이 있으나	親 친할 친·가까울 친·어버이 친
豈若兄弟(기약형제)	어찌 형제간과 같겠는가?	豈 어찌 기·어찌하여 기·화락할 기
兄弟和睦(형제화목)	형제가 서로 뜻이 맞고 정다우면	睦 화목할 목·온화할 목·친할 목
父母喜之(부모희지)	부모님께서 기뻐하시느니라.	喜 기쁠 희·기뻐할 희·즐거울 희

3. 師弟(사제)

事師如親(사사여친)	스승 섬기기는 어버이와 같이 해서	師 스승 사·군사 사·군대 사·벼슬 사
必恭必敬(필공필경)	반드시 공손히 하고 반드시 공경하라.	恭 공손할 공, 必 반드시 필·꼭 필
先生施教(선생시교)	선생님께서 가르침을 베풀어주시거든	教 가르칠 교·가르침 교, 施 베풀 시
弟子是則(제자시즉)	제자들은 이것을 본받아라.	是 이 시·이것 시, 則 곧 즉·법칙 칙
夙興夜寐(숙흥야매)	아침 일찍 일어나고 밤늦게 자서	夙 일찍 숙·이를 숙·빠를 숙·새벽 숙
勿懶讀書(물라독서)	책 읽기를 게을리하지 말라.	懶 게으를 라·나른할 라·혐오할 라
勤勉工夫(근면공부)	공부를 부지런히 힘쓰면	勤 부지런할 근, 勉 힘쓸 면
父母悅之(부모열지)	부모님께서 기뻐하시느니라.	悅 기쁠 열·기뻐할 열·사랑할 열

始習文字(시습문자)	처음 문자를 익힐 때에는	習 익힐 습·익숙할 습·연습할 습
字畫楷正(자획해정)	글자의 획을 바르게 써라.	楷 본보기 해·바르게할 해·본뜰 해
書冊狼藉(서책낭자)	책(서적)이 어지럽게 깔려 있거든	狼 어지러울 랑(낭)·이리(늑대) 랑(낭)
每必整頓(매필정돈)	매번 반드시 정돈하라.	整 가지런히할 정·정돈할 정
非教不知(비교부지)	가르치지 아니하면 알지 못하니	教 가르칠 교, 知 알 지·알게할 지
非知何行(비지하행)	알지 못하면 어찌 행하리오.	何 어찌 하·어느 하·언제 하·얼마 하
能孝能悌(능효능제)	부모님께 효도하고 웃어른을 공경할 수 있는 것은	悌 공경할 제, 能 응당~해야할 능
莫非師恩(막비사은)	스승의 은혜 아닌 것이 없느니라.	恩 은혜 은·인정 은·혜택 은·베풀 은

能知能行(능지능행)	알 수 있고 행할 수 있는 것은	知 알 지·알게할 지, 行 행할 행
總是師功(총시사공)	모두 스승의 공이니라.	總 다 총·모두 총·언제나(늘) 총
非爾自行(비이자행)	너 스스로 행한 것이 아니요	爾 너 이·그 이, 自 스스로 자·몸소 자
唯師導之(유사도지)	오직 스승의 이끌어 주심 때문이니	導 인도할 도·이끌 도·행할 도
其恩其功(기은기공)	그 은혜와 그 공로는	功 공 공·공로 공, 其 그 기·그것 기
亦如天地(역여천지)	또한 하늘과 땅 같으니라.	天 하늘 천·하느님 천, 地 땅 지

4. 朋友(붕우)

長者慈幼(장자자유)	어른은 어린이를 사랑하고	慈 사랑 자·사랑할 자·어머니 자
幼者敬長(유자경장)	어린이는 어른을 공경하라.	幼 어릴 유·어린아이 유·미숙할 유
長者之前(장자지전)	어른의 앞에서는	長 길 장·어른 장·우두머리 장
進退必恭(진퇴필공)	나아가고 물러날 때 반드시 공손히 하라.	進 나아갈 진, 退 물러날 퇴
年長以倍(연장이배)	나이가 많아 곱절이 되거든	倍 곱 배·갑절 배·점점 배·더욱 배
父以事之(부이사지)	아버지로 섬기고	事 일 사·직업 사·섬길 사·힘쓸 사
十年以長(십년이장)	열 살이 더 많으면	年 해 년(연)·나이 년(연)·시대 년
兄以事之(형이사지)	형으로 섬겨라.	之 어조사 지·그리고 지·~와·과 지
我敬人親(아경인친)	내가 다른 사람의 어버이를 공경하면	親 친할 친·어버이 친·친척 친
人敬我親(인경아친)	다른 사람이 내 어버이를 공경하고	敬 공경 경·공경할 경·삼갈 경
我敬人兄(아경인형)	내가 다른 사람의 형을 공경하면	我 나 아·우리 아·굶주릴 아
人敬我兄(인경아형)	다른 사람이 내 형을 공경하느니라.	人 사람 인·인간 인·남(자기 자신의 반대) 인

5. 賓客(빈객)

賓客來訪(빈객내방)	손님이 찾아오거든	賓 손 (초대한 손님) 빈, 客 손 (나그네 손님) 객
接待必誠(접대필성)	접대하기를 반드시 정성스럽게 하라.	誠 정성 성·정성스러울 성·진실 성
賓客不來(빈객불래)	손님이 오지 않으면	來 올 래·돌아올 래·부를 래·미래 래
門戶寂寞(문호적막)	집 대문이 고요하고 쓸쓸해지느니라.	寂 고요할 적, 寞 고요할 막·쓸쓸할 막
人之處世(인지처세)	사람이 세상을 살아가면서	處 곳 처·처소 처·살 처·거주할 처
不可無友(불가무우)	친구가 없을 수 없으니	友 벗(또래친구) 우·동아리 우
以文會友(이문회우)	글로써 벗을 모으고	會 모을 회·만날 회·모일 회
以友輔仁(이우보인)	벗으로서 어질게 됨을 도와라.	輔 도울 보, 仁 어질 인·인자할 인

友其正人(우기정인)	바른 사람을 벗하면	正 바를 정·바람직할 정·정당할 정
我亦自正(아역자정)	나도 저절로 바르게 되고	自 스스로 자·몸소 자·저절로 자

從遊邪人(종유사인)	간사한 사람을 따라서 놀면	從 좇을 종·따를 종, 遊 놀 유
我亦自邪(아역자사)	나도 저절로 간사해진다.	邪 간사할 사·사악할 사·그런가 야
蓬生麻中(봉생마중)	쑥이 삼 가운데서 자라나면	蓬 쑥 봉, 麻 삼(위로 곧게 자라는 식물) 마
不扶自直(불부자직)	붙들어주지 않아도 저절로 곧아지고	扶 도울 부·부축할(옆에서 붙잡아 주는) 부
白沙在泥(백사재니)	흰 모래가 진흙에 있으면	沙 모래 사, 泥 진흙 니(이)
不染自汚(불염자오)	물들이지 않아도 저절로 더러워지느니라.	染 물들 염·염색할 염·담글 염

近墨者黑(근묵자흑)	먹을 가까이 하는 사람이 검어지고	墨 먹 묵·형벌 묵·그을음 묵·먹줄 묵
近朱者赤(근주자적)	붉은 광물을 가까이 하는 사람은 붉게 되니	朱 붉을 주, 赤 붉을 적·벌거벗을 적
居必擇隣(거필택린)	거처할 때엔 반드시 이웃을 가리고	隣 이웃(이웃사람) 린(인)·이웃할 린(인)
就必有德(취필유덕)	나아갈 때엔 반드시 덕 있는 사람에게 가라.	就 나아갈 취, 德 큰 덕·베풀 덕
擇而交之(택이교지)	사람을 가려서 사귀면	擇 가릴 택·고를 택·분간할 택
有所補益(유소보익)	도움과 유익함이 있고	益 더할 익·이로울 익·유익할 익
不擇而交(불택이교)	가리지 않고 사귀면	不 아닐 부·아닐 불·못할 불·없을 불
反有害矣(반유해의)	도리어 해가 있느니라.	害 해할 해·해로울 해·재앙 해

朋友有過(붕우유과)	친구에게 잘못이 있거든	過 지날 과·지나칠 과·허물 과·잘못 과
忠告善導(충고선도)	충심으로 타일러 착하게 인도하라.	善 착할 선·좋을 선·훌륭할 선·잘할 선
人無責友(인무책우)	사람의 잘못을 꾸짖어 주는 친구가 없으면	無 없을 무·아닐 무·~하지않을 무
易陷不義(이함불의)	의롭지 못한 데 빠지기 쉬우니라.	陷 빠질 함·빠뜨릴 함·움푹파일 함
面讚我善(면찬아선)	면전에서 나의 착한 점을 칭찬하면	讚 기릴 찬·칭찬할 찬·찬양할 찬
諂諛之人(첨유지인)	아첨하는 사람이고	諂 아첨할 첨, 諛 아첨할 유
面責我過(면책아과)	면전에서 나의 잘못을 꾸짖으면	責 꾸짖을 책·나무랄 책·헐뜯을 책
剛直之人(강직지인)	굳세고 정직한 사람이다.	剛 굳셀 강·강직할 강·억셀 강

言而不信(언이불신)	말을 하되 미덥지 못하면	信 믿을(미덥다 : 믿음성이 있는) 신
非直之友(비직지우)	정직한 친구가 아니다.	直 곧을 직·바를 직·옳을 직·정직할 직
見善從之(견선종지)	착한 것을 보면 그것을 따르고	見 볼 견·뵈올 현, 從 따를 종·좇을 종
知過必改(지과필개)	잘못을 알면 반드시 고쳐라.	知 알 지·알릴 지·알게할 지·나타낼 지
悅人讚者(열인찬자)	남의 칭찬을 좋아하는 자는	悅 기쁠 열·기뻐할 열·좋아할 열
百事皆偽(백사개위)	온갖 일이 모두 거짓이고	皆 다 개·모두 개·함께 개·다같이 개
厭人責者(염인책자)	남의 꾸짖음을 싫어하는 자는	厭 싫을 염·싫어할 염·물릴 염
其行無進(기행무진)	그 행동에 진전이 없다.	進 나아갈 진·진전할(진행 발전) 진

百足之蟲(백족지충)	백 개의 다리를 가진 벌레는	蟲 벌레(벌레의 총칭) 충·벌레 훼

至死不僵(지사불강)	죽음에 이르러도 자빠지지 아니하며	僵 쓰러질 강·넘어질 강·넘어뜨릴 강
多友之人(다우지인)	친구가 많은 사람은	多 많을(수효가 많은) 다·겹칠 다
當事無誤(당사무오)	일을 당하여도 그르침이 없다.	誤 그르칠 오·잘못할 오·의혹할 오
初不擇友(초불택우)	처음에 벗을 가리지 않고 사귀면	初 처음 초·시초 초·시작 초·근본 초
後苦絶之(후고절지)	나중에 괴로워 친구를 끊을 것이요	絶 끊을 절·단절할 절·죽을 절
彼必大怒(피필대로)	남에게 반드시 크게 성내면	彼 저 피·그 피·저쪽(남이나 상대방) 피
反有我害(반유아해)	도리어 나에게 해함이 있다.	反 돌이킬 반·배반할 반·반대로 반
我益我害(아익아해)	나에게 이롭고 나에게 해가 됨은	我 나 아·우리 아·나의 아·굶주릴 아
唯在我矣(유재아의)	오직 나에게 있는 것이요	唯 오직 유·다만 유·비록~하더라도 유
行不如言(행불여언)	행동이 말과 같지 아니하면	言 말씀 언·말 언·의견 언·언론 언
是謂不信(시위불신)	이것을 일러 믿지 않는 불신이라 한다.	謂 이를 위·일컬을 위·고할 위

6. 修身(수신)

父子有親(부자유친)	부모와 자식 사이에는 친함이 있고	親 친할 친·어버이 친·친척 친·가까울 친
君臣有義(군신유의)	임금과 신하 사이에는 의리가 있으며	君 임금 군·군자 군·부모 군·남편 군
夫婦有別(부부유별)	남편과 아내 사이에는 분별이 있으며	別 나눌 별·분별할 별·구별할 별
長幼有序(장유유서)	어른과 아이 사이에는 차례가 있으며	序 차례 서·순서 서·실마리 서·단서 서
朋友有信(붕우유신)	벗과 벗 사이에는 신의가 있으니	朋 벗(반 친구) 붕, 友 벗(손잡는 친구) 우
是謂五倫(시위오륜)	이것을 일러 오륜이라고 한다.	倫 인륜(人倫) 륜·윤리 윤·도리 윤
君爲臣綱(군위신강)	임금은 신하의 벼리가 되고	綱 벼리(그물코를 꿴 굵은 줄) 강
父爲子綱(부위자강)	아버지는 자식의 벼리가 되고	爲 할 위·될 위·위할 위·행위 위
夫爲婦綱(부위부강)	남편은 아내의 벼리가 되니	夫 지아비 부·남편 부·사내 부·남자 부
是謂三綱(시위삼강)	이것을 일러 삼강이라고 한다.	謂 이를 위·일컬을 위·설명할 위
人所以貴(인소이귀)	사람이 귀한 이유는	所 바(일의 방법이나 방도) 소·경우 소
以其倫綱(이기륜강)	오륜과 삼강 때문이다.	以 써 이·로 이·~근거로 이·때문 이
足容必重(족용필중)	발의 용모는 반드시 무겁게 하며	容 얼굴 용·용모 용·모양 용·몸가짐 용
手容必恭(수용필공)	손의 용모는 반드시 공손하게 하며	恭 공손할 공·예의바를 공·존중할 공
目容必端(목용필단)	눈의 용모는 반드시 단정히 하며	端 끝 단·처음 단·단정할 단
口容必止(구용필지)	입의 용모는 반드시 듬직하게 하며	止 그칠 지·금할 지·멈출 지·듬직할 지
聲容必靜(성용필정)	소리의 용모는 반드시 조용하게 하며	靜 고요할 정·조용할 정·깨끗할 정
頭容必直(두용필직)	머리의 용모는 반드시 곧게 하며	頭 머리 두·꼭대기 두·우두머리 수
氣容必肅(기용필숙)	숨쉴 때의 용모는 반드시 엄숙히 하며	氣 기운 기·숨쉴 기, 肅 엄숙할 숙

立容必德(입용필덕)	서 있는 모습은 반드시 덕이 있게 하며	德 큰 덕·베풀 덕·고맙게생각할 덕
色容必莊(색용필장)	얼굴 용모는 반드시 씩씩하게 할 것이니	莊 씩씩할 장·풀이성할 장·엄할 장
是曰九容(시왈구용)	이것을 말해서 아홉 가지 용모라고 한다.	曰 가로 왈·말하기를 왈·이를 왈

視必思明(시필사명)	볼 때에는 반드시 밝게 볼 것을 생각하며	思 생각 사·뜻 사·마음 사·그리워할 사
聽必思聰(청필사총)	들을 때에는 반드시 귀밝게 들을 것을 생각하며	聽 귀밝을 총·총명할 청·들을 청
色必思溫(색필사온)	얼굴빛은 반드시 온화하게 할 것을 생각하며	色 빛 색·색채 색·얼굴빛 색·기색 색
貌必思恭(모필사공)	용모는 반드시 공손하게 할 것을 생각하며	貌 모양 모·얼굴 모·용모 모·자태 모
言必思忠(언필사충)	말은 반드시 성실하게 할 것을 생각하고	忠 충성 충·충성할 충·정성(精誠) 충
事必思敬(사필사경)	일은 반드시 공손하게 할 것을 생각하며	事 일 사·직업 사·재능 사·관직 사
疑必思問(의필사문)	의심이 나는 것은 반드시 물을 것을 생각하며	疑 의심할 의·헛갈릴 의·미혹될 의
忿必思難(분필사난)	분노가 날 때에는 반드시 후환을 생각하며	難 어려울 난·꺼릴 난·재앙 난 * 후환(後患) : 뒷날의 걱정
見得思義(견득사의)	얻는 것을 보면 의를 생각해야 하니	見 볼 견·보일 견·당할 견·견해 견
是曰九思(시왈구사)	이것을 말해서 아홉 가지 생각이라고 한다.	是 이 시·이것 시·무릇 시·옳을 시

非禮勿視(비례물시)	예가 아니면 보지 말며	禮 예도 례·예절 례·의식 례
非禮勿聽(비례물청)	예가 아니면 듣지 말며	聽 들을 청·들어줄 청·엿볼 청
非禮勿言(비례물언)	예가 아니면 말하지 말며	非 아닐 비·그를 비·나쁠 비
非禮勿動(비례물동)	예가 아니면 움직이지 말아야 한다.	動 움직일 동·옮길 동·흔들릴 동
行必正直(행필정직)	행동은 반드시 바르고 곧게 하고	正 바를 정·올바를 정·정당할 정
言則信實(언즉신실)	말은 미덥고 성실하게 하며	實 열매 실·과실 실·정성스러울 실
容貌端正(용모단정)	꾸민 모습은 얌전하고 바르게 하고	容 얼굴 용·모양 용·치장할 용
衣冠整齊(의관정제)	옷과 갓은 바르고 가지런하게 하라.	冠 갓 관·관례 관·닭의볏 관

居處必恭(거처필공)	어느 곳에서 머무를 때는 반드시 공손히 하고	居 살 거·거주할 거·차지할 거·자리잡을 거·머물 거
步履安詳(보리안상)	걸음걸이는 편안하고 침착하게 하라.	履 밟을 리(이), 詳 자세할(침착하게) 상
作事謀始(작사모시)	일을 할 때에는 시작을 잘 계획하고	謀 꾀 모·계략 모·계책 모·계획 모
出言顧行(출언고행)	말을 할 때에는 행실을 돌아보라.	顧 돌아볼 고·돌볼 고·지난날을생각할 고
常德固持(상덕고지)	항상 덕을 굳게 지키고	常 항상 상·늘 상, 持 지킬 지
然諾重應(연락중응)	승낙을 할 때에는 신중히 대답하라.	然 그럴 연·그러하게할 연·허락할 연, 諾 허락할 락·대답할 락
飮食愼節(음식신절)	먹고 마실 때에는 삼가고 절제하며	愼 삼갈(몸가짐이나 언행을 조심하는) 신
言語恭遜(언어공손)	음성으로 말할 때에는 공손히 하라.	遜 겸손할 손·사양할 손·순할 손

德業相勸(덕업상권)	덕이 되는 일은 서로 권장하고	勸 권할 권·권장할 권·힘쓸 권
過失相規(과실상규)	잘못이나 허물은 서로 타이르며	規 법 규·법칙 규·꾀할 규·바로잡을 규

禮俗相交(예속상교)	서로 사귐에 예의를 지키고	俗 풍속 속·관습 속·습관화할 속·대중적일 속
患難相恤(환난상휼)	재앙과 어려운 일은 서로 도와줘라.	患 재앙 환, 恤 불쌍할 휼·돌볼 휼
貧窮困厄(빈궁곤액)	가난과 재앙으로 인한 불행에 처했을 때는	厄 액(불행한일) 액·재앙 액·해칠 액
親戚相救(친척상구)	친척들이 서로 구원해주며	戚 친척 척·일가 척·겨레 척·친할 척
婚姻死喪(혼인사상)	혼인과 사람이 죽어 장례를 지낼 때에는	喪 잃을 상·죽을 상·상복입을(장례) 상
隣保相助(인보상조)	이웃끼리 서로 도와라.	隣 이웃 린(인)·이웃한사람 린(인)

修身齊家(수신제가)	자기 몸과 마음을 닦고 집안을 가지런히 하는 것은	齊 가지런할 제·질서정연할 제
治國之本(치국지본)	나라를 다스리는 근본이고	治 다스릴 치·바로잡을 치·고칠 치
讀書勤儉(독서근검)	책을 읽으며 부지런하고 검소함은	儉 검소할 검·낭비하지않을 검
起家之本(기가지본)	집안을 일으키는 근본이다.	起 일어날 기·시작할 기·일으킬 기
忠信慈祥(충신자상)	충실하고 신용 있고 자상하며	祥 자세할 상·상서로울 상·자상할 상
溫良恭儉(온량공검)	온순하고 어질고 공손하며 검소하게 하라.	溫 온화할 온, 良 어질 량·착할 량
人之德行(인지덕행)	사람의 어질고 너그러운 행실은	行 행할 행·행실 행, 德 어질 덕
謙讓爲上(겸양위상)	겸손과 사양이 제일이다.	謙 겸손함 겸, 讓 사양할 양

莫談他短(막담타단)	다른 사람의 단점을 말하지 말고	談 말씀 담·언론 담·이야기할 담
靡恃己長(미시기장)	자기의 장점을 믿지 말라.	靡 쓰러질 미·말 미, 恃 믿을 시
己所不欲(기소불욕)	자기가 하고 싶지 아니한 것을	欲 하고자할 욕·바랄 욕·하기시작할 욕
勿施於人(물시어인)	남에게 행하지 말라.	於 어조사(~에·~에게·~에서) 어
積善之家(적선지가)	선행을 쌓은 집안은	積 쌓을 적·많을 적·저축 자
必有餘慶(필유여경)	반드시 뒤에 경사가 있고	慶 경사 경·선행 경·경사스러울 경
不善之家(불선지가)	악(惡=不善)을 쌓은 집안은	家 집 가·집안 가·문벌 가·전문 가
必有餘殃(필유여앙)	반드시 뒤에 재앙이 있다.	殃 재앙 앙·하늘이내리는벌 앙

損人利己(손인이기)	남을 손해보게 하고 자신을 이롭게 하면	損 덜 손·줄일 손·손해를볼 손, 人 사람(다른 사람·상대방) 인
終是自害(종시자해)	마침내 자신을 해치는 것이다.	終 마칠 종·끝낼 종·마침내(결국) 종
禍福無門(화복무문)	재앙과 복은 특정한 문이 없어	禍 재앙(하늘이 내리는 불행) 화
惟人所召(유인소소)	오직 사람이 불러들인 것이다.	惟 생각할 유·사려할 유·오직 유
嗟嗟小子(차차소자)	아! 소자(제자)들아	嗟 탄식할 차·감탄할(아!) 차
敬受此書(경수차서)	공경히 이 책을 받아라	書 글 서·문장 서·서류 서·책 서
非我言耄(비아언모)	내 말은 늙은이의 망녕이 아니라	耄 늙은이 모·늙어빠질(80~90세) 모
惟聖之謨(유성지모)	오직 성인(聖人)의 가르치심이니라.	聖 성인(덕과 지혜가 뛰어난 스승 같은 사람) 성

漢字(한자)의 部首(부수)

1. 한자의 부수는 한자자전(漢字字典)에서 한자를 찾는 길잡이 역할을 함.

2. 한자의 부수는 한자를 구성하는 의미요소와 발음요소로 한자를 근본적으로 이해하는 기본 문자임.

1획		
순	부수	부수명
1	一	한 일·오로지 일·땅 일
2	丨	뚫을 곤·통할 곤
3	丶	점 주·불똥 주·심지 주
4	丿	삐칠 별·삐침 별
5	乙	새 을·굽을 을
6	乚	乙의 변형된 부수
7	亅	갈고리 궐

2획		
순	부수	부수명
1	二	두 이·둘째 이·거듭 이
2	亠	돼지머리 두·머리부분 두 * 윗사람 인
3	人	사람 인·백성 인·남 인(他人)
4	𠆢	人의 변형된 부수
5	亻	人의 변형된 부수
6	儿	어진사람 인·걸을 인
7	入	들 입·들어올 입
8	八	여덟 팔·나눌 팔
9	丷	八과 같은 부수
10	冂	멀 경·빌 경·경계 경
11	冖	덮을 멱·덮어가릴 멱
12	冫	얼음 빙
13	几	안석 궤·책상 궤
14	凵	입벌릴 감·구덩이 감
15	刀	칼 도·자를 도
16	刂	刀의 변형된 부수
17	力	힘 력·힘쓸 력(역)
18	勹	쌀 포
19	匕	비수 비·숟가락 비
20	匚	상자 방·모진그릇 방
21	匸	감출 혜·덮을 혜
22	十	열 십·많을 십

23	卄	十의 변형된 부수
24	卜	점 복·점칠 복
25	卩	병부 절·마디 절
26	㔾	卩의 변형된 부수
27	厂	굴바위 엄·기슭 엄
28	厶	사사 사·아무 모·마늘모 모
29	又	오른손 우·또 우

3획		
순	부수	부수명
1	口	입 구·말할 구·사람 구
2	囗	에워쌀 위·큰입 구
3	土	흙 토·땅 토·나라 토
4	士	선비 사·벼슬 사·사내 사
5	夂	뒤쳐올 치·뒤져서올 치
6	夊	천천히걸을 쇠
7	夕	저녁 석
8	大	큰 대·어른 대·심할 대
9	女	여자 녀(여)·계집 녀(여)
10	子	아들 자·아이 자·씨 자
11	宀	집 면·움집 면
12	寸	마디 촌·치 촌·손 촌
13	小	작을 소·조금 소
14	尢	절름발이 왕·곱사 왕
15	兀	尢와 같은 부수
16	尸	주검 시·죽음 시·시동 시
17	屮	싹날 철
18	屮	왼손 좌, 屮의 변형된 부수
19	山	뫼 산·메 산
20	川	내 천·굴 천
21	巛	川의 변형된 부수
22	工	장인 공·공구 공·일 공
23	己	몸 기·자기 기·이미 기
24	巾	수건 건·두건 건

순	부수	부수명
25	干	방패 간·범할 간·막을 간
26	幺	작을 요·어릴 요
27	广	집 엄·바윗집 엄
28	廴	길게걸을 인·당길 인
29	廾	받쳐들 공·손맞잡을 공·팔짱낄 공
30	弋	주살 익·화살 익
31	弓	활 궁·활꼴 궁
32	彐	돼지머리 계
33	彑	彐와 같거나 변형된 부수
34	彐	〃
35	彡	터럭 삼·무늬 삼
36	彳	조금걸을 척·자축거릴 척
37	忄	心의 변형된 부수·마음심변
38	扌	手의 변형된 부수·손수변
39	氵	水의 변형된 부수·물수변
40	犭	犬이 변형된 부수·개사슴록변
41	阝左	阜 언덕부 변(좌부변)
42	阝右	邑 고을읍 방(우읍방)

4획		
순	부수	부수명
1	心	마음 심·생각 심·가슴 심·심장 심
2	忄	心의 변형된 부수
3	戈	창 과·찌를 과
4	戶	지게 호·집 호·지게문 호
5	手	손 수·사람 수
6	支	지탱할 지·가지 지
7	攴	칠 복·채찍질할 복
8	攵	攴의 변형된 부수
9	文	글월 문·무늬 문
10	斗	말 두·별이름 두·되 두
11	斤	도끼 근·무게 근·낫 근
12	方	모 방·방위 방·네모 방
13	无	없을(無의 옛날한자) 무
14	旡	목벨 기·숨박힐 기
15	日	날 일·해 일·날짜 일
16	曰	가로 왈·말할 왈
17	月	달 월·세월 월
18	木	나무 목·질박할 목

순	부수	부수명
19	欠	하품 흠
20	止	그칠 지·발 지
21	歹	살발린뼈 알·뼈앙상할 알
22	殳	칠 수·몽둥이 수·창 수
23	毋	말 무·아닐 무·없을 무
24	比	견줄 비·나란할 비
25	毛	터럭 모·털 모
26	氏	씨족 씨·성씨 씨
27	气	기운 기·구름기운 기
28	水	물 수·강 수·별이름 수
29	火	불 화·불사를 화
30	灬	火의 변형된 부수
31	爪	손톱 조·할퀼 조
32	爫	爪의 변형된 부수
33	父	아버지 부·아비 부
34	爻	점괘 효·사귈 효
35	爿	나무조각 장·널 장
36	片	조각 편·한쪽 편
37	牙	어금니 아·상아 아
38	牛	소 우
39	犬	개 견·큰개 견
40	尣	尤와 같이 쓰는 부수
41	王	玉의 변형된 부수
42	礻	示의 변형된 부수
43	罒四亢	网 변형된 부수 또는 약자
44	耂	늙을노(로)
45	艹	艸의 변형된 부수
46	辶	길갈착·辵의 변형된 부수

5획		
순	부수	부수명
1	玉	구슬 옥·옥 옥
2	玄	검을 현·가물(희미하게 보이는) 현
3	瓜	오이 과·참외 과
4	瓦	기와 와·질그릇 와
5	甘	달 감·맛 감
6	生	날 생·낳을 생·살 생
7	用	쓸 용·부릴 용·써 용
8	田	밭 전·사냥할 전

441

순	부수	부수명
9	疋	발 소·짝 필
10	疋	疋의 변형된 부수
11	疒	병들어기댈 녁·병질 안
12	癶	걸을 발·필 발·등질 발
13	白	흰 백·아뢸 백
14	皮	가죽 피·껍질 피
15	皿	그릇 명·사발 명
16	目	눈 목·조목 목
17	罒	目·网의 변형된 부수
18	矛	창 모·세모진창 모
19	矢	화살 시·곧을 시
20	石	돌 석·섬 석
21	示	보일 시·제사 시
22	禸	짐승발자국 유
23	禾	벼 화·곡식 화
24	穴	구멍 혈·굴 혈
25	穴	穴의 변형된 부수
26	立	설 립(입)·세울 립(입)
27	歹	歺의 변형된 부수
28	衤	衣의 변형된 부수
29	氺	水의 변형된 부수

6획

순	부수	부수명
1	竹	대 죽·대나무 죽
2	𥫗	竹의 변형된 부수
3	米	쌀 미·낱알 미
4	糸	가는실 멱·실 사
5	缶	장군 부·질그릇 부
6	网	그물 망
7	羊	양 양·노닐 양
8	𦍌	羊의 변형된 부수
9	𦍌	〃
10	羽	깃 우·날개 우
11	老	늙을 노(로)
12	而	말이을 이·수염 이·또 이
13	耒	쟁기 뢰·가래 뢰
14	耳	귀 이
15	聿	붓 률(율)

순	부수	부수명
16	肉	고기 육·몸 육·살 육
17	臣	신하 신·하인 신
18	自	스스로 자·부터 자·코 자
19	至	이를 지·지극할 지
20	臼	절구 구·확(우묵하게 판 돌) 구
21	舌	혀 설·말 설
22	舛	어그러질 천·어길 천
23	舟	배 주·배댈 주
24	艮	그칠 간·되돌아볼 간
25	色	빛 색·색 색·얼굴빛 색
26	艸	풀 초·파릇파릇날 철
27	虍	범 호·범무늬 호
28	虫	벌레 충(훼)·뱀 훼
29	血	피 혈·근친 혈
30	行	다닐 행·항오 항
31	衣	옷 의
32	襾	덮을 아·가리어숨길 아
33	覀	襾의 변형된 부수

7획

순	부수	부수명
1	見	볼 견·의견 견
2	角	뿔 각·모날 각
3	言	말씀 언·말할 언
4	谷	골 곡·골짜기 곡
5	豆	콩 두·제기 두
6	豕	돼지 시·멧돼지 시
7	豸	맹수 치·발없는벌레 치
8	貝	조개 패·돈 패·재물 패
9	赤	붉을 적·벌거벗을 적
10	走	달릴 주·달아날 주
11	足	발 족·넉넉할 족
12	𧾷	足의 변형된 부수
13	身	몸 신·아이밸 신
14	車	수레 거·수레 차
15	辛	매울 신·고생 신
16	辰	별 진·별 신
17	辵	쉬엄쉬엄갈 착·길갈 착
18	邑	고을 읍·도읍 읍

순	부수	부수명
19	酉	술병 유·닭 유·술 유
20	釆	분별할 변·나눌 변
21	里	마을 리(이)
22	臼	臼의 변형된 부수
23	镸	長의 변형된 부수

8획

순	부수	부수명
1	金	쇠 금·금 금·성씨 김
2	長	길 장·긴 장·어른 장
3	門	문 문·집안 문·가문 문
4	阜	언덕 부
5	隶	미칠 이·밑 이
6	隹	새 추
7	雨	비 우·비올 우·내리 우
8	雫	雨의 변형된 부수
9	靑	푸를 청
10	非	아닐 비·어긋날 비
11	飠	食의 변형된 부수

9획

순	부수	부수명
1	面	낯 면·얼굴 면·방위 면
2	革	가죽 혁·고칠 혁
3	韋	에워쌀 위·에울 위
4	韭	부추 구
5	音	소리 음·음악 음
6	頁	머리 혈
7	風	바람 풍·경치 풍
8	飛	날 비·오를 비
9	食	밥 식·먹을 식·먹을 사·기를 사
10	飠	食의 변형된 부수
11	首	머리 수·우두머리 수
12	香	향기 향·향기로울 향

10획

순	부수	부수명
1	馬	말 마
2	骨	뼈 골·요긴할 골
3	高	높을 고
4	髟	머리털늘어질 표

순	부수	부수명
5	鬥	싸울 투·다툴 각
6	鬯	울창술 창·활집 창
7	鬲	막을격·오지병격·솥력(역)·사이뜰격
8	鬼	귀신 귀

11획

순	부수	부수명
1	魚	물고기 어
2	鳥	새 조
3	鹵	소금밭 로(노)
4	鹿	사슴 록(녹)
5	麥	보리 맥·밀 맥
6	麻	삼 마·저릴 마

12획

순	부수	부수명
1	黃	누를 황·늙은이 황
2	黍	기장 서
3	黑	검을 흑·어두울 흑
4	黹	바느질할 치

13획

순	부수	부수명
1	黽	맹꽁이 맹·힘쓸 민
2	鼎	솥 정·세발솥 정
3	鼓	북 고·북칠 고·풀무 고
4	鼠	쥐 서·좀도둑 서

14획

순	부수	부수명
1	鼻	코 비
2	齊	가지런할 제·공손할 제

15획

순	부수	부수명
1	齒	이 치·나이 치

16획

순	부수	부수명
1	龍	용 룡(용)·언덕 롱(농)
2	龜	거북 귀·터질 균

17획

순	부수	부수명
1	龠	피리약

索引(색인) 가나다順 四字成語 찾기

447

알기 쉽게 풀이한

핵심 사자성어(+사자소학)

발행일 2021년 10월 15일 초판 1쇄

지은이 장원일
발행인 고영래
발행처 (주)미래사

주소 서울시 마포구 신수로 60, 2층
전화 (02)773-5680
팩스 (02)773-5685
이메일 miraebooks@daum.net
등록 1995년 6월 17일(제2016-000084호)

ISBN 978-89-7087-910-9 (04710)
　　　 978-89-7087-908-6 (세트)